Iberoamérica

Historia de su civilización y cultura

CUARTA EDICIÓN

Carlos A. Loprete

Prentice Hall

Upper Saddle River, New Jersey 07458

Library of Congress Cataloging-in-Publication Data

Loprete, Carlos A.
  Iberoamérica : historia de su civilización y cultura / Carlos A. Loprete.--4 ed.
    p. cm.
  Includes index.
  ISBN 0-13-013992-0
  1. Spanish language--Readers--Latin America--Civilization. 2. Latin
America--Civilization.

PC4127.C5 L6 2000
468.6--dc21   00-062416

VP, Editorial Director: Charlyce Jones Owen
AVP/Editor-in-Chief: Rosemary Bradley
Assistant Editor: Meriel Martinez
Project Manager: Merrill Peterson
Prepress and Manufacturing Buyer: Tricia Kenny
Cover Director: Jayne Conte
Cover Design: Joseph Sengotta
Cover Illustration: Mural in President's Palace, Quito, Ecuador/Art Resource, NY
Director of Marketing: Beth Gillett Mejia

This book was set in 11/13 Adobe Garamond by Carlisle Communications, Ltd.
The cover was printed by Phoenix Color Corp.

© 2001, 1995, 1974, 1965 by Prentice-Hall, Inc.
A Division of Pearson Education
Upper Saddle River, New Jersey 07458

Printed in the United States of America

10   9   8   7

ISBN   0-13-013992-0

PRENTICE-HALL INTERNATIONAL (UK) LIMITED, *London*
PRENTICE-HALL OF AUSTRALIA PTY. LIMITED, *Sydney*
PRENTICE-HALL CANADA INC., *Toronto*
PRENTICE-HALL HISPANOAMERICANA, S. A., *Mexico*
PRENTICE-HALL OF INDIA PRIVATE LIMITED, *New Delhi*
PRENTICE-HALL OF JAPAN, INC., *Tokyo*
PEARSON EDUCATION ASIA PTE. LTD., *Singapore*
EDITORA PRENTICE-HALL DO BRASIL, LTDA., *Rio de Janeiro*

Índice

Iberoamérica colonial

Capítulo 3
El Descubrimiento y la Conquista   47

Capítulo 4
La colonización y la cultura   73

Capítulo 5
El Brasil colonial   108

Iberoamérica independiente (Siglo XIX)

Iberoamérica actual (Siglo XX)

CAPÍTULO 13
Las artes, el teatro, el cine y la comunicación   315

Prefacio

Entrego a la consideración de estudiantes y profesores esta 4ta. edición actualizada de *Iberoamérica: Historia de su civilización y cultura,* en la que he introducido nuevos contenidos no tratados en la anterior y he suprimido o abreviado otros de importancia disminuida en el curso del tiempo. El nuevo texto está destinado a estudiantes avanzados de lengua española y ofrece una visión global de Iberoamérica desde sus más remotos orígenes hasta fines del siglo XX.

El volumen ha sido concebido sobre la base de los sucesos, figuras y obras más representativos de cada época y país, conforme a un canon de valores consagrado a través de los años. La aplicación de este criterio ha requerido consiguientemente la prescindencia de algunos hechos y nombres propios de menor relevancia histórica o cultural, implícitos en las cuatro unidades mayores: Iberoamérica aborigen, Iberoamérica colonial, Iberoamérica independiente (Siglo XIX) e Iberoamérica actual (Siglo XX). He dedicado mayor espacio a esta última parte, en razón del interés que suscita la modernidad.

La suma del iberoamericanismo puede abordarse desde varios ángulos metodológicos. Cualquiera de ellos es susceptible de reparos o aprobación. He optado por el criterio cronológico lineal porque me ha parecido el más idóneo para fines didácticos, ya que permite una visión totalizadora y un encadenamiento causal de los fenómenos, sin los riesgos de una información fragmentaria y desarticulada.

La inclusión de dos capítulos dedicados al Brasil responde a una razón de congruencia con el título del libro así como a la importancia de dicho país, con una superficie territorial y población computables entre las mayores del mundo, reservas naturales y biológicas de gran magnitud y una cultura original y diferenciada.

La extensión del volumen no compromete al profesor a su desarrollo estricto, el cual queda librado a la peculiaridad de cada grupo escolar y a los programas de estudios vigentes en sus cátedras.

Consecuente con el enfoque de las ediciones anteriores, he tratado de reflexionar y exponer con la máxima objetividad posible cada tema por encima de todo personalismo, como conviene a la dignidad de la tarea universitaria y a la libertad de los estudiantes.

Finalmente, expreso mi profundo agradecimiento a los colegas Kathleen Boykin, Slippery Rock University; Sylvia G. Carullo, St. Olaf College; Edmee Fernandez, Emporia State University; Richard Keenan, University of Idaho; Delmarie Martinez, University of Central Florida; y Arsenio Rey-Tejerina, University of Alaska Anchorage; quienes me han hecho llegar sus valiosas opiniones. Especial agradecimiento a los herederos de Miguel Ángel Asturias por su generosa cortesía al permitirme transcribir un fragmento de *El Señor Presidente*. Asimismo, agradezco a las instituciones que me han provisto generosamente algunas de las ilustraciones, y a la editorial Prentice Hall por la confianza demostrada al encomendarme la escritura de esta nueva obra.

C.A.L.

Cronología básica

Iberoamérica aborigen

Iberoamérica colonial

1513	Núñez de Balboa descubre el océano Pacífico.
	Ponce de León descubre la Florida.
1517	Carlos V, emperador de España y las Indias.
1519	Hernán Cortés entra en Tenochtitlán.
1520	Hernando de Magallanes descubre el estrecho que une el Atlántico con el Pacífico.
1521	Descubrimiento de las Filipinas.
1522	El Cano concluye el viaje de circunvalación del mundo iniciado por Magallanes.
1524	Fundación en España del Consejo de Indias.
1532	Pizarro emprende la conquista del Perú.
1534	División del Brasil en quince Capitanías Generales.
	Jean Cartier llega a la desembocadura del río San Lorenzo.
1535	Establecimiento del Virreinato de Nueva España (México).
	Francisco Pizarro funda la Ciudad de los Reyes (Lima).
1536	Pedro de Mendoza funda la Ciudad de Santa María de los Buenos Aires, luego destruida por los indios.
	Jiménez de Quesada enfrenta a los indios chibchas de Colombia.
	Introducción de la imprenta en México.
1538	Fundación de Santa Fe de Bogotá.
	Fundación de la Universidad de Santo Tomás, primera en el continente, en Santo Domingo.
1539	Fundación de Asunción del Paraguay.
1540	Pedro de Valdivia se enfrenta con los araucanos de Chile.
1541	Fundación de Santiago de Chile.
	Hernando de Soto descubre el río Mississippi.
1542	Establecimiento de la Inquisición.
1544	Establecimiento del Virreinato del Perú.
	Concilio de Trento de la Iglesia católica en Italia (Contrarreforma).
1549	Tomé de Souza es designado gobernador del Brasil.
	Fundación de Salvador (Bahía), primera capital de Brasil.
1553	Fundación de las universidades de México y de San Marcos de Lima.
1554	Casamiento de María Tudor de Inglaterra con Felipe II de España.
1555	El aventurero francés Villegagnon ocupa la bahía de Río de Janeiro y erige un fuerte. Comienzos de la *France antarctique*.
1556	Felipe II, rey de España.
1562	John Hawkins introduce un cargamento de negros en las Antillas bajo bandera inglesa.
1565	Fundación de Río de Janeiro.
1567	Los brasileños expulsan definitivamente a los franceses del país.
1570	Establecimiento del Tribunal de la Fe en Lima.
1572	El pirata Sir Francis Drake ataca la ciudad de Nombre de Dios en el istmo de Panamá y da la vuelta al mundo.
1580	Segunda y definitiva fundación de Buenos Aires.
	España y Portugal unidas en un solo reino bajo Felipe II.

1587	Thomas Cavendish captura frente a las costas de California a un galeón español de la ruta de Manila.
1591	Establecimiento del Tribunal de la Fe en México.
1610	Fundación del Tribunal de la Fe en Cartagena, Colombia.
1612	Los holandeses llegan al río Hudson y fundan la factoría de Nueva Amsterdam.
1620	Los Peregrinos desembarcan del *Mayflower* en Plymouth, Mass.
1624	Los holandeses desembarcan en Bahía (Brasil) y toman la ciudad.
1631	Los holandeses ocupan la ciudad de Pernambuco (Brasil) y designan al príncipe de Nassau gobernador, quien pone al lugar el nombre de Nueva Holanda.
1640	Disolución del reino común de España y Portugal: Brasil nuevamente portugués.
1700	Advenimiento de los Borbones de origen francés al gobierno de España: Felipe V.
1717–39	Establecimiento del Virreinato de Nueva Granada.
1767	Expulsión de los jesuitas de América por España y Portugal.
1776	Establecimiento del Virreinato del Río de la Plata.
	Independencia de los Estados Unidos de América.
1780–81	Rebelión de Túpac Amaru en Perú.
1789	Washington, primer presidente de Estados Unidos.
	Revolución Francesa.
	Revolución de Tiradentes en Brasil.
1791	Revuelta de los negros y mulatos en Haití: Primer país independiente.
1796	Guerra de España contra Gran Bretaña.
1797	Constitución de la Logia Americana en Londres.
1798	Francisco de Miranda en Inglaterra.

Iberoamérica independiente (Siglo XIX)

1804	Proclamación de la independencia de Haití.
1806–7	Primera invasión inglesa a Buenos Aires.
	Fracaso de la expedición de Miranda para liberar a Venezuela.
1807	Invasión de Napoleón Bonaparte a España y Portugal.
	La Corte portuguesa se traslada a Brasil ante la invasión.
1808	José Bonaparte, hermano de Napoleón, proclamado rey de España y las Indias.
	Supresión de la Inquisición en España por José Bonaparte.
1810	Comienzo de las guerras de la Independencia.
	El Cabildo de Buenos Aires destituye al Virrey y nombra una Junta de Gobierno.
	En Venezuela se aplica similar criterio.
	Revuelta de Hidalgo en México: Proclamación de la independencia.
1813	Independencia de Paraguay.
	Independencia de México.
1815	Bolívar redacta su famosa *Carta de Jamaica*.
	Brasil se convierte en reino unido a Portugal.
1816	Bolívar y el Congreso de Angostura.
	Independencia de las Provincias Unidas del Río de la Plata.
1817	Cruce de los Andes por las tropas de San Martín.

1818   Batalla de Maipú en Chile.
        Independencia de Chile.
1819   Bolívar cruza los Andes, derrota a los españoles en la batalla de Boyacá y liberta a
        Colombia.
1820–21 San Martín parte de Chile por mar al Perú y ocupa Lima.
1821   Independencia de Santo Domingo.
        Formación de la Gran Colombia.
        Bolívar derrota a los españoles en la batalla de Carabobo para libertar a Venezuela.
        Consumación de la independencia de México: Agustín de Iturbide.
1822   Liberación de Ecuador.
        Reunión de Bolívar y San Martín en Guayaquil.
        Brasil se proclama independiente de Portugal por decisión de Pedro I, que se
        convierte en su emperador.
        Augustín de Iturbide se proclama emperador de México.
1823   Proclamación en Estados Unidos de la Doctrina Monroe.
1824   Batalla de Ayacucho.
1825   Independencia de Bolivia.
1826   Primer Congreso Panamericano.
1829   Uruguay se separa de la Provincias Unidas del Río de la Plata y proclama su
        independencia.
1829–30 Ecuador, Colombia y Venezuela se separan de la Gran Colombia.
1831   Abdicación en Brasil de Don Pedro I en favor de su hijo, luego coronado
        emperador con el título de Pedro II.
1835–52 Gobierno de Juan Manuel de Rosas en Argentina.
1845   Texas se separa de México.
1846–48 Guerra entre México y Estados Unidos.
1847–89 Imperio de Pedro II en Brasil.
1848   Tratado de Guadalupe Hidalgo: México cede a Estados Unidos la mayor parte de
        Arizona, Nuevo México y Alta California y acepta la escisión de Texas.
1853–80 La Organización Nacional en Argentina.
1855   Comienzo de la Reforma en México.
1856   Ley Lerdo de Tejada en México.
1861   Buenos Aires se integra a la Confederación Argentina.
        Francia interviene en México: Maximiliano y Carlota, emperadores de México.
1865–70 Guerra de la Triple Alianza entre Paraguay por una parte, y Argentina, Uruguay y
        Brasil conjuntamente, por otra.
1867   Ejecución del emperador Maximiliano en México.
1876–1911 Gobierno de Porfirio Díaz en México.
1879–83 Guerra del Pacífico entre Chile por un lado, y Bolivia y Perú por el otro.
1888   Abolición de la esclavitud en Brasil.
1889   Fin del Imperio en el Brasil: Instauración de la República.
        Renacimiento del panamericanismo bajo el liderazgo de Estados Unidos: Primera
        Conferencia Internacional de los Estados Americanos en Washington, D.C.
1898   Guerra entre España y Estados Unidos: España pierde Cuba, Puerto Rico y las
        Filipinas.

Iberoamérica actual (Siglo XX)

1902	Cuba se convierte en estado independiente.
1903	Panamá se independiza de Colombia.
1908–35	Gobierno de Juan Vicente Gómez en Venezuela.
1910–20	Revolución Mexicana.
1914	Apertura del canal de Panamá.
	Primera Guerra Mundial (1914–1918).
1918	La Reforma Universitaria en Argentina.
1924	Creación del APRA en Perú por Víctor Raúl Haya de la Torre.
1929–31	La Gran Depresión o crisis mundial.
1930	Gobierno de Getulio Vargas en Brasil.
1933–38	Guerra del Chaco entre Bolivia y Paraguay.
1933	El presidente Franklin D. Roosevelt anuncia la Política del Buen Vecino.
1934	El general Lázaro Cárdenas da carácter socialista al gobierno del Partido Revolucionario Institucional.
1939–45	Segunda Guerra Mundial.
1943–55	Período del Justicialismo de Juan D. Perón en Argentina.
1944	Comienzo de la revolución socialista en Guatemala.
1946–1955	Período gubernamental de Perón en Argentina.
1952	Triunfo del Movimiento Nacionalista Revolucionario en Bolivia.
1955	Derrocamiento de Perón.
1958	El presidente Juscelino Kubitschek, de Brasil, propone la Operación Panamericana en el continente.
1959	Se implanta el socialismo marxista en Cuba.
1960	Brasilia se convierte en la nueva capital de Brasil.
	Establecimiento del Mercado Común Centroamericano.
1961	Plan de Alianza para el Progreso del presidente John F. Kennedy.
1962	Crisis de los misiles entre la URSS y Estados Unidos.
1965	Estados Unidos interviene en la República Dominicana.
1966	Se inician los gobiernos militares en Argentina.
1967	Encíclica *Populorum Progresio* del Papa Pablo VI.
1968	Revolución militar en Perú y gobierno del general Velasco Alvarado.
	Segunda Conferencia General del Episcopado Latinoamericano en Medellín, Colombia.
1969	Los militares toman el poder en Bolivia.
	El astronauta Armstrong desciende en la Luna.
1970–73	Gobierno marxista de Salvador Allende en Chile.
1973	Nuevo gobierno de Juan D. Perón en Argentina.
	Golpe militar en Chile: Muerte de Salvador Allende.
1982	Guerra de las Malvinas entre Argentina y Gran Bretaña.
1983	Restablecimiento de la democracia en Argentina con el presidente Raúl Alfonsín.
1985	Comienzos de la "globalización" económica.
1989	Tropas norteamericanas invaden a Panamá.

1991   Firma en Asunción del Paraguay del Tratado del Mercosur.

1992   Quinto Centenario del descubrimiento oficial de America en países
       hispanoamericanos.

1993   Firma del NAFTA o TLC entre Estados Unidos, Canadá y México.

1995   Conflicto armado fronterizo entre Ecuador y Perú. Paz en 1996.

1999   El coronel Chávez, presidente electo de Venezuela.

       Visita papal a México y Estados Unidos. La Virgen de Guadalupe patrona de
       América.

1999   Recesión económica en Argentina y otros países.

       Auge de la informática y las comunicaciones.

       Agitaciones sociales en casi todos los países.

2000   Quinto Centenario del Brasil.

       Celebraciones del Milenio en todos los países.

       Derrota electoral del Partido Revolucionario Institucional (PRI)
       de México despues de 71 años de gobierno. Presidente Vicente Fox.

Iberoamérica

IBEROAMÉRICA: Países y capitales

(ESTADOS UNIDOS - Washington, D.C.)

MÉXICO

CUBA
La Habana

BELICE
Belmopan

México

(HAITÍ - Puerto Príncipe)

REPÚBLICA DOMINICANA
Santo Domingo

GUATEMALA
Guatemala

HONDURAS
Tegucigalpa

(PUERTO RICO - San Juan)

El SALVADOR
San Salvador

NICARAGUA
Managua

COSTA RICA
San José

Caracas
VENEZUELA

(GUYANA - Georgetown)

PANAMÁ
Panamá

Bogotá

(SURINAM - Paramaribo)

(GUYANA FRANCESA
Cayena)

ECUADOR

COLOMBIA

ECUADOR
Quito

BRASIL

PERÚ
Lima

Océano Pacífico

BOLIVIA
La Paz

Brasilia

Sucre

PARAGUAY
Asunción

ARGENTINA

N

O   E

S

CHILE
Santiago

Buenos Aires

URUGUAY
Montevideo

0   1000   2000 Km.

Océano Atlántico

1cm. = 550 Km.

* La capital de Bolivia es Sucre. La Paz es la sede del gobierno.
* Entre paréntesis, naciones no integrantes de Iberoamérica.
* El territorio continental es casi el doble de Europa y casi tan extenso como los
Estados Unidos y Canadá conjuntos.

CAPÍTULO 1

Los protagonistas y su escenario

Delimitación de Iberoamérica

Iberoamérica está constituida por diecinueve países que se extienden en el continente americano desde el Río Grande al norte hasta el Cabo de Hornos al sur, y cuyas lenguas oficiales son en la actualidad el español y el portugués, aunque en algunas regiones sobreviven idiomas indígenas. El único país considerado bilingüe es Paraguay, en el cual una gran parte de la población se comunica casi indistintamente en español o guaraní.

Dentro de la denominación iberoamericana no se incluye a la república de Haití, país independiente desde 1804, antigua colonia francesa, con un 50% de población negra, que comparte como lenguas oficiales el francés y el *creole* o dialecto mezcla de francés y africano. Su población está constituida predominantemente por negros (90%) y mulatos franco-africanos.

Tampoco están incluidas Belice, Trinidad y Tobago, Surinam ni Guyana, países de otras hablas.

Puerto Rico forma parte de los Estados Unidos de Norteamérica desde el punto de vista jurídico internacional, pero por su origen colonial español, su sustrato cultural y la extensión de la lengua española entre sus habitantes, es un caso particular dentro del mundo iberoamericano.

Las fronteras entre una Hispanoamérica cultural y lingüística y una Hispanoamérica jurídica no coinciden, de manera que la definición última del área queda

1

El Puente de las Américas, uno de los mayores del mundo, de una sola luz y totalmente de acero, cruza por la embocadura del Pacífico al canal de Panamá. Fue inaugurado en 1962. Une Sudamérica con Centroamérica.

librada al criterio personal de cada historiador de la cultura. Esto es consecuencia de los hechos políticos ocurridos desde el Descubrimiento. Lo razonable es aceptar como componentes de la civilización y cultura iberoamericana actuales a los elementos hispánicos y portugueses, sumados a los sustratos indígenas y a otras aportaciones extranjeras a través del tiempo dondequiera que subsistan.

Algunos historiadores prefieren el nombre de *Latinoamérica* que incluye además los aportes de Francia e Italia, Gran Bretaña y Holanda en esta parte del continente. En Estados Unidos es muy corriente esta denominación.

Otros historiadores, por lo general hispanos, prefieren el vocablo *Hispanoamérica* o *América Hispánica* para caracterizar a los países de origen español y distinguirlos de los otros. Puerto Rico, antigua colonia española incorporada a Estados Unidos en 1898, formaría parte del conjunto hispanoamericano según dicho criterio.

Por su parte, algunos autores hispanoamericanos prefieren remitir los valores regionales hasta su antigüedad más remota y utilizan el nombre de *Indoamérica* para dar cabida y enfatizar a las antiguas culturas precolombinas.

Los europeos, desde la Conquista, denominaron a estas tierras *Nuevo Mundo* o *Indias Occidentales* por oposición a las *Indias Orientales,* criterio conservado en la expresión inglesa *West Indies.*

El nombre de América está relacionado con el del cartógrafo Américo Vespucio por un curioso azar. Algunos geógrafos europeos, a partir del alemán Martín Waldseemüller, estampaban en sus mapas de las nuevas tierras la denominación de *Amerige, Tierra de Américo* o *América,* quizás por haber creído erróneamente que Américo Vespucio fue quien las descubrió y no quien las recorrió.

En este libro adoptamos el nombre de Iberoamérica por ser más exacto para describir a los países hispanoamericanos y al Brasil conjuntamente.

Los países iberoamericanos ocupan en la actualidad un territorio de aproximadamente 8.000.000 de millas cuadradas, alrededor de un sexto de las tierras del mundo y el doble del territorio europeo. Esta extensión fue mayor en tiempos del imperio español y ha disminuido como consecuencia de las guerras continentales y de las conquistas de Gran Bretaña, Estados Unidos, Francia y Holanda en varios momentos de su historia.

En síntesis, Iberoamérica está formada por México, situado en América del Norte; otros seis países en América Central: Guatemala, Honduras, El Salvador, Nicaragua, Costa Rica y Panamá; dos países insulares en el Caribe: Cuba y la República Dominicana; y diez en América del Sur: Brasil, Venezuela, Colombia, Ecuador, Perú, Bolivia, Paraguay, Chile, Argentina y Uruguay.

Desde la frontera de México (al norte), hasta el Cabo de Hornos (al sur) en Argentina, hay una distancia de 7.000 millas. No todo el territorio al sur del Río Grande es iberoamericano, pues tanto en el norte, como en el centro y el sur, hay naciones y colonias que no lo integran.

Varios límites fronterizos están todavía en discusión entre países vecinos, aparte del dominio final de la Antártida, sobre la cual reclaman derechos doce naciones, tanto americanas (Chile y Argentina), como europeas (Noruega, Francia, Gran Bretaña), Australia y otras. En virtud del Tratado Antártico (1959) es una zona desmilitarizada y reservada a la investigación científica.

En menor medida, otros países y territorios caribeños manifiestan parcialmente características hispánicas, pero jurídicamente no son parte de Iberoamérica.

Geografía

En forma simplificada, Iberoamérica puede concebirse como un subcontinente que se extiende desde el sur de Estados Unidos hasta la Patagonia argentina, recorrido de sur a norte por una zona alta de montañas (los Andes), muy cercana y paralela al Océano Pacífico, que se amplía en un extenso Altiplano (Argentina, Bolivia y Perú), y se prolonga paralela a la costa hasta conectarse con las altas montañas del oeste de Norteamérica. Esta cordillera es geológicamente de formación reciente.

Desde la costa pacífica las tierras comienzan a descender hacia el Océano Atlántico y antes de llegar al mar son interrumpidas por más bajas estribaciones montañosas de formación geológica más antigua. En varias partes de su extensión, la cordillera occidental encierra valles fecundos. En otras palabras, hay una Iberoamérica occidental, montañosa y elevada, y una Iberoamérica oriental de planicies. Las civilizaciones antiguas se instalaron en las zonas montañosas del oeste y allí sucedieron los hechos más importantes de la Conquista; la otra Iberoamérica del este fue menos atractiva, pero compensó las diferencias con importantes llegadas de inmigración europea. En esencia, la zona del oeste fue más evolucionada si consideramos su cultura, los metales utilizados, su arte, su vida sedentaria y el virreinato en el período hispánico. Los habitantes del este eran agricultores, primitivos, nómadas y de escaso interés para España.

A pesar de la semejanza de orígenes, religión y lengua, los países hispanoamericanos tienen conceptos diferentes sobre su propia identidad fundados en sus razas, en el nacionalismo y en el patriotismo.

Existen tres grandes sistemas o cuencas fluviales en Sudamérica. El río Amazonas, segundo en longitud en el mundo (3.900 millas) después del Nilo, cruza casi todo el continente de oeste a este. En torno a esta vía se sitúa la mayor selva tropical del mundo, la Amazonia, considerada como la principal fuente vegetal generadora de oxígeno del mundo. El sistema del Río de la Plata incluye tres importantes ríos, el Uruguay, el Paraná y el Paraguay, y lleva sus aguas dulces muchísimas millas adentro del Océano Atlántico. El sistema del río Orinoco es el tercero en importancia. Otros ríos importantes son el San Francisco, en Brasil, y el complejo del Magdalena y el Cauca, en Colombia.

La Pampa argentina, de suelo fértil y húmedo, cubierta de pastos naturales, avanza con horizontalidad sorprendente desde el Río de la Plata hasta el interior del país, en una expansión de un cuarto de millón de millas cuadradas. Monótona y fascinante al mismo tiempo, es una de las zonas del mundo más apta para la ganadería y la agricultura, sin necesidad de riego artificial. En Venezuela y Colombia los llanos ofrecen características similares, aunque ocupan menor superficie.

En Perú, Ecuador, Colombia y Venezuela las montañas determinan en gran parte la economía y la vida de las poblaciones. En Centroamérica y México se da una interesante combinación de montañas, valles, tierras bajas y playas.

La fauna de Iberoamérica es bastante diferente de la europea y la asiática. Muchos animales, como el caballo, el cerdo, la mula, el asno, el ganado ovino y el ganado vacuno no existían en estas regiones y fueron traídos por los conquistadores españoles y portugueses. La llama, la alpaca, la vicuña y el guanaco eran utilizados por los aborígenes en sus faenas, y en ciertas regiones andinas todavía se los utiliza. En cambio, era muy variada la fauna en reptiles, insectos y cuadrúpedos vertebrados, al punto que los exploradores coloniales tenían dificultades idiomáticas para nombrarlos en español, a falta de palabras específicas.

El caso de la flora es análogo. Muchas plantas, conocidas por los europeos en sus países, no crecían en América: trigo, arroz, cebada, avena, centeno, caña de azúcar y café. Fueron también introducidas por ellos. Inversamente, el suelo producía otras especies desconocidas en el viejo continente: maíz, tabaco, cacao, maní, mandioca, patata y batata, sin mencionar las innumerables plantas frutales.

Iberoamérica ha sido considerada desde el Descubrimiento y la Conquista como una reserva mundial de materias primas y riquezas naturales. A este antiguo criterio se le ha agregado en el último siglo la idea de considerarla también como un eventual mercado para los artículos industriales de la producción mundial.

Norteamérica y Sudamérica están geográficamente separadas por la densa y prácticamente intransitable jungla del Darién, en Panamá. A su vez, los océanos Atlántico y Pacífico estaban separados por el istmo de Panamá hasta la construcción del canal del mismo nombre, anteriormente bajo administración norteamericana y desde 1999 bajo dominio panameño. Concluido en 1914, con una longitud de ochenta kilómetros, constituye una hazaña de ingeniería de todos los tiempos.

Recursos naturales

El hallazgo de abundantes minas de oro, plata y cobre suscitó la ambición de riqueza entre españoles y portugueses, sin descontar los novedosos productos vegetales y animales de que carecían los descubridores y demás naciones europeas. La América colonial estuvo sometida durante esos siglos al beneficio económico de las metrópolis, España y Portugal. Las naciones competidoras, en complicidad con algunos sectores criollos, recurrieron al contrabando para compensar en parte dicha servidumbre. En cierta medida esa característica distingue todavía a las economías de los países más pequeños y de monocultivos.

La transferencia de riquezas a Europa produjo en sus comienzos ingentes ganancias a las metrópolis, que las empleaban en el mantenimiento de la Corona y la nobleza, y en la compra de artículos de lujo en el resto del Viejo Mundo (Florencia, Génova, Holanda, Bélgica y Oriente), lo que condujo al descuido de sus industrias y manufacturas internas y al ocio especulativo, que en definitiva desembocó en la decadencia del Imperio.

Venezuela, Chile y Brasil poseen importantes reservas de mineral de hierro; Bolivia figura entre los mayores productores mundiales de estaño; Chile tiene cobre y nitratos; México extrae gran parte del plomo y la plata del mundo; Argentina es uno de los mayores productores de trigo, maíz, carne vacuna, lana y cueros; Brasil es el mayor productor de café, y conjuntamente con Colombia y otros países iberoamericanos, abastece casi toda la demanda mundial. Brasil comercia también algodón a escala mundial.

A estos productos se han agregado en el siglo XX las reservas petrolíferas de gran magnitud existentes, sobre todo en Colombia, México y Venezuela, pero presentes en casi todos los demás países. Si bien las reservas y la explotación de ese recurso no alcanzan las cifras de los países típicamente petroleros del Medio Oriente, la exploración y refinamiento del crudo[1] se incrementa día a día.

La economía de varios países iberoamericanos depende casi exclusivamente de uno o dos productos básicos. Guatemala, El Salvador, Colombia y Brasil tienen como producción principal el café; Cuba, el azúcar; Venezuela, el petróleo; Uruguay, las carnes y lanas; Chile, el cobre. El proceso de industrialización creciente tiende a modificar esta situación que, sin embargo, no es la ideal.

En la industria manufacturera, Brasil, México, Colombia, Chile y Argentina han logrado un moderado desarrollo. Con todo, Iberoamérica es en la mentalidad de muchos observadores y economistas todavía un subcontinente proveedor de materias primas[2] a pesar de que los citados países realizan encomiables esfuerzos para incorporarse a la etapa industrial. La participación de Iberoamérica en el comercio mundial es todavía mínima, apenas un 10%; esto se debe no sólo a causas particulares de cada nación, sino también a interferencias internacionales.

Población

La población de Iberoamérica asciende aproximadamente a unos 400 millones de habitantes. Desde el año 1920 es la población que más crece en el mundo, a una tasa cercana al 2,5% anual, muy elevada en relación con la de Europa (1,5%), Estados Unidos y otros continentes. Se ha relacionado el crecimiento poblacional con el nivel de cultura de los pueblos, criterio que no es compartido por religiosos y algunos especialistas, quienes consideran que la limitación de los nacimientos por razones económicas o de otra consideración es contraria a la naturaleza, a los derechos humanos y al destino de la especie humana.

La mezcla racial y cultural es una de las características humanas de la América española y portuguesa: los elementos originarios son el indio, el blanco y el negro. Sobre un primitivo fondo aborigen, de muy diferentes clases y procedencias, se so-

---

[1]**crudo** petróleo   [2]**materia prima** material no elaborado producido por el subsuelo o la agricultura (*raw material*)

Iberoamérica en cifras

País	Superficie en km.^{2}	Población total	Población urbana %
Argentina	2.779.221	34.267.000	86,0
Bolivia	1.098.581	7.414.000	58,0
Brasil	8.511.996	161.469.000	75,0
Chile	736.902	14.242.000	86,0
Colombia	1.141.748	35.101.000	70,0
Costa Rica	51.100	3.424.000	47,0
Cuba	110.922	11.300.000	72,8
Ecuador	275.830	11.476.000	56,0
El Salvador	21.040	5.768.000	44,0
Guatemala	108.879	10.621.000	39,0
Honduras	112.088	5.663.000	44,0
México	1.958.201	90.320.000	72,6
Nicaragua	130.700	4.140.000	60,0
Panamá	75.517	2.631.000	53,3
Paraguay	406.752	4.894.000	48,0
Perú	1.285.215	23.855.000	72,0
Rep. Dominicana	48.308	7.921.000	60,0
Uruguay	176.215	3.185.000	86,6
Venezuela	916.445	21.491.000	84,0
Estados Unidos	9.372.614	252.688.000	75,0

Algunas cifras deben considerare estimativas por las siguientes razones: 1) falta en algunos casos de información oficial; 2) diferencias entre las distintas fuentes utilizadas; 3) diferentes períodos de relevamiento; 4) distintos criterios nacionales en los censos; 5) cuestiones limítrofes.

FUENTES: *UNESCO, Banco Interamericano de Desarrollo y otras.*

brepuso el elemento blanco, y algunos años más tarde el negro, procedente de África. De estos tres grupos raciales, combinados en toda forma y proporción, surgieron los *mestizos* (hijos de blancos e indígenas), los *mulatos* (hijos de blancos y negros), y los *zambos* (hijos de indígenas y negros). Existen además iberoamericanos de origen oriental que se aposentaron en las costas del Pacífico (Perú en especial), y representantes de otros grupos extranjeros al punto que apenas son discernibles las características originarias. En tiempos de la Colonia se denominaba *criollos* a los descendientes de europeos nacidos en suelo americano, término que aún subsiste en algunas regiones. En otros países se denomina en la actualidad *ladinos* a los indígenas culturalizados.

En materia de mezclas raciales, la variedad regional es tan grande que resulta imposible identificarlos en una sola morfología. Algunos mestizos conservan los rasgos mongoloides,[3] mientras otros reflejan rasgos caucásicos.[4]

---

[3]**mongoloide** de tipo mongólico (noreste de Asia)   [4]**caucásico** del Cáucaso, raza blanca

Estados Unidos y Canadá, así como el sur de Brasil, Chile, Uruguay y Argentina han resultado casi prolongaciones raciales de Europa. El porcentaje de blancos desde México hasta Argentina y Uruguay varía desde el 2% en Honduras hasta el 30% en Chile (excepto Costa Rica con el 80% y Brasil con el 62%). El elemento caucásico no mezclado sube en Uruguay al 90% y en Argentina al 97%.

Los indígenas componen el 26% de la población en México, el 60% en Ecuador, el 46% en Perú y el 53% en Bolivia. Se considera que, en cifras generales, un 11% o menos es indígena en América Latina. Los mestizos sobrepasan a los caucásicos en casi todos los países, menos en Ecuador, Perú y Bolivia.

Es posible que el mestizo sea el representante racial más típico de Iberoamérica, y algunos países con profunda tradición indigenista se enorgullecen de esta condición.

Desde principios del siglo XX hasta la actualidad, los países del mundo más receptores de inmigrantes fueron los del Cono Sur (Chile, Argentina, Uruguay, Paraguay y el sur del Brasil), mientras que con posterioridad a la Segunda Guerra Mundial, las corrientes europeas inmigratorias escogieron Australia, Nueva Zelanda, Canadá, Estados Unidos, Argentina y Venezuela. México tuvo una emigración de unas 250.000 personas, principalmente hacia Estados Unidos, lo que representó un 3% de su crecimiento poblacional.

La tasa promedio de crecimiento anual de la población de Latinoamérica está calculada en un índice del 2,5%, el que se considera excesivo, si se piensa que con esa tasa la población se duplica en una generación. Sin embargo, esta cifra es global y no refleja la situación particular de cada país. La densidad de población por kilómetro cuadrado es muy diferente entre uno y otro: Guatemala y Costa Rica cuentan con más de 30 personas por kilómetro cuadrado, Cuba y la República Dominicana con 60 aproximadamente, mientras que Argentina, Bolivia y Paraguay no sobrepasan los 8.

En Iberoamérica hay ciudades desmesuradamente grandes en relación con la población rural del territorio. Las ciudades más grandes son Ciudad de México, Río de Janeiro, San Pablo y Buenos Aires. Hay unas treinta ciudades con un millón de habitantes o más.

Origen del hombre americano

La ciencia no ha podido fijar con precisión el origen del hombre americano. A partir del concepto de la unidad del género humano, el problema se reduce a tres interrogantes principales: la procedencia, la época y la posibilidad de que fuera autóctono del continente. Numerosas teorías se han propuesto sobre estos temas con mayor o menor fundamento, pero por el momento carecen de suficientes pruebas.

Con respecto a las hipótesis inmigratorias, la más difundida afirma que el hombre americano procede de Asia y llegó a través del estrecho de Bering hace unos 10.000 o 20.000 años, en estado de civilización paleolítica (piedra sin pulir) o neolítica (piedra tallada), y que una vez en el continente, desarrolló su propia cultura. Los grupos inmigratorios habrían descendido de Alaska por el oeste de Estados Unidos, en dirección al sudeste, y sucesivamente por todo el continente hasta llegar a la Patagonia. Sin em-

CORRIENTES DE POBLAMIENTO DE AMÉRICA

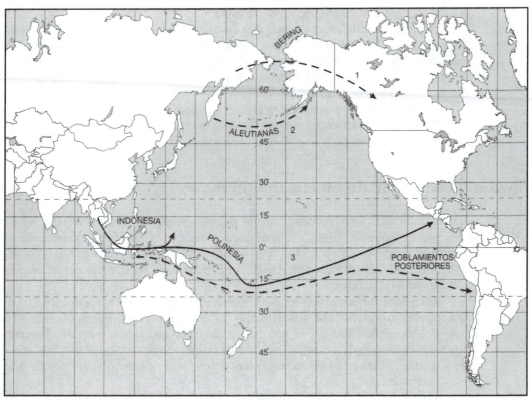

América habría sido poblada en la prehistoria por asiáticos que cruzaron por el estrecho de Bering y las islas Aleutianas (*teoría unilateral*). Otros antropólogos sostienen que también llegaron más tarde corrientes de la Polinesia y aun de Indonesia (*teoría multilateral*).

bargo, no se ha podido demostrar la relación entre las lenguas primitivas americanas y las asiáticas, ni explicar tampoco algunas diferencias genéticas y físicas.

Otra teoría supone que hubo una procedencia asiático-pacífica, de isla en isla en frágiles embarcaciones hasta la costa occidental americana. Una firme convicción entre ciertos antropólogos intenta suplantar la hipótesis primera con esta nueva, apoyándose en ciertos paralelismos culturales. Queda por resolver, en uno y otro caso, si la incursión se hizo en una sola o en varias oleadas sucesivas. Las argumentaciones se extraen de la lingüística, la arqueología y la paleontología, cuyos resultados hasta el presente no manifiestan un categórico acuerdo.

A estas escuelas del origen asiático, único o múltiple, se oponen las que sostienen que el hombre americano es autóctono del continente, aunque esta última tiene menos partidarios. Tienen menos pruebas todavía las que proponen un origen europeo o africano. La más curiosa y menos científica de las explicaciones es la que habla de un antiguo continente, la Atlántida, hundido en alguna época geológica en el océano, y desde donde podrían haber llegado los hombres.

Se puede afirmar, sin embargo, que la aparición del hombre americano es posterior a la de los habitantes de Asia y de Europa, como lo demuestra la antigüedad de los restos arqueológicos encontrados y fechados científicamente. Igualmente, la hipótesis de que la raza americana es el resultado de distintas invasiones ha ganado la aceptación de muchos científicos.

En base a los restos antropológicos, se ha pensado que el primitivo hombre americano era fuerte, erguido, de complexión delgada, piel oscura, cabello negro, pómulos salientes y ojos mongoloides de tipo oriental.

El gran descubrimiento americano: El maíz

Los primitivos habitantes eran, en los tiempos remotos, recolectores de frutos, cazadores y pescadores, según la región donde se establecían. Una vez instalados se convertían en agricultores y cultivaban diversos productos vegetales, en particular el maíz, que es un producto típico y básico de las civilizaciones aborígenes, desde Estados Unidos hasta la Patagonia.

Estas civilizaciones fueron fundamentalmente civilizaciones agrícolas y los innumerables productos alimenticios que los europeos encontraron a su llegada fueron una contribución de la América indígena a la civilización mundial. Trajeron también la rudimentaria cultura indígena de tejidos, alfarería y cestería, y el trabajo de la piedra y la madera evolucionó con el correr de los siglos hacia formas propias y más sofisticadas.

La civilización del Viejo Mundo se caracterizó por la presencia del cultivo de trigo panificado, la utilización de los grandes cuadrúpedos, la rueda y el arado, desconocidos en estas tierras. Los indígenas americanos no conocieron los animales de tiro ni de montar, y por consiguiente, no tuvieron ningún tipo de carruaje. En modo genérico puede afirmarse que desarrollaron la agricultura, arquitectura, técnicas textiles, astronomía y otras ciencias, el uso de los metales preciosos y del cobre y otras habilidades como la cerámica y la cestería.

El gran aporte cultural de los primitivos americanos fue el descubrimiento del maíz. No se conoce exactamente el lugar donde se obtuvo por primera vez este cereal, pues se han encontrado restos fósiles de maíz en Perú, México y Estados Unidos. El maíz es un vegetal híbrido obtenido por sucesivas cruzas de especies, muy probablemente a partir del *teocinte,* una planta que crece en México y Guatemala. El maíz está presente todavía en la mentalidad, costumbres e industrias indígenas.

Es ampliamente empleado en la América Latina como alimento, en forma de *tortillas* a pesar de su menor valor nutricional con respecto al trigo. Los médicos sostienen que en las dietas donde predomina con exceso, puede provocar enfermedades específicas o debilidad por su pobre calidad. Entra también en la producción de otros ingredientes y platos de la gastronomía mundial, como polentas, harinas, jarabes, *pop corn* y varios más. El maíz es una de las plantas más sembradas en el mundo para alimento, exceptuado el trigo. En la zona brasileña y paraguaya ambos son suplantados por un

El encuentro entre los indígenas y los conquistadores españoles produjo en la región del Altiplano andino (Perú, Bolivia y Argentina) un mestizaje biológico, social y cultural que todavía perdura en las costumbres, vestimentas, artesanías (cerámica y tejidos) y celebraciones públicas. Igual fenómeno se ha producido en el resto de Iberoamérica.

tubérculo algo fibroso denominado *mandioca, tapioca* y también *yuca.* Las partes no comestibles de sus granos se emplean en las industrias del alcohol, aceites, azúcares, solventes y otros artículos.

El poblamiento de América: Los amerindios

Las primitivas culturas de América surgieron hace unos tres mil o cuatro mil años, a miles de kilómetros de distancia de las de Egipto y Mesopotamia.

Los primitivos habitantes pasaron de cazadores nómadas a agricultores sedentarios, adoraban los astros, levantaban túmulos de tierra para enterrar a sus muertos, tenían leyes y códigos morales, criaban animales domésticos, cultivaban el maíz, la patata y varias clases de frutas y hortalizas. Agrupados en pueblos o tribus, establecieron clases sociales, inventaron distintos tipos de cálculos numéricos y de escritura sin llegar a la alfabética, fabricaron papel, practicaron la cerámica, la alfarería, las manualidades textiles; y en el campo artístico, desarrollaron la escultura, la arquitectura, la música, los bailes y la literatura. Por supuesto, crearon sus propias cosmogonías[5] y creencias religiosas, y no todos alcanzaron el mismo grado de civilización.

---

[5]**cosmogonía** teoría de la formación del universo

Los antiguos *amerindios* se diferenciaron entre sí por los rasgos corporales y las lenguas, sin dejar por eso de constituir esencialmente un grupo humano homogéneo. Se ha conjeturado que llegaron al continente en dos oleadas inmigratorias; la primera comprendió a quienes descendieron hacia el sur y evolucionaron sin mayor contacto entre sí, adaptándose a las condiciones del ambiente. Posteriormente habríase producido otra invasión en el extremo norte, la cual incluía a los esquimales. Los restos óseos que se van descubriendo provocan nuevas dudas e hipótesis. Por ejemplo, se han encontrado cráneos, puntas de flechas y otros restos de asentamientos, aparentemente coetáneos, en muy diferentes estadios de civilización tanto en Norteamérica como en América Central y América del Sur.

Por de pronto, se conoce que en el subcontinente norte hubo dos culturas arcaicas: una establecida en los desiertos del oeste y otra en los bosques del este. La primera se especializaba en la recolección de semillas y raíces, confeccionaba calzados, vestimentas y cestos con fibras vegetales, tenía un cierto tipo de cerámica y no superó la condición de hordas. Es probable que fueran los antecesores de las culturas mexicanas. La segunda basó su vida primitiva en la caza; elaboró una cerámica tosca, conoció las prácticas funerarias y decoraba sus vestidos con perlas y dientes de animales.

Algunos antropólogos han relacionado a los amerindios de Iberoamérica con la cultura *anasazi* que se desarrolló hacia el siglo I d.C. en el sudeste de los Estados Unidos (Arizona, Nuevo México, Colorado y parte de Utah), conocida por sus trabajos de cestería, caza y cultivo del maíz y de la calabaza. En su período posterior denominado Pueblo clásico (1050–1300) vivían en cuevas cavadas en la montaña o refugios externos, y habían llegado a dominar las técnicas de la alfarería y tejeduría de fibras de algodón y yuca. Para algunos historiadores los anasazis serían los precursores de los navajos actuales.

Las primitivas culturas arcaicas

Desde las épocas prehistóricas hasta la llegada de los españoles en el siglo XV hubo frecuentes migraciones de pueblos hacia Mesoamérica, en distinto grado de evolución cultural, que se afincaron en diferentes regiones e influyeron unas en otras por medio del comercio y las guerras, o se fundieron en un solo pueblo.

Los olmecas

Entre los pueblos más importantes establecidos en el oeste se encuentran los *olmecas* (1150 a.C.–800 d.C.). Son famosos por sus colosales cabezas humanas de unos dos metros y medio de altura y más de treinta toneladas de peso, de fisonomía negroide, asentadas sobre tierra. Su función se desconoce aunque puede suponerse que tuvieran un propósito religioso, pues se han encontrado altares (La Venta) cerca de ellos. Es notable que tanto estas cabezas como las que aparecen en figurillas, estatuillas y máscaras de jade, muestren bocas despectivas, con las comisuras labiales hacia abajo, como fauces de felinos. Sus notables estatuas pequeñas de bailarines y luchadores eran de contornos puros, muy estilizadas, en actitudes dinámicas, y causan asombro por su realismo. Los olmecas están considerados como el primer pueblo de cultura elaborada establecido en Mesoamérica.

El estilo olmeca se extendió más tarde por el valle de México y aun América Central, quizás debido a razones políticas, religiosas o comerciales. Se ha especulado que por sus monumentos y construcciones, así como por su estilizado arte, no fue una sociedad igualitaria. Su influencia desapareció hacia el año 800, antes del desembarco español, y paulatinamente dejó de ser el conductor cultural de la región.

Teotihuacán

Teotihuacán alcanzó su mayor esplendor entre los siglos IV y IX y culminó en el XI, después de haberse extendido a los estados vecinos. Sus ruinas son de gran valor y una de las más imponentes de toda América. Tienen una extensión de dos kilómetros en sentido longitudinal y están atravesadas de norte a sur por la Calle de los Muertos. En uno de sus extremos se abre una plaza con la pirámide de la Luna; a un lado de la calle, cerca de la plaza, se levanta la pirámide del Sol, de sesenta metros de alto, más antigua, construida probablemente hace unos dos mil años, a cuya cúspide se asciende por más de trescientos peldaños. Ésta era el centro religioso de la ciudad.

La arquitectura se distingue por la monumentalidad de sus edificios, sus pórticos imponentes, las columnas con serpientes, las estatuas, el empleo de la piedra tallada y los animales y figuras humanas como elementos decorativos. Practicaban también la escultura, la pintura y la orfebrería en metales. En Teotihuacán existe una gran plaza cuadrada llamada la Ciudadela, formada por cuatro terrazas superpuestas, que rodean un patio interior, en cuyo fondo se levanta otra pirámide de tabiques escalonados que se denomina santuario de Quetzalcóatl.

Los toltecas

Los toltecas fundaron el culto de Quetzalcóatl, cuyo símbolo fue la "serpiente emplumada", la cual puede apreciarse en las ruinas mencionadas. Al producirse la invasión de los toltecas a la civilización maya, este símbolo fue unánimemente adoptado y celebrado, así como lo fue, tiempo después, por los aztecas.

Según la tradición tolteca, Quetzalcóatl era un hombre blanco de barba grande. Había predicado una nueva religión de virtud, amor y penitencia, e introdujo en el país las artes útiles y de ornato. Predijo que, con los años, llegarían del oriente unos hombres blancos y con barba, que como él, conquistarían el país.

El ingreso de los toltecas en el valle de México marca el comienzo del militarismo en la región, la creación de castas guerreras, la decoración externa de los edificios monumentales y los sacrificios humanos. Los toltecas —llamados *itzás*— se expandieron sobre los pueblos mayas e impusieron su dios Quetzalcóatl, que pasó a llamarse Kukulcán. A su vez, los toltecas fueron conquistados por los *chichimecas* y posteriormente por los *aztecas,* que destruyeron a esta cultura hacia mediados del siglo XII.

Niños indígenas actuales (kunas) del archipiélago de San Blas, Panamá. Son de estatura pequeña, cabeza grande, cuello corto y robustos. Las mujeres son tejedoras de las conocidas *molas,* o coloridos tejidos formados por la combinación de vistosas telas e hilos.

Los chimús

En el Perú, con anterioridad a los *incas* hubo varias culturas que se desplegaron con relativa independencia unas de otras. En el período de formación, unos 1.200 años antes de Cristo, se desarrollaron diversas culturas andinas, entre las que sobresale la de los *chimús,* con su floreciente capital Chan Chan, considerados los señores del más importante reino del Perú arcaico, a unos quinientos kilómetros al norte de la actual Lima. Su lenguaje no guarda relación con el incaico y desapareció el siglo pasado. Su cerámica era admirada en la zona de la costa, así como la construcción de canales de riego en esa zona árida y la construcción de ciudades; se difundieron por las regiones cercanas, pero terminaron dominados por los incas. Fue una sociedad muy estratificada y de alta cultura, una parte de la cual adoptaron los invasores incas.

Los mochicas

Otro pueblo, los mochicas, fueron grandes ingenieros y constructores. Su cerámica negra con incisiones blancas tuvo gran relevancia. Son los fabricantes de los llamados "vasos retratos", los cuales representan con precisión anatómica los rasgos faciales y los estados de ánimo. Otros imitan formas animales, en especial felinos,[6] y casi todos tienen la típica asa en forma de estribos, característica de esa artesanía. Por los restos conservados hasta la actualidad, se presume que practicaban la amputación de miembros y la circuncisión.

En la zona de Paracas, Pisco, Ica y Nazca, se radicaron grupos que se distinguieron por sus conocimientos de agricultura y de textiles. Restos de estos tejidos se han encontrado en tumbas y sitios donde se enterraba a los muertos, y están confeccionados con variedad de colores y elementos decorativos geométricos. Se supone que estos pueblos llegaron por vía marítima desde América Central. Otra de sus habilidades características fue la cerámica.

Los tiahuanacotas

En Bolivia, otra cultura encierra un misterio no descifrado aún. Es la de Tiahuanaco, cuyas ruinas principales se encuentran en la meseta del Alto Perú (Altiplano), en torno del lago Titicaca. Son los antecesores de los actuales indios bolivianos *aimaras*. Se caracterizaron por el empleo de enormes piedras en sus construcciones, algunas de varias toneladas de peso.

La más atractiva de las ruinas es el inmenso recinto de Kalasasaya, cercano a La Paz, Bolivia, que es un conjunto cuadrangular, con una ancha escalinata de entrada y otros edificios a los costados. En varias partes se pueden ver grandes rocas abandonadas, que se transportaban a tracción humana y que se denominan "piedras cansadas", para indicar que no se sabe el motivo de su abandono. Muy notable, entre los restos, es la famosa Puerta del Sol, situada dentro de dicho recinto. Está construida con un solo bloque de piedra, con una excavación a modo de puerta, y un friso superior con una inscripción todavía no descifrada.

Su cerámica fue igualmente de gran mérito y estaba representada por vasos de base plana y labios plegados hacia afuera. En la decoración, de tipo animalístico, sobresalen el jaguar, el puma, el cóndor y el halcón.

Según parece, ya hacia el año 8000 a.C. el hombre americano había alcanzado el estrecho de Magallanes buscando la caza de animales para la alimentación. El hecho es que además de los grandes o pequeños pueblos primitivos, la zona comprendida entre los Andes y el Atlántico y la del mar Caribe, también estuvieron pobladas. Pero esos pueblos que vivían en selvas y tierras bajas y tórridas tuvieron, en general, culturas muy atrasadas y en condiciones casi de barbarie. Los del sur de Argentina, por ejemplo, vivían bajo enramadas o toldos de cueros, cubiertos de pieles. Los del mar Caribe tampoco llegaron a un grado de evolución cultural digno de destacar.

---

[6]**felino** félido, gato

Temas de expresión oral o escrita

1. ¿Por qué se llama América al continente?
2. ¿Qué diferencia existe entre los términos Hispanoamérica, Iberoamérica y Latinoamérica?
3. Mencione y describa brevemente algunos de los accidentes geográficos de la región.
4. ¿Cuáles son los productos vegetales y los animales característicos de la región?
5. ¿Cómo está compuesta la población iberoamericana?
6. ¿Qué es un mongoloide y qué un caucásico?
7. ¿Cuál es la obra escultórica típica de los olmecas?
8. Describa la ciudad de Teotihuacán.
9. ¿Cómo se supone que era en su aspecto físico el primitivo hombre americano?
10. ¿Qué es un indígena, un criollo, un mestizo, un ladino y un zambo?

Temas de discusión

1. ¿Existe en la actualidad un hombre latinoamericano típico? En caso afirmativo o negativo explique sus razones.
2. Opine sobre el siguiente juicio de Henri Lehmann (*Las culturas precolombinas*): "Nos asiste el derecho de suponer que provinieron de Asia muchas olas de inmigraciones".
3. En su opinión, ¿qué es un indio?
4. ¿Hay a su criterio una mentalidad india específica? Si así lo cree, explíquela y justifíquela.
5. ¿Considera usted justificada la opinión de que "sin indios no hay América"?

Temas de investigación

1. Breve historia del maíz y sus aplicaciones a través del tiempo.
2. Teorías sobre el origen del hombre americano.
3. Relación posible entre los anasazis de los Estados Unidos y los primitivos pueblos mexicanos.
4. Historia de la "serpiente emplumada".
5. La discutida leyenda de la Atlántida.

CAPÍTULO 2

Las principales culturas indias

Correlación entre ellas

Desde el momento del Descubrimiento, españoles y portugueses se toparon en América con civilizaciones de diferente valor y en distinto grado de evolución. Las tres más importantes —la maya, la azteca y la incaica— estaban radicadas en la zona montañosa occidental, que se extiende desde México hasta la parte septentrional de Chile y Argentina. Desde allí hacia el este y sur del continente, había pueblos que se encontraban en una etapa más primitiva, próxima en algunos casos al salvajismo, como en el Caribe, las zonas selváticas, las llanuras e islas, y las tierras nevadas del estrecho de Magallanes.

Las principales culturas de la montaña tuvieron algunos rasgos comunes que no dejan lugar a dudas sobre su relación: el uso común de la piedra, las construcciones megalíticas, la prioridad de los templos y adoratorios, la escultura ornamental con representación de figuras antropomórficas[1] y animales (serpientes, jaguares y otros felinos, aves, llamas y peces) y la cerámica de barro. Hasta el presente no se han podido establecer con certeza los medios y momentos de esta relación, pero la correlación tampoco ha podido ser desmentida. Algunos arqueólogos e historiadores del arte han

---

[1]**antropomórfica** con figuras humanas

CULTURAS INDÍGENAS HACIA 1500

creído encontrar una coincidencia en el progresivo grado de "barroquización" o complejidad de estas culturas, así como también en el empleo de formas realísticas para expresar lo invisible.

Los mayas

El origen de los mayas es un misterio. Se desconoce de dónde provienen. Probablemente, durante muchos años o siglos llevaron una vida nómada, en busca de una región propia, hasta que se asentaron en la región de las actuales Yucatán (México), Guatemala, parte de Honduras y El Salvador. Es probable que recorrieran tierras muy frías y muy cálidas y que el descubrimiento del maíz en la zona les diera la oportunidad de quedarse allí y dedicarse a su cultivo.

El pueblo maya contó con excelentes artistas, hombres de ciencia, astrónomos y arquitectos. Es posible que por el refinamiento estético de su arte y arquitectura, la precisión de su sistema astronómico, la complejidad de sus calendarios y el desarrollo de su matemática y su escritura, no hayan sido superados por ninguna otra civilización del Nuevo Mundo y apenas igualados por muy pocas del Viejo Mundo. Están considerados como "los griegos" de América.

Los mayas se establecieron en Centroamérica hacia los años 2000 o 1500 antes de Jesucristo. Durante varios siglos vivieron en un estado de formación cultural, hasta que, aproximadamente en el año 300 d.C., lograron las características esenciales de su civilización, en la región denominada El Petén, en el norte de Guatemala.

Esta civilización estuvo integrada por numerosas ciudades-estados que hablaban una lengua común, aunque con ligeras variantes dialectales, y tenían similares rasgos culturales. Sin embargo, no parecen haber tenido una unidad política ni una ciudad capital. En distintas etapas, fueron levantando grandes ciudades: Tikal (la más antigua y la mayor) y Uaxactún, en Guatemala; Chichén-Itzá (abandonada y reconstruida tres veces) y Palenque, en México; y Copán, en Honduras.

Viene luego una época de inexplicable silencio, en que las ciudades son abandonadas y cesan de erigirse monumentos. Palacios, templos, casas de los gobernantes y el clero, pirámides y monolitos son devorados por la selva.

Hacia el año 900, aproximadamente, la civilización maya estaba ubicada, sin que se sepa cómo, en la península de Yucatán. Entran entonces en estrecho contacto con los toltecas de México y se produce un importante intercambio comercial en la frontera.

Comienza así un renacimiento de la nueva cultura maya-tolteca, bajo el signo de Kukulcán (transcripción maya del nombre tolteca Quetzalcóatl). El arte y la arquitectura se perfeccionan con la introducción de motivos toltecas, como la serpiente emplumada, y otros elementos decorativos. En esta época de Renacimiento maya, se levanta la más bella ciudad de la región, Uxmal, se reconstruyen y se extienden las carreteras, y florecen la arquitectura y el arte.

Hacia fines del siglo XII, estalla una guerra civil, y más tarde otra, en el siglo XV, entre mayas e itzás. Finalmente, en esta situación de decadencia, el pueblo maya cae bajo los conquistadores españoles, en los siglos XVI y XVII.

Edificio denominado Las Monjas, en la ciudad maya-tolteca de Chichén-Itzá. Dibujo hecho por Frederick Catherwood, que acompañó a John Lloyd Stephens, un entusiasta abogado de Nueva York que recorrió el mundo maya en 1840 y escribió varios tomos sobre sus hallazgos. El estilo de Las Monjas y numerosas construcciones de Chichén-Itzá ha incorporado las bellas esculturas y decoraciones a la primitiva arquitectura indígena.

La ciudad-estado

No se tienen hasta ahora pruebas concluyentes sobre el carácter y organización de los pueblos mayas antiguos. Los estudios de los sitios arqueológicos descubiertos permiten presumir que en algunos casos pudieron haber sido centros religiosos adonde concurrían los nativos dispersos en las proximidades para las ceremonias, mientras que en otros constituían verdaderas poblaciones, con templos, edificios públicos y privados, viviendas, leyes y policía. Por otra parte, la condición de la ciudad central fue variando con el curso del tiempo hasta el punto de llegar a conformar en ciertos casos una verdadera ciudad-estado.

En las ciudades descubiertas, la mayor parte de los edificios son templos, palacios y recintos[2] para ceremonias: una plaza central, rodeada de construcciones que se levantaban sobre grandes plataformas o terrazas en forma de pirámides truncadas, con largas escalinatas para el ascenso. Los templos tenían a menudo forma rectangular, con

---

[2] **recinto** espacio comprendido entre límites determinados

una sola cámara, o raras veces, con varias. Ocupaba un lugar importante en la ciudad el recinto para el juego de la pelota, de forma rectangular, con asientos de piedra a los costados para los espectadores. Dicho deporte se practicaba con una pelota de caucho[3] y se jugaba con las piernas, codos y muñecas.

En torno a la ciudad se extendían las *milpas* o campos de maíz y las tierras de labranza y cría de animales, y rodeando al conjunto, la selva imponente y majestuosa.

Al frente de la organización política estaba un oficial o jefe cuyo cargo era hereditario en la familia. Tenía amplios poderes, políticos y religiosos, y probablemente establecía las normas con la ayuda de un consejo de jefes principales, sacerdotes y consejeros especiales. Designaba a los jefes de las ciudades y las aldeas, quienes estaban en una especie de relación feudal con él y eran, por lo general, personas de su misma sangre. Al mismo tiempo, era la más alta autoridad religiosa, pues el estado maya tenía caracteres teocráticos. Era considerado como un semidiós. Todos le debían sumisión y obediencia. Tenía una esposa legítima y varias concubinas.

La sociedad

La antigua sociedad maya consistía en cuatro clases sociales: los nobles, los sacerdotes, el pueblo común y los esclavos. La nobleza era hereditaria y la constituían los magistrados de las ciudades y aldeas, quienes además de gobernar, ejercían la justicia y, en tiempos de guerra, mandaban sus propios soldados.

Los sacerdotes provenían de la nobleza y su posición se adquiría también por herencia. Además de administrar la religión y el culto, eran eruditos, astrónomos y matemáticos. Constituían una clase sumamente respetada y poderosa por su sabiduría, sus predicciones y la superstición del hombre común.

El pueblo común estaba integrado por los agricultores de maíz y demás trabajadores que sostenían al jefe supremo, a los señores locales y a los sacerdotes. La clase inferior estaba constituida por los esclavos. Según parece, los esclavos eran los prisioneros, los huérfanos, los hijos de los esclavos, los condenados por robo y los individuos comprados o intercambiados. En algunos casos, ciertos esclavos podían redimirse.[4] Los prisioneros de guerra importantes eran sacrificados, mientras que los otros quedaban como esclavos en poder de los soldados que los habían capturado.

La religión

La religión de los mayas fue politeísta e idolátrica, basada en la personificación de la naturaleza y la adoración de los cuerpos celestes y del tiempo. Esta religión era esotérica[5] y su interpretación estaba a cargo de los sacerdotes. Incluía también una cosmogonía u origen del mundo. Las ceremonias del culto fueron muy importantes, e iban desde el simple ofrecimiento de alimentos a los dioses hasta la práctica de sacrificios humanos, aunque no con la frecuencia y el rigor de los aztecas.

---

[3]**caucho** goma que se extrae por incisión de ciertas plantas   [4]**redimirse** ser liberados, comprar su libertad   [5]**esotérica** secreta

La escritura y los libros

No tuvieron los mayas un alfabeto comparable al nuestro. Su lenguaje escrito consistía en jeroglíficos o escritos con dibujos. Inventaron, para escribir sus libros, un papel a base de fibras vegetales. Los volúmenes eran largas tiras de papel, dobladas y plegadas varias veces, que se desplegaban para leer. Las cubiertas eran generalmente de madera muy decorada.

Los mayas debieron de haber escrito muchos libros, pero fueron quemados por los españoles para acabar con la superstición y la idolatría.

El desciframiento de la escritura maya

En tiempos recientes el lingüista ruso Yuri Knorozov ha elaborado un sorprendente método para el desciframiento de la escritura maya. Apoyándose en el libro de Diego de Landa, primer provincial y luego obispo de Chiapas, titulado *Relación de las cosas de Yucatán* (1566) y los *Libros de Chilam Balam* escritos en caracteres latinos en los siglos XVI y XVII, creó un procedimiento denominado "estadística proposicional", que le permitió descifrar gran cantidad de textos, fechas y dibujos de los códices existentes en Dresde, Madrid y París. Publicó su descubrimiento en *La escritura de los indios mayas* (1963) y *Los manuscritos jeroglíficos mayas* (1975). Según Knorozov, la escritura maya antigua no coincide con el idioma de los actuales mayas. Los manuscritos hasta ahora conocidos no son libros en el sentido moderno del término, sino guías o enciclopedias referidas a los aspectos de la vida y tradiciones del pueblo antiguo, que servían de consulta a los sacerdotes de aldea; no se leían en forma continuada y les permitían orientarse en las ceremonias.

Descubrió que la primitiva escritura era un sistema mixto y coherente compuesto por unos 300 signos *ideográficos* que transmiten las raíces de las palabras; otros signos *fonéticos* agregados que expresan un sonido; y finalmente, signos *diacríticos* que precisan el sentido de la palabra pero no se leen. De esta manera, podía saberse si un signo dibujado era un sustantivo común (*león*) o un sustantivo propio (*León*) y la función que desempeñaba.

Se expone con fundamento que es posible que puedan encontrarse todavía otros libros mayas, además de inscripciones en estelas, edificios, pinturas murales, bajorrelieves, etc., que permitan nuevos adelantos. En esta tarea de desciframiento trabajan lingüistas de todo el mundo, especialmente los científicos del Centro de Estudios Mayas de la Universidad Nacional Autónoma de México.

La aritmética, la astronomía y los calendarios

Los mayas adoptaron en su numeración un sistema de veinte unidades que representaba la suma de los dedos de las manos y los pies. Los números iban del 1 al 19 y la serie terminaba con el cero, inventado por los mayas. El 1 se representaba con un punto y el 5 con una raya. De las combinaciones y repeticiones de estos símbolos surgían los demás números. Pero paralelamente a este sistema numeral tenían otro, que se ha denominado "variantes de cabeza", y que consistía en la representación de

Los mayas fueron uno de los pueblos más obsesionados por el curso del tiempo. Por temor, superstición o religión, relacionaron su historia, su vida civil y religiosa con calendarios y fechas que grababan o dibujaban escrupulosamente. Fragmento de uno de esos calendarios astronómicos.

los mismos números básicos citados mediante la figura de cabezas humanas con caracteres distintos.

Es muy conocida la extraordinaria capacidad de los mayas para la astronomía. Realizaban observaciones desde edificios especiales y se distinguieron por la predicción de los eclipses, lo cual presupone una ciencia evolucionada. Conocieron asimismo los períodos de varios astros.

El calendario solar, considerado como uno de los más grandes adelantos del mundo antiguo, comprendía 365 días, como en nuestros tiempos, divididos en 18 meses de 20 días cada uno y un período final de 5 días. Al lado de este calendario civil, tenían otro, el religioso, que constaba de 260 días. También tenían otro de tipo perpetual, es decir, que marcaba el tiempo desde el 3113 a.C. El sistema de fechas conocido como "la larga cuenta" se basa en este calendario. Comúnmente se cree que los mayas inventaron sus calendarios, pero es muy posible que heredaran algo de sus posibles antecesores, los olmecas.

La arquitectura, escultura y pintura

La arquitectura maya sorprendió en su tiempo a los conquistadores españoles y continúa sorprendiendo en la actualidad al investigador moderno, por la belleza de la construcción y el conocimiento técnico que representa. Resulta misterioso comprender cómo pudieron vencer la piedra: cortarla, pulirla, grabarla y subirla a grandes alturas, sin poseer instrumentos de hierro ni conocer la rueda. Conocieron, eso sí, el compás, la escuadra y la plomada.

Los techos eran siempre planos, hasta que con el tiempo inventaron la denominada "media bóveda maya". Los mayas, como otras civilizaciones antiguas americanas, no conocieron el arco de medio punto o semicircular, pero, en lugar de él, crearon una especie de arco muy característico, de forma trapezoidal. Es posible que la estructura de la cabaña inspirara la forma de los edificios monumentales que probablemente servían para fines religiosos o gubernamentales. Muy característicos de la arquitectura maya son los frisos,[6] de notable buen gusto. Utilizaron mucho las columnas rectangulares y cilíndricas. Las ventanas sólo servían como medios de ventilación, y tanto éstas como las puertas poseían dinteles muy adornados y horizontales. Emplearon también un cemento especial y el estuco en los muros.

La escultura fue complementaria de la arquitectura, y con el tiempo prosperó y produjo obras de tal valor artístico, que algunos la consideran superior a la egipcia y a la caldea. Uno de los motivos más frecuentes de la escultura fue la serpiente emplumada (Kukulcán), divinidad principal en las mitologías azteca y tolteca. Lograron gran dominio en el esculpido de la forma humana: generalmente guerreros y sacerdotes con complicadas y suntuosas vestimentas.

Los mayas también desarrollaron la pintura, aunque en menor grado que las otras artes. Muchos templos y palacios mayas son famosos por los murales pintados en ellos. Después de un primer bosquejo, aplicaban los colores y contorneaban las figuras con líneas fuertes y decididas. Las pinturas se fabricaban con sustancias minerales y vegetales, en forma de polvos o líquidos, y se les agregaba una sustancia viscosa para fijar los colores. Los preferidos eran el rojo, el amarillo, el azul, el blanco y el negro, en diferentes intensidades, pero el color más característico de la paleta maya fue el cobrizo. La pintura sobre objetos de cerámica fue su otra especialidad.

Música, danza y teatro

En música, los mayas no alcanzaron grandes progresos debido a sus instrumentos demasiado primitivos: flautas y pitos de caña, hueso o barro; tambores y clarines; y trompetas de caracoles y cuernos. Las melodías eran monótonas. Las danzas, en cambio, eran muy variadas y vistosas. Practicaban el baile en conjunto y las principales danzas eran: la de las banderas, de carácter marcial; la de las candelas, ritual y más bien religiosa, con antorchas; y la de las cintas, en la que un gran número de bailarines entrelazaban artísticamente al son de la música unas cintas que pendían de una estrella colocada en la punta de un mástil.

Hay bastantes razones para creer que los mayas conocieron las representaciones dramáticas y tuvieron un buen teatro. Las obras se representaban en las plazas públicas y a veces, en los templos. Se conserva una pieza dramática, el *Rabinal Achí,* perteneciente a los *quichés,* una nación del pueblo maya.

La literatura

Las obras literarias que se conservan provienen de textos escritos en lengua maya pero transcriptos en caracteres latinos por nativos de la zona, en épocas posteriores a la Con-

---

[6]**friso** franja labrada o pintada en la parte superior o inferior de una pared

quista misma. Uno de ellos, *El libro de Chilam Balam,* escrito por un maya de Yucatán, expresa la desesperación de los indígenas ante la invasión de los españoles, profetizada por un sacerdote. Es una de las obras literarias famosas. En la región de Guatemala, se escribieron algunos libros después de la Conquista, también en lengua maya y caracteres latinos. El *Popol Vuh* es un libro sagrado de los quichés, una especie de Biblia maya, donde se mezclan cosmogonía, religión, mitología e historia del pueblo.

En general, los libros mayas que se conservan no son de fácil comprensión, pero revelan una alta inspiración poética, un profundo patriotismo, y una constante apelación al mundo científico y religioso del pueblo.

Los aztecas

Los aztecas, llamados también *tenochcas* o *mexicas,* fueron los creadores de la más valiosa de las culturas del centro y sur de México. Llegaron a la región del valle central a principios del siglo XIII, desde un lugar del norte llamado Aztlán, desconocido hasta ahora por los historiadores.

Dirigió esta peregrinación, desde el norte, un caudillo y sacerdote llamado Tenoch. Como el territorio del valle estaba ya ocupado por otras tribus indias, vivieron sucesivamente en varios lugares, luchando a veces contra algunos pueblos, y soportando, otras veces, la dominación o las hostilidades. Se calcula que duró un poco más de 100 años este período de peregrinaje. Por fin, en el año 1312, lograron tomar posesión de un islote situado dentro del lago Texcoco, donde en cierto modo podían estar al resguardo de los ataques enemigos.

La leyenda refiere que uno de sus dioses, Huitzilopochtli, les había indicado al partir en peregrinación que debían constituir su nuevo hogar en el sitio donde encontraran a un águila asentada sobre un cactus y devorando a una serpiente. Los aztecas, después de sufridas travesías, encontraron el lugar.

Levantaron allí una choza destinada al dios Huitzilopochtli, y en torno de ella, sus viviendas de cañas y juncos. El pueblo se llamó Tenochtitlán, y con los años, vino a convertirse en la fabulosa ciudad que más tarde deslumbró por su grandeza a los conquistadores españoles: la ciudad de México.

Como el terreno agrícola era insuficiente en el valle de México para mantener la creciente población, los aztecas construyeron huertos llamados *chinampas,* donde cultivaron maíz, frijoles, legumbres, calabazas y chile. Éstas consistían en estacas clavadas en el lago, sobre las cuales colocaban un tendido de césped y una capa de limo extraído del fondo de la laguna, tal como puede apreciarse hoy en día en Xochimilco.

En forma progresiva, los emperadores o jefes aztecas fueron conquistando a los pueblos vecinos, y después de apoderarse de todo el Anáhuac o valle central, extendieron el imperio hacia el Océano Pacífico, el Golfo de México y Guatemala.

Hacia principios del siglo XVI, llegó al territorio Hernán Cortés con sus hombres y a pesar de la feroz resistencia de los aztecas, tomó Tenochtitlán (1519) y estableció su imperio. Así comenzó a levantarse la colonia que se denominó después Nueva España.

El imperio azteca

El pueblo no estaba organizado en un imperio absoluto. Teóricamente, fue un régimen teocrático-militar de gobierno y el imperio constituía una especie de confederación. No hubo propiamente clases sociales, sino más bien rangos: los nobles, los sacerdotes, los militares, el pueblo común y los esclavos.

Varias familias formaban un clan y veinte clanes constituían una tribu. Cada clan se administraba por sí mismo mediante un jefe civil, otro jefe militar y un consejo, que elegía a los dos primeros. Los representantes de cada clan constituían el consejo de la tribu azteca. De estos veinte consejeros, los cuatro más experimentados y sabios eran seleccionados para formar otro consejo menor que aconsejaba al jefe del estado, al cual los españoles llamaron en su lengua "emperador" o "rey". Este cargo era, a la vez, electivo y hereditario, pues se adjudicaba entre los hermanos del gobernante anterior, o en su defecto, entre los sobrinos. En casos excepcionales, el jefe del estado podía ser desposeído de su mando, como sucedió con Moctezuma. Al lado de este jefe supremo, que unía a sus funciones militares las sacerdotales, había un jefe civil.

Los esclavos eran las personas expulsadas de los clanes por mala conducta o por dejar de trabajar la tierra que tenían asignada. Si persistían en la indolencia, se los castigaba con penas mayores y, en última instancia, se los entregaba a los sacerdotes para el sacrificio.

Tenochtitlán

La actual ciudad de México se llamó en tiempos antiguos Tenochtitlán. Los españoles la llamaron "Venecia de América", porque estaba construida en el lago Texcoco y atravesada por canales que servían de calles. Se comunicaba con tierra firme por medio de calzadas especiales. El suelo del antiguo islote se fue ampliando con las chinampas y el

Calendario azteca, o Piedra del Sol, tallado presumiblemente hacia fines del siglo XV, relacionado con la religión solar y cultos de carácter agrícola. Indicaba el principio y el fin de los ciclos históricos. Dos serpientes rodean el calendario y representan el universo que rodea todo. El rostro central es todavía motivo de diversas interpretaciones, aunque se supone que representa al Sol. Los cuatro rectángulos que lo rodean simbolizan las cuatro épocas o edades: en la primera, la tierra acabó devorada por jaguares; en la segunda, fue arrassada por vientos; en la tercera cayó fuego del cielo, y en la cuarta, el diluvio acabó con todo lo existente. En casi todas las culturas de Mesoamérica, la tierra ha pasado por distintas edades. La Piedra del Sol pesa unas 24 tonelades y se conserva en un museo de la ciudad de México.

Plano de la antigua ciudad de Tenochtitlán atribuido a Hernán Cortés. La capital de los aztecas se construyó en una isla inicial del lago Texcoco, unido a tierra firme por calzadas. Con el andar del tiempo, la ciudad cubrió todo el lago.

dominio de otra isla, Tlatelolco. En la época de apogeo en que la encuentran Hernán Cortés y sus soldados, la ciudad estaba dividida en cuatro secciones mayores y veinte menores. El centro cívico y ceremonial era la Plaza Mayor. Allí estaba la gran pirámide dedicada a Huitzilopochtli y a Tláloc, de doscientos pies de altura, con un doble templo encima. Al final de las gradas se encontraba la piedra del sacrificio. También estaba allí el templo de Quetzalcóatl, de estructura redondeada; el recinto del juego de la pelota; la residencia de los sacerdotes; el edificio donde se colgaban los cráneos de las víctimas sacrificadas (*tzompantli*); y otra numerosa serie de construcciones públicas y oficiales.

De igual importancia arquitectónica eran otras obras: el mercado (*tianguiztli*), la piedra sagrada de la guerra, la piedra del calendario, el palacio de Moctezuma, el aviario[7] real, arsenales, escuelas, etc. Tenochtitlán fue una de las ciudades mejor planeadas y más extraordinarias de todas las culturas antiguas, y prácticamente inexpugnable para las tribus de la época.

El ejército y la guerra

Los aztecas fueron un pueblo fundamentalmente guerrero y agricultor. Su ejército logró un alto grado de organización y disciplina y los varones recibían, desde niños, una esmerada educación para el ejercicio de las armas y de la guerra. Los altos oficiales de la tribu, el jefe de guerra y los jefes de sección y clanes comandaban los ejércitos. Los otros cargos se encomendaban a los miembros de las órdenes guerreras, como los Caballeros Águilas, los Caballeros Tigres y una tercera orden, los Caballeros Flechas.

---

[7]**aviario** lugar de recreo real destinado a criar y conservar las aves y pájaros

La guerra tenía un concepto ritual, y los conflictos económicos y políticos con otros pueblos eran bien recibidos, pues brindaban la ocasión para luchar, poniendo en práctica, de esta manera, su concepción de la lucha entre las fuerzas de la naturaleza y el hombre. Practicaban a veces un tipo especial de guerra, llamada "guerra florida", para cautivar enemigos y sacrificarlos a sus dioses que necesitaban saciar. Estas costumbres y creencias fueron motivo de gran repugnancia para los españoles.

Los aztecas creían que el bienestar de su pueblo dependía de la buena voluntad de los dioses, quienes reclamaban sacrificios humanos y ofrendas. La vida humana era la más apreciada de esas ofrendas por ser el mayor de los bienes posibles. La guerra era entonces el mejor medio de procurar víctimas en el número necesario. Se recurría a ellas en estas contingencias, de modo que tomaban así un carácter religioso exclusivo. Las guerras por razones económicas y políticas existían no obstante por sus propias razones.

La educación, usos y costumbres

Dedicaron particular atención a la educación de los hijos, que comenzaba en el hogar y continuaba en las escuelas de los templos principales. La educación comenzaba a los tres años, y el fin era conducir a los niños lo más pronto posible al conocimiento de las técnicas y obligaciones de la vida adulta. En el hogar, los padres enseñaban a los hijos varones, y las madres, a las mujeres. Hasta los seis años, el método consistía en el consejo, pero más tarde se cambiaba por el castigo severo.

Después de los quince o dieciséis años, asistían a dos clases de escuelas: una para la enseñanza general, y otra para la instrucción de las obligaciones religiosas. La primera pertenecía al clan y en ella se enseñaba ciudadanía, uso de las armas, artes, oficios, historia, tradición y cumplimiento de la religión; la segunda era una especie de seminario para formar a los futuros sacerdotes y jefes, y parece haber sido una continuación de la anterior.

La casa del hombre común era de adobe pintado y su interior se dividía en una cocina y un dormitorio. No tenía chimeneas, ni ventanas, ni fogones. Muchas viviendas tenían un baño de vapor (*temascal*), que se producía echando agua sobre piedras calientes. Las mujeres realizaban las tareas domésticas mientras los hombres salían a las milpas para trabajar.

Fueron diestros comerciantes, y el mercado era un importante centro en cada ciudad, con jueces para los conflictos entre compradores y vendedores, y secciones especiales para cada tipo de producto.

Tenían muchos días festivos, unos ceremoniales y otros seculares,[8] durante el año. Muy típico fue el juego ceremonial denominado "volador", en que hombres vestidos como pájaros se colgaban con cordeles atados a la cintura (cabeza abajo y los brazos abiertos) de una rueda giratoria colocada horizontalmente en el extremo de un alto palo, y así daban vueltas. Otro juego famoso fue el de la pelota (*tlachtli*), que se practicaba en un patio rectangular: los jugadores debían hacer pasar por un anillo de piedra o madera, empotrado verticalmente en uno de los muros laterales, una pelota de cau-

---

[8]**secular** civil, laico

cho. En la pugna contra los adversarios, los equipos sólo podían usar las piernas, las caderas o los codos. El juego también tenía carácter ritual.

Arquitectura y otras artes

La arquitectura azteca fue soberbia y majestuosa, y junto con la escultura, son las dos artes en que sobresalió el genio de ese pueblo. El símbolo fue la pirámide truncada (*teocalli*), y todo lo importante en arquitectura tuvo relación con la religión. Las estructuras más importantes estaban en Tenochtitlán, pero había otras en muchos centros poblados.

El templo azteca se construía sobre una terraza, generalmente de tres partes superpuestas. Largas escalinatas, a veces flanqueadas por balaustradas,[9] conducían a la cima. Bloques de piedra tallada, representando por lo común cabezas de serpientes, se colocaban en varias partes como ornamento. En la parte alta de la terraza estaba la piedra del sacrificio donde se ejecutaba a las víctimas. Detrás de la piedra del sacrificio se encontraba el templo del dios.

La escultura era un complemento de la arquitectura. Todas las piezas aztecas tienen un particular aspecto de dignidad. La serpiente, símbolo de Quetzalcóatl, era el tema más grabado. La piedra conocida como "El calendario" es una obra maestra de la escultura de todos los tiempos.

La pintura y el dibujo se usaron con preferencia para fijar hechos históricos. Los pocos frescos aztecas que quedan revelan un arte no inferior al dibujo de sus códices[10] y manuscritos. El diseño es hermoso y fascinante.

La música parece haber sido rica en ritmo aunque escasa en melodías y tonos, mientras que la danza se piensa que tuvo gran repercusión en la vida pública: tuvieron varios bailes en los que participaba el pueblo entero. Los reforzaba el canto. Como en otros pueblos antiguos, los actos religiosos cumplían la función del drama. Se supone que ejercitaron con maestría la oratoria y tuvieron buen talento poético.

Religión, calendarios y sacrificios humanos

La vida de los aztecas no puede ser concebida sin su religión. Ésta fue una de las más sangrientas del mundo, ya que requería el sacrificio de seres humanos para hacer felices a sus dioses y lograr su buena voluntad. Los ritos eran de gran colorido y misterio y se realizaban con la participación del sacerdote vestido en forma ostentosa, bailarines y música. Eran presenciados por el emperador y el pueblo, en un ambiente de flores y perfumes. La víctima era anestesiada y sacrificada en la piedra ceremonial por el sacerdote, quien extraía el corazón de la víctima con un cuchillo de obsidiana, lo ofrecía a la imagen del ídolo y lo quemaba más tarde. Las cabezas de los sacrificados se desplegaban colgadas en dispositivos especiales al frente de los templos.

El sacrificio de víctimas humanas es considerado aberrante y brutal. Se trata de un rito religioso en el cual se ofrece a la divinidad o divinidades un objeto para

---

[9]**balaustrada** especie de pretil, antepecho, balcón, baranda   [10]**códice** manuscrito antiguo

establecer, mantener o restablecer el vínculo sagrado. Fue practicado por los indígenas americanos (toltecas, aztecas, mayas, incas, arahuacos y otros), pues fue una creencia de muchos pueblos del mundo (babilonios, celtas y fenicios entre otros).

Tan tremendo rito se fundamentaba en la idea de que la sangre es la fuente primera de la vida humana, y como tal, era la máxima donación que un humano podía hacer a sus dioses para darles testimonio de su amor y fe.

Los aztecas, que se llamaban a sí mismos "Pueblo del Sol", consideraban que era su obligación agradecer a sus dioses proveyéndoles sangre como alimento necesario para que no desaparecieran del cielo. De esa manera, el bienestar y la supervivencia del universo quedaban asegurados.

Tuvieron dos calendarios: el solar y el ritual. El año solar estaba dividido en 18 meses de 20 días cada uno, con un período final de 5 días. Cada 52 años finalizaba un ciclo. Los calendarios tienen una importancia básica en la vida de los aztecas y fueron uno de los hallazgos más perfectos de ese pueblo. Hacia el final de cada ciclo de 52 años, en que se dividía el tiempo, los aztecas temían grandes calamidades y desgracias, y por ello realizaban ceremonias especiales. La tradición decía que el mundo había sido destruido ya cuatro veces, por animales salvajes, por huracanes, por lluvia de fuego y por inundación —siempre al fin de un ciclo— y se esperaba una quinta destrucción que sería por terremotos. Para evitar esta desgracia, se realizaba la ceremonia del "Fuego Nuevo".

La víspera de cada nuevo ciclo, que comprendía los últimos cinco días del ciclo actual, se quemaban todos los utensilios y muebles de las casas y los templos, y todos los fuegos se apagaban una hora antes de concluir el ciclo. Al crepúsculo de ese día, los sacerdotes subían a una colina sagrada cerca de Tenochtitlán y escudriñaban el cielo, esperando distinguir ciertas estrellas. Si esto ocurría, era señal de que el mundo continuaría, y entonces los sacerdotes encendían un nuevo fuego con un leño en el pecho de una víctima recién sacrificada y otros individuos encendían allí antorchas y corrían a prender los fuegos de los altares, mientras los dueños de casa encendían a su vez los suyos. Al día siguiente, se comenzaba a renovar todo lo quemado.

Literatura

Los aztecas lograron fabricar un papel de muy buena calidad e hicieron un gran consumo de él. Ya antes que ellos, los mayas, los toltecas y otros pueblos lo habían fabricado con fibras vegetales. El papel era utilizado por los sacerdotes, escritores y artistas, y se vendía luego en los mercados. En papel escribieron sus genealogías, registros de juicios y varios otros asuntos relativos a su existencia.

Tuvieron una literatura propia, quizás no exactamente en el sentido moderno de esa palabra, pero sí fundamentalmente histórica: anales, libros de días y horas, mitología, acontecimientos astronómicos, observaciones celestiales, almanaques sagrados, etc.

La literatura propiamente dicha fue oral y era conservada por individuos de muy buena memoria: éstos la transmitieron a los españoles a su llegada, en forma de relatos, himnos, cantos y elegías, y es por esta razón que se conservan transcriptos en lengua castellana. Otras obras literarias se conservaron por tradición oral hasta nuestros tiempos o fueron reescritas por los españoles, los mestizos o sus descendientes. Los textos conocidos expresan sutiles y delicados pensamientos y sentimientos, con especial mención de las flores, los pájaros, los dioses y los héroes guerreros.

Los incas

Los *quechuas* (o *quichuas*) constituían el imperio más civilizado de América del Sur a la llegada de los españoles en el siglo XVI. Sus soberanos se llamaban Incas y este nombre fue posteriormente aplicado por los historiadores a todo el pueblo.

Estos indígenas hicieron su aparición en el continente en el siglo XI. Ocuparon inicialmente la región del valle del Cuzco, y en sucesivas épocas, conquistaron y ocuparon los territorios de los pueblos vecinos, hasta formar un colosal imperio que cubría la mitad sur del Ecuador actual, Perú, Bolivia, la mitad norte de Chile y el noroeste argentino.

Según la leyenda de los propios incas, Manco Capac fue el fundador de la dinastía. El Sol creó a Manco Capac y a su hermana Mama Ocllo en una isla del lago Titicaca, y les ordenó enseñar a los demás pueblos la civilización. Para ello, debían establecerse en una región fértil donde pudiera enterrarse un bastón dorado. Manco Capac y su hermana comenzaron la peregrinación y al llegar al valle del Cuzco, encontraron que ése era el lugar de las características señaladas. Así nació la ciudad de Cuzco, en un primitivo valle deshabitado.

El Tahuantinsuyu o Imperio Inca

Cuzco fue la capital del imperio. La ciudad, situada en las altas montañas, estaba rodeada de varias fortalezas (Sacsahuamán, Ollantaytambo, Pisac, Machu Picchu), estratégicamente situadas en las alturas y a pocas millas de distancia, que la protegían como un cinturón de defensa inexpugnable contra los eventuales ataques de los indígenas enemigos.

La plaza central de Cuzco era el punto de salida de una vastísima red de caminos, que se extendió hasta el ultimo rincón del imperio. Este ingenioso sistema de caminos interconectados permitía el rápido desplazamiento de los funcionarios en viajes de inspección, los ejércitos y los viandantes, así como también un eficiente servicio de correos. Los transportes se hacían a lo largo de ellos por medio de llamas.[11] Cada cierta distancia, se construían al lado del camino mesones o ventas, llamados *tampus,* que servían para el reposo. Algunos tenían corrales anexos para las llamas. Los mensajeros (*chasquis*) eran corredores entrenados desde la niñez y alimentados especialmente a base de maíz tostado. Estos pasaban los mensajes de posta en posta, a través de todo el imperio, con una celeridad increíble.

La ingeniería de los caminos alcanzó notable maestría. No eludían los obstáculos naturales, sino que los enfrentaban. Cruzaban desiertos arenosos, altiplanos,

[11]**llama** mamífero rumiante de América meridional

páramos, bosques tropicales, ríos y precipicios, y su técnica se ajustaba a las condiciones de cada lugar. El cruce de los ríos y precipicios se hacía por intermedio de puentes, sostenidos sobre pilares, de los cuales colgaban gruesos cables de fibra. La técnica de los puentes fue de inigualable excelencia.

La administración de tan fabuloso imperio fue posible gracias al desarrollo de procedimientos estadísticos. Todo estaba perfectamente contado y calculado. Como los quechuas no tuvieron escritura, utilizaban en sus cómputos y registros los famosos *quipus*. Éstos consistían en un sistema de memorización a base de cordeles con nudos, de diferentes tamaños, formas y colores, que sólo podían ser interpretados y leídos por funcionarios iniciados. El color negro significaba tiempo, el azul, religión y el amarillo, oro. Posiblemente, el nudo indicaba la cantidad, y el color el contenido. La contabilidad la llevaban funcionarios especializados, pues el quipu requería el comentario y la interpretación verbal de los técnicos. Si un funcionario no recordaba lo que debía recordar frente al quipu o si mentía en su comentario, se lo mataba. Ese intérprete oficial se denominaba *quipucamayoc*.

La economía de tipo social

El *ayllu* fue la forma social y básica del mundo quechua. Consistía en un grupo humano con un antepasado común, cuyo cuerpo se conservaba por lo general momificado y se le rendía culto. Cada ayllu tenía además su tótem propio. Cada grupo de esta clase tenía sus terrenos de labranza, campos de pastoreo y bosques comunes, de manera que la explotación de la tierra era de tipo colectivista. El trabajo era obligatorio para todas las personas, entre los 25 y los 50 años de edad.

El suelo se dividía en tres partes: una correspondiente al dios Sol, otra al Inca y la tercera a la comunidad. La extensión estaba relacionada con el rendimiento del terreno. La tierra de la comunidad era dividida por funcionarios del gobierno, en nombre del soberano, entre los jefes de familia. A cada pareja le correspondía una parcela, otra por cada hijo varón y media por cada hija. Esta distribución se renovaba cada año.

Los trabajos de la tierra eran obligatorios para el campesino u hombre común. El pueblo común realizaba los trabajos de agricultura, ganadería y demás estipulados por el plan estatal. Los productos de su trabajo se distribuían entre el gobierno, el templo y el propio productor. El Inca, los miembros de las clases aristocráticas y los funcionarios gubernamentales y religiosos tenían sus obligaciones específicas, y por ello no estaban obligados al trabajo de la tierra.

El Inca se preocupaba por el bienestar del pueblo y devolvía parte de sus bienes en forma de donaciones anuales, usando parte de sus reservas o efectuando distribuciones a súbditos de méritos extraordinarios. Aparte de la propiedad del Estado (edificios públicos, tierras de labranza, campos de pastoreo, plantaciones de coca y minas), y de la propiedad de la comunidad, existía la privada. Ésta consistía en la casa y tierras provenientes de donaciones, muebles y utensilios domésticos. Actualmente algunos han calificado este sistema como "socialista" y han tratado de asociarlo con el socialismo político del siglo XX.

La sociedad

La sociedad estuvo dividida en clases bien diferenciadas unas de otras, y la actividad de todas ellas se ajustaba a una estricta reglamentación. Presidía la organización social el Inca y su familia. El Inca era polígamo: su esposa principal (*colla*) era su hermana, una prima o una sobrina, para conservar la pureza de la sangre de los hijos del Sol y la tradición de Manco Capac y Mama Ocllo. Sus otras esposas podían ser de sangre real (*pallas*) o vírgenes del Sol (*ñustas*). Les seguían en importancia las otras mujeres o concubinas. El heredero del imperio debía ser hijo de la colla, y si no lo había, el hijo de otra de las mujeres.

Por debajo de la realeza y alta aristocracia, estaba la baja aristocracia de los *curacas*. Estos pertenecían a la antigua nobleza de los distintos pueblos conquistados por los incas. Concurrían con frecuencia a la corte de Cuzco, lo mismo que sus hijos. La clase sacerdotal era también privilegiada y estaba organizada en jerarquías. El sumo sacerdote residía en Cuzco y era hermano, tío u otro pariente del soberano.

Otro grupo social estaba constituido por los hombres sabios (*amautas*), que cumplían tareas de poetas, historiadores, cantantes, maestros de los jóvenes pertenecientes a la clase dirigente y consejeros. La educación se cumplía en cuatro años y comprendía: el primer año, idioma; el segundo, religión y culto; el tercero, interpretación de los quipus, y el cuarto, historia.

Aparte de los anteriores, había otros dos grupos que estaban en una situación especial: los *yanaconas* y los *mitimaes*. Los primeros habían sido primitivamente los únicos esclavos del imperio, pero con el tiempo habían pasado a ser una especie de "criados perpetuos". Los mitimaes servían para poblar las regiones nuevas, ocupar las fortalezas y las regiones fronterizas peligrosas, y para establecer los primeros núcleos incas en las provincias y regiones que acababan de conquistarse.

La arquitectura

Los incas fueron constructores y arquitectos muy hábiles. Los materiales dependían de la naturaleza de cada región. En la costa edificaban con ladrillos de adobe secados al sol, pero cuando disponían de piedras, hacían con ellas muros, uniéndolas sin cemento. Estos muros (*pircas*) son típicos de la cultura incaica. En la montaña, las construcciones mayores se hacían de piedra, con ángulos rectos. El ajuste de los bloques era perfecto, y las piedras disminuían de tamaño a medida que el muro ascendía.

Son famosas las murallas gigantescas que han dejado los incas. Tuvieron distintos tipos de arquitectura: militar, palaciega, religiosa, funeraria, administrativa y popular. Entre los mayores ejemplos de construcción monumental figuran Machu Picchu, la ciudadela fortificada de los incas cerca de Cuzco, el Templo del Sol y la fortaleza de Sacsahuamán. El elemento característico de la arquitectura y estilo inca es la abertura en forma trapezoidal, que adoptaron para las puertas, ventanas y nichos, pues no conocieron el arco semicircular ni los techos en bóveda. Los hacían planos y de madera.

Religión

El dios supremo y creador del universo se llamaba, entre los incas, *Viracocha,* y tuvo un templo especial en Cuzco. Es probable que el culto a este dios fuera exclusivo de la minoría educada. El pueblo común rendía culto a los antepasados legendarios y mitológicos. Puesto que *Inti,* el Sol, era el progenitor y antepasado de los incas, en cada ayllu se lo adoraba, y lo seguían en jerarquía los antepasados propios del lugar. El Templo del Sol, construido en Cuzco, se conocía con el nombre de *Coracancha* y fue famoso en su época. Era inmenso y su interior estaba decorado con oro.

El clero era muy respetado y tenía mucha importancia en varias decisiones del gobierno además de tener su consejo propio. Llevaba una vida ascética. Existían también adivinos. Una institución muy peculiar dentro del cuadro religioso de los incas fueron las "vírgenes del Sol". Eran jóvenes educadas cuidadosamente en edificios especiales muy vigilados. Aprendían música, tejeduría, cocina y otras artes durante tres años. Se encargaban de mantener permanentemente encendido el fuego sagrado en honor de Inti. Cuando terminaban su noviciado, el Inca escogía para sí y para los nobles algunas de estas jóvenes, mientras que las demás se convertían para siempre en vírgenes del Sol y eran encerradas en el templo hasta el fin de sus días.

Literatura, artes y ciencias

Los quechuas no tuvieron escritura pero por lo que se sabe hasta ahora, tuvieron una literatura oral. Han llegado hasta nosotros algunos fragmentos de literatura quechua en las obras de varios cronistas e historiadores españoles. Otras manifestaciones literarias han sido recogidas en tiempos modernos de boca de indígenas descendientes de los antiguos quechuas.

Los incas tuvieron cantores profesionales (*haravecs*) que recitaban composiciones en festividades públicas o ante la corte. En general, los principales fragmentos conocidos son poéticos. Se sabe, también, que ejercitaron cierto tipo de representaciones teatrales, con mimos, bailarines y bardos.

Una obra dramática relacionada con la civilización quechua es *Ollantay.* No se trata precisamente de una pieza incaica, pues fue escrita en Perú en el siglo XVIII, en quechua, siguiendo el modelo y la técnica de las obras dramáticas españolas. Desarrolla la historia de los amores ilícitos del legendario Ollantay, jefe heroico de Ollantaytambo, con Cusi Coyllur, hermosa princesa inca.

Otros ejemplos del talento inca en las artes son la cerámica y los trabajos en oro, plata y cobre. Practicaron con eficiencia también la cestería y la tejeduría. Su arte militar fue notablemente superior al de cualquier otro pueblo aborigen de América.

La ciencia médica fue importante, pues llegaron a practicar amputaciones de miembros y trepanaciones de cráneo. Mucho de su instrumental quirúrgico ha llegado hasta nosotros como testimonio de su habilidad de cirujanos. Emplearon varias drogas de origen vegetal y consiguieron obtener narcóticos y anestésicos.

Los chibchas

Fue el cuarto pueblo en importancia en tiempos del Descubrimiento. Estos indígenas habitaron primitivamente la meseta de Bogotá, pero luego se extendieron por casi toda Colombia. Al parecer, los *chibchas* se rozaron en sus fronteras con los incas y estaban a punto de entrar en guerra cuando llegaron los españoles.

Los chibchas estaban divididos en la época en que los encuentra el conquistador Gonzalo Jiménez de Quesada (1536–1538) en varios estados, algunos todavía independientes, pero la mayoría de ellos sometidos a la autoridad de dos jefes, llamados el *zipa* y el *zaque*. El primero dominaba sobre las dos quintas partes del territorio de la actual Colombia, en el sur, y las ciudades principales de su reino eran Bacatá (Bogotá) y Muequetá (Funzha). El segundo imperaba sobre el centro del país y residía en Hunsa (Tunja).

El poder del jefe no se transmitía al hijo sino al sobrino materno. Los jefes eran objeto de homenajes de respeto y reverencia por parte de sus súbditos, y nadie podía mirarlos cara a cara, sino con la cabeza inclinada. La saliva del zipa se consideraba sagrada.

Los caciques de las tribus vasallas se seleccionaban entre las familias principales de la aristocracia. Los jefes eran polígamos y el zipa tenía de doscientas a trescientas mujeres o concubinas, gobernadas por la favorita. En caso de tener hijos mellizos, el segundo de ellos era condenado a muerte, por considerarse a los mellizos fruto del adulterio. Si enviudaba la esposa, ésta debía guardar abstinencia por cinco años.

Las ceremonias nupciales estaban reglamentadas con cuidado. El sistema penal era riguroso: el homicidio, el rapto y el incesto se castigaban con la ejecución del condenado. En algunos casos, el reo, antes de ir a la muerte, era torturado con azotes, sed, comidas con ají o encierro en habitaciones subterráneas con sabandijas, reptiles e insectos venenosos.

El culto religioso de los chibchas estaba presidido por el zipa o el zaque, jefes de la religión, y atendido por una casta sacerdotal muy selecta: los *xeques*. Éstos realizaban las diversas ceremonias del culto y los sacrificios rituales. También existían médicos brujos y adivinos, cuyas artes adivinatorias se hacían por intermedio de la masticación de una planta narcótica.

Las artes

Los chibchas gozaban de fama entre todos los pueblos aborígenes por su técnica en el trabajo del oro y el cobre, que empleaban solos o en aleaciones. Solían colorear el cobre por un procedimiento desconocido hasta el presente.

Conocían la fundición en crisoles de barro, y muchas piezas se confeccionaban en moldes hechos a base de arcilla y cera. Otras veces, se hacían los objetos de láminas de metal, logradas a golpe de martillo, con adornos de hilos metálicos fundidos sin soldadura.

Tan expertos como en metalurgia fueron en alfarería. El arte se caracteriza por su belleza. Fabricaban grandes vasos con pie, sin asas, y grandes vasijas de cuello alto y elegante, urnas funerarias, ollas, potes, cántaros y otros objetos de uso doméstico. Usaban como decoración motivos generalmente humanos y realistas, y con menos frecuencia, dibujos geométricos. Complementaba este arte el labrado de objetos en piedra: hachas, morteros, y principalmente, grandes estatuas y monolitos de más de dos metros de altura. Los monolitos eran rígidos y hieráticos.[12]

Los tejidos de algodón eran de uso personal entre los chibchas y se fabricaban en rústicos telares. Para el colorido empleaban plantas tintóreas regionales y llegaron a practicar el decorado de telas mediante el uso de rodillos entintados o de planchuelas que aplicaban sobre los tejidos extendidos en el suelo.

Las culturas menores

Coetáneamente con estas civilizaciones, existieron otros pueblos. Eran habitantes de la selva, islas, llanuras o litorales marítimos. Vivían en un nivel inferior de civilización, adaptados a las características de la naturaleza regional, en estado de primitivismo elemental.

Los araucanos

Los *araucanos* o *aucas* estaban asentados en la región media del actual territorio de Chile cuando se produjo la conquista española por Pedro de Valdivia (1540–1541). Anteriormente habían vivido más hacia el norte, pero debieron ceder territorio ante el avance de los incas. Los araucanos, a su vez, se extendieron por los valles andinos y penetraron en la Patagonia argentina. Como los seminolas de Florida, Estados Unidos, no pudieron ser totalmente conquistados por la fuerza.

El famoso cacique Lautaro acaudilló a las distintas tribus araucanas en su oposición a los conquistadores, hasta que murió en el campo de batalla. Lo sucedió Caupolicán, elegido por su valor, astucia y fuerza. Los araucanos y sus descendientes lograron la calidad y los derechos de ciudadanía en Chile y constituyeron un ponderable aporte a la grandeza de ese país.

En general, fueron pueblos agricultores y ganaderos. Llevaron una vida sedentaria. No construyeron ciudades, ni templos ni carreteras. Vivían en grupos independientes y cada tribu tenía su jefe o cacique. Sólo en los casos de guerra se reunían para deliberar y elegir un jefe militar común y constituir una federación de tribus.

La hilandería y la tejeduría fueron muy desarrolladas a base de pelos de guanaco o vicuña, o lana de oveja. Los tejidos araucanos eran de muy buena calidad y colorido, sobre todo las mantas y las alfombras. También desarrollaron desde épocas muy antiguas la metalurgia, y en contacto con los españoles, llegaron a ser muy buenos plateros.

---

[12]**hierático** religioso, de solemnidad extrema

Una particular característica de este pueblo fue la oratoria. Los araucanos se educaban desde jóvenes en este arte, y los más famosos solían ser viejos narradores y algunas veces poetas. Referían las historias de los antepasados, o temas de magia, misterio y amor, frente a grandes auditorios.

Su religión, según parece, no fue formal y no conocieron el concepto de un dios supremo. Reverenciaban a divinidades totémicas y tenían un culto de los muertos.

Los pampas

Habitaron las llanuras o Pampa argentina desde tiempos anteriores a la Conquista hasta el siglo XIX, y en diversos momentos de su historia debieron ceder terreno a los araucanos procedentes de Chile.

Los indios pampas, llamados también *puelches,* fueron nómadas y dominaron el uso del caballo, traído por los conquistadores. No practicaron la agricultura organizada, pues vivían de la caza del avestruz, ciervos, liebres, caballos salvajes y otros animales de la región. Sus casas, o *toldos,* eran rústicos y consistían en soportes de troncos, de diversas combinaciones, con techos y paredes de cuero.

Lo más típico de su artesanía de piedra son las *boleadoras,*[13] que usaban en la caza y en la guerra. Muy excepcionalmente trabajaban la madera o el hueso.

Se aliaban para hacer la guerra en común o para defenderse. Su técnica consistía en el *malón,* o ataque sorpresivo en masa, con caballos lanzados a la carrera contra el enemigo. Las armas eran el arco y la flecha, la lanza y la boleadora.

Tuvieron creencias religiosas muy primitivas sin un sistema organizado. Creían en la inmortalidad del alma.

Los patagones

Llamados también *tehuelches,* habitaban el sur del actual territorio argentino, desde el río Negro hasta el estrecho de Magallanes. Fueron denominados así por Magallanes y sus hombres, que inventaron en 1520 la leyenda de su gigantismo.

Su civilización fue muy precaria y simple: eran principalmente recolectores de frutos, raíces y otros vegetales, y obtenían la carne de la caza.

Los caribes

Los pueblos caribes están vinculados con los indígenas de la región del Amazonas, desde donde se extendieron luego por las Guayanas, Venezuela y las Antillas. Estas tribus practicaban la antropofagia ritual. Su ferocidad es legendaria. Tenían gran afición a la música, los bailes y los cantos. Se pintaban la cara y se horadaban las orejas y la nariz. Tenían ritos mágicos y religiosos, ofrendaban maíz al sol y a la luna, y cremaban cadáveres en ceremonias. En la guerra, empleaban flechas envenenadas que con sólo rasgar la piel producían la muerte.

---

[13]**boleadora** arma arrojadiza consistente en dos o tres piedras unidas por una cuerda

Los aborígenes del Brasil

El territorio del actual Brasil estuvo ocupado primitivamente por tres grandes grupos aborígenes: los *tupí-guaraníes,* los *ges* y los *arahuacos.*

Los *tupí-guaraníes* ocupaban la costa de Brasil y algunas zonas del interior, y en general vivían en los espacios abiertos dentro de plena selva, donde practicaban la agricultura, en particular la de la mandioca, el maíz, las patatas y la caña de azúcar. Agregaban a su alimentación las bananas y la piña, y una fuerte bebida alcohólica obtenida por la fermentación del fruto de la caoba. Cazaban animales tropicales con arco y flecha, y además con cerbatanas.

Vivían en casas colectivas (*malocas*), en grupos de cuatro a siete por pueblo, dispuestas en torno a una plaza cuadrangular. En el interior de la casa colectiva, sin divisiones, las familias se acomodaban en un mismo lugar. La hamaca fue el elemento más característico del mobiliario. A veces usaban sandalias. Algo muy peculiar de estos aborígenes fueron los ornamentos de plumas de vivos colores, que a veces se pegaban al cuerpo con resina y miel, o eran utilizados como pelucas, collares o armaduras. Practicaron mucho la alfarería, la tejeduría y la cestería, y en menor escala, el trabajo en piedra.

Las tribus estaban ligadas entre sí por parentesco, y en situaciones excepcionales, sobre todo en la guerra, se unían en confederaciones. Estas alianzas fueron empleadas en la lucha contra los invasores portugueses. Una rara costumbre fue la *couvade,* que consistía en que el marido tomaba en la hamaca el puesto de la mujer después del parto, para recibir así las felicitaciones y regalos. Tuvieron vagas y difusas ideas religiosas, y entre sus ritos se destaca la antropofagia ritual, o sea comer los restos humanos de sus enemigos en medio de danzas y fiestas. Otro uso singular fue la salutación lacrimosa, consistente en recibir a los extraños con grandes llantos en señal de alegría. La divinidad se llamaba *Tupá,* un dios misterioso que se manifestaba, en su opinión, en el fuego y el relámpago. Tenían también otros dioses menores.

Los *ges* constituyen otra de las grandes razas de Brasil, y se cree que tuvieron su asiento inicial en las regiones del Amazonas antes de la llegada de los tupí-guaraníes y de los arahuacos. Luego se dispersaron, por razones desconocidas, por diversos puntos del país. El nombre de estos pueblos se basa en la preponderancia del sonido de la letra *g* en su vocabulario. Los ges fueron también principalmente agricultores, cazadores y pescadores. Fueron polígamos, tenían ciertos ritos religiosos y funerarios y les gustaba la danza y la música.

Los *arahuacos* son tal vez la familia lingüística más numerosa de toda América del Sur. Se los conoce también como *aruacas* y otros nombres, pero el nombre parece provenir de una tribu venezolana a la que los españoles llamaron *araguacos.* En épocas remotas habitaron el delta del Amazonas y luego se extendieron por la costa y el interior del continente, para ceder más tarde terreno ante los avances de los caribes.

Estos pueblos sufrieron numerosas aculturaciones[14] a causa de su relación con otros pueblos vecinos. Fueron agricultores y la mandioca fue la base de su alimentación.

---

[14]**aculturación** proceso de combinación de una cultura con otra

El mapa racial de Iberoamérica fue mucho más amplio y diversificado en tiempos precolombinos y aun en la época de la conquista y la colonización. Algunas culturas indígenas han sido intensamente estudiadas, pero quedan aún cantidad de asuntos sin conocer ni dilucidar.

Recientes hallazgos arqueológicos

Los arqueólogos de Iberoamérica tienen fundadas razones para suponer que quedan todavía sin descubrir numerosos yacimientos[15] de los tiempos precolombinos, cubiertos por el polvo de los siglos. Los gobiernos de los países andinos mantienen permanentes organizaciones de expertos que investigan sin descanso —y muchas veces con escasos recursos presupuestarios— en el terreno, restos de esas culturas.

Las excavaciones en el norte de Perú realizadas por Walter Alva y su equipo han permitido descubrir en marzo de 1988 la tumba de un gobernante de la civilización preincaica de los mochicas. Este descubrimiento está considerado como el más importante de los últimos cincuenta años.

El análisis de esa tumba real y su contenido de ornamentos de oro, plata, cobre y otros materiales, ha confirmado muchos datos acerca de la riqueza del hombre sepultado y del extraordinario desarrollo artístico y tecnológico del perdido pueblo. Los restos se encontraron sepultados en un sarcófago de madera de aproximadamente 1.700 años de antigüedad, en una plataforma funeraria cubierta de tierra, delante de dos colosales pirámides truncadas edificadas con adobe o ladrillo crudo y que debieron constituir un santuario religioso. Desde entonces se han descubierto otras nuevas tumbas con restos de siete personajes, un sacerdote, un guerrero y otros no precisados, según los ornamentos y armas halladas en cada tumba. Se puso al hallazgo el nombre de *El viejo señor de Sipán*, en alusión a su mayor antigüedad y al lugar donde se lo encontró.

Más recientemente, en mayo de 1994, el gobierno mexicano anunció públicamente otro hallazgo de un sarcófago rojo y otros agregados, descubiertos por otro equipo de investigación arqueológica en el estado de Chiapas.

En el caso peruano, las informaciones dan a conocer que los restos del Señor de Sipán fueron expuestos en la Exposición de Sevilla de 1992. Los arqueólogos declaran que los dos enemigos principales de su profesión son la carencia de recursos suficientes y la avidez de los ladrones de tumbas.

En 1999 fueron encontrados en el Altiplano argentino-boliviano cadáveres de indígenas jóvenes enterrados hace 400 o 500 años, con sus vestimentas y cubiertas funerarias de telas, y conservados bajo las capas de nieves centenarias. Dichas momias serían cuerpos sacrificados a los dioses.

El legado indígena: El indigenismo

Los indígenas latinoamericanos han hecho un innegable aporte a la formación de la civilización de esta parte del continente. La importancia de esta contribución ha

---

[15]**yacimiento** conjunto de restos arqueológicos en un lugar

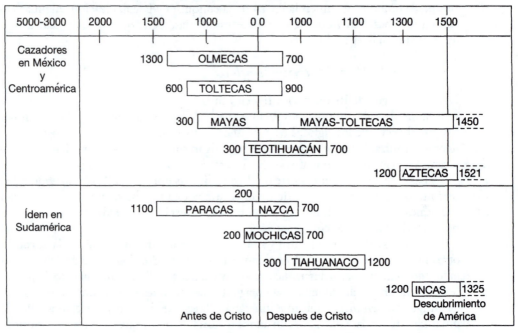

CRONOLOGÍA APROXIMADA DE LAS CULTURAS INDIAS

trascendido en algunos casos a Europa y a la cultura universal, conforme a un proceso natural de la historia. Sin embargo, el criterio de evaluación de este aporte no es unánime, pues mientras algunos críticos lo consideran mínimo o irrelevante en el panorama universal, otros lo encuentran muy original. Por supuesto, el criterio de estas interpretaciones está a veces contaminado por argumentos ideológicos o concepciones dispares de la cultura.

En primer lugar, los aborígenes han aportado el suelo mismo de la nueva civilización, por más que a su vez haya pertenecido a anteriores pueblos prehistóricos o protohistóricos. En segundo lugar, América aportó la sangre de sus hombres para la formación de la nueva raza. Con el avance de los nuevos criterios antropológicos la sangre se considera como una contribución en la formación de un nuevo hombre latinoamericano, de constitución física, psicológica y mental algo diferente del clásico ejemplar europeo. Varios países se enorgullecen de ser primordialmente mestizos y lo son en efecto.

Una tercera contribución valiosa han sido las artes, representadas por las construcciones megalíticas, el uso de la piedra tallada, la ornamentación de las fachadas, la preferencia por los colores fuertes y contrastantes, la originalidad de la orfebrería del oro y la plata, ya que no contaron con el hierro y el carbón de piedra. La verticalidad de las grandes construcciones ceremoniales y el valor del espacio envolvente de ellos contrasta con los principios arquitectónicos de otros pueblos, y sólo se aproxima a la verticalidad del estilo gótico. En materia lingüística, la América indígena ha enriquecido la lengua española con miles de vocablos, e incluso se han introducido en el inglés y alguna otra lengua moderna (*canoa, barbacoa, chocolate, banana, coca, pisco, chile,* etc.).

Un último elemento, quizás no suficientemente estudiado hasta nuestros tiempos, es el aporte espiritual. Si bien es cierto que la mentalidad y la cultura europea han sofocado bastante el alma indígena antigua, también es verdad que han sobrevivido, tal vez en forma irreconocible, ciertos matices indígenas.

Hay que reconocer, sin embargo, otros aspectos: nadie se atiene hoy en día a los calendarios maya y azteca; la ciencia de los naturales fue precaria y elemental; el imperio incaico no es comparable al romano; el elogiado genio maya no es equiparable al griego que varios siglos antes había producido a un Sócrates y Platón; en otras palabras, el indigenismo cultural debe considerarse con imparcialidad y diferenciación, pues las excelencias de los mayas, aztecas e incas no guardan relación con la de los indios

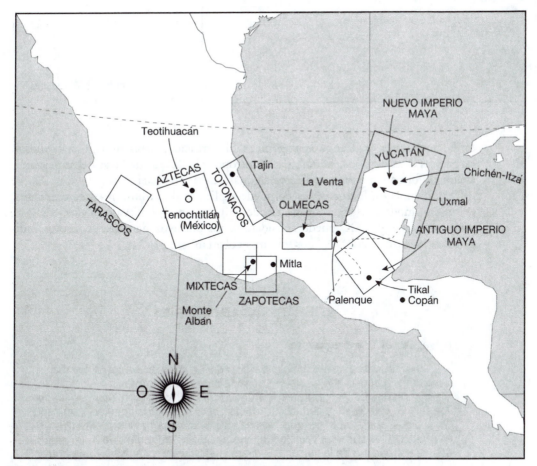

Principales culturas aborígenes en México y Centroamérica.

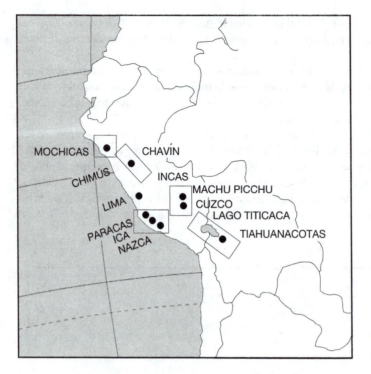

Principales culturas aborígenes
andinas en Sudamérica.

caribes, guaraníes, araucanos o patagónicos. El sacrificio de seres humanos a los dioses, las guerras de conquistas, la idolatría, la antropofagia, la crueldad hacia el semejante o enemigo, formaban parte también de algunas de esas civilizaciones.

Sin embargo, Iberoamérica no puede explicarse sin indios, mestizos o mulatos, del mismo modo que sin europeos, criollos e inmigrantes. José Vasconcelos, ensayista mexicano del siglo XX, puede considerarse un portavoz de estos conceptos indigenistas, mestizos y criollos: "Por mi raza hablará mi espíritu".

LITERATURAS ABORÍGENES

Maya: *Popol Vuh* (fragmento)

He aquí, pues, el principio de cuando se dispuso hacer el hombre, y cuando se buscó lo que debía entrar en la carne del hombre.

Y dijeron los Progenitores, los Creadores y Formadores, que se llaman Tepeu y Gucumatz: "Ha llegado el tiempo del amanecer, de que se termine la obra y que aparezcan los que nos han de sustentar[1] y nutrir, los hijos esclarecidos,[2] los vasallos civilizados; que aparezca el hombre, la humanidad, sobre la superficie de la tierra". Así dijeron. Se juntaron, llegaron y celebraron consejo[3] en la oscuridad y en la noche; luego buscaron y discutieron, y aquí reflexionaron y pensaron. De esta manera salieron a luz claramente sus decisiones y encontraron y descubrieron lo que debía entrar en la carne del hombre.

(Primera parte, cap. I)
(Según Adrián Recinos)

---

1. sostener, adorar   2. iluminados   3. reunión, junta

El *Popol Vuh* está considerado como el libro más notable de la antigüedad americana. Tiene una interesante historia, desde que fue descubierto en el siglo XVIII por un religioso dominico. Pertenece a los mayas de la etnia quiché de Guatemala. En una primera parte, a la que pertenece el fragmento transcripto, se narra la creación y origen del hombre, que los dioses resolvieron al final hacer del maíz. En la segunda parte se refiere la historia particular de dos semidioses jóvenes (Hunahpú e Ixbalanqué), y en la tercera se relatan diversas noticias sobre la historia de dicho pueblo hasta afincarse en Guatemala.

Azteca: *Ánimo*

¡No te amedrentes,[1] corazón mío!
Allá en el campo de batalla
ansío morir a filo de obsidiana.[2]
Oh, los que estáis en la lucha:
Yo ansío morir a filo de obsidiana.[3]
Sólo quieren nuestros corazones la muerte gloriosa.

(Según Ángel M. Garibay)

---

1. asustes   2. piedra de origen volcánico, vítrea, de color verde oscuro o negro; las flechas, cuchillos y lanzas solían emplear ese mineral.   3. estribillo o retornelo

Como el resto de la literatura azteca, esta pieza ha sido conservada por la tradición oral; de allí se ha traducido al español. Debido a que su escritura era todavía pictográfica o jeroglífica, y a que muchos códices fueron destruidos, es difícil formarse una idea exacta de su poesía. Gran parte de ella se acompañaba de canto y danzas. Los temas eran poco variados (los dioses, la guerra, el mundo del más allá, la fugacidad del goce y de la vida), y repetitivos. Con frecuencia recurrían al paralelismo o construcciones expresivas similares, y al difrasismo, o sea la fusión de dos imágenes. Cultivaron también la épica, los himnos religiosos y cierta forma de teatro. La poesía transcripta es la manifestación de un guerrero.

Incaica: *Himno Religioso* (fragmento)

Del mundo de arriba,
del mundo de abajo,
del océano extendido,
el hacedor, (eres tú).
Del vencedor de todas las cosas,
del que mira espléndidamente,
del que hierve intensamente,
que sea este hombre,
que sea esta mujer,
diciendo, ordenando,
a la mujer verdadera,
te formé (dijiste tú).
¿Quién eres?
¿Dónde estás?
¿Qué arguyes?
¡Habla ya!

(Transcripto por el cronista indio Santa Cruz Pachacuti y reconstruido en verso castellano por José María Arguedas.)

Los quechuas tuvieron dos clases de literatura: la oficial, que incluía los himnos del culto y pensamientos filosóficos; y la popular, sobre asuntos amatorios, humanos y sociales. La poesía anterior es una de las varias versiones disponibles sobre un himno al dios Viracocha o Wiracocha, divinidad suprema. Pese a la elementalidad sintáctica del texto, se comprende que una persona pregunta al Dios quién es él.

Temas de expresión oral o escrita

1. Describir una típica ciudad-estado de los mayas.
2. ¿Cómo escribían los mayas? Explicar.
3. ¿Cómo era considerada la sangre en la civilización maya?
4. ¿Cómo explicaría Ud. a un descendiente actual de los mayas de Yucatán sus ideas contrarias a los sacrificios humanos?
5. ¿De dónde llegaron los aztecas al valle central de México (Anáhuac) y cómo llegaron a construir su ciudad capital de Tenochtitlán?
6. ¿Qué era una "guerra florida" y por qué se hacía?
7. Imagine un diálogo entre dos prisioneros de los aztecas condenados al sacrificio en el Templo. ¿Qué se dirían?
8. ¿Cómo constituyeron Manco Capac y su hermana Mama Ocllo el imperio inca?
9. Relate la historia de los jefes chibchas zipa y zaque.

Temas de discusión

1. Discutir la siguiente afirmación de John Collier, una de las más famosas autoridades en materias indígenas: "La historia de los indígenas es portadora de un gran mensaje para el mundo".
2. ¿Cuál considera Ud. que ha sido el principal legado indio a Latinoamérica: el suelo, la sangre, las lenguas o su cultura?
3. Discutir la creencia india acerca de la necesidad de ofrecer sangre en los ritos religiosos.

Temas de investigación

1. Historia comparada de los sacrificios humanos en la religión.
2. Los argumentos de los indigenistas a favor de las culturas indias en Latinoamérica.

CORRIENTES DEL DESCUBRIMIENTO Y LA CONQUISTA

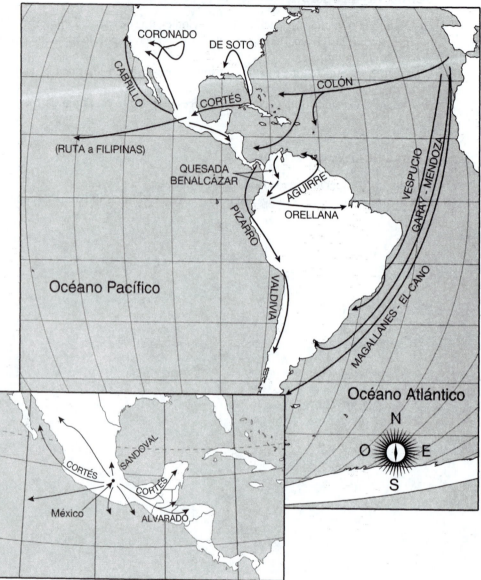

CAPÍTULO 3

El Descubrimiento y la Conquista

El descubrimiento de América significó el fin de la Edad Media y el comienzo de la Edad Moderna. A partir de entonces el interés de Europa se alejó de Oriente y se proyectó hacia Occidente, preferencia que ha tenido consecuencias a lo largo de toda la historia. América es en la actualidad el continente con mayor número de cristianos en el mundo y la región donde las lenguas española y portuguesa han logrado mayor difusión.

El encuentro entre Europa y América terminó con las fabulosas hipótesis sobre el globo terrestre, las ciencias ampliaron sus campos, la política se orientó por nuevos caminos, la economía mundial sufrió un fuerte impacto con el hallazgo de oro, plata, nuevos productos animales y vegetales, millares de europeos se establecieron en las nuevas tierras en busca de progreso social, el rico pasó a ocupar el lugar que hasta entonces había ocupado el noble, y con el mestizaje de sangres apareció una nueva raza.

Por supuesto, estos progresos no se produjeron sin la cuota de crueldad y dolor propias de cualquier conquista, como ha sucedido siempre en la historia universal. Pero no significó la ruina total de las civilizaciones americanas, que en definitiva se beneficiaron con su incorporación a una forma de vida moderna.

El vocablo "descubrimiento" no es bien visto en estos tiempos por algunos iberoamericanos, quienes argumentan que los naturales de estas tierras no fueron propiamente descubiertos o rescatados para la civilización, pues existían con anterioridad a la llegada de los europeos como pueblos y culturas, y por lo tanto, lo único que hicieron los recién llegados fue encontrarlos. El empleo de la palabra "encuentro" entre dos civilizaciones, ha dado término a esta cuestión semántica, con trasfondo político.

El imperio español y Portugal en tiempos del Descubrimiento y la Conquista

Los sucesos que acontecieron en España y Portugal, y por extensión en Europa, determinaron algunos aspectos de las campañas en América. La conquista española y portuguesa no pueden explicarse independientemente de las ideas imperantes por ese entonces, y mucho menos con los criterios contemporáneos, muy evolucionados en materia de derechos humanos, igualdad jurídica y libre determinación de los pueblos, justicia social y libertad de conciencia.

La Conquista de América está relacionada más con las ideas medievales y renacentistas que con las contemporáneas.

Los Reyes Católicos

En tiempos de los Reyes Católicos, Fernando e Isabel, la unión de los reinos de Castilla y Aragón fue el resultado de luchas y forcejeos diplomáticos en los que no dejaron de tener participación los caudillos de la propia España, Francia, Austria y el Papa. Las luchas de los monarcas españoles culminaron con la derrota definitiva de los moros en la península y la toma de la ciudad de Granada (1492), la que habían invadido y ocupado los musulmanes durante casi ochocientos años. A partir de entonces el reino se constituyó en una unidad política poderosa, y los monarcas adoptaron múltiples disposiciones para afianzar su política de unidad. Atrajeron a los nobles rebeldes y descontentos, anularon sus castillos feudales, y crearon un cuerpo de policía interna denominado la Santa Hermandad (1476), encargado de mantener el orden en todo el reino.

Faltaba, sin embargo, la unidad religiosa. Los árabes que se quedaron en España (*moriscos*) se adaptaron al régimen religioso oficial, convirtiéndose al cristianismo en algunos casos o continuando su fe secretamente sin crear problemas de convivencia.

Los judíos constituían a criterio de los monarcas un obstáculo en esta circunstancia, y por lo tanto los Reyes Católicos decretaron la expulsión de quienes no quisieran convertirse al cristianismo (1492). Millares de judíos debieron emigrar a Grecia, Asia Menor y Marruecos, donde algunos de sus descendientes, los *sefardíes,* conservan como lengua doméstica el español de aquellos años denominado *judeo-español.* El celo religioso de los soberanos los llevó a crear el Tribunal de la Inquisición (1478), con la finalidad de vigilar a quienes practicaban ocultamente otra religión o profesaban ideas heréticas.

Carlos V

Después de los Reyes Católicos ascendió al trono su nieto Carlos I, quien poco después fue elegido también emperador de Alemania con el título de Carlos V (1519). Al prin-

Mapa del mundo tal como era reconocido en el siglo XVI, donde figuran las tierras del Nuevo Mundo. (Del libro *Cosmographia* de Apiano, 1545)

cipio fue recibido con recelo porque había sido educado en Flandes y no conocía la lengua española. Pertenecía a la Casa de Austria y gobernó por casi 30 años, hasta 1556. Fue enemigo irreconciliable del rey de Francia, Francisco I, que también aspiraba a la primacía en Europa. Como consecuencia de sus activas campañas militares se transformó en la figura más poderosa, y el Papa lo proclamó emperador de Occidente en Bolonia (1530). En asuntos religiosos se declaró ferviente defensor del catolicismo y enemigo de los protestantes, a quienes hizo la guerra y se opuso toda vez que pudo. Por fin llegó a un acuerdo con ellos en Augsburgo (1555), por el cual se reconocía la igualdad religiosa a católicos y protestantes alemanes. Cansado de las guerras y una vida agitada que lo mantenía en continuos viajes, abdicó en favor de su hijo Felipe II (1556) y se retiró a vivir en un convento.

Felipe II

Su hijo Felipe II heredó únicamente la corona de España, pues la de Alemania la había transferido Carlos V a su hermano Fernando. Igual que su padre, fue el monarca más poderoso de su época. Además del territorio peninsular, poseía los inmensos territorios conquistados en América, las Filipinas y algunas islas de Oceanía, aparte de sus dominios de Milán, Nápoles, Sicilia, los Países Bajos, el Franco Condado, el norte de África y las islas Canarias. Más tarde se convirtió por vía matrimonial en rey de

Portugal también (1580–1640) y entraron a formar parte de su gobierno las extensas colonias portuguesas en el Extremo Oriente, Asia, África y América (Brasil). Su reinado se considera el más brillante de toda la historia de España.

La Contrarreforma

Fue un firme defensor de la religión católica, y en su reinado tuvo lugar el movimiento de la Contrarreforma o de resistencia al luteranismo, reacción que se había iniciado en el Concilio de Trento (1545–1563). En su época se fundó la Compañía de Jesús u Orden de los Jesuitas. Su resuelta acción contra los protestantes duró cuarenta y dos años, y en virtud de ella el protestantismo no prosperó en España y el país se mantuvo al margen de las cruentas guerras de religión que asolaron a Europa. Venció definitivamente a los turcos que merodeaban con actos de pillaje en el mar Mediterráneo, en la batalla de Lepanto (1571). En su política de religión chocó con Inglaterra, a la que tenía por enemiga a causa de su protestantismo oficial, la persecución de los católicos, su anterior y frustrado matrimonio con la reina María I de la familia de los Túdor, las correrías del corsario Drake y otras contingencias. Organizó contra Inglaterra la famosa Armada Invencible, pero por ineptitud del comandante y a causa de un fuerte temporal, ésta no logró sus objetivos y quedó destruida (1588).

Ambos gobernantes determinaron de modo categórico la política de España en su imperio. Carlos V ha sido reconocido en la historia como un monarca glorioso y un activo militar, mientras su hijo Felipe II ha sido objeto de juicios contradictorios. Desde su palacio y monasterio de El Escorial, Felipe II dirigía personalmente todo el imperio. Fue un trabajador incansable, inconmovible en su opinión de que era un deber de su conciencia luchar contra quienes profesaban creencias diferentes.

El Concilio de Trento (1545–1563), reunido en esa ciudad del norte de Italia, tuvo como uno de sus objetivos proveer las disposiciones para detener el avance del luteranismo, creado inmediatamente después del Descubrimiento. Los padres franciscanos, dominicos, agustinianos, jerónimos, jesuitas y otros, bien entrenados y dispuestos al gran esfuerzo, fueron a todo lugar acompañando a los españoles y portugueses. Puesto que su misión era la salvación de las almas de los indígenas, pudieron atenuar en parte los atropellos de quienes únicamente iban en busca de bienes materiales. En diversas ocasiones debieron enfrentarse al poder político.

El Concilio ecuménico contribuyó a la clarificación del concepto de Iglesia católica y asentó con plenitud la autoridad del Papa. El rey Carlos V se convirtió en el más firme opositor de Martín Lutero[1] y prohibió el traslado de los protestantes a las nuevas tierras descubiertas. La historia universal reconoce a estas reacciones bajo el nombre genérico de Contrarreforma y bajo su signo se realizó la obra del Descubrimiento, Conquista y Colonización. Este concilio ha marcado en parte la vida hispanoamericana hasta nuestros días, en que la autoridad del Papa es aceptada en materia religiosa por casi 170 millones de habitantes.

---

[1]**Martín Lutero (1483–1546)** el más poderoso de los reformadores religiosos, creador del estatuto de las iglesias luteranas

La actitud de Portugal fue similar a la española. Muchas instituciones se establecieron sobre el ejemplo español. El rey portugués Juan II abandonó la idea de conquistar el norte de África (Marruecos) y dirigió sus esfuerzos en beneficio de la exploración africana. Se transformó en el jefe de una importante empresa mercantil, convirtió a los nobles en funcionarios civiles y militares, consolidó el régimen de la monarquía absoluta y se preocupó más por la creación de factorías[2] o puertos y enclaves[3] coloniales, que le proporcionarían oro y especias, que por adentrarse en África o la India para colonizar.

Dedicó su talento al progreso de la ciencia náutica fundando la famosa Escuela de Sagres, donde se educó la mayor parte de los pilotos, cosmógrafos y cartógrafos del reino. Perfeccionó los instrumentos y cartas marítimas, y atrajo a su país a célebres navegantes extranjeros. Creó también una Casa de India, establecida en el palacio real, desde donde dirigió sus acciones y convirtió a su país en un gran emporio comercial por su fructífero intercambio con Oriente.

Las grandes invenciones constituyeron otra de las causas contribuyentes. La brújula, el astrolabio[4] y las cartas marinas o portolanos[5] se perfeccionaron, así como la técnica de construcción de grandes navíos. Se aplicó la pólvora a las armas ofensivas, se desarrolló la imprenta de tipos móviles y se perfeccionó la fabricación del papel. La investigación científica se encaminó hacia nuevos campos del saber: biología, botánica, astronomía, geografía, física, matemáticas, ciencias políticas y teología.

CRISTÓBAL COLÓN

Diario de viaje (fragmento)

[El descubrimiento de América]

A las dos horas después de media noche pareció[1] la tierra, de la cual estarían dos leguas.[2] Amañaron[3] todas las velas, y quedaron con el treo,[4] que es la vela grande sin bonetas,[5] y pusiéronse a la corda,[6] temporizando hasta el día viernes, que llegaron a una isla de los Lucayos, que se llamaba en lengua de indios Guanahaní.[7] Luego vieron gente desnuda, y el Almirante salió a tierra en la barca[8] armada, y Martín Alonso Pinzón y Vicente Anés,[9] su hermano, que era capitán de la Niña.[10] Sacó el Almirante la bandera real y los capitanes con dos banderas de la Cruz Verde, que llevaba el Almirante en todos los navíos por seña con una F y una Y, encima de cada letra su corona, una de un cabo de la una y otra de otro. Puestos en tierra vieron árboles muy

---

verdes y aguas muchas y frutas de diversas maneras. El Almirante llamó a los dos capitanes y a los demás que saltaron en tierra, y a Rodrigo Sánchez de Segovia, y dijo que le diesen por fe y testimonio cómo él por ante todo, tomaba, como de hecho tomó, posesión de dicha isla por el Rey y por la Reina sus señores, haciendo las protestaciones[11] que se requerían, como más largo se contiene en los testimonios que allí se hicieron por escrito. Luego se ayuntó[12] allí mucha gente de la isla. Esto que se sigue son palabras formales del Almirante, en su libro de su primera navegación y descubrimiento[13] de las Indias. "Yo (dice él), porque nos tuviesen mucha amistad, porque conocí que era gente que mejor se libraría y convertiría a nuestra Sante Fe con amor que no por fuerza, les di a algunos de ellos unos bonetes[14] colorados y unas cuentas[15] de vidrio que se ponían al pescuezo,[16] y otras cosas muchas de poco valor, con que hubieron[17] mucho placer y quedaron tanto a nuestros que era maravilla. Los cuales después venían a las barcas de los navíos adonde nos estábamos nadando y nos traían papagayos y hilo[18] de algodón en ovillos y azagayas[19] y otras cosas muchas, y nos las trocaban por otras cosas que nos les dábamos, como cuentecillas de vidrio y cascabeles.[20] En fin, todo tomaban y daban de aquello que tenían de buena voluntad. Mas me pareció que era gente muy pobre de todo. Ellos andaban todos desnudos como su madre los parió,[21] y también las mujeres, aunque no vi más de una harto moza.[22] Y todos los que yo vi eran todos mancebos,[23] que ninguno vi de edad de más de treinta años: muy bien hechos, de muy hermosos cuerpos y muy buenas caras: los cabellos gruesos casi como sedas de cola de caballos y cortos: los cabellos traen por encima de las cejas, salvo unos pocos de tras que traen largos, que jamás cortan. Algunos de ellos se pintan prieto,[24] y ellos son de la color de los canarios,[25] ni negros ni blancos, y otros se pintan de blanco, y otros de colorado. Ellos no traen armas ni las conocen, porque les mostré espadas y las tomaban por el filo y se cortaban…

---

1. apareció   2. medida de longitud antigua, equivalente a 5.572 metros
3. acomodaron, bajaron   4. vela cuadrada que sustituye a la vela latina cuando hay marejada   5. velas menores que se agregan en determinadas circunstancias
6. esperaron   7. según criterio de algunos historiadores, habría sido la actual Watling Island, del grupo de las Bahamas   8. bote, barcaza   9. realmente Yáñez; los hermanos Pinzón fueron estrechos colaboradores de Colón en la empresa
10. las carabelas se denominaron Santa María (la capitana), La Pinta y La Niña
11. declaraciones formales   12. juntó   13. El Diario de Colón se ha perdido; la parte que se conserva es la transcripta por el padre Bartolomé de las Casas, compendiada en su Historia de las Indias   14. gorros   15. bolillas ensartadas en un hilo
16. cuello   17. uso antiguo del verbo, significa tener   18. arcaísmo: e hilo
19. lanzas arrojadizas cortas   20. sonajeros huecos con metales internos para hacerlos sonar   21. engendró   22. demasiado joven   23. jóvenes, adolescentes
24. negro, oscuro   25. especie de pájaro amarillo

En su *Diario de viaje*, Colón relató las peripecias del primer viaje. No se conserva el texto pero figura reproducido en partes en la *Historia de las Indias* del padre Bartolomé de las Casas. Otros fragmentos aparecen meramente comentados. Hasta ahora se considera confiable la citada versión.

Cristóbal Colón

Colón fue uno de los grandes marinos de su siglo y su figura es colocada por algunos historiadores en la galería de los hombres más geniales e intuitivos de la historia. La hazaña de América fue suya, y España sólo proveyó la ayuda y los hombres para cumplirla. A pesar de la negativa primera a patrocinarlo, la Corona le brindó todo su apoyo cuando éste decidió emprender la empresa. Cumplió todos los compromisos contraídos, le reconoció sus rentas, y pese a algunos altibajos reales, cuando se propalaron acusaciones contra el descubridor, lo defendió decididamente contra los calumniadores.

La vida de Cristóbal Colón es incierta en algunos puntos y ha motivado algunas páginas adversas, pasiones, intereses y vanidades nacionales. Se sostiene que encubrió intencionalmente su origen personal, y pocas veces se mostró explícito sobre ciertos aspectos de su vida y de sus ideas, acaso por temperamento o por desconfianza. Se sabe muy poco de su infancia y adolescencia, pero consta que actuó cuando joven como marino de una flota principesca que recorría el Mediterráneo, y estuvo en un viaje comercial al archipiélago de Madeira. Salvó milagrosamente su vida al ser atacada su nave por corsarios franceses y llegó en seguida a Portugal. Realizó un viaje comercial a Islandia (1477) y se casó con la hija del gobernador de Porto Santo.

En esos círculos de comerciantes marítimos concibió su proyecto de llegar a las Indias navegando hacia el oeste, convencido de la hipótesis sostenida por el italiano Toscanelli. Se lo propuso al rey de Portugal, pero éste lo rechazó. Abandonó el territorio portugués y se dirigió a España. Después de dificultosas negociaciones, firmó una *capitulación* o contrato con los Reyes Católicos, Fernando e Isabel, mediante la cual se le otorgaba el título hereditario de almirante y el cargo de virrey y gobernador de las tierras e islas que descubriera, además de un diezmo[6] de los metales y piedras preciosas que obtuviera en las ignoradas tierras. Colón, por su parte, debía aportar una octava parte de los gastos de la expedición, los cuales fueron cubiertos por varios amigos suyos, entre ellos los hermanos Pinzón, conocidos navegantes del país.

En el primero de los viajes (1492) llegó con unos 120 hombres a la isla de Guanahaní (12 de octubre), después de poco más de dos meses de difícil navegación y contrariedades con su tripulación atemorizada y descontenta. Tres viajes más realizó Colón (1493, 1498 y 1502), después de haber regresado por primera vez a España con productos del Nuevo Mundo y algunos indios, en prueba de su descubrimiento. Fue recibido con toda clase de honores y su hazaña deslumbró al Viejo Continente.

En sus exploraciones y viajes descubrió las islas de Cuba, Haití (que bautizó como *Hispaniola* o *Española*), Puerto Rico, Jamaica, las Vírgenes, y otras más, y reconoció la *Tierra Firme* o costa continental desde Venezuela hasta Honduras. El más importante de sus viajes, desde el punto de vista de la fusión de los dos continentes, fue el segundo, pues vino ya con ideas de colonización. En esa oportunidad fundó la primera ciudad americana, la Isabela (1494), en homenaje a la reina Isabel de Castilla. En esa expedición llegaron por primera vez al continente mulas, caballos, vacas, toros,

---

[6]**diezmo** décima parte de los beneficios

puercos, gallinas y otros animales útiles, así como la caña de azúcar, semillas y plantas de Europa, en un verdadero traspaso de civilización a través del océano.

Los reyes le habían encomendado antes de dicho viaje que hiciera todo lo posible por convertir a los naturales al cristianismo, y así vinieron con él Fray Buil y otros once religiosos. Como los monarcas deseaban también llevar a las nuevas tierras a hombres de bien y de trabajo, a partir de esta ocasión se transportaron labriegos y artesanos junto a los hombres de armas, y fue necesario demostrar condiciones idóneas para embarcarse.

La hazaña de Colón, así como su personalidad y su actitud durante el Descubrimiento, su capacidad de comerciante y sus intenciones, han sido objeto de reparos o sospechas desde la misma época de los sucesos, con diferentes argumentaciones difíciles de cotejar tantos años después. De todos modos, el Descubrimiento de América fue posiblemente el acontecimiento más importante de la humanidad realizado por hombre alguno hasta ese momento.

Colón abrió el camino a millares de descubridores, exploradores, conquistadores, colonizadores y misioneros que llegaron tras él y crearon un imperio casi dos veces más grande que Europa, con una valentía y un desborde de vitalidad no visto hasta entonces. Una oleada de navegantes se lanzó a explorar y conquistar las tierras recién descubiertas, no sólo desde España, sino también desde Portugal, Francia, Inglaterra y Holanda. Juan Caboto, o Cabot, desde Inglaterra, llegó a Norteamérica (1497) y Pedro Álvarez Cabral, de Portugal, descubrió Brasil (1500).

Los portugueses, fieles a su política de explorar por el oriente, no quedaron sin embargo a la zaga de los españoles. Vasco da Gama pasó por el Cabo de Buena Esperanza y llegó a la India en el año 1498. "Los conquistadores fueron una generación de hombres nunca sobrepasados por su valentía, sufrimientos e inextinguible energía", ha dicho el historiador Charles F. Lumis (*Los exploradores españoles del siglo XVI*).

Ninguno de los retratos hechos de Colón se considera fehaciente. Sin embargo, no es éste un hecho inquietante. Sobre su personalidad moral y profesional es posible elaborar una semblanza en base a escritos propios y de testigos. La historia lo recuerda como un individuo tenaz, de una fuerte imaginación, inclinado a las fantasías y aventuras, lector asiduo de libros antiguos y coetáneos sobre viajes y países exóticos, grandilocuente a veces en sus páginas, que reaccionaba en ocasiones de manera exagerada. Se supone que fue genovés de nacionalidad, nacido probablemente en 1451, de padres humildes. Al regreso de su viaje, los monarcas españoles le otorgaron el privilegio de usar un escudo de armas, con la siguiente inscripción:

> *Por Castilla y por León,*
> *Nuevo Mundo halló Colón.*

Murió en Valladolid, casi olvidado, en 1506. En conmemoración del día del desembarco de Colón en la isla que denominó San Salvador, algunos países de habla hispánica han instituido al 12 de octubre como el *Día de la Raza*, cuestionado por grupos opuestos a esta celebración, que proponen darle otros nombres, entre ellos el *Día del Encuentro.* Murió sin haber sabido que las tierras por él descubiertas eran un nuevo continente y no el extremo Oriente. Como remate de las dudas, se ha suscitado la dis-

Cristóbal Colón, al regreso de su primer viaje al Nuevo Mundo, relata a los Reyes Católicos Fernando e Isabel las peripecias de la travesía y las riquezas de las tierras descubiertas.

cusión sobre el lugar donde descansan sus restos, que en la actualidad se disputan Sevilla y Santo Domingo.

Después de su muerte en Valladolid, su cadáver fue trasladado a Sevilla y de allí habría sido enviado a Santo Domingo entre 1537 y 1547.

Hernando de Magallanes

Hernando de Magallanes (1480–1521), el segundo gran descubridor, completó la obra de Colón. Intentaba llegar al extremo Oriente sin hacer escala en los dominios portugueses. De nacionalidad portuguesa pero resentido con su rey, ofreció sus servicios al rey de España y firmó las capitulaciones respectivas. Partió del puerto de Sanlúcar de Barrameda (1519), recorrió la costa atlántica del Brasil, llegó a la altura del estuario del Río de la Plata y lo recorrió durante tres semanas, pensando que era el buscado paso entre los dos océanos.

Prosiguió su camino a lo largo del sur argentino y en una de sus paradas hizo ajusticiar al capitán Luis de Mendoza, que se había puesto al frente de un grupo de marinos deseosos de volver a España. Vio a unos indios que lo acogieron en paz y los denominó *patagones* por las anchas huellas que sus pies dejaban en la nieve.

Continuó su viaje bordeando la costa y descubrió por fin el estrecho que hoy lleva su nombre y une el Atlántico con el Pacífico. Atravesó el Pacífico, descubrió las islas de los Ladrones (ahora Marianas) y el archipiélago de las Filipinas (1521), donde murió en una lucha con los indios.

El segundo de la expedición, Juan Sebastián El Cano, asumió el comando de la única nave que le quedaba, enfiló hasta el extremo meridional de África, y regresó por el Atlántico a España (1522), después de una ausencia de casi tres años. El rey Carlos V lo recibió con los poquísimos navegantes que volvieron de los naufragios, motines y luchas contra los aborígenes, y lo autorizó a usar un escudo con la inscripción latina *Primus circumdedisti me* (El primero que me ha circundado), rodeando un globo terráqueo.

Desde entonces el mundo fue uno solo.

Álvar Núñez Cabeza de Vaca

Las exploraciones de los españoles no se limitaron a Centroamérica y Sudamérica. Se extendieron además por el actual territorio de los Estados Unidos, con entradas por el este y el oeste (Juan Ponce de León, 1521, Florida; Hernando de Soto, 1539, Georgia, las Carolinas, Alabama, Mississippi, Arkansas y Luisiana; Francisco Vázquez de Coronado, 1540, Nuevo México, Arizona, Texas, Oklahoma y Kansas; Juan Rodríguez de Cabrillo, 1542, California).

Un caso curioso de exploración lo protagonizó Álvar Núñez Cabeza de Vaca, un fabuloso caminador que recorrió el norte y el sur del continente. Había sobrevivido al naufragio de la expedición de Pánfilo de Narváez en la Florida (1520) y con tres compañeros recorrió por espacio de siete años el territorio norteamericano en busca de auxilio, hasta llegar de regreso a Michoacán (México), luego de una odisea casi novelesca, atacado ferozmente unas veces e idolatrado como mago otras.

Años después fue designado gobernador de la provincia de Asunción del Paraguay. Partió de España con sus huestes y tocó tierra en la isla de Santa Catalina, frente a las costas del Brasil. Despachó entonces una parte de la expedición al Río de la Plata, mientras él personalmente desembarcó en la costa brasileña y por tierra cruzó la región hasta Asunción (1542), donde se reunió con el resto de la expedición, que había continuado por mar la travesía y entrado por el Río de la Plata hasta dicha ciudad.

Su importancia en la historia de las exploraciones radica en el testimonio personal que ha dejado escrito en su libro (*Naufragios*, primera parte, y *Comentarios*, la segunda).

La partición de América entre españoles y portugueses

Concluido el primer viaje de Colón, España se interesó por obtener del Papa Alejandro VI, el español Rodrigo de Borja, el reconocimiento de sus derechos jurídicos sobre las tierras descubiertas, pues el Sumo Pontífice era por aquellos tiempos la única autoridad que podía dictaminar una cuestión de esta naturaleza, en razón de que a la Iglesia se le reconocía jurisdicción en lo espiritual y terrenal.

Después de trámites y reclamaciones de una y otra parte, el Pontífice suscribió una Bula de Donación, la *Intercaetera* (3 de mayo de 1493), la cual concedía a los Reyes Católicos y a sus descendientes el derecho de poseer "las tierras firmes descubiertas y por descubrir, halladas y por hallar hacia Oriente y Mediodía", que no perteneciesen a ningún príncipe cristiano. Los títulos de Portugal no fueron afectados, pues se declaró expresamente que los privilegios concedidos anteriormente no quedaban derogados en forma alguna, presente o futura, por estas nuevas mercedes concedidas a otro monarca.

Ante reclamaciones de Portugal, el Papa expidió una segunda *Intercaetera,* en junio de ese mismo año (aunque fechada al día siguiente de la anterior para hacer aparecer el dictamen como una decisión voluntaria del Papado), en virtud de la cual le concedió las comarcas descubiertas o por descubrirse que se hallasen al Oriente o al Mediodía, en dirección a la India, siempre que estuviesen situadas más allá de una línea que fuese de polo a polo, ubicada a cien leguas, y no estuviesen en poder de ningún príncipe cristiano hacia la Navidad de 1492. Esta bula es conocida como la Bula de partición del mundo.

Al cabo de reclamaciones y discusiones sobre los territorios amparados por la donación papal, España y Portugal firmaron el Tratado de Tordesillas (1494), por el que ambos estados adoptaron una línea imaginaria de sur a norte a 370 leguas al oeste de las islas de Cabo Verde y establecieron que toda tierra que se hallase al occidente de esa línea divisoria sería española, y que el lado oriental quedaba reservado al dominio portugués.

Pocos años después, Portugal descubría Brasil (1500), que quedó en sus dominios.

Esta partición del mundo, que hoy parecería inexplicable, se fundaba en principios religiosos superiores, reconocidos y aceptados en todas las partes cristianas, de acuerdo con los cuales el Papa tenía potestad civil y militar sobre todo el orbe.

Cincuenta años después del Descubrimiento los exploradores españoles habían recorrido prácticamente por tierra y mar las tres Américas, con escasas excepciones. El extraordinario espíritu de aquellos hombres deslumbró a Europa y deslumbra aún, si se consideran los precarios y rudimentarios elementos con que se cumplieron las hazañas.

A partir del descubrimiento de América el interés de Europa se alejó de Oriente y se proyectó hacia el Nuevo Mundo, preferencia que parece persistir hasta nuestros días. Dentro de los mismos estados peninsulares, se acabaron las inveteradas luchas feudales entre nobles y surgió el sentido nacional de los estados modernos.

Europa sufrió los efectos de una nueva economía y se activaron las artesanías, que pasaron a constituirse en incipientes industrias en el sentido moderno del vocablo. Millares de desocupados y desclasados vinieron a tentar fortuna en el nuevo continente y el panorama social del occidente europeo se modificó: la burguesía se convirtió en la clase progresista y productiva de la nueva sociedad.

La literatura vio nacer un novedoso género literario, la crónica de Indias, y la arquitectura europea adoptó el oro como motivo ornamental, al modo indígena. Los arquitectos diseñaron templos y edificios para América y gran cantidad de artistas encontraron nuevas fuentes de trabajo.

Botánicos, zoólogos, astrónomos, geógrafos, y hasta teólogos, hallaron nuevos temas de reflexión. Según la expresión del historiador argentino Ricardo Levene, América fue "la tierra de los hombres nuevos, nacida para los desheredados del mundo antiguo".

Para los americanos, significó su integración con las culturas europeas, y por intermedio de ellas, con la asiática y en menor grado con las africanas. España y Portugal trasladaron al Nuevo Mundo todo cuanto tenían, y mediante la fusión con los elementos culturales y humanos indígenas, nació una forma de civilización original, distinta, en cuanto era combinación de ambas. Lo que se había iniciado como utopía, aventura, ambición o sentido misional, culminó en un progreso del ser humano.

El régimen de la Conquista y colonización

Al mismo tiempo que se desarrollaban las expediciones de exploración, los españoles y portugueses iniciaron las luchas por la posesión de los territorios descubiertos, amparados por las bulas de donación y disposiciones reales que les otorgaban títulos legítimos para la ocupación.

La Conquista no fue, como a veces suele creerse, una empresa totalmente oficial de la corona española. Salvo casos especiales, estuvo a cargo de individuos u organizaciones comerciales que convenían con los reyes, mediante una *capitulación* o contrato, las obligaciones y los derechos de las partes. Ni bien descubierta América, la Corona española se planteó diversas cuestiones de soberanía, jurisdicción, administración y finalidad acerca de la tarea a realizar. Por estos factores, la conquista española ha sido considerada una obra de carácter popular y colectivo y no una empresa del Estado, aunque él participara desde la metrópoli con apoyos de variada naturaleza. En tal sentido, hubo en los comienzos frecuentes quejas porque el Estado no gastaba suficiente dinero en las expediciones. En otras palabras, el régimen de la Conquista no admite comparación con las guerras militares de España y sus vecinos de Europa o del norte de África. Se ha notado también que las clases nobles o económicamente fuertes no se interesaron mayormente por las misiones y más bien las relegaron a los segundones.

El rey solía conceder, según los casos, títulos honoríficos, funciones de gobierno, propiedad sobre las tierras, repartimientos de indios, parte de las rentas o beneficios pecuniarios obtenidos, derechos sobre las minas y otras regalías a los actores. Con el transcurso del tiempo, y una vez afianzada la Conquista, el rey envió adelantados, virreyes y gobernadores de origen nobiliario.

El descubridor o *adelantado* debía a su vez pagar los gastos de la expedición, para lo cual se asociaba con personas de fortuna, ofreciendo parte de sus eventuales beneficios a soldados, marinos o colonos. En casos imprevistos, los interesados podían efectuar peticiones al rey con el objeto de obtener nuevas franquicias.

La Conquista no fue un acto de exterminio deliberado, como se ha dicho en alguna oportunidad quizás por razones ideológicas, pues en todos los casos el adelantado o *conquistador* procuraba respetar la autoridad de los caciques establecidos y les proponía reconocer al rey de España como su nuevo soberano y aceptar la fe católica. En la eventualidad de una negativa del señor natural de la tierra se producía inevitablemente el choque armado. En el fondo de esta actitud se encerraba el concepto de constituir pueblos de indios con *alcaldes* del lugar y soberanía imperial a cargo del monarca español.

No faltaron, claro está, individuos irresponsables o aventureros de mal vivir en la Conquista. La pobreza, la codicia, el ansia de gloria, el espíritu de aventura, la necesidad de escapar a la justicia peninsular, la vocación misionera de los religiosos, el sentido de justicia humana en muchos gobernantes, el afán de búsqueda de nuevos motivos artísticos de pintores, escultores y arquitectos, la obtención de trabajo para los desocupados y el hallazgo de nuevas oportunidades por comerciantes honestos, se entremezclaron en la empresa.

En un principio el monarca encomendó el gobierno de los nuevos territorios a los adelantados o jefes de las expediciones. Ellos acumulaban en su persona la autoridad militar, la superioridad política y la conducción administrativa, en general con carácter vitalicio y en ocasiones, hereditario.

A medida que la Conquista se extendió, se designaron *gobernadores* o *adelantados gobernadores,* que se diferenciaban de los anteriores en que sus funciones eran más civiles y menos militares. Éstos, además, eran designados por el rey y representaban al rey, no así los expedicionarios privados.

Los más importantes conquistadores españoles fueron cuatro: Hernán Cortés, Francisco Pizarro, Gonzalo Jiménez de Quesada y Pedro de Valdivia.

Hernán Cortés

Hernán Cortés provenía de una familia noble y había estudiado en la Universidad de Salamanca. Se encontraba en Cuba adonde había acompañado al gobernador Velázquez en la conquista de la isla. En esos años había tomado conocimiento de anteriores expediciones menores al continente, y solicitó autorización al gobernador Velázquez, quien se la negó, por desconfianza y codicia personal. Desobedeciendo la orden recibida de no partir, Cortés zarpó con unos 600 hombres a los treinta y tres años de edad. Desembarcó en la isla de Cozumel, donde se encontró con un compatriota, Jerónimo de Aguilar, quien había sobrevivido a un naufragio anterior y conocía la lengua maya. Cortés recogió de él antecedentes sobre los pueblos que iba a encontrar.

De allí prosiguió su itinerario por mar hasta desembarcar en la costa de Tabasco, donde tuvo su primer encuentro con los indios, de cuyo pueblo se apoderó, ya que estos últimos estaban asustados por la presencia de los caballos y las naves de gran porte, desconocidas por ellos. Pactó con los tabasqueños, que le regalaron veinte esclavos en señal de amistad, entre ellos una joven de sangre indígena, Marina o la Malinche, que entendía la lengua aborigen y la española, y sirvió fielmente de intérprete a Cortés en toda su carrera. Cortés siguió su campaña por tierra y atravesó el territorio hasta llegar a Tenochtitlán (1519), capital del imperio de los aztecas, donde tomó prisionero al emperador Moctezuma y más tarde al valiente caudillo Cuauhtémoc. Las peripecias de Cortés fueron múltiples y no faltaron asesinatos, victorias y derrotas, alianzas con indígenas, matanzas horribles, y luchas internas entre los expedicionarios. En determinado

Hernán Cortés, el conquistador de México.
Estudió leyes durante dos años en Salamanca y se
embarcó hacia el Nuevo Mundo en busca de
conquistas. Tomó Tenochtitlán (México), tuvo
luchas con los mexicanos, pleitos con los españoles
de América y desacuerdos con la corona de
España. Murió retirado en España.

momento, a poco de apoderarse de Tenochtitlán, dejó allí un destacamento para ir a
luchar contra las tropas de Pánfilo Narváez que habían llegado de Cuba enviadas por el
gobernador para castigar a Cortés por su desobediencia. El conquistador venció a su adversario, pero al regresar a la capital azteca fue sitiado por los naturales. En la imposibilidad de derrotarlos, abandonó la ciudad una noche en medio de terribles ataques de
los naturales, en los que murió la mitad de sus soldados. La historia de este sangriento
episodio se conoce en la historia como "la Noche Triste". Más tarde conquistó definitivamente a México, lo que le valió el reconocimiento del rey, quien legitimó su situación
y lo nombró Capitán General y Justicia Mayor de la Nueva España (1522), y más tarde,
lo ennobleció con el título de Marqués del Valle de Oaxaca. México fue establecido
como virreinato de la Nueva España en 1535, constituyéndose así en el primer virreinato del imperio español.

Francisco Pizarro

Francisco Pizarro fue hijo ilegítimo de un coronel español y pasó su infancia en la pobreza y la ignorancia, criando cerdos. Anduvo por el Caribe participando en varias expediciones, incluso con el mismo Balboa. Iba acompañado de Diego de Almagro,

Francisco Pizarro, conquistador del Perú, según un dibujo que ilustraba el libro *Nuevo Mundo desconocido*, de Dapper, publicado en Amsterdam en 1673. Fundó la ciudad de Lima (1535) con el nombre de Ciudad de los Reyes.

soldado aventurero de dudosa responsabilidad, y con el clérigo Hernando de Luque, que se ofreció para financiar la expedición.

Había hecho ya algunas correrías previas de exploración antes de emprender la definitiva. Sus soldados estaban desalentados por la sed, el hambre, la fatiga, el calor abrumante y las marismas[7] de la costa peruana. En un momento decisivo, Pizarro toma su espada, traza una línea en el suelo de oeste a este y dice a sus acompañantes: "Por aquí se va a Perú a ser ricos; por allí —el norte— se va a Panamá a ser pobres; escoja el que sea buen castellano lo que más bien le estuviere", y cruza primero la línea simbólica. Doce soldados lo imitan y conforman el grupo inicial de la Conquista. La historia los ha llamado "los trece de la fama".

En su viaje definitivo, partió de Panamá con unos 183 hombres y 37 caballos y desembarcó en Túmbez, al norte del Perú, y se encontró con que el reino estaba en plena guerra civil. Había muerto el inca Huayna Capac, y sus hijos Huáscar y Atahualpa se disputaban la herencia.

Mediante una ingeniosa y arriesgada estratagema encarceló a Atahualpa, en Cajamarca, la ciudad imperial (1532). El conquistador le había ofrecido una Biblia y exhortado a aceptar la religión católica, pero el inca arrojó al suelo el libro sagrado y se

[7]**marisma** terreno bajo y anegadizo

aprestó a atacarlo con sus hombres. Merced a un golpe de audacia, Pizarro lo capturó. A cambio de su libertad el inca le ofreció una habitación llena de oro hasta la altura de su mano levantada. El emperador indígena pagó el tributo ofrecido, pero Pizarro, amenazado por una posible revancha, lo sometió a juicio y el tribunal ordenó su muerte a manos de un verdugo. El jefe español, por su parte, siguió su camino hacia Cuzco, la ciudad sagrada de los incas, la cual ocupó en 1533. Los españoles saquearon la ciudad y se repartieron las enormes riquezas en oro que allí había.

Establecido en la ciudad, Pizarro tuvo diversos problemas con incas y españoles, y decidió trasladarse desde las montañas a la costa y fundar una nueva capital en el valle del Rímac, la Ciudad de los Reyes, más tarde capital del Virreinato del Perú (1544), y actual Lima. Hubo más tarde una lucha civil entre Pizarro y su socio Almagro, quien se había apoderado de la ciudad de Cuzco y había hecho prisioneros a Gonzalo y Hernando Pizarro. Los seguidores de Pizarro atacaron a Almagro en su reducto, y tras un precipitado proceso le dieron muerte.

Diego de Almagro, llamado el Mozo, hijo del ajusticiado, se refugió en las montañas y al cabo de un tiempo, tejió una conspiración contra Pizarro, a causa de la cual el conquistador del Perú, anciano ya, fue atacado y asesinado en su habitación de una estocada en la garganta (1541).

Gonzalo Jiménez de Quesada

Este conquistador, de familia nobiliaria, había estudiado leyes en España. Llegó a ser magistrado en Santa Marta, ciudad de la costa de Colombia, y desde allí dirigió una expedición de 600 soldados y 200 marinos que, por tierra y por el río Magdalena en barco, llegaron al interior del país después de agotadoras jornadas. El conquistador tomó prisionero a algunos de los caudillos chibchas y fundó la ciudad de Santa Fe de Bogotá (1538). La corona española le concedió el cargo de gobernador de las tierras conquistadas, las que más tarde, en el siglo XVIII, formaron el Virreinato de Nueva Granada (1717).

Pedro de Valdivia

Pedro de Valdivia, también de origen noble, había intervenido en las guerras de Carlos V contra Italia. Se radicó en el Perú, donde llegó a ser un rico propietario de minas. Con unos 200 españoles y un millar de indios se dirigió a conquistar a Chile, región donde antes había fracasado Almagro frente a los imbatibles araucanos. Después de motines entre sus propios soldados y feroces luchas contra los indios, fundó la ciudad de Santiago (1541) y varias otras, ocupando el país hasta el río Bío-Bío. Despachó algunas expediciones a la Argentina actual a través de los Andes. Valdivia encontró en Caupolicán y Lautaro, los dos héroes de la resistencia, a sus más temibles enemigos. Hizo ejecutar cruelmente a Caupolicán sentándolo sobre un poste puntiagudo. Pedro de Valdivia murió en una de las luchas contra los nativos en lugar y fecha no conocidas con exactitud.

La lucha contra los indios

En los primeros tiempos del Descubrimiento y la Conquista, los españoles, lejos de toda vigilancia real, y comprometidos en una guerra peligrosa y cruel, actuaron librados a su propio albedrío. Se cometieron abusos contra los indígenas, se destruyeron templos, reductos militares y hasta pueblos enteros, y se quemaron documentos y exponentes del culto bárbaro. Cortés hizo matar al héroe azteca Cuauhtémoc; Valdivia, a Caupolicán, y Pizarro, a Atahualpa. Entre los mismos españoles hubo traiciones, ejecuciones, y hasta luchas civiles por la ambición de poder.

Habrá que reconocer objetivamente, a esta altura de los tiempos, el carácter propio de toda conquista militar, justa o injusta en términos jurídicos, en la que muchos actores exaltados, ambiciosos, fanáticos, atemorizados o sencillamente perversos, cometieron atropellos y crímenes de cualquier naturaleza en situaciones extremas, cuando el peligro de muerte, el hambre, la carencia de pareja femenina o el descontrol emocional los acosaban. Los conquistadores y colonizadores no pudieron resistir a las tentaciones de la riqueza, afán de poder y demás debilidades propias del ser humano. Pero tampoco fueron todos inhumanos ni lo fueron en toda oportunidad. Al lado de los crueles, estuvieron también los pacíficos, los justos y los sinceramente empeñados en la salvación de las almas. Bastaría leer únicamente el ilustrativo libro de Bernal Díaz del Castillo, soldado de Hernán Cortés, *Historia verdadera de la conquista de la Nueva España*, para internarse en la inagotable mina psicológica de los hombres de armas en aquellos años, donde hubo de todo.

Por otra parte, el fenómeno de la Conquista no fue únicamente español, ni siquiera típico del siglo XVI, pues en la historia, las conquistas humanas son bastante similares entre sí.

Los indios, por su parte, conocieron también estas prácticas: Atahualpa mandó matar a su hermano Huáscar, en épocas de la invasión española, en su lucha por el poder en el imperio inca, y en varios países tribus indias acompañaron a los invasores como soldados para vengarse de sus opresores o enemigos aborígenes, como los Tlaxcaltecas a Cortés.

Una vez descubierto el Nuevo Mundo hubo que reconocerlo, dominarlo, organizarlo en nuevos estados y catequizarlo. Esto se hizo por consentimiento o por la fuerza de las armas y sobre todo, sobre la base de los principios y criterios imperantes en la época, y que de ninguna manera son los aceptados hoy en día. El testimonio espontáneo y sencillo de Bernal Díaz del Castillo es conmovedor y demostrativo: sintió piedad por los indios, lo entristecía su equivocada fe, los odió cuando mataban a sus compañeros de campaña arrojándolos en pedazos desde la cúspide de los templos, y mató a sus adversarios cuando su vida estuvo en peligro o tuvo miedo.

La "leyenda negra"

Se ha dicho que Fray Bartolomé de las Casas fue el iniciador de la llamada "leyenda negra" o sea la interpretación antiespañola de la Conquista. El fraile dominico habló de

Fray Bartolomé de las Casas, fraile dominico, llamado el Apóstol de las Indias o el Protector de los Indios. Llegó a ser obispo de Chiapas, desde cuya sede continuó su infatigable obra de defensa de los derechos aborígenes, en alegatos personales ante el rey de España y en numerosos libros. Sobresale entre ellos la *Brevísima relación de la destrucción de las Indias* (1552), de estilo vehemente y cálculos numéricos increíbles en la que denuncia toda clase de atropellos cometidos contra los indígenas. Algunos lo consideran el creador de la "leyenda negra" que sirvió a otros historiadores europeos para denigrar la obra de España. Curiosamente, se mostró favorable a la importación de negros de África.

matanzas inauditas, violaciones de mujeres, incendio de poblaciones, robos de propiedades ajenas, esclavitud de los indios, explotación ruinosa en minas y plantaciones, exterminios de la población y calamidades infinitas.

La expresión "leyenda negra" es relativamente moderna y fue popularizada en un libro escrito en 1914 por el historiador español Julián Juderías, titulado *La leyenda negra*. Sin embargo, la leyenda está asociada al nombre de varios historiadores y escritores antihispánicos, a menudo indignados por la política antiprotestante de Felipe II. Por otro lado, los archivos y documentos españoles sugieren que esa Conquista no fue peor que la de otras naciones, y declinó cuando el celo de los dominicos dio paso a la nueva orden de los jesuitas, protectores de los indios hasta su expulsión del imperio en 1767. Los jesuitas tomaron a su cargo la conversión de los aborígenes por medios pacíficos y su agrupamiento en misiones o pueblos mixtos, organizados bajo un régimen paternalista, principalmente en el Virreinato del Río de la Plata.

Está probado que el padre las Casas, por apasionamiento en sus buenas intenciones, para influir más dramáticamente ante las autoridades españolas o por error aritmético, exageró los números y hasta entró en contradicción consigo mismo. De todas maneras, es cierto que hubo una disminución en la población de las Indias durante un largo período que se atribuye a las guerras, pero también a las epidemias de viruela, la miseria, la alimentación deficiente, la disminución de la agricultura, el trabajo en las minas, la falta de comercio e intercambio y el alcoholismo.

Las opiniones de los historiadores están muy divididas sobre este particular, tanto entre españoles como entre hispanoamericanos. Lewis Hanke, un historiador norteamericano conocido por su imparcialidad, ha sostenido al respecto que nadie defendería hoy las estadísticas que proporcionó las Casas, pero pocos negarían que sus cargos eran verdaderos en gran parte.

Américo Castro, ilustrado profesor español, ha afirmado: "La conquista fue cruel, sin duda, y los demás europeos procedieron del mismo modo antes del siglo XIX... pero la diferencia esencial fue que los españoles se mezclaron con la población indígena..."

La polémica sobre la cuestión indígena

En muy pocas ocasiones un país conquistador ha debatido, como España, los fundamentos morales sobre la Conquista y el derecho que tenía a realizarla. Este hecho se ha considerado en sí mismo como una demostración del contenido espiritual y cristiano de su empresa.

La polémica se entabló entre indigenistas y colonialistas. Los primeros desconocían los títulos o derecho de la Corona para ocupar las tierras de los indios y someterlos a su jurisdicción, tanto política como religiosa. Los segundos, por el contrario, pretendían justificar la empresa religiosamente.

En líneas generales, entre los primeros se contaban los teólogos, moralistas, juristas y políticos defensores de los indios; entre los segundos, los *encomenderos,* funcionarios gubernamentales de la metrópoli, beneficiarios de repartimientos y gobernantes del Nuevo Mundo.

Hasta la aparición del padre Francisco de Vitoria (1486–1546) se habían denunciado ya ante el monarca español muchos abusos de los conquistadores cometidos con el pretexto de conducir a los indios al conocimiento del verdadero Dios cristiano, y aun por meras ambiciones personales.

En la polémica se enfrentaron el padre Vitoria y Bartolomé de las Casas contra el eminente jurista Juan Ginés de Sepúlveda (1490–1573). Este jurisconsulto había publicado un libro reivindicando la legitimidad de las donaciones papales y era por tanto favorable a los actos cumplidos por los reyes españoles. Partía, en esencia, de la tesis de que el Papa era el *Dominus Orbis* (Señor del Mundo), y por lo tanto estaba en su derecho adjudicar el dominio de las tierras. Dios condenó a la perdición a esos bárbaros por sus abominaciones y los entregó a los españoles, como entregó los cananeos a los judíos.

El padre Vitoria, religioso dominico profesor de la Universidad de Salamanca, sostuvo en cambio, desde su cátedra, la necesidad de revisar los alcances de los cuestionados títulos en tres famosas lecciones en la Universidad (1539), que luego se conocieron en su versión castellana como *Relecciones sobre los indios.* Fue así el primero en negar que las bulas papales de Alejandro VI fuesen título suficiente para dominar las nuevas tierras.

Su tesis sostenía que el Emperador no es el Señor del Mundo y el Papa no tiene potestad civil o temporal sobre todo el orbe, y en todo caso, no podría transferirla, ni siquiera a los príncipes cristianos, quienes no pueden por consiguiente castigar a los bárbaros o constreñirlos por sus pecados contra naturaleza (sodomía en especial) y que el Papa tampoco tiene jurisdicción sobre los infieles, sino sobre los cristianos. Completaba esta tesis con la referencia a las guerras contra los indios: los bárbaros no están obligados a creer al primer anuncio que se les haga de la fe; luego, si no creen, no puede hacérseles tampoco la guerra. La fe de Cristo debe ser propuesta en forma pacífica, con argumentos razonables y con el ejemplo de los predicadores, diligencia y esmero. Los indios tampoco están obligados a reconocer dominio alguno al Papa, y no pueden los españoles, por esta creencia, hacer la guerra ni ocupar sus bienes. A estos títulos alegados por los colonialistas, el padre Vitoria los consideraba títulos ilegítimos. Éste admitía únicamente ocho títulos legítimos para invadir sus tierras: 1) los españoles tienen derecho a viajar y a permanecer en aquellas provincias, mientras no causen daño; 2) es lícito a los españoles comerciar con ellos, proveyéndose de los productos de que carecen, y ningún príncipe bárbaro puede prohibírselo a sus súbditos; 3) si hay entre los bárbaros cosas que sean comunes a los ciudadanos y a los extranjeros, no es lícito que los bárbaros prohíban a los españoles la comunicación y participación de las mismas; 4) si a algún español le nacen allí hijos y éstos quisieran ser ciudadanos del lugar, habitar allí o gozar del derecho de los restantes ciudadanos, no corresponde prohibirles el hacerlo, siempre que los padres hayan tenido allí su domicilio; 5) si los bárbaros quisieran prohibir a los españoles los derechos anteriores, éstos pueden defenderse y hacer lo que crean conveniente para su seguridad y usar de los derechos de guerra; 6) si intentados todos los medios, los españoles no pueden conseguir su seguridad, pueden ocupar sus ciudades y someterlos; 7) si después de todas las diligencias posibles los bárbaros no quieren vivir pacíficamente y perseveran en sus malicias, puede hacérseles sentir todo el rigor de los derechos de guerra, reduciéndolos al cautiverio y destituyendo a los señores, pero todo con moderación y en proporción a las injurias recibidas; 8) los cristianos tienen el derecho de predicar y anunciar el Evangelio en las provincias de los bárbaros. Este último título se argumenta por religión: se ordenó a los cristianos ir y predicar el Evangelio por todo el mundo. Si así no fuera, los indios quedarían fuera del estado de salvación, y ellos son nuestros prójimos.

Aclara el padre Vitoria: "… aunque esto sea común a todos los cristianos, pudo sin embargo el Papa encomendar esta misión a los españoles y prohibírsela a todos los demás". Y agrega: "Si los bárbaros permitieran a los españoles predicar el Evangelio libremente y sin obstáculo, no sería lícito, tanto si reciben como si no reciben su fe, declararles la guerra, ni tampoco ocupar sus tierras". Dentro de esta afirmación el religioso dominico especifica todas las posibilidades derivadas de esta proposición.

Don Ramón Menéndez Pidal, medievalista y literato español, ha escrito sobre el tema: "Si los caciques, los Moctezumas, los Atahualpas, hubiesen sido conservados inconmovibles a perpetuidad en sus descendientes, y si los ingleses hubiesen seguido las mismas normas jurídicas, América sería hoy un continente de pueblos con numerosas lenguas y religiones, pues los misioneros de las Indias Occidentales no habrían tenido mejores éxitos que los de las Indias Orientales, como lo probaron los muchos fracasos de catequesis pacífica hechos sin la vigilancia o al amparo de las armas". En su opinión, las Leyes de Indias y los Reyes Católicos unieron América a Europa, apartándose del este asiático. En tan controvertida materia, toca a cada uno la propia definición.

Francisco de Vitoria está considerado como el precursor y fundador del derecho internacional. Se le atribuye la creación del concepto de "guerra justa".

El tráfico de esclavos africanos

La trata de esclavos negros provenientes del África fue un acontecimiento ignominioso en la historia de Latinoamérica, que podrá explicarse por razones históricas de época, pero nunca justificarse desde el punto de vista humano. La esclavitud fue un asunto normalmente aceptado y practicado en el mundo cristiano europeo y musulmán asiático desde la Edad Media y fue trasvasado a América por los europeos. La existencia de la esclavitud no se consideraba objetable en Europa.

En un principio fue rechazada por los reyes de España, según su dogmática católica, pero después de la paz de Utretch (1713), España se vio obligada otorgar *asientos,* es decir permisos, a la English South Sea Company para proveer de esclavos negros a sus colonias. Antes de esto algunos africanos habían participado por cuenta propia y no como esclavos en las expediciones al Nuevo Mundo, sin conformar un tráfico comercial. En las luchas de Cortés en México hubo soldados negros traídos del Caribe.

La importación sistemática de esclavos como negocio se debió en un principio a que los indios se reproducían a una menor tasa que las muertes ocurridas por enfermedades y agotamiento físico. La mano de obra en las plantaciones y minas comenzó a escasear. Los esclavos eran comprados en África a los caciques y reyezuelos de las costas africanas por los traficantes llamados *negreros* que los cazaban en el interior del continente.

Los traficantes escogían a los más sanos y fuertes, pagaban su precio y los embarcaban en las sentinas[8] de los barcos, hacinados y mal alimentados, hasta venderlos en las islas del Caribe y el nordeste del Brasil, desde donde se distribuían al resto del continente. En algunos lugares llegaron a establecerse criaderos organizados de negros. Se ha calculado que en la primera mitad del siglo XVII fueron importados 50.000 esclavos. Se remataban como animales en ferias públicas y se los destinaba principalmente a las zonas de las costas, donde abundaban por razones climáticas las plantaciones de azúcar (Cuba y Caribe), cacao (Venezuela), algodón y tabaco. En menor grado eran empleados en el trabajo de las minas de oro y plata, por su poca resistencia para este tipo de tareas. Los patrones cometían abusos sexuales contra las mujeres, empleaban también a sus hijos y torturaban a los haraganes o revoltosos. Los esclavos vivían en miserables barracas y por lo común no incurrían en motines sangrientos: sólo se defendían huyendo a las selvas, convirtiéndose en fugitivos o *cimarrones.* En el Río de la Plata, sin ninguna industria por aquellos años, se ocupaba a los negros como empleados domésticos, artesanos y otros trabajos menos gravosos. En estas circunstancias resultaron fieles servidores y colaboradores en las luchas de la Independencia.

El tráfico estuvo en manos de los portugueses, concertados con los ingleses, holandeses y franceses. La Iglesia condenaba este comercio, pero no tenía poderes para evitarlo. Su actividad se redujo entonces a tratar de lograr mejores condiciones de trabajo, trato y catequización. Pero la mentalidad africana era reacia a convertirse a una

---

[8]**sentina** parte baja interna de los barcos

religión única y mantenían indemnes sus creencias tribales en dioses de distinta naturaleza, según la región de donde procedían. Los cultos africanos del vudú (*voodoo*) en Haití, o de la *macumba* y el *candomblé* en Brasil, reconocen ese origen.

La liberación de los esclavos comenzó en la época de la Independencia cuando la necesidad de trabajo fue menor debido al aumento en la mano de obra europea y criolla. En ciertos países comenzó con la llamada *libertad de vientres,* en virtud de la cual los hijos de esclavos nacían libres, y después se pasó a la liberación directa, mediante una concesión gratuita que hacía el propietario por razones de humanidad, por venta o como retribución de los servicios prestados. Algunos prefirieron seguir conviviendo con sus amos, mientras otros se dedicaron a las artesanías y oficios en las ciudades, que ofrecían mayores perspectivas de trabajo, albergándose los negros libres en barrios pobres, en comunidades homogéneas y viviendo según sus ancestrales tradiciones.

El negro fue aceptado por lo general en su nueva condición. Adquirió propiedades, intervino en negocios y contribuyó a la mezcla étnica. No obstante, sufrió ante ciertas personas la fatalidad del color de su piel y en casos extremos la discriminación social.

La voz de vencedores y vencidos

Como las civilizaciones indígenas carecían de escrituras románicas a la llegada de los ibéricos, únicamente han llegado hasta nuestros días libros escritos por los invasores. Uno de los más bellos es el escrito por Bernal Díaz del Castillo, soldado de Cortés, que en las conmovedoras páginas de su *Historia verdadera de la conquista de la Nueva España,* narra en su vejez los sacrificios de las guerras de conquista:

> Pues decían [los indios mexicanos] que en aquel día no había de quedar ninguno de nosotros, y que habían de sacrificar a sus dioses nuestros corazones y sangre, y con las piernas y brazos bien tendrían para hacer hartazgos y fiestas, y que los cuerpos echarían a los tigres y leones y víboras y culebras que tenían encerrados ...

El escritor mexicano Miguel León Portilla ha recogido en un libro (*Visión de la Conquista: Relaciones indígenas de la Conquista*) relatos de testigos que manifiestan el dolor de los nativos ante las invasiones. Un cantar dice:

> Llorad, amigos míos,
> Tened entendido que con estos hechos,
> Hemos perdido la nación mexicana.

Otros muchos testimonios quedan en obras de mestizos de México y Perú sobre las injusticias y calamidades, entre las que sobresale la *Nueva crónica y buen gobierno* de Felipe Guamán Poma de Ayala (siglo XVI), denunciando la arbitrariedad y atropellos de los nuevos gobernantes y sus descendientes establecidos en el Perú:

> Españoles vagabundos de este reino: muchos españoles andan por los caminos reales y tambos y por los pueblos de los indios... entrando al tambo alborotan la tierra, toman un palo y le dan muchos palos a los indios pidiendo... gasta y come cada día doce pesos a costa de los indios y dice que es caballero...

En los puntos estratégicos militares, los españoles levantaron fortificaciones o instalaron baterías para defender sus posesiones de los ataques de los países enemigos y de los piratas y bucaneros. La foto muestra la batería de Santiago que defendía la ciudad de Portobelo, en Panamá, sobre el mar Caribe. En casi todos los países hispánicos es posible ver ruinas de dichas instalaciones.

La controversia acerca de la justificación de la Conquista lleva tantos años como la historia misma de los hechos, y en cualquier caso, la respuesta absoluta es discutible. El profesor Edwin Williamson, de la Universidad de Londres, opina que la conquista española debe ser mirada como un "irreversible hecho histórico", no necesariamente más cruel en su aspecto militar que otras menos controversiales conquistas, la normanda en Inglaterra por ejemplo, y no puede ser discutida únicamente como una expoliación de pueblos inocentes, sino más bien como un largo proceso de adaptación de sociedades amerindias obligadas por circunstancias históricas a avenirse a un diferente conjunto de señores imperiales (*The Penguin History of Latin America*).

En otras palabras, este hecho histórico admite una multiplicidad de respuestas según el criterio y valores aceptados por cada persona. Una conquista es y será siempre una conquista, una conducta humana e histórica que necesitará justificarse.

El mestizaje étnico y cultural

Por mestizaje, en el sentido biológico del término, se entiende el entrecruzamiento de razas. En su significado cultural se refiere a la mezcla de culturas distintas. Muy comúnmente, ambas suceden al mismo tiempo. Cuando dos pueblos tienen fronteras comunes, uno y otro adoptan por contagio o por imitación, costumbres, usos, ideas, modos lingüísticos, artes y técnicas de la otra parte.

En Iberoamérica hubo mestizaje biológico y mestizaje cultural desde los primeros tiempos de la Conquista. El cruzamiento de sangres produjo el grupo humano de los mestizos, que algunas personas consideran el más representativo de la población. Los españoles y portugueses vinieron al Nuevo Mundo como soldados conquistadores, sin sus esposas ni familias, las que llegaron cuando el dominio y la seguridad estaban asegurados. Se ha sugerido, a modo de síntesis, que los anglosajones se iniciaron en el norte como colonizadores refugiados y después de asentados emprendieron la conquista de la tierra, mientras que los españoles y portugueses conquistaron primero y colonizaron después.

El tema de la mezcla racial en Iberoamérica ha generado una polémica que, aunque atenuada por las nuevas realidades del mundo, persiste en algunas mentalidades, con distinto grado de rechazo y simpatía, según la historia particular de cada país. Sarmiento, por ejemplo, partidario del europeísmo, fue contrario al mestizaje y hacia fines del siglo pasado se preguntaba:

> ¿Somos europeos? Muchas caras cobrizas lo desmienten. ¿Somos indígenas? Las sonrisas de desdén de tantas argentinas blondas lo contradicen. ¿Somos mixtos o mestizos? Nadie quiere serlo. Y hasta hay millares de argentinos que no querrían ser llamados americanos ni argentinos. ¿Somos argentinos? Hasta dónde y desde cuándo, bueno es darse cuenta de ello.

Gran número de pensadores de los países andinos han sido defensores de las "raíces históricas", sosteniendo que las civilizaciones indígenas dieron el basamento fundamental a las actuales culturas, y que por lo tanto deben ser mantenidas y defendidas, así como la raza surgida del cruce antropológico. Según ellos, el hispanoamericano típico es el mestizo. Este espécimen lleva en sus venas la sangre de sus antepasados, en mayor o menor grado, y es justo que se sienta orgulloso de sus orígenes. El reformador mexicano Benito Juárez fue indio y sin embargo prestó una valiosa colaboración a la modernización de la mentalidad de sus connacionales y de su país.

Algunas ideas modernas del filósofo germano Max Scheler sobre culturología abren las puertas a la dilucidación de esta querella: toda cultura es diferente de otra, implica una visión particular de la vida, no es diabólica ni divina, encierra un espíritu manifiesto en la forma de pensar, intuir, preferir y valorar, y por consiguiente, tiene derechos propios.

Agreguemos a esto que en nuestro siglo el criterio biológico o de razas es indiscernible por causa de los disímiles rasgos antropológicos primarios y las sucesivas mestizaciones y culturalizaciones operadas en el transcurso de los siglos.

El mestizaje cultural es menos cuestionable, consideradas las felices obras que ha producido y continúa produciendo. De cualquier manera, el mestizaje cultural comporta siempre una nueva creación, y encierra un valor agregado. Ignacio M. Altamirano preguntaba en una de sus disputas en el Liceo Hidalgo de México:

> … ¿Acaso en nuestra patria no hay un campo vastísimo de que puedan sacar provecho el novelista, el historiador y el poeta para sus leyendas, sus estudios y sus epopeyas o dramas… ?

Temas de expresión oral o escrita

1. ¿Qué establecía la capitulación que Colón firmó con los Reyes Católicos?
2. ¿Cuál fue el más importante de sus cuatro viajes y por qué?
3. ¿Cuál fue la primera ciudad fundada por los españoles en América?
4. ¿Quién dividió las nuevas tierras descubiertas entre España y Portugal y sobre qué principios?
5. ¿Qué fue el Concilio de Trento y qué consecuencias tuvo en el Descubrimiento y la Colonización?
6. ¿Cómo se desarrolló la primera vuelta al mundo iniciada por Magallanes?
7. ¿En qué consistió la Bula de Partición del Mundo del Papa Alejandro VI?
8. ¿Qué fue el Tratado de Tordesillas y cuál fue su contenido?
9. Relate en unas pocas palabras la conquista de México realizada por Cortés.
10. ¿En qué consiste la denominada "leyenda negra"?
11. Explicar el origen del tráfico de negros en América.

Temas de discusión

1. ¿Fue ventajoso para América y el Europa el encuentro de los dos mundos?
2. ¿Considera justa la política de Fray Bartolomé de las Casas en defensa del indio?
3. Referir y criticar cada uno de los argumentos del Padre Vitoria acerca de una "guerra justa" en América.
4. ¿Resultó en definitiva conveniente o inconveniente el mestizaje de razas en Hispanoamérica?
5. ¿Puede ser justa una guerra en cualquier caso de la historia?
6. Dé su opinión acerca del juicio siguiente de J. Fred Rippy: "Los logros en el Nuevo Mundo durante el primer siglo siguiente al Descubrimiento fueron realmente notables" (*Latin America: A Modern History*).
7. Debatir la siguiente afirmación del maestro español Américo Castro: "La minoría blanca suele atribuir a indios y mestizos la pereza del pueblo y su resistencia a obedecer las leyes, mientras la población de color culpa a los blancos de la opresión del pueblo y de la ausencia de verdadera democracia" (*Iberoamérica: Su historia y su cultura*).

Temas de investigación

1. La campaña de Hernán Cortés en México. Su relación con Moctezuma.
2. La política de los reyes españoles Carlos I y Felipe II en relación con las Indias.
3. Los viajes a América del vikingo Erik el Rojo (986); el "primer descubrimiento de América".

IBEROAMÉRICA A FINES DEL SIGLO XVIII

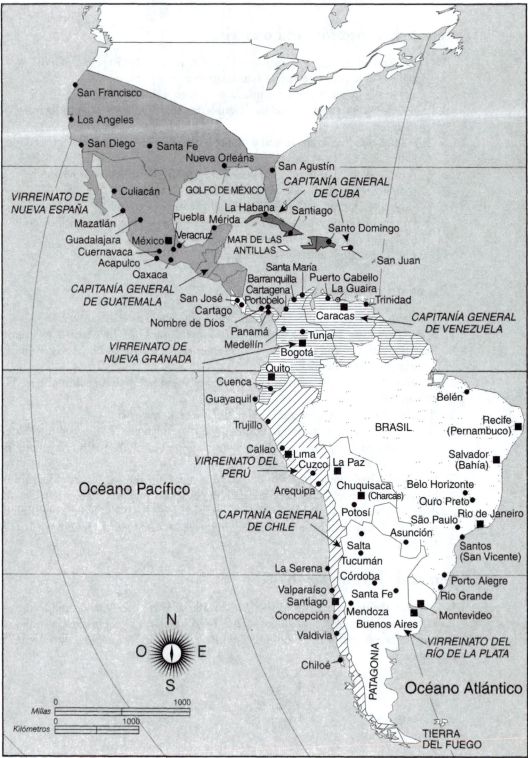

San Francisco

Los Angeles

San Diego • Santa Fe

Nueva Orleáns

San Agustín

CAPITANÍA GENERAL
DE CUBA

Culiacán

GOLFO DE MÉXICO

VIRREINATO DE
NUEVA ESPAÑA

La Habana • Santiago

Mazatlán

Puebla Mérida

Santo Domingo

Guadalajara • México

Veracruz

MAR DE LAS
ANTILLAS

San Juan

Cuernavaca

Acapulco

Oaxaca

Santa María

Puerto Cabello

La Guaira

CAPITANÍA GENERAL
DE GUATEMALA

Barranquilla

Cartagena

Trinidad

San José

Portobelo

Cartago

Caracas

CAPITANÍA GENERAL
DE VENEZUELA

Nombre de Dios

Panamá • Tunja

VIRREINATO DE
NUEVA GRANADA

Medellín

Bogotá

Quito

Belén

Cuenca

Guayaquil

Recife
(Pernambuco)

BRASIL

Trujillo

Salvador
(Bahía)

Callao • Lima

VIRREINATO DEL
PERÚ

Cuzco

La Paz

Chuquisaca
(Charcas)

Belo Horizonte

Ouro Preto

Arequipa

Potosí

Rio de Janeiro

Océano Pacífico

CAPITANÍA GENERAL
DE CHILE

São Paulo

Asunción

Santos
(San Vicente)

Salta

Tucumán

La Serena

Córdoba

Porto Alegre

Valparaíso

Santa Fe

Rio Grande

Santiago

Mendoza

Concepción

Buenos Aires

Montevideo

Valdivia

VIRREINATO DEL
RÍO DE LA PLATA

N
O   E
S

PATAGONIA

Chiloé

Océano Atlántico

Millas   0 _____ 1000

Kilómetros 0 _____ 1000

TIERRA
DEL FUEGO

CAPÍTULO 4

La colonización y la cultura

El proceso

El proceso de colonización español se inició en las islas del Caribe (actuales Santo Domingo y Cuba) y de inmediato se proyectó a Tierra Firme por las mayores posibilidades que ofrecían la immensa extensión del continente, sus riquezas naturales y el grado de adelanto de las culturas andinas frente al estado primitivo de las islas.

En sus comienzos no respondió a un plan premeditado. A medida que los españoles se enteraban de la existencia de nuevas tierras se dirigían a ellas, proponían a los jefes regionales pasar a depender del rey de España y aceptar la religión de Jesucristo a cambio de mantener la autoridad en sus tierras y obtener los beneficios de la civilización europea (*requerimiento*).

Algunos nativos aceptaron la propuesta, por conveniencia o temor, mientras otros se negaron y les dieron guerra. Los tlaxcaltecas mexicanos se aliaron con Hernán Cortés para liberarse del dominio de los aztecas de México, mientras los de Tenochtitlán lucharon hasta las últimas consecuencias. Los indígenas mismos no vivían tampoco una paz idílica, pues algunos estaban sometidos a pueblos enemigos y las luchas internas por el poder eran frecuentes. Francisco Pizarro se aprovechó de las guerras civiles entre los incas Atahualpa y su hermano Huáscar para apoderarse del imperio.

Los españoles mismos tuvieron motines y rebeliones internas y se disputaron con las armas la posesión de las tierras descubiertas.

Apaciguados en mayor o menor grado los naturales, los españoles iniciaron la tarea de la colonización. La colonización duró más de dos siglos, y en forma sumaria adoptó dos modalidades y criterios: una durante el gobierno de los Reyes Católicos Fernando e Isabel (1469–1507) y los Habsburgos o Austrias (1519–1700), y otra en el período posterior de los Borbones de origen francés, surgidos después de una guerra de secesión en Europa que duró trece años y concluyó en la paz de Utrecht (1713).

En líneas generales, los Austrias, Carlos V y Felipe II, católicos e imperiales, cubrieron los siglos XVI y XVII (la Edad de Oro) de España; los Borbones dominaron durante los dos siguientes siglos hasta que se produjo la independencia de las colonias americanas. Sus gobernantes fueron practicantes del denominado "despotismo ilustrado", que consistía en el gobierno del pueblo, pero sin el pueblo. Fueron bastante liberales en su política y crearon al lado de los dos virreinatos ya existentes (Nueva España, 1535, y Perú, 1544), otros dos nuevos, el de Nueva Granada (1717-1739), que comprendía aproximadamente las actuales Colombia, Venezuela y parte norte de Ecuador, y el del Río de la Plata (1776), con capital en Buenos Aires.

La política de poblamiento

Desde los primeros tiempos la Corona se preocupó porque su obra tuviera un régimen coherente y acorde con sus conceptos políticos y religiosos. De manera sostenida los monarcas de la casa de Austria concentraron en sus disposiciones los derechos y las obligaciones de sus súbditos.

Las Indias no se consideraban colonias, sino parte integrante de la Corona, la cual era propietaria de las tierras, islas y aguas, y se comprometía a mantenerlas unidas, defenderlas y no enajenarlas. El rey de España era al mismo tiempo el rey de las Indias, Islas y Tierra Firme del Mar Océano y ejercía una autoridad absoluta, sin limitaciones. Podía a su criterio premiar con tierras a sus hombres.

Dada la inmensidad del dominio "donde nunca se ponía el sol" era posible dar la vuelta al mundo sin salir de territorio hispánico y estar en todos los casos sometido a las mismas leyes.

Hacia 1534, una parte de las tierras descubiertas habían sido concedidas bajo estrictas condiciones, sobre todo de no esclavizar a los naturales, pagarles su trabajo, educarlos y alfabetizarlos.

Las ordenanzas sobre poblaciones establecían que ninguna persona podía efectuar legalmente descubrimientos por su propia cuenta, entrar en una población indígena, ni fundar ciudad alguna, sin autorización.

Los descubridores debían realizar previamente todas las averiguaciones sobre los lugares por descubrir o pacificar: habitantes, religión, culto, gobierno y economía sin enviar hombres de guerra ni hacer escándalo. Luego se podía tomar posesión en solemne acto público, poner nombre a la tierra, ciudades, pueblos, montes y ríos principales.

La fundación de ciudades estaba también reglamentada. Debía elegirse un lugar saludable, con cielo claro y aire puro, sin exceso de calor ni de frío, lo cual podía conocerse por la complexión[1] de los habitantes, animales y plantas del lugar. Debían tener buenas entradas por tierra y por mar, y debía resolverse si tendría el carácter de ciudad o de pueblo.

El plano de la ciudad debía levantarse previamente en base a una Plaza Mayor, desde la cual se tirarían las calles hasta los caminos o entradas principales, denominados *caminos reales*. Si la ciudad era costera (como Santa María de los Buenos Aires), dicha plaza debía estar situada cerca del desembarcadero, y si no, había de edificársela en el centro del lugar (como Santa Fe de Bogotá). En torno de la plaza no podían concederse terrenos o solares a los individuos particulares, pues éstos debían reservarse para la iglesia, la casa real, el cabildo o ayuntamiento,[2] casas de las autoridades, comercios y tiendas. Los demás solares[3] debían repartirse entre los conquistadores o fundadores, según su jerarquía o méritos. Los restantes se entregaban a los soldados y los pobladores. En los suburbios solían agregarse a veces indígenas sueltos.

Fuera del ejido o perímetro de la ciudad se fijaban los lugares para los trabajos de agricultura y ganadería, en cantidad proporcional a los terrenos de la ciudad. Otras disposiciones regulaban la construcción de viviendas y el aprovechamiento de las tierras concedidas.

Las Nuevas Leyes de Indias

La Corona fue perfeccionando sucesivamente la legislación sobre la materia para mitigar la situación dolorosa de los indios. Al principio se emitieron *reales cédulas* e *instrucciones* para los adelantados. La reina Isabel, por ejemplo, ordenaba a los hombres en su testamento que "no se consientan ni den lugar a que los indios vecinos y moradores de dichas Islas y Tierra Firme, ganadas y por ganar, reciban agravio alguno en sus personas y bienes; mas que sean bien y justamente tratados, y si algún agravio han recibido, lo remedien...". Carlos V prohibió enviarlos a las minas o a las pesquerías de perlas, o cargarlos y que allí donde no se pudiese prescindir de su trabajo, se les pagase.

En 1542 el rey Carlos V envió a Nueva España (México) las llamadas *Nuevas Leyes* inspiradas en las teorías del padre Vitoria, en virtud de las cuales se anulaban los antiguos *requerimientos*. El requerimiento era una petición que los reyes de España y Portugal efectuaban al Papa con el fin de que les reconociese un derecho pretendido. El Papa decidía sobre el caso particular. Por supuesto, las controversias entre los aspirantes a ese reconocimiento eran arduas y complicadas.

Estas Nuevas Leyes se extendieron a todos los territorios ocupados y provocaron gran descontento e incluso sublevaciones de quienes en América se sentían perjudicados en sus intereses. En definitiva, el Consejo de Indias, asistido por una comisión de

---

[1]**complexión** constitución física   [2]**ayuntamiento** municipalidad   [3]**solar** terreno edificado o para edificar

teólogos y jurisconsultos, terminó por reconocer la teoría de los dominicos contraria a la autoridad temporal pontificia. En otras disposiciones reales se reconoció que la única fuente válida de la conquista era la evangelización. En ordenanzas posteriores se aceptó que los pecados *contra natura*[4] de los indios, la infidelidad o la negativa de ellos a recibir la fe cristiana eran también títulos aceptables. Se fijó entonces que los indios eran vasallos del rey de España y no esclavos.

Sin embargo, las leyes se dictaban pero no siempre se cumplían. La fórmula era: "Se acatan, pero no se cumplen".

Si bien los indios no eran esclavos sino vasallos del rey, la Corona española no podía prescindir del trabajo indígena en la gigantesca tarea de la Conquista. Por su parte, los indios, acostumbrados por tradición a otro tipo de vida, se negaban a trabajar para los conquistadores y se fugaban a los montes y las montañas. Se los denominaba entonces *cimarrones* o *alzados*.

Así las cosas, desde un comienzo los indios eran integrados en *repartimientos*,[5] ya que se los repartía entre importantes personajes españoles en aldeas o predios, colocándolos bajo sus órdenes y con obligación de trabajar. En el Perú los *mitayos* eran repartidos para trabajar por semanas o meses, y los *yanaconas,* en cambio, eran repartidos para siempre y eran ocupados en todo tipo de tareas.

Al lado de este sistema existió el de la *encomienda,* otorgada a individuos distinguidos o que habían prestado un servicio importante a España. La encomienda implicaba que el español era dueño no sólo del territorio ocupado, sino también señor absoluto de los habitantes. En esencia, consistía en un premio por haber guerreado y conquistado. Este poder se concedió, en sus comienzos, de por vida[6] al beneficiario, plazo que con el tiempo se extendió a los herederos o por dos vidas. Tanto el encomendero como sus herederos tenían el derecho de percibir para sí los tributos de los indios, pero no tenían ningún derecho de propiedad sobre ellos. No podían especular con las tierras ni venderlas.

Los abusos fueron naturalmente graves y frecuentes. A millares de kilómetros de distancia y en tan apartadas regiones, las leyes sucumbían con impunidad y la justicia quedaba reducida a un problema de conciencia personal.

En síntesis, la cuestión indígena ha continuado sin consenso histórico y acaso no lo logre en un futuro inmediato, pues su naturaleza remite inevitablemente a razonamientos de índole filosófica. El historiador argentino Ricardo Levene ha afirmado al respecto: "Es absurdo imaginar que los españoles por sí podían realizar la colonización —como los ingleses en el norte— con prescindencia de los indios que constituían la inmensa mayoría. En todo el proceso de la colonización hispánica esta contribución de los indígenas constituye su base" (*Historia de América*).

---

[4]**contra natura** homosexuales   [5]**repartimiento** distribución   [6]**de por vida** a perpetuidad

El régimen económico

Monopolio y regalías

En España, se establecieron, como instituciones especialmente dedicadas a la administración, la Casa de Contratación en 1503 (al principio en Sevilla y luego en Cádiz) y el Consejo de Indias en 1524, en la sede real.

La Casa de Contratación tenía un carácter complejo, pues allí se depositaban las mercaderías que iban a América o llegaban de allí, se instruía a los pilotos, se hacían estudios técnicos de navegación, se promovían descubrimientos y exploraciones, se atendían los pleitos comerciales y marítimos, y se dirigía y controlaba el monopolio comercial. Esta institución fue creada por Isabel la Católica y ella se encargó de la confección del Padrón Real o cartografía de las nuevas tierras. Dependía directamente del poder real y su gestión fue más adelante controlada por el Consejo de Indias.

La Corona tenía establecido un sistema de *regalías,* con el propósito de aumentar sus ingresos. Mediante este sistema concedía beneficios a individuos o compañías que tenían que aportar al tesoro español un quinto de los beneficios obtenidos en minas, oro, piedras preciosas, bienes vacantes,[7] montes y pastos y otras labores de finalidad económica. El rey Carlos V otorgó, dentro de este régimen, a los banqueros alemanes Fugger (Fúcar) y Welser (Belzar) concesiones ventajosas por su participación en objetivos de la Conquista.

España estableció un régimen de monopolio económico de los productos llamados *ultramarinos,* en particular especias, azúcar y tabaco.

Excepcionalmente autorizó a Inglaterra a raíz del Tratado de Utrecht (1713) el envío de *navíos de registro* a las colonias, y a Francia en otra oportunidad, a importar a América una partida de africanos mediante el denominado *asiento de negros.*

El Consejo de Indias, por su parte, se estableció para hacerse cargo de los asuntos de justicia, peticiones de los gobernantes de las Indias, ciertas causas criminales y civiles, disposiciones de gobierno, otorgamiento de mercedes,[8] y asesoramiento del rey.

La política económica tenía por finalidad explotar al máximo la tierra y fue primordialmente minera y agrícola. Las minas eran regalías, pero el cateo o prospección, libres. Nadie podía poseer más de seis minas. Para explorar, extranjeros, españoles y naturales tenían el mismo derecho, pero debían contar con una autorización previa. Se emitieron también diversas disposiciones sobre seguridad en el trabajo.

El sistema monopólico de comercio era también el adoptado por Inglaterra, Francia, Holanda y Portugal. España estableció un sistema llamado de *galeones,* consistente en flotas controladas y custodiadas. Las flotas salían una vez por año de España, escoltadas en convoy por navíos de guerra. Al llegar al Caribe, la flota se dividía en dos partes: una iba a Tierra Firme, puertos de Cartagena (Colombia) y Portobelo (Panamá). La otra llegaba hasta Veracruz (México). De Portobelo las mercaderías

---

[7]**bienes vacantes** sin dueño   [8]**merced** beneficio, favor, gracia

cruzaban el Istmo, se embarcaban para Lima, y desde allí se transportaban por tierra a Buenos Aires y Montevideo. De Veracruz cruzaban por tierra, a través de México hasta el puerto de Acapulco, donde se reembarcaban con destino a las Filipinas. De regreso las flotas pasaban por La Habana.

Hacia mediados del siglo XVIII, con el advenimiento de los reyes Borbones, el régimen creado para monopolizar la actividad económica y evitar el ataque de los piratas, fue abolido. Se autorizó a los barcos a ir solos a América y se abrieron al comercio internacional otros puertos de España y de los dominios. La oficina económica respectiva en América se denominaba *Consulado*.

La piratería y el contrabando

Puesto que España no permitía el comercio de sus dominios con otros países rivales —Inglaterra, Francia y Holanda— estas naciones quebrantaban el monopolio mediante el contrabando, que al mismo tiempo interesaba a los comerciantes de América y a los criollos. En ciertos momentos, el comercio ilegal llegó a tener tanta importancia como el legal.

La piratería fue muy intensa durante casi tres siglos. El pirata actuaba protegido por el gobierno de su nación y prestaba un servicio patriótico cuando saqueaba una ciudad costera o atracaba un galeón. En la práctica, era una forma de guerra en tiempos de paz. Los piratas se dedicaron además al tráfico de esclavos africanos. John Hawkins empezó su carrera como *negrero* y más tarde fue pirata. Sir Francis Drake fue uno de los más temidos: en 1572 dio la vuelta al mundo en su barco, atacó las costas de América y tomó la ciudad Nombre de Dios (Panamá). La reina Isabel de Inglaterra lo nombró caballero por sus hazañas. Thomas Cavendish realizó la proeza de capturar el galeón de la ruta a Manila frente a las costas de California en 1587. Henry Morgan tomó y saqueó a Panamá. Entre los holandeses, fueron muy temidos Piet Heyn y Henrik Brouwer.

Los *filibusteros* eran los aventureros y bandidos que actuaban bajo su propia responsabilidad y tenían sus bases de operaciones en puntos del Caribe.

El régimen administrativo

En las Indias, el gobierno estuvo primero en manos de los adelantados y gobernadores, pero más tarde el Imperio fue encomendado a los *virreyes* y *capitanes generales,* que gobernaban como representantes del rey.

Los virreyes fueron instituidos por Carlos V (1542) con vastas atribuciones. Eran la encarnación misma del soberano. Gobernaban por medio de instrucciones reales que transmitían a sus súbditos, y en caso de urgencia, podían gobernar sin dichas instrucciones. En peligro de muerte, tenían poderes para nombrar incluso a su propio sucesor. En un principio el nombramiento era de por vida, pero con el tiempo se redujo a tres o cinco años. Sus atribuciones se vieron poco a poco limitadas por la acción de las *audiencias* y *capitanías generales,* que se resistían a sus poderes cuando los consideraban injustificados.

Las facultades de los capitanes generales, que gobernaban en zonas alejadas de cada capital del virreinato, se asemejaban a las de los virreyes, pero valían en zonas de jurisdicción más pequeña. Su misión era más combativa que la de los virreyes, puesto que debían mantener las fronteras con los indígenas. Guatemala era una capitanía de Nueva España, lo mismo que Cuba y demás islas, y se llamaba Capitanía General de Santo Domingo; Venezuela era Capitanía de la Nueva Granada (Colombia), y Chile lo era del Virreinato del Perú.

La corona española controlaba cada tanto la actividad de los virreyes y demás funcionarios mediante el envío desde España de *pesquisidores* o inspectores cuya misión consistía en investigar e informarse de la correcta aplicación de las leyes en los territorios de las Indias.

Al término de sus mandatos, los virreyes debían someterse a un *juicio de residencia,*[9] generalmente a cargo de las audiencias, sobre el cumplimiento de las obligaciones encomendadas. El Consejo de Indias dictaba la sentencia final en cada caso.

En tierras de ultramar actuaba también la *Audiencia,* con amplias atribuciones, que podía desempeñar, llegado el caso, las funciones de organismo legislativo.

Las audiencias fueron en un principio instituciones judiciales, pero con el tiempo su presidente asumió también funciones administrativas, en ausencia de la autoridad política. El virrey o capitán general presidía las reuniones, pero no tenía voz ni voto.

En la práctica constituyeron un valioso elemento de equilibrio institucional, ya que además de sus funciones específicas, controlaban las decisiones superiores, revocaban sus resoluciones y cubrían las ausencias o vacantes ocasionales. En más de una oportunidad hubo conflictos entre las autoridades ejecutivas y las judiciales.

La audiencia estaba constituida por un número variable de *oidores,* según la importancia del lugar, y para su funcionamiento se dividía en salas, donde actuaban alcaldes,[10] fiscales, asesores, alguaciles,[11] procuradores, escribanos, etc. A ellas podían acudir quienes se sintieran afectados en sus derechos, en busca de rectificaciones.

La primera Real Audiencia de la América española se estableció en Santo Domingo (1511); siguieron las de Cuba (1526), México (1527) y demás.

En las ciudades o municipios se establecieron *Cabildos,* con importantes funciones en asuntos de abastecimiento, obras públicas, higiene, educación primaria y policía. Los Cabildos están considerados como la base del federalismo en la historia de Hispanoamérica. Ciertas ciudades, consideradas "muy nobles y muy leales", fueron autorizadas a tener su propio escudo de armas. En esencia los cabildos constituían el centro de la vida municipal. Estaban constituidos por *regidores* ordinarios, un *alférez* portador del estandarte real, bajo la presidencia de un *alcalde* o *corregidor.* Funcionaban en sesiones ordinarias (cabildo cerrado) pero en circunstancias especiales o graves se constituían en cabildos abiertos, adonde se convocaba además a los vecinos notables de la ciudad.

---

[9]**juicio de residencia** investigación judicial al término de un mandato, para comprobar el cumplimiento o incumplimiento de las leyes   [10]**alcalde** primera autoridad municipal
[11]**alguacil** oficial inferior ejecutor de los mandatos de los alcaldes

Las poblaciones de indios alejadas o aisladas y que no estaban sometidas a encomenderos, vivían en *reducciones* o núcleos separados, que tenían una relativa independencia administrativa y estaban conducidas por un corregidor o funcionario quien cumplía una función tutelar. La reducción fue un tipo de comunidad indígena peculiar: los indios estaban organizados por familias, la tierra era propiedad común o colectiva, los trabajos eran gratuitos y por turnos, y dieron nacimiento a un sistema económico de tipo comunitario.

Otra institución típicamente española fue la *Real Hacienda,* un organismo encargado de la percepción de los impuestos, el reparto de los fondos de las arcas reales, el control de los barcos y mercaderías de España, el rendimiento de las explotaciones y las actividades rentables. Estaba asistida por un sinnúmero de fiscales, síndicos, alguaciles y veedores.

Una de las dos figuras virreinales de más prestigio en la historia colonial fue el virrey de México, Antonio de Mendoza, llegado al país en 1535, quien a pesar de la represión firme de las rebeliones indígenas, cumplió un gobierno beneficioso: reformó la administración de la Nueva España, abolió la esclavitud de los indios, derogó la perpetuidad de las encomiendas, favoreció la introducción de la imprenta, creó el Colegio de la Santa Cruz de Tlatelolco, la Casa de la Moneda, y la Audiencia de Nueva Granada, reprimió abusos de los españoles y aplicó con rigor las Nuevas Leyes. En su época, el obispado de México consiguió la jerarquía de arzobispado.

El segundo virrey progresista fue don Francisco de Toledo, que gobernó en Perú entre 1569 y 1581, famoso por sus ordenanzas en favor de los aborígenes y en contra de los encomenderos abusivos y también de los propios caciques que explotaban a sus pueblos. Se rodeó de una corte de hábiles juristas y se mostró magnánimo. Impuso con extrema vigilancia la autoridad de la Corona, actitud que lo condujo a ordenar la ejecución de Túpac Amaru (1572), jefe indígena que organizó una rebelión contra la autoridad de España.

La Iglesia y la evangelización

Desde la Edad Media la historia registra dos clases de conquista: con cristianización y sin cristianización. La de España perteneció al primer modelo. Otros países, como Inglaterra en el Oriente, escogieron el segundo. Esta elección ha diferenciado netamente a las conquistas de las Indias Occidentales de las Orientales, y de tal manera, que hasta nuestros días perduran sus consecuencias. Esta es la razón de que Iberoamérica sea mayoritariamente cristiana, y al mismo tiempo, el continente con mayor cantidad de católicos en el mundo. La propia Reina Isabel la Católica había ordenado desde el comienzo de la conquista que se aplicara el principio cristiano de igualdad de los hijos de Dios.

Los misioneros, para extirpar la idolatría, apelaron a distintos criterios. Los dominicos, por ejemplo, condenaban por entero las tradiciones religiosas de los indígenas y entendían que debía procederse a una erradicación de fondo. Los franciscanos, por su parte, coherentes con las ideas de su creador, San Francisco de Asís, recurrieron al método de convivencia pacífica con los nativos, la formación de un clero nativo y la persuasión amistosa en plena pobreza. Los agustinos, en cambio, se consagraron especialmente a organizar comunidades, construir monasterios agradables y brindar a los fieles una educación dogmática esencial.

En México el arzobispo Juan de Zumárraga estimuló a todas las órdenes sin distinción, pues perseguían el mismo fin. Fray Bernardino de Sahagún propició una aproximación científica a las antiguas civilizaciones, y el franciscano Toribio de Benavente (*Motolinía*) escogió el camino de la pobreza y el ejemplo personal en su misión apostólica.

La historia catequística de América ofrece variadísimos ejemplos de apostolado y martirio. Los jesuitas se distinguieron en la enseñanza superior, mientras los salesianos, años más tarde en la Patagonia argentina, se especializaron en el establecimiento de escuelas primarias y secundarias.

En esta tarea la Iglesia católica perdió a muchísimos misioneros, exterminados por los aborígenes. El Santoral[12] recuerda sus nombres. En las llamadas misiones se agrupaba a los indios, se les enseñaba la religión, y se les organizaba la vida y el trabajo en común. Hubo misiones en México (Sinaloa, Sonora, Chihuahua y Coahuila); en Venezuela (Caracas, Orinoco y Cumaná); en Colombia (Meta y Casanare); en Ecuador, Perú, Guayanas, Chile, Bolivia, Paraguay, Argentina; y en el actual territorio de Estados Unidos (Arizona, Nuevo México, Texas, Florida y California). Fray Junípero Serra fundó una cadena de misiones a lo largo del Camino Real desde San Diego hacia el norte.

Los *evangelizadores* no siempre cumplieron su obra con el consentimiento total de los españoles, dado que en muchísimas oportunidades debieron enfrentarse con encomenderos y autoridades políticas que se veían perjudicados en sus intereses por las prédicas de amor, justicia e igualdad.

El Patronato real

La Iglesia católica había concedido a los reyes de España la facultad de ocupar los territorios descubiertos y convertir a los naturales al catolicismo, y años más tarde, les reconoció el derecho del Patronato real. Por dicha resolución, los monarcas españoles se convertían en administradores de ciertos asuntos eclesiásticos: creaban obispados, nombraban y quitaban prelados, levantaban templos y monasterios, cobraban los diezmos y rentas eclesiásticas para sostener las obras religiosas, y debían dar primero su aprobación para que las bulas[13] y otros documentos pontificios circularan en sus dominios. Aunque de esta manera la corona española ejercía poderes exclusivos de la Iglesia en sus territorios, hubo relativamente pocos conflictos con el Papado. Estas prerrogativas, ligeramente modificadas, han ido anulándose en la Iberoamérica moderna mediante convenios con la Santa Sede.

---

[12]**Santoral** libro católico de las vidas de santos relativo a asuntos de fe o de interés general

[13]**bula** documento pontificio con sello de plomo,

La Inquisición

La Inquisición existía ya en España, Portugal y otros países europeos antes del descubrimiento de América, y su objeto era el de mantener la pureza de la fe. Con posterioridad se crearon tres Tribunales de Fe en el Nuevo Mundo: Lima (1570), Ciudad de México (1591) y Cartagena (1610).

El tema de la Inquisición ha sido motivo de interminables polémicas en la historia americana y europea. Fue establecida en 1542 por el Papa Pablo III para combatir al protestantismo. Estuvo gobernada por seis cardenales y la Congregación del Santo Oficio y su acción se extendía por todo el mundo católico en materia de fe. En España fue establecida por el Papado en el mismo siglo a solicitud de los reyes, para combatir a los antiguos judíos y musulmanes que se mantenían reacios a cambiar de religión y practicaban secretamente sus cultos. El primer Gran Inquisidor fue el dominico Tomás de Torquemada, cuya figura se ha conservado como símbolo del inquisidor que recurrió a torturas y confiscación de bienes para aterrorizar a sus víctimas. La Inquisición fue suprimida en España en 1808 por José Bonaparte, hermano de Napoleón, a quien el último lo había designado rey en sustitución del español Fernando VII.

Estos tribunales actuaban en América contra los herejes, blasfemos, bígamos, brujos, hechiceros y otros individuos que pudieran poner en peligro la unidad religiosa. Los indios no caían dentro de su jurisdicción, porque se los consideraba nuevos en la religión y carentes de suficiente responsabilidad en materia religiosa. Si el culpable pedía perdón, se lo absolvía.

Un declarado culpable podía ser absuelto dos veces. Las penas corporales no las aplicaban los religiosos, quienes entregaban al reo a la autoridad judicial civil. En general, la Inquisición fue menos activa y rigurosa en América que en Europa. Según algunos historiadores la Inquisición no ajustició a más de un centenar de personas en 377 años de funcionamiento en el Nuevo Mundo. Los pormenores relacionados con este tribunal son todavía motivo de polémicas, de las que no están ausentes interpretaciones sectoriales interesadas.

En busca de la identidad cultural

La cultura colonial iberoamericana es una original combinación o cruzamiento de elementos americanos y europeos. En un principio fue aborigen-ibérica, y más tarde, criollo-europea. Europa trajo con sus hombres, su raza, su lengua, su religión, sus instituciones, sus ciencias y artes y su concepto de la vida misma, que eran los propios de la época. Muchos de esos elementos han perdido vigencia en la época contemporánea, mas pese a esta desactualización, varios se mantienen latentes en la realidad de Iberoamérica. Los pueblos iberoamericanos, en más proporción unos que otros, conservan en común la marca ibérica, perceptible a cada paso.

Los pensadores hispanoamericanos se han preocupado con sostenida persistencia en indagar su identidad nacional propia. Es así como mientras unos se afanan por encontrar en sus raíces indígenas el fundamento de la creatividad artística e intelectual, otros consideran agotada esta posibilidad y procuran encontrar por nuevos caminos esa propia expresión. Dos opiniones extremas, entre un interminable repertorio de afirmaciones en este sentido, pueden dar una idea del problema. Alejo Carpentier, el conocido narrador cubano contemporáneo, ha expresado: "Lo real maravilloso es patrimonio de toda nuestra América... América está lejos de haber agotado su caudal de mitologías". Por otro lado, contrasta la afirmación de Pedro Henríquez Ureña, dominicano: "Apresurémonos a conceder a los europeizantes todo lo que les pertenece, pero nada más, y a la vez tranquilicemos al criollista".

Esta oposición de criterios ha originado dos líneas de pensamiento constantemente repetidas en la historia cultural de América. La universalización cultural de fines del siglo XX ha debilitado la posición de unos y otros al crearse el nuevo criterio de futuridad. Para Jorge Luis Borges, argentino, el planteamiento de la vieja opción no es más que una superstición hispanoamericana.

Es evidente que Iberoamérica tiene manifestaciones estéticas propias. Esta originalidad es particularmente perceptible en las artes plásticas, arquitectura y pintura, en la poesía, en la narrativa, en las ideas filosóficas y en las artesanías. Un factor determinante de este hecho debe buscarse en el mestizaje de razas, en el contorno proveedor de materiales y en la mayor o menor lejanía de los centros de irradiación cultural del mundo. En un principio, Iberoamérica miró hacia España y Portugal; luego lo hizo hacia Francia y Estados Unidos, pero actualmente tiene al mundo en transformación por delante. Para el artista y el pensador iberoamericano parece no haber otra salida que combinar esos materiales extraños con los suyos propios, si procura lograr una forma propia de expresión.

Refiriéndonos en este lugar al arte colonial específicamente, es evidente que el arte precolombino ejerció una palpable influencia en los productos artísticos e intelectuales que los ibéricos traían desde la península. Este razonamiento es verificable si se consideran en especial la arquitectura, la pintura y la literatura. Como ejemplo simbólico pueden mencionarse las famosas catedrales de toda América, en las que los peninsulares aportaron sus experiencias en cuanto a la planta de los edificios, la monumentalidad de la edificación, el estilo y las técnicas de construcción. Los americanos aportaron los materiales pétreos, la complejidad de la decoración, su destreza en el labrado de las piedras y el gusto por el color. El artista español concibió y dirigió en los primeros tiempos estas obras dignas de admiración, hasta que sus discípulos mestizos, indios o criollos las aprendieron y siguieron sus propios caminos. Desde el siglo XVI, esta fusión ha producido quizás las mejores manifestaciones artísticas de la América iberoamericana.

En otras palabras, la Iberoamérica actual tiene la marca indígena, ibérica y europea contemporánea.

La vida intelectual

En la apacible y limitada vida colonial, la gente con estudios era muy afecta a la lectura, las veladas culturales y las representaciones teatrales. México en primer lugar, y en segundo Lima, eran centros culturales de gran actividad debido a que en esos países se habían establecido cortes virreinales, donde se llevaba una vida aristocrática y pomposa, a imitación de la corte española. Se leía el latín, el francés y el italiano, como correspondía a una persona instruida por aquellos años, antecedentes que pueden rastrearse en las listas de libros importados o en las referencias y citas de las obras escritas.

La imprenta fue introducida por primera vez en México en 1536, y hacia mediados del siglo XVI había siete impresores en esa ciudad que se dedicaban a imprimir catecismos, libros religiosos, gramáticas de lenguas aborígenes, diccionarios y obras técnicas y científicas. En épocas sucesivas se introdujo la imprenta en otros países iberoamericanos. En algunos su introducción fue tardía porque resultaba más barato imprimir los libros en España. Ésta es la razón por la cual muchas obras de autores hispanoamericanos aparecieron en Europa.

La imprenta sirvió sobre todo para la obra de catequesis, y además, para necesidades del gobierno. Otras obras de la época impresas en América fueron panegíricos, tratados jurídicos y teológicos, certámenes literarios, catecismos, hojas volantes, bandos del gobierno y gacetas.

A la par de los viajeros provenientes de Europa, muchos criollos de condición pudiente se trasladaron a España en busca de una mejor educación y aprendizaje de las artes.

El periodismo en América hizo su aparición poco después de haber sido creado en Europa. Se inició bajo la forma de hojas volantes, sin fecha fija, con resúmenes de las principales noticias del mundo y avisos sobre comercio, flotas, etc. La *Gaceta de México* comenzó su aparición regular en 1722 y luego hubo otras gacetas en Guatemala, Lima, Buenos Aires y otras ciudades.

En España existían desde tiempos antiguos leyes rigurosas sobre la impresión, introducción y venta de libros, que en síntesis se reducían a disponer previamente de una licencia real. Esta vigilancia se había establecido con el doble propósito de evitar la difusión de doctrinas heréticas y de desalentar la literatura deshonesta. Muchos libros heréticos fueron quemados en hogueras de la Inquisición.

En las Indias se prohibió introducir, vender o imprimir libro alguno que tratara sobre asuntos del Nuevo Mundo, sin la autorización previa del Consejo de Indias y las autoridades eclesiásticas. Los autores americanos debían enviar sus manuscritos a España, y muchas veces no llegaba la esperada aprobación. Costearse el viaje hasta allí resultaba muy caro.

Carlos V prohibió, en 1543, la circulación de las novelas y obras de imaginación en América, para que ningún español o indio leyera libros de materias profanas y fabulosas, o historias fingidas, por ser un peligro espiritual. La Casa de Contratación debía revisar los cajones en España antes de su despacho a las Indias para evitar violaciones a esta resolución. Dentro de esta prohibición, cayó también el *Quijote* que, sin embargo, entró en América poco después de su publicación en España, al igual que otras obras novelescas.

Muchos manuscritos de la época colonial se perdieron en naufragios o quedaron sepultados entre el polvo de los archivos españoles o americanos. No obstante, la tarea intelectual fue activísima.

Las ciudades importantes tuvieron muy buenas bibliotecas, algunas con varios millares de libros. Las universidades, colegios y algunos eruditos reunieron riquísimas colecciones que han sobrevivido hasta los tiempos modernos y han permitido reconstruir con precisión los intereses culturales de los hombres de la colonia.

En el siglo XVIII comenzaron a circular por América los libros de los autores liberales: Bacon, Descartes, Leibniz, Locke, Rousseau, Montesquieu y hasta Voltaire. Se leían obras en español y portugués, y además en latín, italiano y francés.

Escuelas y universidades

En consonancia con el espíritu renacentista reinante en España y otros estados europeos occidentales, los españoles y portugueses de las clases altas relacionadas con las fuentes de poder se esmeraban por no desentonar frente a sus equivalentes peninsulares y frecuentaron las escuelas y universidades para ilustrarse con maestros regionales o llegados del extranjero. Las escuelas de primera enseñanza, en cambio, respondían al compromiso de educar a los nativos y evangelizarlos.

Al principio los españoles intentaron imponer a todos los indígenas su lengua, pero luego renunciaron a este propósito y fomentaron el aprendizaje de las lenguas aborígenes. No cedieron, en cambio, en su decisión de convertir a los naturales al catolicismo.

Escuela primaria hubo desde 1505 en la ciudad de Santo Domingo. Las escuelas eran generalmente conventuales pero hubo además algunas municipales y particulares. En ellas se enseñaban la lectura, escritura, aritmética y religión. En muchas poblaciones no existía escuela primaria de ninguna clase y los hijos de españoles recibían instrucción particular en sus propias casas, de sus padres o de maestros particulares llamados *leccionistas*.

Los maestros de escuela generalmente carecían de título profesional.

No existió enseñanza secundaria en el sentido actual de la palabra. Este tipo de estudios se cumplía después de la escuela primaria en colegios especiales, y consistía en latín, gramática, retórica, filosofía natural y filosofía moral. Los autores más estudiados eran Aristóteles, San Agustín y Santo Tomás y en ciencias naturales Plinio el Antiguo. El sistema disciplinario era rígido y se imponían castigos corporales. Las obligaciones religiosas de los alumnos eran estrictas.

Las universidades se crearon para vencer la ignorancia. Algunas habían sido colegios que llegaron a un nivel satisfactorio de estudios, y otras se iniciaron directamente como universidades. La primera fue la Universidad de Santo Tomás de Aquino, en la ciudad de Santo Domingo, que en 1538 adquirió ese carácter después de haber sido un colegio de dominicos. En 1551 se decidió crear universidades en las dos capitales más importantes del imperio: la de México y la de San Marcos de Lima. Esta última no sufrió interrupción en su vida y es considerada por algunos historiadores como la más antigua del continente.

Aunque las universidades tenían por modelo a las españolas de Salamanca y de Alcalá de Henares, sus planes de estudio no eran exactamente iguales. Se enseñaban, en general, artes (humanidades), teología, derecho (canónico y civil) y medicina. Además, algunas tenían cátedras de lenguas aborígenes. Más tarde, también se enseñaron matemática y física en algunos centros. Se otorgaban los grados de bachiller, maestro (o licenciado) y doctor. El título de bachiller exigía por lo menos tres cursos de seis meses cada uno. El método de enseñanza consistía en la conferencia del profesor, que el alumno debía recoger en sus cuadernos. Había exámenes finales. El grado de doctor se otorgaba después de un pomposo y solemne examen, seguido de juramento por parte del estudiante graduado. Los jesuitas fueron el alma de la universidad iberoamericana.

La ciencia y la técnica

Españoles y portugueses trajeron a América la ciencia europea imperante en ese estadio histórico: el Renacimiento. Por supuesto, la milenaria tradición occidental de aquellos pueblos contrastaba notablemente con la imperante entre los aborígenes, valiosa y original en algunos aspectos, pero muy retrasada en comparación.

En Europa, el Renacimiento fue primordialmente un regreso a las letras, las artes arquitectónicas, la escultura, la orfebrería y la filosofía griega y romana.

Las ciencias se introdujeron en el Nuevo Mundo por el norte, México y Perú, mientras las pobres tierras del sur eran descuidadas por su carencia de civilizaciones colosales, el estado casi salvaje de sus indios y la escasa importancia económica. Fue necesario esperar hasta el siglo XIX para que los países del Cono Sur despertaran el interés español de los reyes Borbones.

Pero tampoco ha de exagerarse en cuanto al valor científico de las principales civilizaciones precolombinas, pues aunque algunas reflejaban un notorio grado de evolución, no representaban un adelanto científico con respecto a Europa. La sabiduría maya y azteca en materia astronómica, calendárica y matemática era sorpendente en pueblos aborígenes, pero de ninguna manera más exacta que la de Kepler, Newton, Galileo y el calendario gregoriano; los avances incas en materia medicinal y aun sus presuntas trepanaciones craneanas con propósitos terapéuticos, eran primitivas frente a los conocimientos de anatomía, fisiología, circulación sanguínea (Servet), el método experimental científico de Bacon en Inglaterra o las concepciones filosóficas de Descartes y los racionalistas. Los españoles transportaron a América los conocimientos matemáticos, químicos, físicos, astronómicos, botánicos y zoológicos que poseían en su tiempo.

El Nuevo Mundo, eso sí, aportó una naturaleza totalmente ignorada por ellos, brindó nuevos campos de investigación, y contribuyó con el talento de algunos investigadores locales.

Los historiadores de la ciencia reconocen que el nuevo concepto de ciencia es un resultado de las circunstancias contemporáneas. Distinguen, en este sentido, entre "actitud científica" frente a la realidad, y "resultados fácticos" de los trabajos.

Como no podía ser de otra manera, los europeos introdujeron en América un nuevo criterio de interpretación de la naturaleza, según la cual la actividad científica debía estar al servicio de la vida humana y su mejoramiento, y no en función teológica de agrado a los dioses y demandas de protección en las sequías, pestes, guerras y otras calamidades. Este hecho no puede interpretarse como una descalificación de la ciencia antigua, sino más bien como una exigencia metodológica de la nueva civilización.

Un postulado para hacer justicia a los precolombinos es reconocer que la ciencia en sí tampoco fue el interés primordial de los europeos de entonces. En tiempos del Descubrimiento, la Conquista y la Colonización, comenzaron a formularse ideas precursoras de la moderna ciencia.

Una visión panorámica de los hechos permite comprobar que españoles y portugueses, cuando comenzaron sus expediciones, desarrollaron las artes y técnicas de la navegación; descubrieron nuevas rutas al Oriente, por el sur de África y por el Nuevo Mundo; comprobaron la esfericidad de la Tierra; estimularon nuevos estudios de astronomía, matemática sideral e instrumental; perfeccionaron las técnicas hidrográficas; aportaron libros, sabios, viajeros, investigadores, lingüistas, historiadores, juristas, teólogos, médicos, naturalistas, en otras palabras, renovaron la mentalidad de los americanos, y ofrecieron la oportunidad de iniciarse en el conocimiento de la nueva verdad, sofocando la primitiva contaminada de agentes divinos, demoníacos y mágicos. Los naturales, por su lado, contribuyeron a esta renovación con nuevas lenguas, escrituras, experiencias vitales y técnicas varias.

Se fundaron academias (Bellas Artes, México en 1783 y Guatemala en 1797); jardines botánicos (México, 1790; Guatemala, 1796); museos (Historia Natural, Guatemala, 1796); observatorios (Observatorio Astronómico, Bogotá); academias técnico-científicas (Escuela de Náutica, Buenos Aires, 1799); y otras menores.

La literatura: Los historiadores de Indias

La literatura en Hispanoamérica nace con los genéricamente denominados "historiadores de Indias", a partir del momento del descubrimiento del continente. Fueron escritores de distinta nacionalidad y escribieron en lenguas diferentes, aunque en su gran mayoría lo hicieron en español. Con el tiempo aparecieron los artistas naturales de las Indias y mestizos que se dedicaron a las letras. Su característica común es haber tratado temas hispanoamericanos (hechos, sucesos, aventuras, indios, culturas, animales y plantas).

Se distinguen en este grupo inicial los *cronistas,* que intervinieron como actores o testigos de los acontecimientos. Uno de ellos fue Bernal Díaz del Castillo, que en su divulgada *Historia verdadera de la conquista de la Nueva España* narra con vívido lenguaje y sorprendentes detalles sus experiencias como soldado de Hernán Cortés. Entre los cronistas se diferencian los que integran el ciclo mexicano, el ciclo peruano, el ciclo rioplatense, el ciclo antillano y el ciclo norteamericano.

Otros escritores han sido catalogados como *anticuarios* puesto que no escribieron narraciones de hechos o sucesos, sino recopilaciones y estudios sobre los pueblos aborígenes, costumbres, religión y demás aspectos de las culturas indias avasalladas. Se destacan entre ellos Fray Bernardino de Sahagún (1530–1590) con su libro *Historia general de las cosas de Nueva España,* y el padre Diego de Landa (1524–1579), autor de *Relación de las cosas de Yucatán,* que todavía tienen valor en la investigación de esas civilizaciones. De modo general, son obras monumentales y están escritas en un estilo pulido, pero carecen del atractivo de la prosa sorprendente y apasionada de los primeros cronistas que participaron en las luchas.

Los conquistadores solían informar a los reyes sobre sus actividades en América, en cartas que se denominaban *cartas de relación*. Escritas personalmente por el conquistador o por su secretario, no siempre eran completamente veraces, en vista del carácter burocrático que tenían, ni tampoco tenían valor literario en algunas ocasiones. No obstante, forman parte de la literatura colonial.

Hernán Cortés, el conquistador de México, escribió cinco *Cartas de relación* al rey Carlos V, entre 1519 y 1526, que más tarde fueron publicadas. Son documentos interesantes por las revelaciones que hacen, y permiten apreciar el complejo mundo espiritual de un hombre de educación universitaria y gran genio político y militar, frente a un pueblo desconcertado y heroico, al que debe hacer la guerra para dominar.

El Inca Garcilaso de la Vega

Especial mención en esta serie merece la figura del Inca Garcilaso de la Vega, peruano (1539–1616), considerado como el mejor prosista de todo el período colonial y el primer "americanista". Por su condición de mestizo, hijo de un capitán español y una princesa incaica, y su dominio de la lengua quechua y del español, además de sus conocimientos humanísticos europeos, pudo penetrar con conocimiento de causa en el espíritu de los dos mundos. Al morir su padre fue a España en procura de la sucesión de sus bienes, pero fue recibido con indiferencia. Entró en el ejército y después de participar en algunas acciones, se retiró para dedicar el resto de sus días al estudio de las humanidades y la filosofía. Escribió casi de memoria sus experiencias infantiles en el Perú, y sus *Comentarios reales,* publicados en la península, no son una obra de historia en sentido estricto, sino más bien la primera obra narrativa del Nuevo Mundo. En el libro critica a los autores que han escrito sobre América sin haberla conocido en realidad. Un aspecto notable de su prosa es el conflicto permanente entre la idolatría incaica y su cristianismo: elogia la cultura, india, pero acepta la necesidad de la conquista para llevar a los peruanos a la verdadera religión de Cristo. Compuso su libro "no con otra intención que servir a la república cristiana", pero al mismo tiempo, la crítica ha señalado que la visión del Perú preincaico e incaico que expone es idealizada, propia de su espíritu renacentista, convirtiendo a su tierra de origen casi en un mito de estilo platónico.

El barroco literario

En literatura española se denomina *barroco* a la modalidad literaria que en el siglo XVII se caracterizó por el amaneramiento y la afectación expresiva. Algunos críticos han considerado al barroco como un "vicio literario" al tiempo que otros lo han estimado como un movimiento o escuela estética con fines propios, producto de la mentalidad de una época.

La escisión de criterios es igualmente válida para el caso de las letras hispanoamericanas. Equivalente del vocablo "barroco" es el de "culteranismo", ya que era practicado por escritores cultos, que usaban temas, vocablos, expresiones, metáforas y otros recursos expresivos ajenos a la comprensión, el sentir y el gusto del pueblo

EL INCA GARCILASO DE LA VEGA

Comentarios reales (fragmento)

Proemio al lector:

Aunque ha habido españoles curiosos que han escrito las repúblicas del Nuevo Mundo, como la de Méjico y la del Perú y las de otros reinos de aquella gentilidad,[1] no ha sido con la relación entera[2] que de ellos se pudiera dar, que lo he notado particularmente en las cosas que del Perú he visto escritas, de las cuales, como es natural de la ciudad de Cosco,[3] que fue otra Roma en aquel Imperio, tengo más larga y clara noticia que la que hasta ahora los escritores han dado. Verdad es que tocan muchas cosas de las muy grandes que aquella república tuvo, pero escríbenlas tan cortamente[4] que aun las muy notorias para mí (de la manera que las dicen) las entiendo mal. Por lo cual, forzado del amor natural de la patria, me ofrecí al trabajo de escribir estos Comentarios, donde clara y distintamente se verán las cosas que en aquella república había antes de los españoles, así en los ritos de su vana[5] religión como en el gobierno que en paz y en guerra sus Reyes tuvieron, y todo lo demás que de aquellos indios se puede decir, desde lo más íntimo[6] del ejercicio de los vasallos hasta lo más alto de la corona real.

---

1. gente no cristiana   2. con comprensión total   3. arcaísmo por Cuzco, lugar de nacimiento del Inca y capital de Incanato   4. tan equivocadamente   5. vacía, falsa   6. minúsculo, menor

En este breve fragmento el Inca Garcilaso expresa su intención de poner en claro errores y omisiones que los historiadores españoles anteriores han cometido en sus libros, por mala información o interpretación incorrecta. El Inca escribió su obra durante su estadía en España, y lo publicó como una defensa de su país. Habla con amor de su pueblo, pero rechaza, como católico, sus creencias religiosas, "para que se den gracias a Nuestro Señor Jesucristo y a la Virgen María, su Madre, por cuyos méritos se dignó la Eterna Majestad de sacar del abismo de la idolatría tantas y tan grandes naciones".

El Templo del Sol

Viniendo, pues, a la traza[1] del templo, es de saber que el aposento[2] del Sol era lo que ahora es la iglesia del divino Santo Domingo,[3] que por no tener la precisa anchura y largura suya no la pongo aquí; la pieza, en cuanto su tamaño, vive hoy. Es labrada de cantería[4] llana, muy prima y pulida.

El altar mayor (digámoslo así para darnos a entender, aunque aquellos indios no supieron hacer altar) estaba al oriente; la techumbre era de madera muy alta, porque tuviese mucha corriente; la cobija[5] fue de paja, porque no alcanzaron a hacer teja. Todas las cuatro paredes del templo estaban cubiertas de arriba abajo de planchas y tablones de oro. En el testero[6] que llamamos altar mayor tenían puesta la figura del Sol, hecha de una plancha de oro al doble más gruesa que las otras planchas que cubrían las paredes.

La figura[7] estaba hecha con su rostro en redondo y con sus rayos y llamas de fuego todo de una pieza, ni más ni menos que la pintan los pintores. Era tan grande que tomaba todo el testero del templo, de pared a pared. No tuvieron los Incas otros ídolos suyos ni ajenos con la imagen del Sol en aquel templo ni otro alguno, porque no adoraban otros dioses sino al Sol, aunque no falta quien diga lo contrario.

Esta figura del Sol cupo[8] en suerte, cuando los españoles entraron en aquella ciudad, a un hombre noble, conquistador de los primeros, llamado Mancio Serra de Leguizamo, que yo conocí y dejé vivo cuando me vine a España, gran jugador de todos los juegos, que, con ser tan grande la imagen, la jugó y perdió en una noche. De donde podremos decir, siguiendo al padre Maestro Acosta,[9] que nació el refrán que dice: "Juega el Sol antes que amanezca". Después, el tiempo adelante, viendo el Cabildo de aquella ciudad cuán perdido andaba este su hijo y por el juego, por apartarlo de él lo eligió un año por alcalde primero.

(Libro III, cap. 20)

---

1. *plano, edificación* 2. *habitación, altar* 3. *la iglesia de Santo Domingo fue construida por los españoles encima de los restos del antiguo Templo del Sol* 4. *construida con piedras labradas* 5. *techo* 6. *fachada interna principal, cabecera* 7. *el dios Sol o Inti* 8. *le correspondió, le tocó* 9. *el padre Joseph de Acosta, autor de una* Historia natural y moral de los Incas *(1540–1600), anterior al libro de Garcilaso*

El Inca Garcilaso describe en este fragmento la majestuosidad del Templo del Sol, en Cuzco, de increíble riqueza, y centro de la religión.

común. Otras manifestaciones de semejante fenómeno se usaron en los países europeos: *marinismo* en Italia, *preciosismo* en Francia, *eufuismo* en Inglaterra, e incluso *manierismo* en otros lugares.

No se conoce en qué medida estos movimientos pudieron haberse influido entre sí, pero es seguro que la prosa barroca entró en Hispanoamérica proveniente de España. Obedeció tanto a un caso de imitación, dado el prestigio de los cultores de esta modalidad en la península, como al afán de no quedar a la retaguardia de España, sumado al deliberado intento de los escritores de renovar la literatura en sus patrias, tal vez por su afán de demostrar su erudición y dominio de la lengua. En España coincidió este movimiento, en prosa y en verso, con la época de Felipe II, propicia según algunos historiadores para afirmar la grandeza anterior de la nación, que venía perdiendo paulatinamente su fuerza espiritual.

Sor Juana Inés de la Cruz fue calificada por la crítica de sus años como la "décima musa". Su obra literaria, en varios géneros, es una de las más valiosas compuestas durante toda la época colonial (Óleo del pintor Miguel Cabrera, mexicano, ?–1786).

El *barroquismo* o *culteranismo* en la poesía se caracterizó, tanto en España como en Hispanoamérica por ciertas preferencias, a saber: 1) palabras nuevas de origen griego y latino o no usadas en el lenguaje habitual (*ámbito, congratular, escrupulizar, refrigerar, vivificar*); 2) uso de voces extranjeras, en especial latinas (*rara avis, longe*); 3) cambio de significado de las palabras con valor metafórico (*oro* por *cabello; cultura* por *cultivo; amado dueño mío* por *enamorado*); 4) alteración frecuente del orden regular de la oración (*Piramidal, funesta, de la tierra sombra nacida*); 5) abuso de las figuras retóricas (hipérbaton, elipsis, exageración, acumulación, paralelismo, antítesis, metáfora, etc.); 6) alusiones frecuentes a la mitología (*Talía, Polifemo, Venus*), la historia (*San Isidoro, Rey David, Plinio, Tito Livio*) y a la geografía clásica (Troya, Micenas, las columnas de Hércules, Tule); 7) tono afectado y pedante (*"Ni al primer imposible tengo más que responder que no ser nada digno de vuestros ojos"*, Sor Juana).

Sor Juana Inés de la Cruz

La figura más importante de dicho movimiento es una monja, Sor Juana Inés de la Cruz (1651–1695), extraordinario ejemplo de mujer sin par que escribió autos sacramentales, comedias, poesía lírica y prosa. Su poesía revela una inspiración verdaderamente múltiple, en virtud de la cual la crítica la ha colocado entre las más prominentes escritoras del mundo hispánico de todos los tiempos. En vida se la calificaba ya de "décima musa".

Dotada por naturaleza de una gran belleza física y una inteligencia excepcional, aprendió a leer y escribir a los tres años de edad, y más tarde aprendió también el latín en veinte lecciones. Su curiosidad la llevó a estudiar varias ciencias, y el virrey de México, enterado de la precocidad de la niña, la incorporó a la corte, donde vivió mimada y festejada. En una ocasión, deslumbró a un grupo de catedráticos de la universidad, que la sometieron a un interrogatorio académico. Solía cortarse el cabello y se fijaba obligaciones de estudio para cuando le creciera. De esta manera, regulaba sus progresos. Tuvo enormes dificultades para ingresar en la universidad debido a que no se admitían entonces mujeres, y pensó en un momento en disfrazarse de hombre para ingresar, pero su madre la disuadió, según lo expresa la propia autora. Hastiada de la vida mundana y superficial de la corte, se hizo monja. En el convento se encerraba en su celda rodeada de libros y de aparatos científicos. Pero un día se desprendió también de ellos, dio el dinero de la venta a los pobres y se consagró totalmente a su vocación religiosa. Murió durante una epidemia.

Fue un espíritu aristocrático y exquisito que incursionó en lo divino y lo humano. De ahí el doble carácter de su obra poética, que en algunas ocasiones ha suscitado dudas sobre su religiosidad. El tema de Dios, el alma y el misterio del destino humano ocupan en sus libros tanto espacio como el del amor apasionado, legítimo y doloroso, la separación de los amantes, la hermosura y la caducidad de la belleza corporal y la vanidad de la ciencia humana. La espontaneidad e inocencia con que se describen estos fenómenos es una condición particular de sus versos. Escribía con una naturalidad y rapidez sorprendente, que a ella misma la asombraba:

> Y más cuando en esto corre
> el discurso tan aprisa,
> que no se tarda la pluma
> más que pudiera la lengua.

En la prosa es donde Sor Juana vuelca más su vocación religiosa. Allí revela su potente organización intelectual y erudita, a través de alegorías y razonamientos lógicos, citas bíblicas, teológicas, análisis filosóficos y reminiscencias históricas y científicas. Sobresale entre sus prosas la famosa *Respuesta a Sor Filotea,* que es una carta que la monja dirige al arzobispo de Puebla —Manuel Fernández de Santa Cruz—, oculto bajo el seudónimo de Sor Filotea, en respuesta a una crítica que le había dirigido el mencionado prelado. En esta epístola la poetisa mexicana narra sus estudios y experiencias de vida, plantea el derecho a la independencia del escritor, y sostiene que su amor a la ciencia la llevaba a escribir y no podía refrenar esa vocación. Todos los conocimientos son un medio para el acercamiento a Dios. Por esta razón se ha llamado a esta carta "confesión laica".

En poesía usó variadas formas literarias. Las imágenes y el vocabulario, en cambio, son a menudo rebuscados e intelectuales: *falsos silogismos de colores* por *combinaciones engañosas de colores.* Su versificación es impecable.

El divino Narciso, auto sacramental, es la máxima expresión de su talento teatral y está considerado como una de las obras más bellas que la literatura española ha producido en ese género.

SOR JUANA INÉS DE LA CRUZ

Ante un retrato

Éste que ves, engaño colorido,[1]
que del arte ostentando los primores,[2]
con falsos silogismos[3] de colores
es cauteloso engaño del sentido[4]:

éste en quien la lisonja[5] ha pretendido
excusar[6] de los años los horrores
y venciendo del tiempo los rigores
triunfar de la vejez y del olvido:

es un vano artificio del cuidado;
es una flor al viento delicada;
es un resguardo[7] inútil para el hado[8];

es una necia diligencia[9] errada;
es un afán caduco,[10] y, bien mirado,
es cadáver, es polvo, es sombra, es nada.

---

1. imagen pintada   2. hermosura, perfección   3. razonamientos, mentiras   4. de la vista
5. adulación   6 perdonar, disimular, omitir   7. cautela, precaución   8. destino
9. esfuerzo   10. perdido, muerto

Este soneto (2 cuartetos más 2 tercetos endecasílabos) está escrito en estilo barroco o gongorino. La metáfora y el lenguaje culto fueron atributos practicados en esa escuela. En esta composición la autora expresa que un retrato no es otra cosa que un engaño, la sombra de un cadáver, en definitiva, la nada ante la muerte.

Redondillas (fragmento)

Hombres necios,[1] que acusáis
a la mujer sin razón,
sin ver que sois la ocasión[2]
de lo mismo que culpáis.

Si con ansia sin igual
solicitáis su desdén
¿por qué queréis que obren bien
si las incitáis al mal?

Combatís su resistencia,
y luego con gravedad,[3]
decís que fue liviandad[4]
lo que hizo la diligencia.[5]

Con el favor y el desdén
tenéis condición[6] igual,
quejándoos, si os tratan mal,
burlándoos, si os quieren bien.

Siempre tan necios andáis,
que con desigual nivel,
a una culpáis por cruel,
y a otra por fácil culpáis.

¿Pues cómo ha de estar templada[7]
la que vuestro amor pretende,
si la que es ingrata ofende
y la que es fácil enfada?

¿O cuál es más de culpar,
aunque cualquiera mal haga,
la que peca por la paga[8]
o el que paga por pecar?

¿Pues para qué os espantáis
de la culpa que tenéis?
Queredlas cual las hacéis
o hacedlas cual las buscáis.

---

1. *ignorantes, sin juicio* 2. *causa* 3. *solemnidad, seriedad* 4. *conducta ligera, irresponsable* 5. *obstinación, insistencia* 6. *comportamiento, conducta* 7. *forjada, hecha, constituida* 8. *dinero, pago*

Esta es una de las poesías amatorias, de estilo clásico no barroco, más celebradas de Sor Juana. La redondilla es una estrofa formada por cuatro versos octosílabos con rima *abba*. En ellas "arguye de inconscientes el gusto y la censura de los hombres, que en las mujeres acusan lo que causan". Algunos contemporáneos suyos consideraron incompatible este tipo de literatura profana con su condición de religiosa.

El teatro: Ruiz de Alarcón

El teatro en el siglo XVI tenía principalmente finalidades religiosas. En los atrios de las iglesias se representaban pasajes de la Biblia, vidas de santos y obras alegóricas, con el objeto de evangelizar al pueblo. En los colegios religiosos eran habituales también las representaciones.

En los dos siglos siguientes, continuó esta costumbre, pero se agregaron obras de los autores españoles más famosos, y algunas de autores nativos, en teatros estables. Las obras eran unas veces de carácter culto y otras de carácter popular.

En México gozó de gran fama en su tiempo Fernán González de Eslava (*c.* 1534–*c.* 1601), de quien se conservan dieciséis *Coloquios espirituales* y un festejado *Entremés entre dos rufianes,* divulgado también con el título de *Entremés del ahorcado,* en lenguaje popular. Se trata de un chispeante diálogo que entablan dos pendencieros con motivo de un bofetón. Uno de ellos finge estar ahorcado para evitar las estocadas del ofendido y así lo burla; al retirarse el engañado, el supuesto ahorcado se levanta y parodia burlonamente el desafío promovido.

El más alto exponente del teatro hispanoamericano colonial es Juan Ruiz de Alarcón (1581–1639), cuya gloria comparten España y México. Una joroba de nacimiento le valió burlas de sus rivales de profesión y le dificultó su carrera en la península, adonde se había dirigido para estudiar. Por no poder solventar los gastos universitarios, no alcanzó a obtener las borlas[14] académicas de doctor. La producción dramática de Alarcón es poco copiosa en comparación con las de sus competidores, Calderón de la Barca y Tirso de Molina. Son más de veinte y llevan al escenario personajes de la vida diaria y enredos propiamente dichos, sin excluir algunas piezas de imitación. Su teatro se distingue por la representación de personajes que encarnan vicios humanos y sociales, dentro de una trama ingeniosa y moderada. Sus mejores dramas son *La verdad sospechosa, Los pechos privilegiados* y *Las paredes oyen.*

El crítico Pedro Henríquez Ureña ha propuesto una discutida tesis, la del "mexicanismo" de Alarcón, para explicar el aristocratismo y equilibrado comportamiento entre galanes y damas, el desarrollo cuidadoso de los conflictos, la brevedad de los diálogos y la economía de los recursos dramáticos.

La arquitectura: El barroco y el plateresco americanos

Rasgos de la arquitectura

Desde el punto de vista cultural, la mayor contribución de Hispanoamérica, sin considerar la lengua, ha sido la literatura y la arquitectura.

La magnificencia de las edificaciones indígenas se manifiesta en las iglesias, las fortificaciones y los palacios virreinales. Las residencias privadas no alcanzan un grado de importancia y originalidad destacables, salvo alguna que otra excepción.

---

[14]**borlas** conjunto de hebras colgantes, insignia de doctor universitario

No sería correcto hablar de una única arquitectura iberoamericana, pues aunque manifiestan rasgos bastante generalizados en todo el subcontinente, se diferencian entre sí por la época de construcción —tres siglos—, los materiales empleados según las disponibilidades de cada región, y los estilos aplicados. La influencia indígena en la ornamentación, por ejemplo, es notoria en Perú y Bolivia, mientras es mínima en el extremo sur, que por otra parte es más tardía. La piedra usada en México no es la misma que la que se empleó en Perú y Bolivia, más dura y menos tallable. En la zona del Río de la Plata, no se la empleó prácticamente por carencia de esa materia.

La otra variante es la concurrencia de arquitectos y artistas españoles en las obras, notoriamente concentrados en las ciudades con cortes virreinales y de mayor importancia política, como lo fueron la ciudad de México, Quito y el Perú. La zona del Pacífico resultó, en este aspecto, privilegiada en el interés español, mientras que la del Atlántico absorbió el esfuerzo lusitano.

Un último aspecto a considerar es la época de la construcción. La arquitectura estuvo influida desde los siglos XVI al XVIII por los distintos estilos arquitectónicos y constructivos imperantes en España y Portugal en cada época, sin que por ello hayan dejado de tener importancia la mentalidad y tradición de los lugareños, que en cada caso agregaron a los modelos europeos algunos aspectos de su psicología artística como lo es el caso del color, tan apreciado por los mexicanos coloniales.

La relación entre España y sus colonias se cumplió por vía marítima, razón por la cual la marca hispánica es más perceptible en los asientos costeros que en el interior —excepto Quito—, de modo que el mestizaje resulta más notorio tierra adentro. Se ha señalado, al respecto, que la arquitectura de Lima es más española que la de Cuzco y zonas aledañas al lago Titicaca, donde el arte es más mestizo.

El arte colonial iberoamericano se singulariza, sin embargo, por una serie de factores comunes: la relativa lejanía que separaba las colonias y atenuaba las influencias; el distinto concepto arquitectónico de las órdenes religiosas y las autoridades de gobierno, verificable sobre todo en la construcción de catedrales, templos y palacios gubernamentales; la adaptación a la naturaleza del lugar, que imponía, por ejemplo, muros gruesos en áreas de terremotos, o aberturas de aireación en zonas tropicales; recurrencia a los materiales disponibles (piedra, madera o adobe); necesidades funcionales de cada edificio, como los atrios adjuntos al templo con altares al aire libre para dar cabida a multitudes de fieles indígenas; variantes espirituales entre españoles y portugueses que determinaron trazas, ornamentación y fachadas diferentes; y finalmente, la mayor o menor disponibilidad de mano de obra indígena y de talladores de piedra en cada lugar.

Estas y otras características contingentes determinaron que pese a la imitación consciente de los ejemplos europeos, el arte arquitectónico iberoamericano fuera distinto del europeo, a pesar de su simultaneidad.

El arte europeo de esos siglos fue más bien aristocrático y propio de artistas exquisitos que trabajaban para gobiernos poderosos y nobles adinerados, mientras que el iberoamericano se hizo más popular, con menos boato y menor tiempo de construcción por las urgencias del culto.

La arquitectura hispanoamericana se inicia en la ciudad de Santo Domingo con obras religiosas, militares y civiles. La iglesia de San Nicolás de Bari es la primera cons-

El Palacio Episcopal de Lima, Perú. Inicialmente construido como residencia de los marqueses de Torre Tagle (1735), es tal vez el ejemplo más acabado de la arquitectura colonial privada peruana, caracterizada por los grandes balcones de madera tallada en su fachada, entre columnas y paños de inspiración morisca.

truida en el continente (1503–1508), edificada conforme al *estilo isabelino,* o estilo de los Reyes Católicos, caracterizado por una estructura interior uniforme, habitualmente de una sola nave, con una fachada de piedra labrada. En esa isla se conservan otros vestigios de las edificaciones levantadas por los españoles, como la Catedral de Santo Domingo (1523), primada de América, y el Palacio de Diego Colón, donde vivía su dueño.

En la Capitanía General de Cuba sólo la arquitectura militar alcanzó importancia, pues la isla era el centro de reunión de los galeones españoles, y por lo tanto, un objeto preferido de los ataques de piratas y bucaneros. Restos de las obras de defensa están aún en pie y levantan sus moles grandiosas en la costa, como el Castillo de los Tres Reyes (llamado luego El Morro) y la fortaleza de La Cabaña. En Puerto Rico sobresale la fortaleza de San Felipe del Morro.

El plateresco

Paulatinamente y a medida que la conquista avanzaba, la arquitectura transitó de su sencillez inicial al estilo español de la época, *el plateresco,* llamado así por el preciosismo de los detalles, semejante a la técnica de los plateros u orfebres de España. Característico de este estilo es el labrado de la piedra en forma de filigranas o bordados, que ornamenta las fachadas y les da un aire de belleza subyugante. A menudo, esas fachadas y portales se encerraban entre cuadros lisos, con una o dos torres al lado, en las cuales se repetían las filigranas en ciertos trechos y culminaban en cúpulas igualmente ornamentadas o cubiertas de azulejos.

El plateresco se transporta de las Antillas a México, donde se le agregan modificaciones en los grandes templos debido a la abundancia de piedras blandas y a la existencia de mano de obra indígena experta en el tallado. La edificación religiosa sufre allí adaptaciones. Reaparece el antiguo modelo peninsular del "templo fortaleza", destinado a proteger en caso de ataque a los eclesiásticos y fieles. Se agrega también otra adaptación: las denominadas *posas* o capillas abiertas en las cuatro esquinas del atrio, para dar cabida a la gran cantidad de fieles que concurrían a los oficios. Se recurrió, en otros casos, a una única capilla abierta adosada o levantada junto al muro que daba al atrio.

El progresista virrey Mendoza dictó por aquellos años precisas directivas sobre las construcciones monásticas. El templo típico de la época consta de un gran patio al frente, cerrado con altos muros con almenas y tres puertas de entrada y una iglesia imponente al fondo, de una sola nave, coronada por una bóveda gótica apoyada en columnas y nervaduras visibles. El altar principal es de madera tallada y dorada, ornamentado con óleos, motivos de diversos colores y esculturas policromadas. El monasterio para los frailes está constituido por un claustro central, rodeado de habitaciones, levantadas por lo general en dos pisos.

El templo de San Agustín, en Acolman (México), es uno de los más exquisitos ejemplos del estilo plateresco. Su fachada está considerada la obra cumbre del género en Hispanoamérica. Una filigrana de excelente gusto artístico cubre la parte central de la fachada, la bóveda es ojival y la construcción es de una perfección muy elogiada. Tanto el templo como el monasterio anexo se conservan casi intactos en la actualidad.

Los dominicos trataron de seguir los lineamientos arquitectónicos de franciscanos y agustinos, y levantaron monumentales templos, de sólidas estructuras con propósitos religioso-militares, claustros con almenas y monasterios cerrados.

El estilo plateresco no se extendió hasta la América del Sur, y en los casos aislados en que ocurrió, no se corresponde con el esplendor y la variedad de México. La historia señala algunos vestigios excepcionales en Tunja (Colombia) y en algunas capillas peruanas de Ayacucho (Perú) y otros escasos sitios.

Las grandes catedrales

El siglo XVI es el siglo de las grandes catedrales de Hispanoamérica. Debido a que en casi todos los casos la edificación de los templos demandó decenas de años y se reformaron o concluyeron en períodos posteriores, las catedrales no presentan, ni en sus trazas[15] ni en su ornamentación, un estilo uniforme. La Catedral de México demandó 250 años de construcción, y en su trazado y presencia de diferentes recursos puede apreciarse esta transición.

---

[15]**traza** planta de una edificación

Está considerada como la más imponente y hermosa iglesia del Nuevo Mundo, y una de las ocho mayores expresiones de la arquitectura barroca de Iberoamérica. Se comenzó en 1563; la traza fue creación de un arquitecto, las torres de otros, su fachada fue tallada en pleno siglo XVI, la cúpula fue rehecha por un tercer arquitecto, y su mole exigió una cimentación sumamente sólida para mantener en pie semejante estructura. En los dos siglos y medio de construcción, marcaron su influencia la sobriedad del neoclasicismo europeo, el tallado del plateresco y la ornamentación recargada del barroco. Tres naves longitudinales, dos paralelas de las capillas y nueve naves de crucero, otorgan a este majestuoso templo una superioridad sobre cualquier otra construcción. A su lado, la Sacristía y el Presbiterio completan el conjunto que actualmente admiran mexicanos y extranjeros. Sin llegar a las dimensiones y suntuosidad de esta catedral, las de Puebla, Mérida y Chiapas integran el escogido conjunto arquitectónico.

Francisco Becerra, quien llegó a México en 1573, transportó el estilo europeo a las dos catedrales más importantes de América del Sur, la de Lima y la de Cuzco. En ambas prevalece la "estructura salón" española, consistente en un espacio interior amplio y horizontal. Se les introdujeron también modificaciones, sobre todo en la primera, para evitar los efectos dañosos de los terremotos regionales.

El barroco mexicano

La arquitectura barroca mexicana se diferencia de la desarrollada en otras partes por ciertos detalles. En primer lugar por el color, que adquiere un sentido prácticamente desconocido hasta entonces debido a la policromía de las piedras existentes en el país, desde el rojo y tostado fuerte (*piedra tezontle*) hasta el blanco marfileño (*piedra chiluca*). La gama de colores permitía los lujos de la policromía más sorprendente. Otros materiales favorecieron el llamativo colorido de los templos mexicanos: la yesería de múltiples colores, las tinturas disponibles, los ladrillos con revoques blancos y los azulejos multicolores.

Las piedras de textura porosa son de fácil laboreo; la yesería policromada es barata y plástica para manejar, más blanda que la madera misma. Esta yesería constituye uno de los elementos distintivos del barroco mexicano. Permitió esculpir las formas curvilíneas más complicadas y sorpresivas, dando a los muros y columnas un efectivismo llamativo. De los azulejos puede afirmarse algo semejante. Traídos de España, que a su vez los había copiado de los azulejos árabes, alcanzaron en México un desarrollo considerable, donde se levantaron fábricas especiales y marcaron de modo típico el arte de las ciudades. A los azulejos se agregaron la cerámica y la loza, que se expandieron por todo el país. El color de las piedras, los ladrillos de diferentes tonos, los revoques blancos, los estucos y yesos de infinitos colores, los frontispicios labrados, la combinación de las líneas rectas y curvas, el colorido de las cúpulas azulejadas, las columnas recubiertas de floreos, los estípites o columnas falsas, de a una o acompañadas, las fachadas y retablos, han convertido al barroco mexicano en el punto máximo de la americanización del barroco europeo.

La Catedral de México, en pleno corazón de la ciudad, el Zócalo, con el magnífico Sagrario Metropolitano adosado a su costado. Fue construida a partir de 1563 y tras sucesivas modificaciones y agregados se concluyó en 1811. Se levantó sobre las ruinas del Gran Teocalli azteca. La Catedral de México es famosa por sus dimensiones, estructura, belleza de su decorada fachada, altura de su cúpula central (67 metros), juego de capillas interiores, cuadros, riqueza de sus retablos y altares, combinación de arcos y columnas, decoraciones en oro, e imaginería. Son mundialmente famosas la Capilla de los Reyes y la de los Ángeles y el altar del Perdón. Un bello crucifijo de color oscuro, denominado el Cristo del Veneno, se dice que tomó ese color después de que un devoto envenenado lo besó y el Cristo absorbió el veneno. El Sagrario adosado es uno de los mejores ejemplos del arte recargado o "churrigueresco", proveniente de España. Fue iniciado en 1749 y terminado en 1768. Su gran puerta de madera, de dos hojas, revela una prodigiosa abundancia de tallas y molduras.

En cuanto al decorado interior, los templos sobrepasan la imaginación: retablos totalmente trabajados con orfebrería de flores, pájaros, santos, ángeles y figuras divinas; lienzos pintados como telas de caballetes, a veces con signos iconográficos tradicionales; cúpulas con pulcritud de diseño y color; nichos suntuarios para las imágenes, retablos magnificentes y otras particularidades, son manifestaciones del innegable talento arquitectónico mexicano.

El barroco es el arte con mejor arraigo en América, donde ya existía desde mucho antes la tradición ornamental de las culturas indígenas. Alcanzó su mayor desarrollo en los siglos XVII y XVIII. La influencia indígena puede apreciarse sobre todo en la técnica del esculpido y en los motivos de los ornamentos (pumas, monos, colibríes, garzas, papagayos, mazorcas de maíz, cocos, margaritas, etc.) y en la predilección por la simetría de los edificios.

El barroco peruano

En el Perú los especialistas han señalado dos aspectos distintivos de su arquitectura barroca: la adaptación del estilo a la realidad natural del asiento y la progresiva mestización de la arquitectura a medida que se aleja de la costa.

En muchas iglesias se sustituyó, por ejemplo, la bóveda de materiales fuertes por una trabazón singular de cañas y madera revestidas de revoque o estuco. A estas falsas bóvedas se las denominaba *quinchas*. En Lima la adaptación respondió a la tradición del lugar, donde los primitivos incas y demás pueblos desconocieron la bóveda y la suplieron con maderas y ramas. Tampoco recurrieron a la piedra, inexistente en la zona, y se valieron de los ladrillos.

Conocieron las arquerías de medio punto y la bóvedas acanaladas, lo mismo que la fachada-retablo, notables en algunas iglesias. Los altares y retablos continuaron la costumbre de máxima expresión decorativa, con nichos, imágenes, columnas y estípites muy enriquecidas con tallas de orfebrería fina, muchas veces cubiertas con aplicaciones de oro y plata.

En Cuzco, en cambio, región montañosa con abundancia de material pétreo, se cimentaron los templos sobre imponentes bases de piedra, reminiscencia de sus antepasados tiahuanacotas e incas. En la Plaza Mayor de la ciudad se eleva la iglesia de la Compañía, el mayor exponente del barroco cuzqueño. Otros rasgos típicos del barroco cuzqueño son la solidez de los edificios, el color oscuro de la piedra *andesita* usada, los cupulines semiesféricos de las torres, el ábside incásico y los portales con recuadros sobresalientes de los bordes.

La obra constructiva de los españoles en su patria y en las colonias le ha merecido a España el favorable prestigio de ser uno de los pueblos más constructores de la historia, como lo fueron en su momento los romanos.

El Río de la Plata

La arquitectura rioplatense estuvo signada en los primeros tiempos por la pobreza del Cono Sur, la carencia de materiales pétreos, la inmensidad del territorio, la carencia de artistas indígenas, el desinterés de la metrópoli por esas tierras sin metales preciosos y la escasez de población. La construcción religiosa se redujo a una planta alargada, de muros lisos de adobe, techumbres lisas o a dos aguas construidas con vigas de madera, y adornos de imaginería artesanal en retablos y hornacinas. Con el curso de los años, esta elemental técnica mejoró con la construcción de bóvedas acanaladas pero con armazones de madera y la incorporación de una o dos torres laterales. Los frontis se embellecieron con portales más labrados y los retablos se convirtieron en obras del arte tallado. El campanario para convocar a los fieles a los oficios no faltó ni en las más pobres capillas, y se practicó el uso de las rejas de hierro labrado para proteger las aberturas. La construcción militar, en cambio, se asemejó más a las del norte del continente, y recurrió a los fundamentos de piedra, y a torres almenadas para protección contra los ataques de indios y piratas. En algunos casos, como en Buenos Aires, una red de túneles subterráneos unía los templos y fuertes entre sí.

En la Plaza de Armas de la ciudad se levantan la Catedral de Cuzco y la iglesia de la
Compañía de Jesús, dos famosas construcciones religiosas que requirieron casi todo el siglo
XVII de trabajos. La amplísima plaza en pleno centro tiene 250 metros de largo. En ambos
edificios se pueden apreciar los elementos del barroco colonial peruano: una puerta de
entrada profusamente decorada; torres esculpidas, aunque no muy altas para resistir a los
terremotos; pináculos que adornan los techados; cúspides redondeadas; una gran cruz de
piedra que corona el conjunto; nervaduras internas de las bóvedas; fascinante talla de los
altares y retablos; recubrimientos de oro laminado; estatuas y pinturas realizadas por artistas
europeos, etcétera. En la Catedral se conserva un Cristo Negro instalado en la Capilla del
Perdón, muy venerado por los fieles por ser el Patrón de Cuzco. La fotografía muestra la
Catedral, considerada una de las mayores expresiones del barroco americano.

La escultura

La escultura en México colonial fue principalmente religiosa y anónima. Hasta el siglo
XVIII, época de la aparición de los grandes escultores, tuvo principalmente la función
de acompañar a la edificación religiosa, y por lo tanto, ocurrió en una etapa plateresca
y en otra barroca. Los talladores mestizos tenían una larga tradición en el trabajo de la
piedra, y por esta razón se ha sostenido que la escultura fue más libre y original que la
arquitectura, y fue sobre todo más americana porque incorporó técnicas y motivos propios de la raza. Se establecieron instrucciones precisas en la iconografía para evitar
desviaciones de la fe. Los interiores de gran parte de los templos se recubrieron de una
ornamentación fascinante, a base de tallas, yeso y oro. En cierto momento se planteó
la dualidad entre arte criollo y arte europeo. La estatuaria solemne de las fachadas y los

Catedral de Córdoba, Argentina, el edificio religioso más importante del Cono Sur, dentro de la arquitectura religiosa. Su construcción comenzó en 1687, para lo cual se hizo venir del Alto Perú al arquitecto español Merguete, que gozaba de gran prestigio en esa región. Fue construido a través de muchos años, con la colaboración sucesiva de varios arquitectos. En 1753 se iniciaron las obras de abovedamiento de la nave central y el presbiterio. La Catedral se inauguró inconclusa cinco años después. Como característica típica de la zona, no se empleó prácticamente la piedra, sino abundante mampostería apoyada sobre estribos muy gruesos para sostener la construcción. Lo más notable del edificio es su espléndida cúpula, desproporcionadamente alta con respecto al resto del edificio, con torretas en cuatro de sus costados. La sólida apariencia del edificio responde al volumen de los muros y pilastras necesarios para sostener el peso de la cúpula.

retablos combina las figuras hieráticas de santos y personajes con una profusión de ornamentos impuesta por la imaginación popular. Ésta se hace presente, de uno u otro modo, en casi todos los templos mexicanos.

En Puebla hubo una importante escuela de escultura, dedicada a la producción de imágenes religiosas. Manuel Tolsá es el primer escultor notable que produce México, y a él se debe la famosa estatua ecuestre de Carlos IV, llamada vulgarmente "el caballito", una de las mejores obras escultóricas de la América colonial. Se encuentra actualmente en la ciudad de México.

La Escuela de Quito

La gran escuela de escultura de toda la América colonial fue la Escuela de Quito. Una fabulosa cantidad de cajones con esculturas se exportaron por el puerto de Guayaquil a otros países, al punto que existen obras quiteñas en casi todos los puntos de Hispanoamérica. La escultura quiteña deriva de la española. Adoptó los tipos de imágenes creados por los maestros de la Península. Su material preferido fue la madera policromada, con colores no brillantes. Los escultores doraban y plateaban las imágenes, y practicaron la técnica del estofado, o pintura de colores sobre fondos dorados y posterior raspado de líneas y figuras. El padre Carlos, de mediados del siglo XVII, fue el primer gran escultor de Quito. Fue un sacerdote cuyo arte se caracterizó por la perfección de las formas y la expresión de las figuras.

Al Perú llegaron desde comienzos del siglo XVII gran cantidad de tallistas y escultores españoles. Su función afirmó el carácter europeo de las imágenes. Las sillerías de los coros están conceptuadas como las más valiosas obras de tallas del período colonial.

La pintura

En pintura hubo más escuelas que en escultura. En México se conocieron dos, la de la capital y la de Puebla. La pintura mexicana se caracteriza en general por los colores agradables, la delicadeza del dibujo, cierta morbidez en las figuras, y la forma de colorear las telas y vestimentas.

Una vez más, lo mismo que en escultura, Quito significa la más alta expresión de la pintura colonial hispanoamericana. La gran figura de la pintura quiteña es Miguel de Santiago (1630–1673), conocido como el Apeles de América, que junto con su sobrino y discípulo, Nicolás Javier de Goríbar, señalan el apogeo de la pintura quiteña.

En pintura no se produjo el mismo fenómeno que en arquitectura y escultura: la pintura fue absolutamente europea. Incesantemente llegaban a las colonias reproducciones de excelentes obras maestras de la pintura europea, lo mismo que de magistrales grabados. El primer pintor extranjero que llegó al continente lo hizo con Hernán Cortés. En algunos lugares se conservan todavía los frescos realizados por los españoles y flamencos, particularmente. Llegaron pintores junto con imagineros, músicos y otros artesanos. Durante la segunda mitad del siglo XVI se dirigieron a Quito, donde se fundó la primera escuela sudamericana de arte.

Artes menores

En Hispanoamérica se practicaron también las denominadas artes menores: la miniatura en libros de himnos; la pintura con incrustaciones de nácar; y la orfebrería, la herrería artística, el grabado, la platería, la ebanistería y la cerámica, que se practicaron con bastante frecuencia. En muchos casos, siguieron realizándose obras de artesanía de tradición indígena.

El aporte cultural español

La contribución española a la cultura y a la civilización de América es innegable. El proceso de culturalización fue el único posible en las condiciones en que se encontraban los nativos indígenas y los criollos, y con los recursos espirituales de los conquistadores aun en su propio país. España sorprendió a los inadvertidos europeos de la época, y merece ser evaluada con los criterios históricos de la época, y no con los actuales. Los años han permitido serenar los ánimos de los críticos de uno y otro lado, y juzgar los fenómenos con la mayor objetividad posible, dejando a un lado los argumentos de valor temporario o circunstancial propuestos a través de quinientos años. Después de todo, los siglos XVI, XVII y XVIII son españoles, y los siglos XIX y XX criollos, de manera que virtudes y defectos, si los hubo, son en bastante medida compartidos.

Si América hubiera sido abordada por pueblos de otras nacionalidades o etnias, no podemos saber cómo habrían sucedido los acontecimientos, y toda comparación terminaría en un mera hipótesis indemostrable. La cuestión no se reduce, entonces, a ser hispanista o antihispanista, indigenista o antiindigenista, ni tampoco a renegar de los orígenes indianos ni de los españoles ni de los inmigrantes que llegaron a estas costas.

Cinco siglos después de la gesta de Colón, Hispanoamérica es cristiana, hispanohablante y mestiza por obra de España. El concepto de "herencia española" puede apreciarse en estos tiempos con mejor perspectiva, y concluir que fundamentalmente se ha concretado en el aporte de la lengua, la sangre, la religión y la cultura.

El idioma español permite a los hispanoamericanos comunicarse en la actualidad con otros cuatrocientos millones de la población mundial, y se ha calculado que en un futuro próximo cada español peninsular tendrá frente a sí a diez hispanohablantes de América; además, se presume que el centro idiomático de la lengua castellana será americano.

El mestizaje o mezcla de sangre y razas es otra importante contribución, y a pesar de los argumentos contrarios que se han expuesto en muchísimas ocasiones, constituye al menos un tratamiento humano más defendible que el racismo. El criterio de evangelización ya se ha tratado en este libro y queda reservado a la conciencia íntima de cada persona. Lo mismo puede afirmarse de la valoración de la cultura recibida.

Finalmente, otro legado lo constituye la actitud espiritual ante la vida, que constituye algo así como una visión del mundo, dentro de la cual se acrisolan y transforman los elementos provenientes de otras culturas.

El Quinto Centenario

El 12 de octubre de 1992 se celebró oficialmente en Europa y en toda América el Quinto Centenario del descubrimiento de América. La conmemoración incluyó actos públicos, reuniones académicas en universidades, exposiciones de material histórico, concursos literarios, excursiones turísticas, condecoraciones y homenajes a figuras prominentes, ediciones de libros sobre la hazaña de Colón y otros sucesos relacionados, desfiles públicos, una visita del Sumo Pontífice a Santo Domingo, una excepcional feria en Sevilla, España, en pabellones especialmente construidos, y un vasto repertorio de celebraciones en consonancia con la magnitud del acontecimiento.

A propósito del Cuarto Centenario (1892), el ensayista italiano Giovanni Papini recuerda en uno de sus libros, *El espía del mundo,* con cierta tristeza, los festejos realizados en América, España e Italia con "clamor débil y remoto". Como latino, hace notar que hasta esos años "América todo lo recibió de Europa" y menciona que pese a lo escaso de su población y a la dificultad de las comunicaciones, América "ha puesto todo su esfuerzo en levantarse al nivel de Europa", con escasos resultados: ni un gran teólogo, ni un místico famoso, ni siquiera un movimiento herético, sólo un santo (Santa Teresa de Lima), ni un filósofo original, sin un sistema propio, buenos escritores (Sarmiento, Darío, Rodó, Larreta, Rivera), pero ninguno de ellos popular y uno sólo de alcance europeo (Ruiz de Alarcón), y así otras lamentaciones.

Atribuye estas carencias a la lentitud con que se ha formado la nueva raza, pero sobre todo a una circunstancia: "La América Latina consumió, hasta ahora, la mayor parte de su caudal de inteligencia en la lucha por el aprovechamiento del suelo y las contiendas políticas".

Naturalmente, el juicio un siglo después tenía que ser diferente: interesó tanto al mundo latino como al anglosajón americano. La fecha ha venido denominándose, sin embargo, en forma diferente según cada nación: *Columbus Day,* en el calendario de Estados Unidos; *Día de la Raza* en España y algunos países hispanoamericanos; se la ha denominado también *Día del Descubrimiento de América* en naciones de fuerte herencia española. Analizadas con espíritu crítico, cada una de todas las apelaciones encierra una interpretación de la obra de España en el continente. Por lo general, se ha optado en Hispanoamérica por la última, aunque este rótulo ha sido rechazado en los países con grandes masas de población indígena y sustratos culturales precolombinos de relevancia (México y Guatemala particularmente), o bajo consignas políticas de diversa naturaleza. No ha sido ése el caso de Argentina, Uruguay y Chile, países que se perciben a sí mismos como más ligados a la tradición europea. Otras naciones se han mantenido en una posición intermedia.

En la oportunidad puntual del Quinto Centenario se han sumado factores ideológicos, tanto tradicionales como contemporáneos: repudio a la Conquista por la destrucción de las civilizaciones indígenas y las matanzas de poblaciones; abominación del sistema político, económico y social impuesto por los conquistadores en las nuevas tierras; desacuerdos y rencores históricos contra el clero católico; discordias heredadas de los católicos y protestantes en Europa desde los tiempos de la Reforma; querellas entre la interpretación anglosajona y la latina de la vida y el destino humano; infiltración de resabios de la ideología socialista; reclamaciones políticas actuales en favor de las masas indígenas y sus descendientes, relegadas y empobrecidas; oportunidad para agitaciones sociales con tendencias revolucionarias; rivalidades nacionales entre los mismos pueblos hispanoamericanos; diferencias académicas entre estudiosos, escritores y profesores universitarios, como por ejemplo la discutida nacionalidad de Colón o el lugar donde yacen efectivamente sus restos, por citar sólo algunas. Incluso no ha faltado quien ha pretendido menguar el valor del Premio Nobel de la Paz otorgado por la Academia sueca a la luchadora guatemalteca Rigoberta Menchú por su obra en beneficio de los indígenas, relacionándolo con las circunstancias internacionales del momento.

A cinco siglos del descubrimiento (aunque América estaba ya descubierta por los propios americanos cuando arribó Colón), y ante la fecha de la rememoración, las centenarias querellas históricas volvieron a ser reavivadas de sus cenizas.

Con todo, el feliz hallazgo lingüístico de una nueva denominación ha permitido poner tranquilidad en muchos ánimos y quizás acabar con las disidencias enojosas sobre un acontecimiento histórico que ya ha sucedido y no admite retorno posible.

El autor de este libro ha expresado en su momento su opinión personal sobre el acontecimiento: "No hubo culpa en ser indio, ni la hubo en ser español. Tampoco la hay en ser hispanoamericano", porque para el Creador no hay hijos favoritos (*Viaje por el alma hispanoamericana*, 1992).

Temas de expresión oral o escrita

1. ¿Cómo elegían los españoles los lugares para construir ciudades?
2. ¿Qué fueron las Nuevas Leyes de Indias de Carlos V y qué obligaciones exigían acerca de la organización y trato de los indios?
3. ¿Cómo estaba organizado el régimen comercial?
4. ¿Cómo se administraban las colonias?
5. ¿En qué consistió la evangelización?
6. Explicar el tema de la Inquisición.
7. ¿Cómo estaba organizada una universidad?
8. ¿En qué consistió el conflicto espiritual del Inca Garcilaso y por qué?
9. Hacer una breve exposición oral de la vida y obra de Sor Juana Inés de la Cruz.
10. Describir la Catedral de México.
11. Diferencias entre la arquitectura mexicana y la peruana.

Temas de discusión

1. ¿Qué opinión le merece el estilo culterano de los poetas? Remitirse al soneto *Ante un retrato* de Sor Juana.
2. ¿Considera justificable o no el establecimiento de la Inquisición en América? Dar las razones.
3. Comparar una conquista con evangelización con otra sin evangelización. ¿Por cuál optaría Ud.?
4. Discutir el siguiente juicio del historiador francés Pierre Chaunu (*Historia de América Latina*): "El sistema colonial implantado por España no dejó de ser, por ello, uno de los más notables que los tiempos modernos concibieron…"

Temas de investigación

1. Indagar en qué forma se realizaba un juicio en el tribunal de la Inquisición.
2. Investigar los métodos que empleaban los evangelizadores en México para convertir a hombres de otras lenguas (Fray Toribio Motolinía, *Historia de los indios de la Nueva España*).
3. Indagar la opinión del historiador norteamericano Lewis Hanke en su obra *La lucha por la justicia en la conquista de América*.

CAPÍTULO 5

El Brasil colonial

Brasil, por su territorio, es el quinto país del mundo después de Rusia, Canadá, China y Estados Unidos. Más de la mitad de su suelo son mesetas que no sobrepasan los 1.000 metros: tiene un litoral marítimo de 7.400 kilómetros sobre el océano Atlántico; cuenta con tres grandes sistemas fluviales (los ríos Amazonas, San Francisco y el Paraná-Paraguay); ninguna montaña excede los 3.000 metros y, lo que es más distintivo geográficamente, ostenta una interminable región de selvas, la Amazonia, surcada por más de 1.100 ríos tributarios del Amazonas, cubierta de una prodigiosa cantidad de plantas, la mayor zona vegetal del mundo, donde habitan pájaros, serpientes, insectos y otras especies zoológicas no registradas todavía. Esa increíble jungla es la más grande productora de oxígeno de la superficie terrestre.

Siglo XVI: El descubrimiento

El descubridor de esta región, el portugués Pedro Álvarez Cabral, al tocar por primera vez su suelo en busca de un nuevo rumbo hacia Oriente, no tuvo idea de la importancia de su hallazgo, como tampoco la tuvo el monarca lusitano, Juan II, a cuyo reino pertenecía la nueva tierra de acuerdo con la convención del Tratado de Tordesillas, seis años anterior.

Pedro Álvarez Cabral desembarcó en tierras del nordeste, cerca de Bahía, estableció un refugio próximo a la costa y distribuyó regalos entre los indígenas. Alcanzó a ver con sus ojos unas veinte leguas del litoral y creyó encontrarse en una isla y no en tierra firme. Le dio a ésta el nombre de Vera Cruz, y a los diez días de estadía continuó su viaje. El rey comunicó a los demás países el nuevo descubrimiento y mandó una flota de exploración al año siguiente.

Apareció entonces en las costas de Brasil el florentino Américo Vespucio, extraño personaje entre astrónomo y aventurero, quien constató que el descubrimiento no había sido una isla, sino un continente, una "tierra de Santa Cruz". Trazó cartográficamente los contornos de la zona costera que había recorrido y tuvo la suerte de que su nombre quedara definitivamente asociado al del Nuevo Mundo o América.

Desde allí, el nordeste, habría de expandirse progresivamente la ocupación y colonización del país, rumbo al oeste, el *sertón* (tierras secas y casi desérticas) y más allá, la selva amazónica; un poco más adelante hacia el sur continuaron dos corrientes, una hacia la actual Río de Janeiro y otra hacia la zona minera, tierra adentro. Lo más rentable que encontraron los descubridores fue el palo tintóreo *brasil*, por lo que comenzó a llamarse a la región "tierra del palo brasil" o simplemente Brasil.

Conocida la noticia en Europa, comerciantes y corsarios se acercaron repetidamente a las costas e iniciaron el comercio con los indios, a los cuales compraban la preciosa madera. Portugal, que hasta entonces había concedido poca importancia a esta región, ya que se había preocupado sólo por las ricas posesiones del Oriente, se interesó ahora por su colonización.

Al llegar, los portugueses se encontraron con un hermoso y fértil país, poblado por muchos grupos indígenas. Los *tupís* o *tupí-guaraníes* habitaban todo el litoral, pero con motivo de la colonización emigraron hacia el río Amazonas y zonas vecinas. Los *ges* —que en época de la colonia se llamaban *tapuyas*— hicieron también contacto con los portugueses. Los *arahuacos* habitaban las Guayanas, y parece que algunas tribus *caribes* del norte vinieron desde las Antillas. La lengua más hablada era el tupí.

La población

En el encuentro con América, el portugués se encontró con un Nuevo Mundo inimaginado. Aparte de la naturaleza exótica, se vio frente a frente con unas razas insospechadas, sin comparación alguna con las fantasías provenientes de la Edad Media y la Antigüedad. Era el indio.

Los indígenas que habitaban la región del primer contacto costero eran *tupís* por su lengua común, aunque pertenecían a diferentes grupos antropológicos. El tupí del litoral era enemigo natural del *tapuya* de las sierras cercanas, al que había desalojado desde la costa al interior. El tupí era inteligente y asimilable a la nueva civilización, pescaba en canoas hechas de paja, sembraba la tierra (mandioca, maíz, batata y tabaco), cocía el barro en vasijas y construía sus casas con ramas y techos de palmera. No conocía la propiedad privada ni la colectiva: sólo se repartían los pescados salados. Los *guaraníes* pertenecían a esta raza.

El tapuya, en cambio, era vagabundo, se internaba por los montes, no construía aldeas ni se acercaba al blanco, a quien fue siempre hostil, aunque lo aceptaba con recelo cuando era necesario. Los cronistas los consideraban peligrosos por sus lanzas arrojadizas y el escudo que usaban en las peleas, mientras los tupís sólo conocían una especie de maza o lanza fabricada de madera dura recubierta con paja. Las más terribles guerras de los portugueses tuvieron lugar contra los ges, que vivían más hacia el nordeste. Por otra parte, como los tapuyas no vivían en aldeas y eran nómadas, resultaban difíciles de encontrar y hacerles combate frontal.

Hacia el sur, los principales enemigos fueron los *guaycurúes,* que se extendían hacia la cuenca de los ríos Paraná y Paraguay.

Los caribes, venidos de las Antillas, se extendieron por la cuenca amazónica y no pasaron más allá del río San Francisco. Los arahuacos, a su vez, influidos por su cercanía a las civilizaciones andinas del Perú y del Golfo de México, aportaron la alfarería, la cerámica y algunos restos de cultura incaica encontrados en el río Amazonas.

Los guaycurúes, o indios jinetes de la llanura, que erraban por las regiones del sud y los pantanos del Paraguay, fueron igualmente famosos por su belicosidad y encono contra los lusitanos y los nuevos portugueses nacidos en el Brasil.

Los primeros europeos adoptaron del indio la construcción de chozas,[1] los fuertes consistentes en cercos de postes en punta clavados en torno a las fortificaciones y rancheríos,[2] el empleo de la mandioca[3] en lugar del trigo en las comidas, la técnica de salar la carne para conservarla, el sistema de derribar árboles y quemarlos para hacer las plantaciones, y curiosamente, la hamaca[4] de dormir, único mueble de los tupís.

Los habitantes de la meseta próxima a la costa, los sertanejos, conservaron sus costumbres por varios siglos. Caminaban uno detrás de otro, fumaban en una misma pipa, atravesaban los ríos en canoas, se curaban con medicinas primitivas como chupar las heridas, vivían en la imprevisión, gastaban gran parte de su tiempo en el descanso, puestos en cuclillas,[5] secaban las plantas ahumándolas, no bebían durante las comidas y tenían también la costumbre de derribar árboles para realizar sus sembrados.

Para que el indio colaborara en la tareas de la vida, los portugueses se vieron en la necesidad de esclavizarlo y atraerlo a vivir a su pueblerío o comunidad. Lo instruyeron en la vida cristiana y lo utilizaron en los cultivos de caña de azúcar, la principal riqueza de los primitivos colonos y la preferida en Europa, y en el cultivo del algodón. La caña de azúcar provino de la isla de Cabo Verde y de la isla Madeira. Los conquistadores construyeron los primeros ingenios,[6] y así se creó una riqueza particular y se formó una clase aristocrática de colonizadores, poseedores de la tierra, la técnica y el capital, que habría de perdurar por varios siglos.

Como para las inmensas extensiones de tierras labradas no eran suficientes los indios, se hizo traer de África a los primeros negros, mucho más eficientes para el trabajo agrícola que los indígenas. Llegaron primero de Guinea, luego del Congo y por último de Angola, desangrando durante tres siglos las reservas humanas de aquel continente. Los historiadores sostienen que la evolución social del Brasil se explica por esta confluencia de razas sin prejuicios, este Brasil *mameluco* o *mamaluco* (mestizo).

---

[1]**choza** cabaña cubierta generalmente de paja   [2]**rancherío** conjunto de chozas, cabañas, ranchos
[3]**mandioca** planta de cuya raíz se extrae la *tapioca,* alimento sustitutivo de la patata (*yuca*)   [4]**hamaca** red que se cuelga por sus extremidades entre dos árboles y sirve para descansar o dormir
[5]**en cuclillas** sentado de modo que las asentaderas descansen sobre los talones   [6]**ingenio** planta industrial para producir azúcar

Secadero de café, grabado del artista de origen germano Juan Mauricio Rugendas
(1802–1856), que recorrió gran parte de la América Latina el siglo pasado (México, Perú,
Brasil, Bolivia, Argentina y Chile) pintando retratos y escenas de costumbres. Se lo considera
el mejor de los artistas viajeros y costumbristas. El café fue introducido al principio de la
Colonia y convirtió al Brasil en un emporio de ese producto, aunque en la actualidad
compite con otros países andinos y centromericanos y su producción industrial ha adquirido
especial relevancia comercial.

Gilberto Freyre, el conocido autor brasileño de *Casa grande y senzala*, ha creído
encontrar en este fenómeno uno de los factores esenciales de la constitución de su país:
"Híbrida desde el comienzo, la sociedad brasileña es, de todas las de América, la que
se constituyó más armoniosamente en cuanto a las relaciones raciales..."

La unión entre europeos y americanos se debió a las mismas razones que en la
América hispánica: los primeros hombres vinieron a las tierras sin sus esposas debido
a los peligros, y así se produjo la unión de los colonizadores con las indias.

Las capitanías generales y los donatarios

Los colonos portugueses que llegaron al continente se establecieron gradualmente
en pequeñas colonias a lo largo de la costa, en especial en San Vicente (1532) y más

adelante en San Salvador (1549), hacia el norte. Ambos territorios estaban poblados por escasos agrupamientos indios, pacíficos los costeños, feroces los del interior.

El típico colono portugués, así como sus imitadores extranjeros, era un señor de mentalidad feudal, dueño de los ingenios, que en vez de europeizarse había pasado a integrar una clase social que difícilmente habría tenido en su país de origen. Se indianizó, acompañado por la obra de los jesuitas, sin prejuicios de raza, lo cual explica gran parte de la evolución social del Brasil, un crisol de razas entrecruzadas en mil variaciones, y finalmente equilibradas en una identidad nacional.

Las riquezas del Brasil fueron conocidas de inmediato en Europa por los viajeros y las exportaciones de azúcar. Los viajes comerciales crearon en el Viejo Continente la ilusión de un paraíso. Llegaron entonces sin concierto ni permiso immigrantes de la metrópoli y otros lugares, Holanda y Francia en especial, a los que se sumaron los judíos obligados a emigrar de Europa (1506) por una persecución feroz, quienes portaron su natural talento mercantil y relaciones extranjeras, buscando una nueva tierra donde no fueran objeto de la discriminación ni de la persecución. Por ventura para ellos, así ocurrió, y se ha calculado que la mayoría de la población de Pernambuco y de Bahía era judía de origen, dedicada al azúcar, pero también al oro y el canje de especias, aparte de las labores agrícolas.

Los indios, por su parte, distinguían a los nuevos pobladores por su aspecto exterior, de modo que los rubios eran franceses y se distinguían por la barba, mientras los portugueses tenían barba negra.

En 1534, el rey de Portugal intentó acelerar la colonización, y dividió para ello el país en quince capitanías generales, hereditarias, y las entregó a personas de su confianza, llamadas *donatarios*. Estos eran verdaderos poseedores de la tierra, tenían poderes de señores feudales y prerrogativas equivalentes a las del propio rey en cada uno de sus dominios. Designaban jueces, nombraban autoridades administrativas, cobraban impuestos y gozaban del privilegio de esclavizar a los indios y de monopolizar las industrias. Las capitanías progresaron poco, con excepción de la de Pernambuco, en el norte, y la de San Vicente, en el sur.

Bahía, capital del Brasil colonial

Esta excesiva descentralización resultó inconveniente para la administración y la lucha contra los piratas. En 1548, el rey compró al donatario la capitanía general de Bahía, situada más o menos a igual distancia de los puntos extremos del país, y erigió en ese lugar la sede del gobierno central para todo el Brasil, que entregó en 1549 al gobernador general Tomé de Souza. Éste llegó al Brasil con varios centenares de soldados, prisioneros liberados y seis frailes jesuitas, que fueron los primeros educadores.

Tomé de Souza llegó a la Bahía de Todos los Santos y fundó allí la ciudad de Salvador (Bahía), que fue la capital de la colonia hasta 1736, cuando la reemplazó Río de Janeiro.

Los dos centros principales de colonización fueron Pernambuco y San Vicente. Se establecieron factorías para el intercambio de productos, se fundaron los primeros colegios para educar a los indios, distinguiéndose en esta obra el padre José de Anchieta, protector de los indígenas, quien echó las bases de la unidad social y espiritual.

Inicialmente las capitanías brasileñas carecían de población suficiente para atender los trabajos de la agricultura, café, azúcar, algodón y viñas, en especial. Además, las enormes distancias impedían las migraciones y comunicaciones internas. Se recurrió entonces a la importación de negros de África. El tráfico de esclavos fue suprimido en Brasil en 1850. (Grabado de la época).

La caña de azúcar ya se había importado, y en poco tiempo el Brasil tenía unos 120 ingenios y exportaba a Europa enormes cantidades.

Los sucesos siguientes produjeron la unidad virtual del país: la caza de indios por los traficantes de esclavos, las luchas entre los propios colonizadores por la posesión de las tierras, las corridas hacia las minas de oro, la multiplicación de las plantaciones y negocios con los mercaderes europeos, la primera coalición de indios con aventureros franceses contra la dominación portuguesa y las propias dificultades del gobierno. Un único idioma, hecho de portugués con préstamos tupís, consumó la homogeneidad. En este emprendimiento, los jesuitas cumplieron una tarea esencial, la cristianización, que en Brasil estuvo a cargo de la Compañía, contrariamente a la América española en que intervinieron varias órdenes.

Desde Bahía y demás puertos cercanos, las flotas del rey realizaban navegaciones incesantes, y llegaron hasta la isla de Santa Catalina, que dejó de ser española por su proximidad a la costa, y de donde partió Cabeza de Vaca (1547) por tierra en su expedición al Paraguay. Ocurrió de esta manera la dispersión de la nueva raza mestiza y la consolidación casi por obra privada de una nueva nación.

La invasión francesa

Un aventurero francés, Nicolás Durand de Villegagnon, obtuvo poder del rey de Francia y del almirante Coligny para fundar en el Brasil la *France Antarctique,* cuya sede inicial sería un islote de la bahía de Guanabara. En la nueva posesión, habría amplia tolerancia religiosa para calvinistas y luteranos, y no existiría persecución religiosa.

Villegagnon llegó con unos cien hombres en 1555 a la bahía de Río de Janeiro, ocupó una isla, Sergipe, y erigió un fuerte. Se instalaron allí, y se dedicaron a la explotación del palo brasil y otros productos de la tierra. Pero el gobernador general del Brasil, Mem de Sá, salió con una flota de Bahía, y después de varios días de ataque, expulsó a los franceses, quienes se refugiaron en el interior del país, se reagruparon con los indios y recuperaron el fuerte. Fueron nuevamente vencidos y expulsados del fuerte en 1567.

Una segunda tentativa realizaron los hombres de Francia hacia fines del siglo XVII, en que ocuparon la región de Maranhão y fundaron la ciudad de San Luis, en homenaje al rey de Francia. En 1615 fueron expulsados definitivamente del Brasil.

Siglo XVII: La unión de España y Portugal

Cuando murió el monarca portugués Sebastián, el rey de España Felipe II hizo valer sus derechos al trono vacante contra otros aspirantes. Las Cortes reunidas en Lisboa y el estado llano[7] se pronunciaron por Felipe II, quien fue proclamado rey de Portugal (1580), con la promesa de respetar la autonomía de Portugal, aunque reunía en su persona las dos coronas.

Para Portugal la unión de ambos reinos (1580–1640) significó la asunción de los problemas propios de la corona asociada. Como las leyes españolas prohibían el comercio con los países extranjeros, los portugueses prohibieron también el uso de sus puertos y sus colonias (incluido el Brasil) a otros países, lo que incitó a los ingleses, franceses y holandeses a tratar de hacer negocios ilegalmente. Los portugueses hicieron frente con las armas a los barcos y comerciantes de la Compañía Inglesa de las Indias Occidentales y de la Compañía Holandesa de las Indias Occidentales.

El Brasil, en consecuencia, pasó a ser español. Desaparecieron por el momento las rivalidades entre los dos imperios y los brasileños pudieron extenderse por el interior del territorio, más allá de la línea de Tordesillas. Comenzaron a producirse entonces *entradas,* esto es, expediciones al interior en busca de indios para el trabajo de los campos.

Cuando, en 1640, Portugal volvió a ser independiente de España, el Brasil volvió a ser portugués. Los territorios que los portugueses y brasileños habían ocupado durante la expansión al oeste fueron reconocidos por España como territorio portugués en el siglo siguiente.

---

[7]**estado llano** el común de los habitantes de un país, después de los nobles

La invasión holandesa

Los holandeses, deseosos siempre de atacar a los reyes de España y Portugal, desembarcaron en Bahía (1624) y tomaron la ciudad: declararon la libertad de religión y la de los esclavos que reconocieran al nuevo gobierno, pero estos holandeses fueron expulsados al año siguiente.

Algunos años más tarde, desembarcaron al norte y tomaron Pernambuco (1631). Ocuparon luego el norte del país por más de veinte años. Designaron como gobernador general de los nuevos dominios al príncipe de la casa de Orange, Juan Mauricio de Nassau, quien puso al lugar el nombre de *Nueva Holanda*. En 1654 fueron expulsados definitivamente.

Siglo XVIII: La expansión al interior y los "bandeirantes"

La verdadera expansión hacia el interior ocurrió en el siglo XVIII. En 1695 se había encontrado oro en el territorio llamado después Minas Gerais (*minas generales*), y luego se encontraron diamantes, esmeraldas y otras piedras preciosas.

Se organizaron entonces grupos de *bandeirantes,*[8] que constituían verdaderas organizaciones o ejércitos de exploradores, con sus jefes y banderas, que se internaban por los territorios despoblados en busca de oro y otras riquezas. Llevaban cuanto necesitaban: animales de transporte y carga, alimentos y ganado; se orientaban con brújulas y por medio de las estrellas; acampaban durante meses en lugares adecuados, sembraban maíz, luchaban con los indios, cazaban y formaban aldeas.

Los bandeirantes fueron los auténticos promotores de la conquista del propio país, y prestaron un servicio valioso a la nación, a pesar de su ansia de riquezas. Los principales grupos salieron de San Pablo, llegaron hasta Minas Gerais, y de allí, por el río San Francisco, se internaron hasta el noroeste, y a través de la selva, con rumbo sudoeste, hacia Mato Grosso y Paraguay.

En la historia del Brasil la conquista y colonización del territorio tuvo un carácter tanto comercial como oficial. Despreocupada la metrópoli de sus posesiones americanas para atender sus colonias y enclaves en Oriente, los propios brasileños, llevados por su afán de riquezas y de tierras, se encargaron por su cuenta de ocupar el resto del país, quitándoselo a los indios.

Los bandeirantes constituían verdaderas bandas armadas, que navegando los ríos hacia el norte o montados como diestros jinetes hacia el sur, se organizaban mediante un original acuerdo: un armador proveía los alimentos, transportes y armas, y los bandeirantes se encargaban de las travesías. El producto de las correrías se repartía entre ambas partes.

El centro de sus actividades estaba en San Pablo y de allí partían en todas las direcciones: destruían sin reconstruir poblaciones enteras; atacaban a las reducciones

---

[8]**bandeirante** miembro de una *bandeira* o banda armada (*bandeira*, bandera, insignia)

jesuíticas; se apoderaban de los campos que servían para la agricultura; buscaban minas de oro y de esmeraldas (un incentivo que se agregó con el descubrimiento de las minas); y se asentaban con sus familias donde convenía. Su genio aventurero se manifestaba en las formas más insólitas. Los testamentos de algunos bandeirantes reflejan su pobreza inicial, sus travesías riesgosas y sus temidos saqueos.

En sus caravanas hacia el sur pactaron con indios para las grandes aventuras y llegaron hasta el Paraguay y el Uruguay, donde dejaron sus huellas en las estancias[9] formadas y en la aparición posterior de sus descendientes en calidad de *gaúchos*.

Una mina se consideraba propia del bandeirante cuando su descubrimiento estaba a una distancia mínima de media legua de otra. Se levantaron ciudades, incluso una nueva capitanía, Minas Gerais, y establecieron una sociedad próspera, fastuosa y cruel, con el negro *congo* como minero.

La insurrección de Tiradentes

En la primera mitad del siglo XVIII los asuntos coloniales en Portugal fueron confiados al marqués de Pombal, que realizó una política de ilustración, promoción del bienestar social y desarrollo económico. Sin embargo, los gobernadores locales, lejos de la vigilancia real, cometían a veces abusos. Poco a poco, pues, fue despertándose un sentimiento de liberación nacional.

El primer intento revolucionario fue encabezado por el alférez[10] Joaquim José da Silva Xavier, conocido por el sobrenombre de Tiradentes (*Sacamuelas*), debido a su ocasional oficio de dentista. Existía ya una fricción entre el habitante originario de Europa y el natural del Brasil.

Los choques fueron más intensos en Minas Gerais, debido a que el rey cobraba el quinto, o sea la quinta parte del oro producido en la colonia. El movimiento revolucionario se llamó *Inconfidencia Mineira* (1789), y colaboraron en él artistas, poetas, humanistas, sacerdotes y algunos miembros del ejército. Fue un movimiento de minorías cultas por la liberación nacional.

Pero la revolución fue delatada por un traidor y fracasó. El proceso contra los rebeldes duró dos largos años y Tiradentes fue ahorcado.

La cultura y las letras

En realidad, la conquista y colonización del Brasil tiene diferencias con la española. La Corona lusitana no se preocupó más que por los negocios y riquezas que conseguía de la lejana colonia y la consideró en definitiva como factoría comercial. No se interesó por establecer escuelas, fundar universidades, ni trasladar artistas al Nuevo Mundo, y dejó en manos de la Compañía de Jesús la conversión de los indios y la evangelización.

---

[9]**estancia** establecimiento campesino, agrícola o ganadero, propiedad de un estanciero o dueño
[10]**alférez** oficial que lleva la bandera o estandarte

En los dos primeros siglos, XVI y XVII, no se ejecutaron en Brasil obras públicas importantes, por las características de la colonización y por la pobreza de los gobiernos regionales, salvo alguna que otra fortificación para defenderse y algunos edificios notables en Bahía y Pernambuco.

Los jesuitas

Los jesuitas fueron quienes concibieron las nuevas obras y la educación religiosa y escolar. Promovieron los primeros puentes, el adoquinado de calles, la organización de los cultivos, la fabricación de máquinas para las industrias, las iglesias, las escuelas y otros adelantos. Se pusieron al frente de la iniciativa privada y proyectaron la explotación científica de las colonias.

Organizaron los trabajos del primitivismo indígena racionalmente y se transformaron en expertos en explotaciones agrícolas (cacao, azúcar, algodón, yerba mate).[11] Levantaron ingenios modelos, imaginaron una nueva organización social, fueron depositarios de los haberes de los habitantes, transportaban en sus embarcaciones los productos, transformaron sus campamentos en colonias agrícolas con disciplina rigurosa, impusieron costumbres más suaves, fijaron fechas litúrgicas y fiestas públicas, construyeron edificios, fundaron aldeas, intervinieron en la exportación, crearon las nuevas industrias sobre bases artesanales y regimentaron a los colonos para hacer frente a las tropelías de los bandeirantes.

El movimiento jesuítico se constituyó, por estos procedimientos, en el más activo promotor de la civilización brasileña.

La instrucción fue exclusivamente de ellos. Los padres de la Compañía tenían escuelas (colegios y residencias) y administraban la enseñanza de acuerdo con la *ratio studiorum* (enseñanza integral, concéntrica, aristotélica, sobre la base de materias humanísticas, moral y algunas otras materias científicas).

El padre José de Anchieta

La gran figura del siglo XVI fue el padre José de Anchieta (1530–1597), defensor de los indios y promotor de toda iniciativa cultural, en el sentido más amplio del vocablo. Compuso himnos y una gramática tupí-guaraní destinada a la enseñanza de los nativos (*Arte gramática da lingua mais usada na costa do Brasil*); escribió poesías siguiendo la tradición religiosa medieval, y compuso varios autos teatrales mezclando la moral religiosa católica con las costumbres aborígenes, siempre preocupado por caracterizar y diferenciar los extremos del Bien y del Mal, del Ángel y del Diablo. Su obra literaria, cultural y apostólica fue una barrera contra las ideas de la Reforma religiosa europea, y este fundamento explica su acción en los campos de la literatura de devoción, los textos y traducciones, la poesía y el teatro.

---

[11]**yerba mate** planta cuyas hojas secadas y molidas sirven como infusión alimenticia; su empleo continúa en nuestros días en Brasil, Uruguay y Argentina

Los jesuitas no fueron adversarios de los colonos ni de los comerciantes, pero debieron soportar en algunas ocasiones las reacciones civiles o laicas por sus audaces iniciativas.

El padre Vieira

Antonio Vieira (1608–1697), proveniente como el anterior de Europa, cubrió con su múltiple obra literaria casi todo el siglo XVII como lo había hecho en el XVI su cofrade Anchieta. En su actividad debió soportar las sospechas que despertaba su prédica por su defensa de los indios, la tolerancia con los judíos y los cristianos nuevos,[12] la propaganda contra los comerciantes abusadores y otras ideas nuevas. La cuestión de los cristianos nuevos le valió la censura de la Inquisición que lo condenó a prisión por unos años (1665–1667).

La literatura del padre Vieira está influida en grado importante por el movimiento barroco imperante en ese tiempo en Europa. Se lo considera el creador en Brasil del género de los sermones, casi unos doscientos, famosos en el país y fuera de él. Fue más portugués que brasileño, se ha dicho de él.

Entre sus sermones se destaca el *Sermón de Sexagésima* (1655) predicado en la Capilla Real de Lisboa, y conocido también por *La palabra de Dios*. Este tema polémico lo apartó de los dominicos por su contenido teológico, y versaba sobre quién era el culpable de que no fructificara la palabra de Dios en la Tierra. En su sermón sostenía que la culpa era de los predicadores culteranos cuyo lenguaje metafórico no entendían los fieles: "*Pregam* (predican) *palavras de Deus, mas não pregam a Palavra de Deus*".

Escribió numerosísimas cartas, y unas "profecías", donde asumía curiosas previsiones del futuro, como por ejemplo la de que Portugal se convertiría en el Quinto Imperio del Mundo, según una interpretación bíblica.

Fue un defensor irreductible de la colonia y sus intereses materiales y morales. Su lenguaje osado era a menudo temido y peligroso. Dijo en una oportunidad: "Mucho dio Pernambuco, mucho dio y da hoy Bahía, y nada se logra; porque lo que se saca del Brasil, el Brasil lo da y nada se logra..."

⭒ La poesía: Gregorio de Matos

El primer poeta del Brasil fue Gregorio de Matos Guerra (1633–1696). Hizo sus primeros estudios en un colegio de los jesuitas, estudió derecho en la Universidad de Coimbra (Portugal), donde se graduó de abogado, y retornó a Bahía. En su tierra fue tesorero de la Compañía de Jesús. Poco después fue desterrado a Angola (África) por los entredichos que generaban sus poesías satíricas, hasta que regresó a Brasil, bajo dos condiciones: no pisar tierras bahianas y no difundir sus poesías.

---

[12]**cristiano nuevo** en España, Portugal e Iberoamérica, los recién convertidos provenientes de otras religiones

Por sus temerarias burlas y sátiras, desde joven mereció el apodo de "Boca del Diablo" y le costó incidencias penosas. Cultivó, sin embargo, poesías religiosas y líricas, de típico gusto cultista. Satirizó sin piedad al brasileño, al portugués, al administrador, al rey, al clero, en suma, a todos los ejemplares de la sociedad bahiana del siglo XVII. En la poesía religiosa se perciben ecos renacentistas y no se ocupa tanto del problema del pecado y la perdición, sino más bien de la pureza de la fe.

Una muestra de su estilo puede comprobarse en esta estrofa:

> *Que os brasileiros são bestas,*
> *E estarão a trabalhar*
> *Toda a vida por manter*
> *Maganos de Portugal.*

> (Que los brasileños son bestias
> y tendrán que trabajar
> toda la vida para mantener
> a los bribones de Portugal.)

Su vida tumultuosa y bohemia llegó a cobrar carácter legendario, y se la ha comparado, no en calidad literaria, a la del poeta francés François Villon.

En el siglo XVIII, los autores aparecen agrupados además en *arcadias* o academias: practican la poesía culta, de tipo barroco, e imitan preferentemente a Góngora, español, y a Marini, italiano.

En el teatro se recuerda a Antonio José da Silva (1705–1739), que escribió poemas y comedias burlescas contra la sociedad de su tiempo. Terminó sus días víctima de una conjuración de sus enemigos, que le urdieron un complot para que fuera juzgado por la Inquisición. Se le apodaba "el judío".

Las artes: Arquitectura, escultura y pintura

El arte colonial brasileño tuvo sus dos manifestaciones más importantes en la arquitectura y la escultura. Si bien el arte brasileño tiene unos pocos elementos comunes con el hispánico, las diferencias son mayores en cuanto al aspecto técnico.

Los españoles, al llegar al continente, se encontraron con valiosos sustratos[13] indígenas desde el Perú hasta México. Los portugueses se encontraron con indios en estado de primitivismo salvaje, selvas y costas marinas. Tuvieron que crearlo todo. Durante los siglos XVI y XVII se adecuaron a la realidad de la tierra y a las poblaciones existentes, y comenzaron su arte prácticamente desde la nada. Sus primeras expresiones se logran en la arquitectura religiosa.

Las primitivas iglesias y edificios eclesiásticos portugueses se distinguieron de los hispánicos en varios aspectos: la imaginación creadora en busca de un arte nacional; la

---

[13]**sustrato** elemento anterior que sirve de base

Iglesia de San Francisco de Asís, en Ouro Preto, Brasil, en estilo barroco portugués, considerada por los críticos como una obra sin igual en su género. El barroco lusitano fue menos recargado que el español, con ornamentación interior suntuaria, azulejos exteriores y fachada oval.

sensualidad decorativa atribuida a la mentalidad de los mulatos; y la gracia casi frívola o inocente, producto del refinamiento artístico de la corte imperial de la metrópoli, transvasada por los artistas que vinieron en su momento, y por la raíz africana (Leopoldo Castelo, *Historia del arte y la arquitectura latinoamericana*).

Sin embargo, la arquitectura, si es que así puede llamarse, consistió en la costa en sencillas construcciones de barro y madera, de traza por lo común rectangular, sin naves, capillas laterales ni bóvedas. Esta precariedad tiene su justificación en la pobreza de los padres jesuitas, la falta de mano de obra indígena especializada en el tallado de piedra o de madera y la urgencia por disponer de templos. El único elemento de matiz artístico lo constituían excepcionalmente los decorados altares mayores. Años después pasaron a las construcciones de piedra ligadas con argamasa.[14]

Fue necesario esperar hasta que los arquitectos llegaran de la metrópoli y aportaran sus experiencias para pasar a construcciones de mayor envergadura. La gran oportunidad se dio con el hallazgo del oro en el estado de Minas Gerais y la prosperidad económica. Surgió así un arte de tipo nacional, una construcción original y bella, que

---

[14]**argamasa** mezcla de cal, arena y agua usada en albañilería

El "Aleijadinho" (Antonio Francisco Lisboa) fue el escultor más extraordinario de su siglo. Esta estatua tallada en esteatita blanda (*pedra sabão*) representa a uno de los doce profetas que componen la serie coreográfica ("ballet de piedra") en la escalinata de acceso al templo del Bom Jesús de Matozinhos, en Congonhas do Campo. Cada una de las estatuas lleva un cartel alusivo a su propia profecía.

se conoce como la "escuela mineira", que tuvo algunos excepcionales arquitectos y decoradores.

Esa época coincidió con el género barroco en España y Portugal, lo mismo que en la América hispánica. Con todo, la iglesia brasileña adoptó su propia línea, de la que subsisten obras maestras. En lo esencial, el barroco hispánico y el barroco lusitano son distintos entre sí. Los templos brasileños se caracterizan por sus fachadas redondeadas, que constan de una sola torre en el eje central (excepcionalmente dos), y culminan en pirámides; la planta total de amplios muros sencillos y planos, sin piedras labradas ni puertas, columnas y frontones, a veces con frontis triangulares escasamente esculpidos; y la aplicación de perímetros curvos y forma octagonal o dodecagonal de los interiores.

Los templos costeros fueron sobrios en sus frentes, aunque las bellezas arquitectónicas se reservaban para los interiores, dado que la preferencia ornamental de los brasileños era fuerte.

Ambos estilos coincidían, en cambio, en la riqueza deslumbrante de los altares, decorados con entablamentos[15] cubiertos de elementos decorativos y tallas cubiertas de oro, con abundancia de imágenes de santos, columnas salomónicas,[16] hojarascas, animales exóticos, guirnaldas y hasta ángeles femeninos sin partes disimuladas.

---

[15]**entablamento** conjunto de tablas de madera [16]**columna salomónica** columna contorneada en espiral

Con el tiempo los templos fueron incorporando exquisiteces escultóricas, torres cilíndricas, ventanas circulares y otras modalidades traídas del exterior.

La escultura había llegado a un punto artístico digno de admiración, tanto en piedra como en madera policromada.

El "Aleijadinho"

Aparece entonces en el horizonte artístico la personalidad insólita de Antonio Francisco Lisboa (1738–1814), único en Iberoamérica. Hijo de padre portugués y madre negra, su padre lo declaró liberto al nacer. Siguió la carrera de su padre, la arquitectura, a quien superó de inmediato, convirtiéndose en el más popular y admirado artista de su época. A los treinta y nueve años contrajo una enfermedad terrible que inhabilitó sus manos para el trabajo, pero el artista no decayó en su vocación y trabajaba —según dice la leyenda—, haciéndose atar los instrumentos de talla a sus manos. La historia lo conoce, más que por su nombre, por su apodo, el "Aleijadinho", diminutivo que significa "el lisiadito".

Llegó a ser el arquitecto y escultor más extraordinario de su siglo en Brasil. Toda una tradición gira en torno a él. Se dice que era bajo, gordo y cabezón, con labios gruesos, y vestía con hábito franciscano para ocultar sus llagas ulceradas y su fealdad.

Resulta sorprendente comprobar la amplitud de sus trabajos, largos de enumerar. La crítica considera con unanimidad que sus obras maestras fueron el plano y la fachada de la iglesia de San Francisco, en Ouro Preto, y las esculturas que complementan el Santuario del Bom Jesús de Matozinhos, en Congonhas do Campo. Consisten estas últimas en doce figuras de piedra colocadas en los balaústres[17] del atrio, en tres niveles vistos desde abajo. Las enormes estatuas están dispuestas como en un conjunto coreográfico, cada una con la leyenda de la profecía respectiva. Las figuras se distinguen porque sus rostros se ajustan a las características psicológicas de estos personajes bíblicos, sus vestimentas son gráciles y envolventes, sus actitudes serenas y confortantes y guardan relación con la profecía enunciada en el texto bíblico.

Se ha comentado que siguió trabajando hasta cuando la enfermedad le inutilizó prácticamente las manos. Salía muy temprano de madrugada de su casa, envuelto en una capa negra y con un sombrero de ala ancha, para ocultar las deformaciones de su físico.

La pintura

La pintura se desarrolló siguiendo las líneas europeas en materia religiosa, y particularmente cumplió, como la escultura, la función de integrar en modo armónico el conjunto de los templos. La imaginería popular brasileña, dentro de esta finalidad, ha producido tallas religiosas, con cara y manos de madera pintada, y ropajes de lienzo, en general.

---

[17]**balaústre** columnilla de las barandas

Temas de expresión oral o escrita

1. ¿Cómo ocurrió el descubrimiento del Brasil?
2. ¿Qué grupos de indios habitaban el suelo en esos tiempos?
3. ¿A quiénes se denominó "donatarios" y por qué causa fueron instituidos?
4. ¿Por qué se creó Bahía, la primera capital?
5. ¿En qué consistieron la invasión francesa y la invasión holandesa?
6. ¿Qué consecuencias trajo la unión de los reinos de España y Portugal bajo la monarquía de Felipe II?
7. ¿Quiénes fueron los "bandeirantes" y cómo funcionaron esos grupos en el país?
8. ¿Qué resultados produjo la acción de esas bandas?
9. ¿Por qué se creó el estado de Minas Gerais y por qué se denominó así?
10. ¿Qué hizo Tiradentes, el primer mártir de la Independencia?
11. ¿Qué obra cumplieron los jesuitas en los primeros siglos de la colonización?
12. ¿Quién fue el padre Anchieta y por qué su obra se considera capital en la cultura y organización del país?
13. ¿En qué consistió la obra del padre Vieira?
14. ¿Por qué motivos y técnicas se caracteriza la arquitectura colonial brasileña?
15. ¿Quién fue "el Aleijadinho" y qué característica tuvo su arte?

Temas de discusión

1. ¿Qué opina Ud. de este juicio del ensayista brasileño Gilberto Freyre: "La diversidad regional de las condiciones peninsulares del suelo, de la situación geográfica y del clima, es algo que deben tener también en cuenta los que estudien las raíces europeas de la historia brasileña, raíces que no son puramente europeas sino también africanas; no sólo cristianas, sino asimismo judías y mahometanas..."
2. ¿A qué otro hecho histórico americano asemejaría Ud. la expansión unificadora de los "bandeirantes" hacia el interior del Brasil?
3. Diferenciar el mestizaje racial de los españoles y el de los portugueses.
4. La civilización brasileña está estrechamente ligada a la vida tropical. Diferenciarla entonces de la subtropical de México.

Temas de investigación

1. La música y la danza en la vida cotidiana del Brasil. ¿Con qué elemento étnico la vincularía?
2. La orden de los jesuitas fue expulsada del Brasil al mismo tiempo que de la América hispánica. ¿Qué relación hubo entre una y otra?
3. Escribir una biografía del Aleijadinho.

CAPÍTULO 6

La Independencia, la Ilustración y el caudillismo

El agotamiento del sistema español

Hacia el año 1806, después de más de trescientos años de dominación, España había agotado su capacidad de regir el vasto imperio. La autoridad de los reyes, virreyes y gobernadores había perdido prestigio y los pueblos de América habían llegado a convencerse de que nada más podía esperarse de la madre patria, pues el ciclo español estaba terminado.

Los criollos, principalmente quienes habían viajado y tenido experiencia en otros países libres, o quienes habían estudiado, rechazaban el sistema hispánico, al que consideraban anticuado e injusto para sus pueblos: lamentaban la restricción y el monopolio comercial, los impuestos excesivos, pobreza general, diferencias de clases, censura en las ideas, falta de libertad cultural, rigidez excesiva de las autoridades y otros defectos propios de un estado colonial. No existía propiamente un sentimiento antiespañol, pues en mayor o menor grado casi todos tenían algo de hispánico (sangre, lengua, religión, tradición o sentido de la vida), pero sí había un resentimiento contra el sistema imperial.

Los reyes Borbones, que sucedieron a los de la Casa de Austria a partir de 1700, intentaron mejorar la situación de las colonias. Introdujeron diversas reformas, sobre todo Carlos III, que reinó de 1759 a 1788. Abolieron el sistema de flotas; autorizaron a varios puertos de España y América para comerciar; crearon dos nuevos virreinatos,

problemas

soluciones

124

el de Nueva Granada (1739) y el del Río de la Plata (1776), que se agregaron a los dos ya existentes, Nueva España y Perú; concedieron patentes a varias compañías comerciales para el tráfico con América; les quitaron a los comerciantes de Sevilla el monopolio del comercio con América; estimularon las industrias que no competían con las españolas; promovieron la agricultura y la ganadería; rebajaron los impuestos; limitaron las funciones de los gobernantes y pusieron freno a la corrupción administrativa.

Acontecimientos precursores

Estas reformas fueron sin embargo tardías. Varios acontecimientos anteriores habían preparado las condiciones necesarias para la emancipación. Numerosas sublevaciones de indígenas y de vecinos lugareños habían ocurrido en los virreinatos. La más violenta fue la encabezada por José Gabriel Condorcanqui, un descendiente de incas llamado en lengua nativa Túpac Amaru, cacique de varias aldeas del valle de Vilcamayo, quien indignado por los abusos de los funcionarios ejecutó en la plaza pública a uno de los corregidores y marchó con 6.000 hombres contra Cuzco (1780–1781). Derrotado en el camino, volvió a reunir 50.000 indios, pero una violenta represión acabó con los rebeldes y Túpac Amaru fue despedazado vivo por las autoridades españolas con caballos que tiraban en direcciones contrarias. En un principio su causa había sido vista con simpatía por los criollos, pero luego la abandonaron al comprobar las sangrientas matanzas promovidas por los indígenas.

Otra gran rebelión, aunque sin conexión con la anterior, ocurrió en la región del Socorro en Nueva Granada, actual Colombia (1781). También fue provocada por los excesos de los oficiales españoles que presionaron con altos impuestos y otras exigencias a los modestos cultivadores de tabaco, mestizos e indios, con el argumento de hacer cumplir las leyes del monopolio real. Los insurgentes contaron al principio con la simpatía del clero, los oficiales jóvenes criollos y parte de la aristocracia de Bogotá, desafectos a la administración borbónica. La rebelión no llegó a extremos de violencia, por la mediación del arzobispo con los líderes de los millares de campesinos. Se la llamó la rebelión de los *comuneros* (vecinos de las comunas o comunidades), y su conductor José Antonio Galán se convirtió en una figura precursora de la Independencia. Semejantes a esta rebelión, aunque no tan violentas, se produjeron otras insurrecciones de comuneros en Venezuela y Paraguay.

Otro factor que contribuyó a minar la autoridad del rey de España fue la guerra de España con Gran Bretaña y la derrota de la flota española, al mismo tiempo que los bloqueos ingleses de los puertos de Cádiz y otros americanos. Los españoles perdieron el dominio de los mares y el comercio entre las colonias y la Península resultó deteriorada mientras que los Estados Unidos y Gran Bretaña intensificaron su comercio. En España se produjo una carestía de mercaderías provenientes de América y viceversa en América. Los ataques de los piratas, ingleses, franceses y holandeses a importantes puertos coloniales contribuyeron de igual manera a erosionar la economía peninsular.

Un último acontecimiento militar, el más grave de todos, fue la invasión directa de Buenos Aires y Montevideo en 1806 y 1807, cuando las tropas de generales ingleses desembarcaron en el Río de la Plata y ocuparon la capital hasta ser derrotados por los criollos, sin mayor colaboración de las inexpertas autoridades hispánicas. Los americanos llegaron entonces a comprender la impotencia de España ante sus rivales y adquirieron fe en su capacidad independentista.

La expulsión de los jesuitas de todos los dominios españoles, decretada en 1767 por el rey Carlos III, era un asunto tampoco olvidado por los americanos. El conde de Aranda, ministro del rey, preparó minuciosamente órdenes secretas a los virreyes y gobernadores, y los religiosos fueron obligados a salir, sin previo aviso, en días y horas estrictamente señalados, de todos los colegios, universidades y conventos, sin permitírseles llevar más que un breviario y objetos de uso personal. Fueron embarcados en tropel a Italia y sus instalaciones ocupadas. Los bienes de los religiosos pasaron a los gobiernos y a las fundaciones de enseñanza. La opinión pública, abrumadoramente católica, no alcanzó a comprender las causas del atropello y fue necesario recurrir a la fuerza para reprimir motines de apoyo a los jesuitas en México, Perú, Chile y Buenos Aires.

Al adoptar tan inesperada decisión, el rey perjudicó su prestigio y sembró otra semilla de descontento, incluso entre los indios, que les guardaban gran respeto por la protección que habían recibido de ellos. Los criollos, mestizos, fieles y parientes repudiaron este atropello y lo conservaron en sus memorias. Resultaba incomprensible el destierro de tan poderosa organización que durante siglos había sido un valioso agente de educación y defensa. El argumento de Carlos III —que los jesuitas conspiraban para establecer un imperio propio dentro del gran imperio— no había convencido nunca a los creyentes, quienes eran conscientes de que se trataba de un exagerado e injusto acto de hegemonía real y se había privado a las colonias de sus inteligentes misioneros y mejores maestros.

El gobierno español siguiente, bajo la funesta dirección política del ministro Manuel de Godoy (1792) agravó la situación y comenzó el período que se denominó del "mal gobierno". Inauguró el nuevo sistema de gobierno del *despotismo ministerial,* a través del cual la administración cayó en la incompetencia, el clientelismo y la decadencia: Godoy cedió Santo Domingo a Francia (1795); entregó la Luisiana a Francia (1803), que terminó vendiéndola a los Estados Unidos; reconoció a Gran Bretaña el dominio de la isla Trinidad y perdió la escuada española en la batalla de Trafalgar (1805), aparte de otras cesiones y desatinos gubernamentales que dieron a los americanos la impresión de que sus patrias, las provincias de ultramar, eran enajenadas por el gobierno de Madrid por servilismo e incapacidad sin precedentes. Esta frívola política estimuló los bloqueos británicos a puertos coloniales, provocó el aumento de los impuestos y desacreditó no sólo al gobierno sino a la familia real.

Otros fenómenos menos perceptibles fueron los psicológicos e ideológicos. Entre continentales y criollos se habían producido quiebras generacionales, dada la pertinacia de los peninsulares de mantener sus privilegios y puestos burocráticos. En casos extremos, algunas familias habían llegado a dividirse entre padres e hijos.

Paralelamente, el monarquismo había sufrido dos profundos reveses en el exterior: la independencia de los Estados Unidos de Norteamérica (1776) y la Revolución Francesa (1789). A la vieja teoría del privilegio real y el monopolio económico se oponía ahora la de la libertad ciudadana, los derechos de igualdad y fraternidad entre los hombres y el comercio libre.

La Independencia, sin embargo, no puede verse solamente como una consecuencia de las revueltas regionales o de la disconformidad de algunos personajes de relevancia. En ella comprometieron sus esfuerzos, talento y dinero no sólo las grandes figuras militares, San Martín, Bolívar, Sucre y demás, sino extensos grupos de la sociedad, negros, esclavos, campesinos, religiosos, caudillos regionales, pudientes terratenientes y comerciantes. Tampoco fue un suceso específicamente americano y regional, pues estuvo estrechamente relacionado con los acontecimientos de Europa de la época. La Independencia de Iberoamérica tuvo una profunda relación con la desintegración de las monarquías española y portuguesa, la invasión de Napoleón Bonaparte a España y Portugal, las rivalidades entre la Península, Gran Bretaña y Francia. La historia moderna considera a la Independencia más como un hecho político que económico, como consecuencia del cual se produjeron los hechos militares. Estos hechos encontraron su justificación intelectual en el repertorio de nuevas creencias e ideas surgidas en Europa y en los Estados Unidos. Había llegado la hora de los pueblos libres y la desaparición del colonialismo.

Las nuevas ideas: La Ilustración

Gran cantidad de criollos habían conocido las nuevas ideas filosóficas, políticas y sociales que prosperaban en Europa. La filosofía de la Ilustración o Iluminismo había prendido en el espíritu de los criollos. La razón pasó a ser considerada como la gran facultad humana y se buscó una explicación racional para los hechos sociales, políticos y científicos. Asimismo, muchos patriotas simpatizaban con la idea del despotismo ilustrado, según la cual el gobierno debía estar en manos de las minorías cultas y selectas, pero debería gobernarse para el pueblo. De los pensadores políticos que gozaron de predicamento en la época ocupa un primer lugar Juan Jacobo Rousseau, por la doctrina expuesta en el *Contrato social:* el poder pertenece al pueblo, el cual lo delega en sus representantes, ya que toda sociedad o pueblo es el resultado de una convención o contrato social tácito.

En lo económico, se siguieron las ideas de los fisiócratas y del francés François Quesnay, quien sostenía que la iniciativa individual, ejercida libremente (*Laissez faire, laissez passer, le monde va de lui même*),[1] permite lograr un justo punto de equilibrio económico, pues las leyes naturales son universales e inmutables y existen para producir la felicidad humana en lo físico y en lo moral.

Paralelamente el mercantilismo[2] gozaba también de prestigio en Europa y se imitó en América. La principal riqueza de un país es la riqueza monetaria y los metales preciosos, y esas riquezas metalíferas permiten lograr un equilibrio en el comercio y una riqueza interna nacional. Para esto, se deben crear industrias de elaboración, levantar grandes manufacturas y obtener materias primas para que esas manufacturas funcionen y puedan intercambiarse con otras naciones. Se sigue pensando, además, con Adam Smith, David Ricardo y John Stuart Mill, que el principio del interés

---

[1] "Dejad hacer, dejad pasar, el mundo marcha por sí mismo".   [2] **mercantilismo** doctrina económica del siglo XVIII según la cual la riqueza de los estados se basa en la posesión de metales preciosos

personal es el fundamento de toda actividad económica, que debe existir la competencia entre los hombres y entre los países para obtener un mayor bienestar, y que la ciencia económica se halla regida por leyes que deben estudiarse.

Los hombres de la Revolución habían estudiado en la universidad colonial y, por lo tanto, su cultura era particularmente humanística. La literatura, latín, retórica, lógica, filosofía, historia, derecho y teología habían sido la base de su educación y, en casos excepcionales, algunas disciplinas científicas, como las matemáticas, la física y la economía.

Estos patriotas apoyaron las luchas militares con una abundante literatura, y una vez conquistada la independencia, continuaron en la tarea de consolidarla mediante la difusión de sus ideas, a través de periodismo. Se crearon periódicos por todo el continente, de duración efímera casi todos, que prolongaron las viejas "gacetas" de la época colonial, pero esta vez con las nuevas ideas.

Entre los propagandistas de la revolución, sobresale Mariano Moreno (1779–1811), fundador de *La Gaceta de Buenos Aires*, periódico de opinión y doctrina en el Río de la Plata, que publicó artículos sobre el sufragio universal, la libertad de imprenta, igualdad de los hombres, cultura popular, desarrollo de la industria y el comercio, y otros temas del repertorio revolucionario.

Una curiosa figura de este período fue Fray Servando Teresa de Mier, mexicano (1763–1827), combativo orador, político e historiador, que llevó una novelesca vida. Nacido en el seno de una opulenta familia, tomó el hábito de la orden de Santo Domingo, dictó clases de filosofía en el convento de su orden y se caracterizó por sus ideas heterodoxas acerca de la aparición de la Virgen de Guadalupe, por las cuales su superior el arzobispo le prohibió la predicación, lo privó de su título de doctor y el ejercicio de su cátedra, y lo condenó a diez años de prisión en un monasterio de España. Consiguió escapar de su prisión, fue aprehendido y escapó nuevamente. Anduvo por París y Roma y logró ser secularizado[3] por el Papa. En conocimiento del levantamiento de Hidalgo en México (1811), se dirigió a Londres donde puso su pluma al servicio de la Independencia. Fue encarcelado por su condición de peligroso y enviado a México para ser encarcelado en los calabozos del Santo Oficio hasta 1821. Deportado luego a España, consiguió fugarse en el puerto de La Habana y se refugió en los Estados Unidos (Filadelfia), donde residió hasta que consumada la Independencia regresó a su país como diputado. En un párrafo de sus famosas *Memorias* revela las diferencias entre el clero partidario de España (*realistas*) y el clero patriota:

> La diferencia era clara: yo soy criollo, y aquél [un religioso superior] era europeo.

Las logias

Algunos historiadores hispanoamericanos y españoles han relacionado también los sucesos de la Independencia con una organización secreta de tipo masónico formada en Buenos Aires, la Logia Lautaro, a la que pertenecieron San Martín y otros militares hispanoamericanos que se habían conocido en Londres y donde habían fundado una

---

[3]**secularizado** desligado de su condición eclesiástica

Sociedad de Caballeros Racionales. No abundan documentos fehacientes sobre el papel y constitución de esas organizaciones por su condición de secretas y conspirativas. Al respecto, San Martín escribía a los años al general inglés Miller, amigo suyo:

> No creo conveniente hable usted lo más mínimo de la Logia de Buenos Aires; éstos son asuntos enteramente privados, y aunque han tenido y tienen gran influencia en los acontecimientos de la revolución de aquella parte de América, no podría manifestarle sin faltar por mi parte a los más mínimos sagrados compromisos.

El recurso de la logia como instrumento militar había sido introducido en España por el ejército francés y constituía una poderosa arma de los liberales. En América aparecen asociadas a la causa de los revolucionarios a partir del precursor Francisco de Miranda y adquieren gran influencia en Argentina, Chile, Venezuela y Nueva Granada. Se las ha considerado como el verdadero partido político de la causa emancipadora, que actuaban reservadamente a la sombra de los gobiernos, tratando de erigirse en "el gobierno oculto del Estado" (Guillermo Céspedes, *La Independencia de Iberoamérica*). En Buenos Aires, dicha logia actuaba públicamente bajo apariencia de una sociedad literaria.

El venezolano Francisco de Miranda (1756–1816), miembro de una de las logias, fue el precursor de la independencia hispanoamericana. Fue un caso extraordinario de aventurero y militar místico de la libertad, que como oficial del ejército español había participado en la guerra de la independencia norteamericana y hacía profesión de fe democrática. Fue también Miranda la persona que relacionó con comunicaciones escritas y secretas los proyectos revolucionarios de varios patriotas de América.

En 1806 intentó liberar a su país. Partió con unos 200 hombres del puerto de Nueva York. Desembarcó en Coro (Venezuela), pero fracasó por no encontrar allí la colaboración necesaria. Regresó a Gran Bretaña y preparó con Simón Bolívar la revolución de su país, pero a poco de regresar a Venezuela en 1810, fue apresado y entregado a los realistas españoles, quienes lo enviaron preso a España. Murió en una cárcel de Cádiz.

La Independencia

El momento decisivo llegó con la invasión de Napoleón Bonaparte a España y Portugal (1807). Los reyes de Portugal se trasladaron con la corte, familiares y funcionarios al Brasil, escoltados por una flota inglesa, y establecieron allí la sede de la monarquía. El rey de España, Fernando VII, fue obligado a abdicar y Napoleón nombró rey a su hermano José.

Ante esos acontecimientos, los americanos se negaron a obedecer al usurpador y deliberaron en "cabildos abiertos",[4] con la participación de vecinos espectables. Los delegados napoleónicos a Venezuela, Nueva Granada y Río de la Plata fueron rechazados en sus demandas de reconocimiento de la nueva monarquía.

---

[4]**cabildo abierto** reunión del cabildo del ayuntamiento o municipalidad para tratar asuntos graves: se invitaba a participar a vecinos notables

Napoleón Bonaparte (1769–1821), emperador de los franceses, emprendió largas guerras en Europa. Su invasión a España dio oportunidad a los patriotas hispanoamericanos para rebelarse e iniciar las luchas por la Independencia.

En realidad, los patriotas criollos, aparte de la solidaridad con la madre patria, esperaban el momento oportuno para romper su dependencia de los reyes de España. Los moderados pensaban en monarquías hispanoamericanas para las que llamarían a los Borbones destituidos o sus sucesores, pero los liberales favorecían la formación de juntas de gobierno americanas semejantes a las constituidas en la metrópoli, las que actuando en nombre del rey Fernando VII tendrían el gobierno efectivo. En el fondo, ambos grupos tenían la oculta intención de aplacar por el momento a los virreyes y ejércitos hispánicos para declarar luego la independencia absoluta, como en realidad sucedió. Se formaron así juntas en varios países. Para esto, los criollos sostenían la teoría jurídica de que América estaba unida a la corona de España y no a la nación española, y que por lo tanto, estando ausente o prisionero el monarca, el poder debía volver al pueblo. Empezaron entonces las guerras de la Independencia.

Los libertadores: Bolívar, San Martín e Hidalgo

Simón Bolívar

Simón Bolívar (1783–1830) constituye con José de San Martín el binomio de los más grandes libertadores de Sudamérica. Nacido en el seno de una familia de criollos ricos, se educó en su infancia con eximios educadores particulares, como Andrés Bello y Simón Rodríguez, quienes influyeron notoriamente en su ánimo y sus ideas.

Viajó a Madrid y allí contrajo matrimonio a los 19 años. Perdió a su esposa a los seis meses de casado. Llevó siempre una vida agitada y viajera tanto en procura de conocimientos como de amigos y aliados que lo ayudaran en su objetivo de liberar a América. De visita más tarde por España, Francia e Italia, juró en el Monte Sacro de Roma liberar a su patria. En misión diplomática en Londres consiguió interesar al gobierno en la causa americana y tuvo la oportunidad de conocer a Francisco de Miranda e invitarlo a regresar a Venezuela para luchar por la revolución. Asistió asimismo a la coronación del poderoso Napoleón (1804).

Consecuente con su propósito político y militar, realizó varias incursiones menores contra los realistas en Venezuela y Colombia, pero ante las disensiones internas de los criollos se trasladó a Jamaica donde hizo conocer su famosa *Carta a un caballero que tomaba gran interés en la causa republicana en la América del Sur,* conocida en forma abreviada como la *Carta de Jamaica* (1815), en la que explicaba su opinión sobre la emancipación:

> En tanto que nuestros compatriotas no adquieran los talentos y las virtudes políticas que distinguen a nuestros hermanos del Norte, los sistemas enteramente populares, lejos de sernos favorables, temo mucho que vengan a ser nuestra ruina. Desgraciadamente, estas cualidades parecen estar muy distantes de nosotros, en el grado que se requiere y, por el contrario, estamos dominados de los vicios que se contraen bajo la dirección de una nación como la española, que sólo ha sobresalido en fiereza, ambición, venganza y codicia.

De regreso en Venezuela, estableció su cuartel en Angostura (actual Ciudad Bolívar), tomó contacto personal con el general José Antonio Páez, un campesino de escasísima cultura, y con Francisco de Paula Santander, un hombre cultivado en leyes, quienes lo ayudaron a reclutar campesinos, jinetes y organizar su ejército. Con esas tropas inició Bolívar sus campañas, vencedor en algunas y derrotado en otras, en su lucha contra el general español Pablo Morillo.

Elegido presidente de Venezuela (1819), emprendió la campaña de Los Andes, se dirigió a Colombia y venció a su enemigo en las batallas de Boyacá (1819) y Carabobo (1821), con lo que el noroeste sudamericano se aseguraba la Independencia. Entretanto había despachado a su lugarteniente, el general Antonio José de Sucre, para incorporar Guayaquil a Colombia, tarea que cumplió con éxito el joven militar, que terminó de liquidar al enemigo en la batalla de Ayacucho (1824).

Mientras tanto el general San Martín determinó reunirse con Bolívar para acordar la forma de acabar con las dificultades que ofrecía la derrota definitiva de los realistas. En una carta memorable le decía al venezolano: "... marcharé a saludar a V.E. en Quito. Mi alma se llena de pensamientos y de gozo cuando contemplo aquel momento; nos veremos y presiento que la América no olvidará el día en que nos abracemos".

El encuentro se realizó en Guayaquil y no en Quito como estaba previsto, pues Bolívar se había instalado allí (1822). Ambos libertadores discutieron en reserva la estrategia a seguir para liquidar los últimos reductos realistas. Según se supone, el militar argentino era partidario de aplicar una política de acuerdo pacífico con los jefes españoles que aún se resistían para que depusieran las armas, mientras Bolívar quería imponer la fuerza de las armas para evitar conflictos posteriores. De ese famoso encuentro que duró cuatro horas y sobre el cual ambos libertadores guardaron silencio,

Simón Bolívar, héroe militar venezolano de las guerras de la Independencia, libertó a seis naciones sudamericanas. Proveniente de una familia aristocrática, se entregó con fervor a sus ideas revolucionarias y concibió la idea de una federación total sudamericana que no logró ver realizada.

se han formulado toda clase de conjeturas. Otros temas de la reunión habrían sido la situación de los restantes países, la conveniencia de una negociación conjunta con España, los acuerdos de límites y el intercambio de tropas. San Martín se retiró de la reunión dejando las futuras acciones bajo la responsabilidad de Bolívar. Ambos militares dieron muestras de fatiga por las rencillas internas de los americanos.

Concluidas sus campañas, Bolívar retornó a Venezuela, dejó a Páez como jefe superior civil y militar, reformó los estatutos de la Universidad de Caracas y se retiró a Bogotá sin regresar nunca más a su país. Sobrevivió a un atentado contra su vida, renunció ante el Congreso de Colombia y se retiró a una quinta próxima a Santa Marta, donde murió. Sus restos fueron trasladados a Caracas, donde yacen actualmente en el Panteón Nacional.

Su gran ambición fue constituir una república con todos los países. Comenzó por instaurar la Gran Colombia (Colombia, Venezuela y Ecuador), que ansió extender a todo el sur. En junio de 1826 había intentado reunir un congreso destinado a ese fin, pero fracasó: Argentina, Chile y Brasil no enviaron delegados, aunque se firmó un tratado entre los asistentes. Otras disidencias posteriores lo sumieron al final de sus días en el desengaño. Dijo entonces: "Quienes han trabajado por la independencia sudamericana han arado en el mar".

José de San Martín, héroe nacional de la Argentina,
condujo con Simón Bolívar la Independencia de
Sudamérica. Concibió la estrategia militar de
destruir el poder español atacándolo en su centro de
dominación, el Perú, cruzando la cordillera de los
Andes y desembarcando por el Pacífico. Concluida
con éxito su misión en Chile y Perú, dejó en manos
de Bolívar la finalización de la guerra. Se negó a
participar en las luchas civiles de su país y se exilió
voluntariamente en Francia, donde falleció.
(Pintura de José Gil y Castro)

José de San Martín

José de San Martín (1778–1850) fue el libertador de Argentina, Chile y el Perú. Nació
en Yapeyú, una reducción jesuítica de Misiones, donde su padre era teniente de gobernador. Desilusionado el funcionario por haberle negado el rey algunas peticiones, se
embarcó para Cádiz con toda su familia en 1784. En la Península se educó el niño José
de San Martín y en 1789 ingresó como cadete en el regimiento de Murcia y siguió la
carrera de las armas. Intervino exitosamente en numerosas batallas en África, los Piri-
neos, el Rosellón, el Mediterráneo y la frontera portuguesa, las que le dieron una profunda experiencia en materia de organización, estrategia y tácticas militares. De allí
provinieron sus ideas básicas en materia militar: organización detallada de los cuerpos
de ejército, disciplina rigurosa, ejemplo personal del conductor, tratativas y parlamentos previos con los jefes enemigos para evitar en lo posible enfrentamientos sangrientos, reserva absoluta de los planes y pensamientos personales, obediencia y lealtad, y
sobre todo, alejamiento de toda discordia o rencillas políticas para mantener la pureza
de conducta y eficacia militar.

Dispuesto a trasladarse a su país para contribuir a su independencia, se retiró del
ejército español tras largos años de honrados servicios, en el cual había logrado "alguna
consideración, sin embargo de ser americano". Se desconoce la verdadera razón de su
petición de retiro, aunque sostuvo que necesitaba ir a "arreglar sus intereses a Lima".
Se supone que había sido conquistado por la logia La Gran Reunión Americana,

Al llegar San Martín a América para incorporarse a las guerras de la Independencia, creó el cuerpo de Granaderos a Caballo que fue la base de su ejército. El regimiento subsiste desde entonces y constituye la guardia presidencial de la Argentina.

existente en Cádiz, dirigida por el caraqueño Miranda y dependiente de la que había fundado en Londres. De esta agrupación formaban parte varios patriotas americanos —Alvear, Zapiola, Mier, Villaurrutia y otros. Quienes niegan la condición masónica de la logia, la aceptan únicamente como una forma de mantener ocultos sus fines militares y comunicarse propósitos y ayuda. Muchos de esos hombres, al pasar a Londres, crearon también en la capital británica otra que denominaron Sociedad de Caballeros Racionales, aparentemente con propósitos de beneficencia y patriotismo, puesto que desconfiaban de los ingleses.

Se sostiene que San Martín aceptó convertirse en aliado de los ateístas revolucionarios a quienes había combatido con anterioridad, desencantado por la indiferencia hispánica con respecto a América y la derrota que el almirante inglés Nelson había infligido en Trafalgar (1805) a españoles y franceses, en contraste con el éxito de los porteños de Buenos Aires en defenderse de los dos intentos ingleses de tomar la ciudad (1806 y 1807). Su decisión ni la de sus hermanos de propósitos "no iba contra la religión ni contra el rey", sino que miraba por el bien de América, conforme a las palabras de Mier.

Desligado del ejército español, San Martín se embarcó en el puerto de Cádiz, junto con otros americanos, entre ellos Carlos de Alvear. Una vez en Buenos Aires, el gobierno lo incorporó al ejército patriota con el grado de teniente coronel que traía y

El cruce de los Andes por el ejército de San Martín.

le confió la organización e instrucción de una nueva unidad de Granaderos a Caballo, conforme a los principios y tácticas de la caballería francesa. En poco tiempo los granaderos estuvieron organizados, entrenados y listos para el combate. Mientras tanto, los militares recién llegados se habían organizado en la Logia Lautaro para disponer de una plataforma ideológica coherente y bien meditada. El cuerpo, excelentemente dispuesto, derrotó a una escuadrilla española proveniente de Montevideo en el combate de San Lorenzo (1813). De allí San Martín pasó a tomar el mando del Ejército del Norte y adquirió la firme convicción de que el último reducto español en América, agrupado en Perú, sólo podía ser vencido atacándolo por mar desde el Pacífico y no por tierras norteñas. Era un proyecto continental, como Bolívar había pensado en el norte.

Para tal propósito se hizo designar gobernador de la provincia de Cuyo, fronteriza a Chile, comenzó la cuidadosa preparación del Ejército de los Andes, con la colaboración de todo el pueblo, y se puso en contacto con los patriotas chilenos dirigidos por el general Bernardo O'Higgins. Mientras tanto, en Buenos Aires se creó la armada rioplatense que se confió al almirante Guillermo Brown, un marino irlandés de gran experiencia. Desde Mendoza urgió a un congreso reunido en Tucumán a declarar la independencia total de España, lo que ocurrió en 1816. La defensa de la frontera norte se confió a un provinciano de familia de abolengo, Martín Miguel de Güemes, que contuvo los embates realistas mediante un sistema de guerrillas a cargo de jinetes lugareños.

El Ejército de los Andes cruzó la cordillera y con la ayuda de los chilenos venció a las fuerzas españolas en las batallas de Chacabuco (1817) y Maipú (1818), a pesar de soportar algunas derrotas. Proclamó la independencia de Chile (1818), que a partir de entonces formaba "de hecho y de derecho, un Estado libre, independiente y soberano".

San Martín regresó a Buenos Aires para convenir la creación de una escuadra en el Pacífico y atacar por mar al Perú, centro de la resistencia realista. Tuvo algunas dificultades que resolvió con firme decisión. La formación de la escuadra se confió a lord Cochrane, un marino inglés a quien se había contratado. La escuadra, formada por catorce transportes escoltados por ocho barcos de guerra, contaba con 4.314 hombres y 1.600 marinos. Desembarcó en la bahía de Paracas y estableció el bloqueo del Callao. San Martín mantuvo una conferencia con el virrey español (1821) y exigió como condición para un arreglo la independencia del Perú. El español no quiso aceptarla pero abandonó la ciudad de Lima. San Martín entró y proclamó la independencia (1821). Desde una plataforma pública exclamó: "El Perú es desde este momento libre e independiente, por la voluntad de los pueblos y la justicia de su causa, que Dios defiende". Fue nombrado Protector del Perú, delcaró libres a todos los esclavos, suprimió los gravámenes a la clase indígena, abrió una escuela para ambos sexos, creó la Biblioteca Nacional, organizó un fuerte poder de policía y persiguió el juego.

Determinó después reunirse con Bolívar para convenir con él la forma de resolver los problemas pendientes. Según algunas versiones, San Martín requirió la cooperación activa de todas las fuerzas de Colombia, pero Bolívar sólo le ofreció un auxilio equivalente al enviado a Sucre al Alto Perú (Bolivia). San Martín optó entonces por retirarse de la guerra y dejar el lugar al venezolano. A este acto lo denominan algunos historiadores "el renunciamiento de San Martín".

Vuelto al Perú debió afrontar disturbios políticos y el Congreso resolvió nombrarlo generalísimo del ejército, pero San Martín renunció al cargo y partió esa misma noche para Chile, desde donde se trasladó a Buenos Aires y de allí a Bélgica con su hija Mercedes (1824). Tuvo un breve regreso a Buenos Aires en 1829, pero ante los disturbios políticos decidió no desembarcar y regresar a Francia. Se radicó en Boulogne-sur-Mer donde vivió casi veinte años una vejez patriarcal en la austeridad y pobreza, hasta morir rodeado de sus amigos: "Los hombres —escribió— juzgan lo presente según sus pasiones, y lo pasado, según la verdadera justicia".

Miguel Hidalgo

La independencia de México fue proclamada por el padre Miguel Hidalgo y Costilla (1753–1811), cura de Dolores, quien estaba descontento con la política española y deseaba reformas sociales. Organizó una masa popular, atacó y tomó ciudades, y marchó hacia México, pero no se atrevió a entrar, hasta que finalmente fue vencido por las fuerzas reales. Mientras se retiraba con sus amigos para buscar ayuda en Estados Unidos, fue apresado y conducido a Chihuahua, donde se le aplicó la pena capital. En Guadalajara había organizado un gobierno y abolido la esclavitud, además de repartir tierras a los indios.

Varios hombres modestos tomaron su bandera y siguieron la lucha. El más notable de ellos fue otro cura, el padre José María Morelos y Pavón, quien, dotado de mejores condiciones para el mando, hizo algunas buenas campañas. Bajo su influencia se abrió un congreso en Chilpancingo, que declaró la independencia del país (1813). Dos años más tarde, Morelos fue vencido y ejecutado por los realistas.

Conclusión de las guerras

En 1824 las luchas de la Independencia habían terminado en la mayor parte de Hispanoamérica. Cuba y Puerto Rico siguieron en poder de los españoles hasta 1898. Las Provincias Unidas del Río de la Plata habían proclamado su independencia en 1816. Paraguay se negó a formar parte de ellas y se independizó separadamente ese mismo año. El Uruguay, después de varias vicisitudes y una ocupación temporaria de los brasileños, consiguió su independencia definitiva con la ayuda argentina en 1828. Bolivia, a su vez, se constituyó en una nación independiente de Perú y de Argentina en 1825.

O'Higgins había declarado la independencia de Chile en 1818 y San Martín la de Perú en 1821. Ese mismo año Santo Domingo se había independizado de Haití. Venezuela, Colombia y Ecuador, que habían formado la Gran Colombia (1821) bajo la presidencia de Bolívar, se separaron entre 1829 y 1830.

Después de la independencia de México (1813), los países que habían formado la Capitanía General de Guatemala se independizaron en 1821 y constituyeron una federación, las Provincias Unidas de Centro América (1823), pero pronto se desmembraron en El Salvador, Nicaragua, Costa Rica, Guatemala y Honduras (1838–1841). Su primer presidente, José Arce, sin dinero ni ejército ni recursos, no pudo organizar esos pueblos casi totalmente indígenas y fue obligado al renunciar pocos meses antes de que expirara su período de cuatro años. Le sucedió entonces el general Francisco Morazán, un liberal nativo de Tegucigalpa (Honduras), que pronto se convirtió en la más brillante personalidad política y militar de Centroamérica. Implantó un severo régimen de reformas, abolió las cortes eclesiásticas, disolvió las órdenes religiosas, se apropió de las propiedades de la Iglesia, y abrió numerosas escuelas. Estimuló igualmente el progreso económico atrayendo inmigrantes y otorgando concesiones.

En México, un antiguo oficial del ejército realista, Agustín de Iturbide, se hizo proclamar emperador (1822–1823), pero fue obligado a abdicar por el general Antonio López de Santa Anna, que tendría una activa participación política en los años siguientes.

Panamá se segregó de Colombia en 1903, para favorecer la construcción del canal de Panamá a través de su territorio.

Prácticamente, un imperio monolítico que había durado cuatrocientos años, se desarticuló en unos veinticinco años más o menos, sin ayuda extranjera.

La doctrina Monroe

Los jefes hispanoamericanos habían contado, sin embargo, con la simpatía de los Estados Unidos, que mantuvo una actitud prescindente aunque no pasiva. Las apetencias británicas de hegemonía política y comercial en las nuevas naciones, y sobre todo el temor a las ambiciones francesas, motivó una serie de negociaciones para deslindar los campos de influencia. Después de intensas tratativas diplomáticas entre los Estados Unidos y Gran Bretaña, el presidente Monroe en una serie de declaraciones en su mensaje anual de 1823, expresó que no habría una declaración conjunta de ambos países, que habría dos esferas políticas diferentes, que no renunciaba a sus intereses en las nuevas naciones de América, y advertía a los países europeos contra todo intento de interferencia en el Hemisferio Occidental.

Esta doctrina sirvió de fundamento a otros pactos y tratados firmados en los siglos XIX y XX.

Las crisis políticas posteriores

Con el triunfo de las armas hispanoamericanas nació la nueva política en las nuevas naciones. Quedaban pendientes los problemas de la organización de los Estados y su inserción en el mundo occidental. España estaba derrocada y decaída, Inglaterra interesada en incrementar su preeminencia comercial e industrial en el Nuevo Mundo, Francia respetada por la hegemonía intelectual de sus filósofos e ideas de voluntad popular y los Estados Unidos a la expectativa de los acontecimientos para sustituir a Inglaterra en la supremacía del continente. Las nuevas naciones continentales mostraban disensiones internas sobre el camino a seguir.

Tres fenómenos básicos fueron comunes, en mayor o menor grado, en todos los países, de acuerdo con sus antecedentes y su situación real: 1) las luchas entre conservadores y liberales por la institución de una nueva forma de poder; 2) las guerras civiles entre los partidarios de un poder central en la capital del país (*unitarios*) y los defensores de los terratenientes y sus privilegios en el interior (*federales* o *caudillos*); 3) la oposición entre católicos y liberales. Las denominaciones de los distintos bandos cambiaban de un país a otro. En la Argentina, por ejemplo, las federales de Rosas eran realmente unitarios y los unitarios eran federales.

Liberales y conservadores

Los liberales creían en la soberanía del pueblo y en los derechos individuales a la propiedad, la seguridad personal, la libre asociación de los individuos, y la libertad de religión, ideas y expresión. Agregaban en su ideario la separación de poderes (ejecutivo, legislativo y judicial). Reclamaban además la abolición de los privilegios anteriores de las aristocracias, los eclesiásticos y el ejército. En lo económico eran contrarios a la intervención del Estado en los negocios, confiando en que la libre iniciativa de las personas permitiría la creación de nuevas fuentes de riqueza.

La aplicación inmediata de estos principios resultaba sin embargo muy dificultosa, si no imposible en la realidad, contrariamente al modelo de los Estados Unidos, debido al grado de incultura de las masas populares, la debilidad de las virtudes civiles, la heterogeneidad social y la falta de desarrollo industrial. Estas dificultades produjeron cierto nivel de pesimismo en los defensores de las nuevas ideas, que los condujo a la preferencia por la doctrina del despotismo ilustrado.

Los conservadores, por su parte, creían en los beneficios de la supervivencia de la Iglesia como factor unificador de los pueblos, el mantenimiento de las jerarquías sociales y la defensa de los derechos heredados de sus antecesores coloniales. Eran adversos al comercio libre internacional y a las inversiones extranjeras en los países. En materia social, sostenían las diferencias de clases. En síntesis, eran españolistas.

La diferencia fundamental, pues, entre conservadores y liberales, consistía en la creación o no de un estado liberal. Las reformas debían ser postergadas para más adelante. Los denominados históricamente *caudillos* regionales fueron conservadores.

Unitarios y federales

Los unitarios se decidieron por la primacía de la ciudad capital sobre las provincias como medio de mantener la unidad nacional. La fragmentación del poder entre el gobierno central y los jefes o autoridades regionales conduciría a la ingobernabilidad del país, a las luchas políticas internas por el dominio y al personalismo autocrático de los gobernantes regionales, con su inevitable secuela de alianzas regionales, anarquía nacional, sistemas económicos incompatibles, corrupción comercial, en fin, la arbitrariedad.

El desmembramiento de las Indias hispánicas en diferentes naciones independientes ha sido atribuido a la enorme extensión del continente y al aislamiento territorial de las diferentes regiones durante la colonia. Al mismo tiempo, este fenómeno sucedió dentro de cada virreinato y capitanía general.

La naturaleza influyó en contra de la unidad. Esta dificultad estuvo presente en la historia desde los tiempos de los Reyes Católicos Fernando e Isabel y se debió a que la colonización comenzó en grandes centros poblacionales por lo general costeros y fue extendiéndose sin lógica hacia los lugares donde se presumía que existían las codiciadas riquezas naturales. Así ocurrió con las ciudades de Lima, Buenos Aires, Santiago de Chile, Bogotá y México. Estos hechos se repitieron en el transcurso de los años y aun en nuestros tiempos persisten en algunas naciones que tienen regiones todavía inexploradas o apenas exploradas, como la Amazonia brasileña, la Patagonia argentina y las zonas montañosas de México, Bolivia, Ecuador y Colombia. Debe tenerse en cuenta también que la fragmentación fue favorecida por la debilidad del gobierno de los Borbones. La superpoblación actual de ciudades como México, Buenos Aires, Santiago de Chile, Lima, Montevideo, Bogotá y Caracas obedece a esta misma razón.

El tema de las autonomías regionales repercutió en las querellas entre unitarios (centralistas) y federalistas (regionalistas), dependiendo de la realidad de cada país. En México los conservadores fueron en su gran mayoría centralistas, lo mismo que en Perú, mientras que en la Argentina los conservadores fueron caudillos del interior.

Los caudillos fueron hombres carismáticos, con poder territorial, que mediante recursos demagógicos y maniobras políticas, trataron de conservar sus dominios, apoyándose en clientelas de favorecidos, protección de los nativos y favores personales.

La Iglesia y el Estado

Las disensiones entre conservadores y liberales se proyectaron a las relaciones entre la Iglesia católica y el Estado, que operaron al lado de los hechos mencionados. La posición de los conservadores fue mantener el poder eclesiástico, respetar sus posesiones y riquezas, y dejarles la responsabilidad de las universidades y escuelas. En esta forma pensaban mantener sin interrupción la identidad de los pueblos y proporcionar una defensa al pueblo común e ineducado, víctima de las injusticias sociales de la aristocracia. El lema del caudillo riojano argentino Facundo Quiroga, enemigo del centralismo porteño de Buenos Aires, era "Religión o muerte". Paralelamente, conservaban el dominio político y defendían sus intereses personales y familiares. El Vaticano comenzó a reconocer a los nuevos gobiernos a partir de 1835.

Para los liberales, en el campo contrario, la Iglesia debía ser separada del Estado para poder así imponer la nueva ideología sin control eclesiástico, adueñarse de sus propiedades (*secularización*), suprimir el derecho de Patronato o sea la designación de prelados religiosos por las autoridades gubernamentales civiles, e introducir en la enseñanza el pensamiento liberal europeo, desprendiéndose del dogmatismo tradicional. Esto hizo Rivadavia en la Argentina y Benito Juárez en México.

Como consecuencia de estos encuentros se produjeron luchas políticas en casi todos los países, algunas de cuyas manifestaciones atenuadas persisten hasta nuestros días.

El caudillismo

El fenómeno del caudillismo en Hispanoamérica tuvo varias causas explicativas. En primer lugar, la revolución fue consumada por criollos sin ayuda exterior y éstos sustituyeron a los españoles en el gobierno sin cambiar mayormente el sistema. Los nuevos gobernantes no estaban preparados en prácticas administrativas ni tenían la experiencia necesaria para modificar el estado de cosas y encauzar a las nuevas naciones hacia una auténtica democracia.

Los países que debían administrar eran racialmente heterogéneos, con grandes sectores poblacionales analfabetos y una clase media inexistente. Las guerras de la independencia habían sido violentas y de ellas habían surgido los militares que en su mayoría se habían convertido en conductores de sus países. A esta circunstancia se agregó la lucha de intereses económicos y de poder. En otras palabras, la clase gobernante estaba dividida, sin ideas prácticas precisas sobre la forma de gobierno más conveniente.

Los comerciantes y propietarios de industrias incipientes defendían simultáneamente su posición ventajosa en los negocios y se oponían a la modificación de sus privilegios. En definitiva, largos años de turbulencia política perturbaron la organización de los nuevos estados. Hubo al mismo tiempo falta de capitales regionales, de conocimientos técnicos y de trabajadores capacitados para transformar las economías. Se recurrió entonces a préstamos del exterior con tasas de interés que fueron causa de grandes deudas.

La nómina de caudillos hispanoamericanos es larga y desconcertante por la particularidad personal de cada individuo y la regionalidad de los problemas. En Argentina, por ejemplo, el caso consistió en la rivalidad entre la capital, Buenos Aires, y las provincias del interior, afectadas por el centralismo económico del puerto importador y exportador que se beneficiaba con las rentas. En México, en cambio, la rivalidad ocurrió entre Estado e Iglesia. Chile, en contraste con las otras naciones

Juan Manuel de Rosas, el caudillo argentino que gobernó
con la suma del poder público durante más de veinte
años en la Argentina. Fue enemigo acérrimo de
Sarmiento y de los liberales llamados *funitarios*. Su lema,
"Federación o muerte", fue la clave de su despotismo.
Murió en el exilio en Inglaterra.

hispanoamericanas, consiguió evitar los excesos de la anarquía y el caudillismo. Brasil,
con su régimen monárquico, se mantuvo al margen de este desorden.

El gobierno de Rosas

En Argentina el caudillo Juan Manuel de Rosas (1793–1877) gobernó despóticamente
durante más de veinte años. Fue un estanciero que pasó la mayor parte de su infancia
en el interior de la provincia de Buenos Aires. Se casó con una mujer que fue su sostén
en todo momento, y se dedicó con un socio a la compra y venta de productos del país,
la salazón de carnes y pescado, y la cría de ganado, en establecimientos rurales propios.

Su físico —rubio, de ojos claros y tez blanca— y sus maneras pulidas y sociales,
así como su destreza en todas las tareas campestres, le permitían alternar tanto con los
rudos gauchos del campo como con la gente de Buenos Aires. No poseía una educación
meritoria, pero se destacaba por su astucia, un profundo conocimiento de los hombres
y un espíritu práctico. Era sumamente laborioso y no descuidaba detalle en sus trabajos y política. Desdeñaba el desorden y la indisciplina, y consideraba el estado de su
país como una "enfermedad política". Se entusiasmaba con las bromas y tuvo, en su
residencia de Palermo, un bufón llamado Eusebio que lo animaba. Encarnó el espíritu
conservador y porteñista, persiguió a los caudillos del interior del país y organizó el
movimiento "federal" en su país, combatiendo a los "unitarios", que habían organizado
una liga en contra de él. Ordenó el uso de la divisa o moño de color punzó (rojo), con

la leyenda "Federación o Muerte" para todos los funcionarios del gobierno, profesionales, estudiantes y demás, bajo pena de perder sus empleos.

En su intento de poner orden en el país, apeló a la fuerza y el autoritarismo. Adoptó diversas resoluciones moralizadoras, implantó la enseñanza religiosa, prohibió la instalación de *pulperías*[5] y tiendas ambulantes, restringió los juegos de carnaval, reorganizó la policía, ordenó una requisa general de armas y prohibió su venta a los particulares.

Investido de facultades extraordinarias durante un período de su gobierno, estableció una organización de represión policial, denominada *La Mazorca*, que cometió toda clase de atropellos y crímenes. En las relaciones con el exterior, tuvo conflictos con Estados Unidos, Francia, Inglaterra y los países vecinos. Derrocado por el caudillo entrerriano Urquiza, se refugió en una nave inglesa anclada en el puerto y se embarcó a Inglaterra, donde pasó los últimos años de su vida.

Rodríguez de Francia

En Paraguay José Gaspar Rodríguez de Francia (1766–1840) gobernó autoritariamente durante un lapso de veintiséis años. En 1816 el Congreso lo proclamó Dictador Supremo o Perpetuo. Debido a que Argentina obstaculizaba la navegación de los paraguayos por el río Paraná hasta su desembocadura en el Río de la Plata, en perjuicio de su soberanía, Francia decidió aislar a Paraguay del resto del continente.

Rodríguez de Francia era una persona de gran cultura, reservado y duro. Decidió levantar a su patria del punto de atraso en que se encontraba y lo hizo sin miramientos: estableció la obligatoriedad de la enseñanza primaria hasta los catorce años; restringió la acción de la Iglesia prohibiendo las procesiones y limitando las festividades y los conventos; asumió el derecho de desaprobar las designaciones de prelados; estableció defensas contra los indios; castigó severamente la deshonestidad de los funcionarios públicos; reprimió con severidad y hasta con la muerte todo acto de oposición; deportó a los adversarios y confiscó sus bienes; y no permitió la entrada de ningún extranjero en el país. Además instituyó un severo control de los gastos públicos y mantuvo relaciones amistosas con Brasil.

Antonio López de Santa Anna

En México la historia de las luchas internas fue muy complicada y tuvo características particulares. La anarquía, la rivalidad entre los conductores políticos, la corrupción administrativa, la oposición de los grupos aristocráticos de descendencia española para mantener sus privilegios en connivencia con los militares, las luchas de los indios y sus partidarios por obtener la posesión de tierras y mejorar su condición social, la rivalidad entre católicos y liberales, y aun las logias masónicas, confirieron al período que va de 1821 a 1855 caracteres muy particulares.

---

[5]**pulpería** tienda de campo en la Argentina donde se vendían comestibles, bebidas y demás mercancías

Entre las turbulencias de los cambiantes y drásticos sucesos, la figura del general Santa Anna (1791–1876) cubre, directa o indirectamente, ese período. Algunos historiadores lo han considerado incompetente y le han atribuido todavía calificaciones más graves, sin dejar de reconocer que lo adornaban un especial encanto personal y una gran habilidad política.

Luchó por la independencia de su país en Veracruz, encabezó una revolución contra Iturbide, fue presidente varias veces con breves intervalos desde 1823 hasta 1841, asumió la jefatura del ejército durante la guerra contra Estados Unidos, y tras un corto exilio en Jamaica, gobernó dictatorialmente de 1853 a 1855, hasta ser vencido finalmente por Juárez.

Las diferencias y querellas entre conservadores y liberales, sobre todo en materia económica y religiosa, se agravaron ostensiblemente durante aquellos años. Los conservadores, identificados bajo el lema "Religión y Fueros", o sea catolicismo y leyes de jurisdicción privilegiadas, tuvieron múltiples enfrentamientos. Santa Anna se colocó del lado de los conservadores, cambió varias leyes liberales y creó el régimen de estados federales en reemplazo de uno centralizado, dividido en departamentos a cargo de gobernadores nombrados por el gobierno central.

Rafael Carrera

Guatemala fue uno de los nuevos países más perturbados por los caudillos y presidentes autoritarios o revolucionarios. El país fue despóticamente gobernado por cuatro importantes caudillos hasta entrado el siglo XX. El primero de ellos fue Rafael Carrera (1836–1865), aunque no fue el más autoritario. Colocado en la facción conservadora, fue un presidente declaradamente antagonista de los liberales, contribuyó a destituir gobiernos de El Salvador y Honduras e hizo la guerra contra sus vecinos. Debió retirarse del poder, pero regresó dos años después (1851), elegido nuevamente, y al poco tiempo fue declarado presidente vitalicio.

Podría enumerarse y describirse todavía una extensa serie de caudillos, país por país, pero la historia sería casi interminable. El fenómeno del caudillismo y las dictaduras en la América hispana es un capítulo lamentable de su historia. Se entremezclaron las ambiciones personales, las ideas sobre federalismo y unitarismo, las ideas religiosas, las interferencias extranjeras, el primitivismo político, el fanatismo individual, y sobre todo, la falta de preparación para la vida cívica en común, como consecuencia de la brusca transición entre el sistema colonial y el sistema independiente.

El neoclasicismo

En literatura el movimiento de la Independencia se corresponde con el neoclasicismo imperante en España durante casi todo el siglo XVIII. Algunos autores siguieron directamente los textos antiguos griegos (Anacreonte, Safo, Homero) y latinos (Virgilio, Horacio, Ovidio, Lucrecio), mientras otros tomaron la inspiración por la vía de los españoles neoclásicos (Meléndez Valdés, Cienfuegos, Cadalso y Quintana).

Pero el neoclasicismo hispanoamericano agregó a estas fuentes otras clásicas y pre-rrománticas francesas (Rousseau, Voltaire, Montesquieu, Chateaubriand); Italia aportó también sus modelos (Metastasio, Alfieri, Goldoni, Fóscolo, Manzoni), lo mismo que Alemania (Goethe y Schiller), e Inglaterra (Milton, Pope, Young, Byron). De Estados Unidos, se tomaron principalmente la inspiración y las ideas de los hombres de *El Federalista:* Paine, Jefferson, Franklin, Hamilton, Madison y Jay. Se vivificó así la vieja literatura colonial, sin llegar a productos brillantes, salvo muy pocas excepciones.

La poesía se distinguió principalmente en estos perfiles: a) lírica de contenido ligero, sobre el amor y asuntos mitológicos y bíblicos además de algunos intentos de poesía civil y progresista; b) renacimiento de la fábula, el epigrama y otras composiciones festivas y moralizantes; c) introducción del paisaje y de personajes locales, incluidas la flora y la fauna; d) auge de la poesía patriótica, en forma de odas e himnos heroicos, sobre hechos de las guerras de la Independencia; e) entrada al léxico poético de voces regionales o populares; f) aparición en el Río de la Plata de la poesía gauchesca.

En prosa, los fenómenos fueron los siguientes: a) surgimiento del periodismo político, social y económico, como medio de difusión de la nueva ideología y propaganda revolucionaria; b) preferencia por los ensayos, proclamas, historias y discursos; c) nacimiento de la verdadera novela realista hispanoamericana en México (Lizardi). Los himnos nacionales están escritos en este estilo heroico.

Aunque el periodismo fue la actividad literaria más inmediata y directa, la prosa revolucionaria es riquísima en memorias, autobiografías, cartas, discursos, artículos, ensayos, panfletos y traducciones.

Hubo también una poesía revolucionaria, aunque de valor estético limitado. Celebraba los triunfos de las armas americanas, enaltecía a los héroes de la guerra, promovía el entusiasmo nacional y atacaba a España, sus hombres y sus actos. Esta poesía se ha recogido en "cancioneros" y algunas de las composiciones son anónimas, mientras que otras aparecen firmadas.

En teatro, sin embargo, no hubo grandes novedades. Se representaron las comedias y tragedias del repertorio clásico español. Hubo, con todo, intentos de teatro popular, que pueden considerarse como los precursores de los teatros realistas locales. E! monólogo o *unipersonal,* tuvo bastante auge en esos momentos.

Las figuras sobresalientes de la época son José Joaquín de Olmedo (1780–1847), ecuatoriano, que compuso una famosa oda en elogio de Bolívar —al parecer a pedido del propio Libertador— titulada *La victoria de Junín,* y que está considerada una de las mejores composiciones poéticas producidas en Hispanoamérica, y José María Heredia (1803–1839), cubano, de una gran educación humanística, autor de dos celebradas odas, *En el teocalli de Cholula,* en que contempla con nostálgica emoción los restos de la cultura azteca, y *Niágara,* excelente descripción de esas cataratas.

Andrés Bello y el americanismo literario

Andrés Bello (1781–1865) fue uno de los hombres de mayor cultura y talento del período neoclásico, y al mismo tiempo, uno de los más grandes maestros que ha producido Hispanoamérica hasta el presente. Aunque venezolano por nacionalidad, puede ser considerado ciudadano de toda América del Sur, por la influencia de su obra y su amor a estos países.

Se consagró al estudio de las humanidades desde muy joven. Viajó a Londres como agente de la Revolución y permaneció allí durante unos veinte años en los cuales se ganó la vida trabajando como maestro particular, mientras realizaba sus estudios e investigaciones literarias, y escribía varias de sus obras. En su estada se relacionó con importantes figuras de la intelectualidad inglesa y frecuentó la amistad de los filósofos James Smith y Jeremías Bentham.

Las horas libres las dedicaba al estudio intenso de las humanidades y su constante asistencia a la biblioteca del Museo Británico le permitió acceder a una cultura excepcional en su época. Aprendió griego y publicó una versión en español moderno del *Poema del Cid* con notas, algunos ensayos y traducciones.

A invitación del gobierno chileno regresó a América y ocupó el cargo de secretario del Departamento de Relaciones Exteriores de Chile. A partir de ese momento, el talento de Bello comenzó a irradiarse por el continente y a ejercer una gran influencia intelectual; fue profesor universitario, organizador y rector de la Universidad de Chile, consejero gubernamental y autor principal del Código Civil de ese país.

A poco de llegar, sostuvo una famosa polémica con el argentino Domingo F. Sarmiento, exiliado por razones políticas de su país, quien defendía la libertad romántica en el arte, frente al criterio más moderado y clasicista de Bello. El erudito venezolano temía la corrupción del idioma y la probable fragmentación lingüística de Hispanoamérica, y bregó para conservar la unidad fundamental de la lengua castellana. Con esta preocupación, publicó varias obras gramaticales y lingüísticas, pero sobre todo su famosa *Gramática de la lengua castellana* (1847), con notas del colombiano Rufino José Cuervo, la más autorizada de las gramáticas escrita hasta nuestros tiempos, con excepción de la compuesta por la Real Academia Española. La obra de Bello es casi enciclopédica: filosofía, derecho, gramática, métrica, historia, crítica literaria, poesía, filología, educación e historia.

En poesía escribió silvas, la mejor de las cuales es la *Silva a la agricultura en la zona tórrida*, en la que describe con estilo magistral los productos de América. Hizo una traducción libre de una pieza de Víctor Hugo, *La oración por todos*, que goza de merecida fama. Tradujo además al español obras de autores latinos, ingleses, italianos, franceses y alemanes. No fue un poeta fecundo, pero posiblemente ha sido el más pulcro y atildado de los artistas de su época. Su arte es una equilibrada combinación de neoclasicismo y prerromanticismo, prácticamente impecable en su versificación.

En esta época se formula la teoría de que las naciones hispanoamericanas deben independizarse también de España en lo estético, lingüístico y espiritual, para que la independencia política sea total. Dentro de este pensamiento surge consiguientemente la idea de crear una literatura original, que guarde una estrecha relación con el liberalismo político, y comienza entonces a hablarse, por vez primera, de "argentinidad", "mexicanidad", "peruanidad", etc., o sea de culturas propias y típicas de cada nueva nación.

Bello es uno de los defensores y expositores teóricos de esta posición estética, que habrá de alcanzar su máxima expresión algunos años más tarde, con Esteban Echeverría. "¿Estamos condenados a repetir servilmente las lecciones de la ciencia europea, sin atrevernos a discutirlas, a ilustrarlas con aplicaciones locales, a darles una estampa de nacionalidad?", se preguntaba Bello en su discurso del aniversario de la Universidad de Chile (1848).

Nacimiento de la poesía gauchesca

La poesía gauchesca es un fenómeno literario, cultural y social propio del Río de la Plata (Argentina y Uruguay), y al mismo tiempo, es el más típico y original de ambos países, aunque no el único o el más representativo de ellos.

El entusiasmo por la originalidad y el sabor argentino de este género, sumado al hecho de que el *Martín Fierro* es una de las mejores obras argentinas, ha llevado a algunos críticos, literatos e historiadores a pretender otorgar al arte gauchesco el carácter de representativo de Argentina.

Para algunos críticos corresponde diferenciar entre poesía *gauchesca* y poesía *gaucha,* o sea la primitiva poesía de los payadores rurales de fines del siglo XVIII y siglo XIX, natural, espontánea e inculta. La recitaban o cantaban acompañados de guitarra, y consistía en cantares, decires, romances o coplas de la tradición oral; a veces se creaban, improvisando en *payadas,*[6] sus propias piezas. Esta forma de arte fue anónima.

El término *gauchesco,* en cambio, debe aplicarse al arte escrito e individualizado, fruto de la inteligencia de hombres cultos, o por lo menos instruidos, de ciudad, que compusieron poemas a imitación de esa otra poesía gaucha, anónima e inculta. En cuanto al origen de este tipo de poesía, hay también posiciones controvertidas.

Para algunos críticos, la antigua poesía tradicional y anónima de los gauchos tiene una base española popular (romances, coplas, canciones), ingresada en el Río de la Plata con los conquistadores y colonizadores, la cual fue repitiéndose de boca en boca, adaptándose a la realidad americana, hasta llegar a convertirse en la poesía de los gauchos argentinos. Esta opinión no es compartida, sin embargo, por otros estudiosos, que le asignan un carácter de originalidad autóctona, nacida simplemente de un hallazgo de escritores, a quienes se les ocurrió presentar descripciones, narraciones o diálogos, en la forma y lengua de los gauchos. El incorporar a los gauchos como protagonistas o expositores presentaba la ventaja y la novedad de introducir una interpretación un poco pícara, original y llamativa del mundo circundante.

Los gauchos son los protagonistas de los poemas gauchescos y de las obras en prosa del mismo género. Acerca de este ejemplar social y humano, y de su papel histórico y su psicología, se ha debatido bastante, y se han escrito numerosas obras, ya sea para enaltecerlo o denigrarlo. Sarmiento, por ejemplo, tuvo un concepto negativo del gaucho en la evolución del país, mientras que Hernández lo considera el actor heroico y principal, injustificadamente perseguido.

Con respecto a la aparición del gaucho en el Río de la Plata, hay también discrepancias: según algunos estudiosos, los gauchos comienzan a existir en el siglo XVIII cuando en virtud de ordenanzas arbitrarias del gobierno, algunos hombres libres y po-

---

[6]**payada** contrapunto entre dos o más guitarristas improvisadores

bres optan por ir a vivir al campo, en una existencia nómada y trashumante, renunciando a la propiedad, a la vida ordenada, al hogar, al amor permanente. Son por eso pastores antes que agricultores, viven en la pobreza sin afincarse por intereses al suelo, tienen tropilla y a veces ovejas, y cuando la necesidad los acucia, buscan empleos transitorios, "arrimados", en las estancias. Casi todos ellos son criollos, y muy pocos mestizos. El gaucho sería así un producto social, no racial.

La otra tesis los considera individuos mestizos sin oficio, perdidos, que vivían holgazanamente de las vaquerías[7] para tener así la comida segura, sobre todo en la provincia de Buenos Aires; ladrones de vacunos y yeguarizos,[8] a los que había que aplicar la ley para obligarlos a trabajar o servir al desarrollo y la seguridad del país. Su carácter era una rémora para las ideas de progreso. Estos serían los sucesores de los antiguos *gauderios* de que hablaban varios viajeros de los primeros tiempos de la época colonial.

El gaucho, como personaje literario, comenzó ya a aparecer en anteriores narraciones de los viajeros foráneos.

La lengua gaucha aparece utilizada con bastante fidelidad, aunque la exactitud de esta reproducción no es igual en todos los autores, y a veces se infiltran supuestos *gauchismos* o se mezclan vocablos rurales de distintas localizaciones geográficas.

Todavía sobreviven en algunas hablas rurales restos de la vieja lengua gauchesca, que ha han cristalizado, literariamente, en la forma registrada por los poemas y prosas del siglo pasado (*chicha, cuerear, quincho*).

El uruguayo Bartolomé Hidalgo (1788–1822) está considerado el creador del género. Emigró a Buenos Aires en su juventud y se decidió a ganarse la vida escribiendo *cielitos* gauchescos que vendía personalmente por las calles porteñas. Sus composiciones eran originalmente poemas breves, típicamente narrativos, escritos en lenguaje popular. No había en ellos descripciones de la naturaleza ni de la vida campesina. Eran simples ideas políticas puestas en boca de algún gaucho, de contenido patriótico, sin comparación alguna con los himnos y las odas de los escritores revolucionarios cultos. En las piezas campeaba un agresivo tono contra los españoles. Se llamaban cielitos porque en todos ellos se repetía sin cesar la expresión "*Cielito, cielito y más cielito*".

De allí pasó a componer *diálogos* también patrióticos, que reproducían conversaciones populares, en tono jocoso y chacotón, sobre la patria y asuntos campesinos. El pueblo aprendía, al recitarlos, la historia de su país y de los recientes acontecimientos de la Independencia.

Las artes

Las artes hispanoamericanas del siglo XIX son artes de pura imitación. Ha cesado el período de las monumentales y exquisitas construcciones del período colonial y las

---

[7]**vaquería** conjunto de vacas criadas libremente, sin dueño, en la pampa   [8]**yeguarizos** yeguas, y por extensión, caballos en general

nacientes naciones no disponen de tiempo, de recursos ni de artistas en cantidad suficiente para emprender obras de aquella magnitud.

Los creadores esperaron tiempos más favorables, y volcaron sus ojos hacia Francia e Italia. El "horror al barroco", como se ha calificado a esta actitud, llevó a dos vertientes no hispánicas: la vuelta al "primitivismo", al arte popular, a la imaginería de inspiración nacional o nacionalista, y a la imitación de la gran pintura de caballete[9] al óleo. En materia de arquitectura, no se quiso ni se podían repetir las experiencias anteriores y se optó por el estilo neoclásico, propio de esa época en Europa, y también más económico y rápido. La pintura, por su parte, fue el arte más cultivado.

La pintura

Fue en pintura donde el espíritu europeizante logró sus más afamadas manifestaciones. También en esta arte algunos pintores adoptaron los temas del costumbrismo, la pintura "primitiva" o la pintura popular, mientras que otros buscaron su orientación en el europeísmo, donde ya comenzaban a manifestarse las primeras expresiones del romanticismo francés en las telas de Eugenio Delacroix (1798–1863) y Luis David (1748–1825), por citar algunos modelos. Curiosamente, y quizás por razones políticas, Goya, el maestro español, fue relegado.

Por esos años, encumbrados artistas europeos que comenzaron a llegar al continente se sorprendieron de la nueva temática que ofrecía la región. Introdujeron en sus cuadros motivos autóctonos o sea *l'exotisme américain*.[10] Uno de los más exitosos fue en la zona sur el inglés Emeric Essex Vidal (1791–1861), que estuvo en Canadá, Bahía, Montevideo y dos veces en Buenos Aires. Fue un hábil dibujante y acuarelista que documentó gráficamente aspectos de estas dos últimas ciudades. Otro fue el germano Juan Mauricio Rugendas (1802–1858), quien luego de trabajar en varios países europeos, además de México, Perú, Bolivia, Argentina y Chile, pasó meses y meses pintando cuadros al óleo de excelente factura que llegaron a constituir un repertorio de las costumbres y tipos regionales.

La arquitectura

En 1785 se había inaugurado en México la Real Academia de Bellas Artes. Sus profesores provenían casi todos de Europa, y sus enseñanzas y modelos entusiasmaron a los discípulos, abrumados ya por el tradicionalismo hispánico prácticamente insuperable.

Este estilo neoclásico reaparece en las catedrales de Lima y en otras de América Central y del sur con sus frentes límpidos, columnas griegas, amplias aberturas y trazos simples. La elección de este estilo se puede advertir a todo lo largo y ancho del continente, tanto en edificios eclesiásticos como gubernamentales y privados.

La adopción del neoclasicismo surgió como un corolario de la nacionalización distintiva del arte, con la menor relación posible con España. La política y la cultura

---

[9]**pintura de caballete** pintura en lienzo enmarcado y sostenido por un atril   [10]**exotismo** extranjerismo, propio de otra región o país

debían sostenerse una a la otra. Al sistema republicano de gobierno, el cambio social, la nueva educación y las nuevas instituciones, debían corresponder nuevas formas expresivas. El incipiente liberalismo persiguió lo español, incluido el arte y la lengua misma.

En Europa la puja entre los nuevos "ismos" era similar y cada arquitecto, escultor, pintor o escritor buscaba una forma de expresión.

La aceptación del neoclasicismo fue menos conflictiva en el Río de la Plata, donde las tradicionales artes hispánicas habían sido menos intensas. El triunfo de la nueva escuela puede apreciarse en la traza y fachada de la Catedral de Buenos Aires, iniciada en 1745 y proyectada por un francés, cuyo simplísimo estilo confirma el nuevo entusiasmo. La bonanza económica de la ciudad se reflejó también en otras edificaciones públicas y privadas, en la capital y en el interior, en un notorio retorno a la nueva concepción europea, sin ninguna relación con el colonialismo, planiforme y sin supeditación a preocupaciones ornamentales o sociales.

Otras muchas ciudades hispanoamericanas reflejan el mismo fenómeno de afrancesamiento, que se hará más contundente en los años siguientes, como sucedió en Santiago de Chile, Caracas y Montevideo.

Temas de expresión oral o escrita

1. ¿Qué manifestaciones tuvo el desgaste del sistema colonial español?
2. Explicar brevemente las principales ideas de la Ilustración.
3. Narre la biografía de unos de los principales actores de la Independencia.
4. Hacer un resumen breve de las acciones de Napoleón Bonaparte en España y Portugal.
5. Explicar la teoría de los criollos hispanoamericanos en virtud de la cual intentaban desligarse del gobierno de la corona española sin provocar por el momento mayores complicaciones militares.
6. ¿Por qué se constituyeron logias secretas en las principales capitales virreinales?
7. Narrar la organización del Ejército de los Andes realizada por San Martín.
8. ¿Qué papel desempeñó la Iglesia en las luchas por la Independencia?
9. ¿Por qué se produjeron las crisis nacionales después de la Independencia?
10. ¿Qué diferencia había en la época entre un conservador y un liberal?
11. Explicar la teoría Monroe de "América para los americanos".
12. Exponer la vida y obra política de uno de los siguientes caudillos: Juan Manuel de Rosas (Argentina), José Gaspar Rodríguez de Francia (Paraguay), Antonio López de Santa Anna (México) o Rafael Carrera (Guatemala).
13. ¿En qué consiste el neoclasicismo literario de la época?
14. Caracterizar al americanismo literario propuesto por Andrés Bello.
15. ¿Cómo nació la literatura gauchesca en el Río de la Plata?

Temas de discusión

1. La rivalidad entre Gran Bretaña, España, Francia y los Estados Unidos acerca de la hegemonía política en el continente.

2. Las consecuencias posteriores hasta fines del siglo XX de la doctrina del presidente norteamericano Monroe.
3. ¿Fue inevitable, en su opinión, el surgimiento del caudillismo en Hispanoamérica? Dar las razones.
4. Imagine el contenido de la conversación secreta entre los generales Bolívar y San Martín en Guayaquil. ¿Qué discutirían?
5. Discutir la siguiente opinión del profesor Edwin Lieuwen, de la Universidad de Nuevo México, en su obra *Arms and Politics in Latin America:* "Dentro de cada nación indisciplinada, los ambiciosos jefes locales compitieron por el poder supremo. La política llegó a ser el juguete de los militares."

Temas de investigación

1. Las pretensiones francesas e inglesas en América.
2. La descomposición en España del reinado de los Borbones.
3. La actividad prerrevolucionaria del jefe venezolano Francisco de Miranda.

La organización de las naciones:
El romanticismo y el positivismo

Hacia mediados del siglo XIX aproximadamente, las naciones hispanoamericanas entran en un período de organización interna, que durará unos cincuenta años. La anarquía, el caudillismo y las luchas civiles han causado muchos daños y sufrimientos, y el desarrollo se ha atrasado.

Los dictadores, sin embargo, no desaparecen del todo. Han caído ya Juan Manuel de Rosas (1852) en Argentina, y José Gaspar Rodríguez de Francia (1840) en Paraguay. El general Antonio López de Santa Anna, que fue varias veces presidente, revolucionario, héroe militar y dictador perpetuo (1822–1855), se retira de México. En Guatemala, Rafael Carrera perdura hasta unos años más tarde (1865). Pero surgen otros tan despóticos como los anteriores: Mariano Melgarejo, un mestizo inculto, realiza un gobierno desastroso para Bolivia (1864–1883); en Ecuador toma el poder Gabriel García Moreno y gobierna en forma autoritaria (1861–1875), imponiendo en todo el país una disciplina conventual; Paraguay cae en manos de la familia López por un cuarto de siglo: Carlos Antonio López (1844–1862) y luego su hijo, el general Francisco Solano López (1862–1870), que envuelve a su país en una guerra absurda.

La organización de los nuevos estados nacionales se hizo en política, economía y transformación social, bajo los principios del liberalismo y el positivismo.

El liberalismo político

En política, el romanticismo se identificó con el liberalismo y el antimonarquismo, y acogió ciertos anticipos del socialismo utópico o progresismo. Se predicó abiertamente la revolución contra la tradición política; se destituyó definitivamente el antiguo concepto del origen divino de las monarquías, transfiriendo al pueblo o a la sociedad el origen válido del poder; se defendió una especie de democratismo filosófico, contra la teoría de la Ilustración de principios de siglo, según la cual las minorías cultas debían ejercer legítimamente el gobierno.

Dentro de este repertorio de ideas, el ataque a la tradición política española de tipo colonial fue uno de los puntos más señalados: en algunos autores persistió a pesar de los años el resentimiento contra España y su sistema histórico fue crudamente censurado.

En materia religiosa, la revolución también existió. Aun cuando el romanticismo en literatura reveló un regreso al tema religioso cristiano en Europa, en algunos hispanoamericanos el catolicismo se identificaba con la idea imperial española. Por eso se fustigó a la Iglesia Católica, proclamando una libertad religiosa en lo dogmático, y aceptando pasos dentro del *teísmo,* el *panteísmo* o una especie de cristianismo difuso, sin dogmas y sin clero. De hecho, según lo señala el ensayista uruguayo Alberto Zum Felde, "con el liberalismo romántico se inicia, en América, la lucha ideológica contra la Iglesia Católica, que ha de llegar después, bajo el positivismo, a su período más crítico, más agudo".

En filosofía, comienza a hablarse de la Ciencia, la Nueva Religión Humana, y el Progreso, como entidades existentes por sí mismas, que deben tratar de lograrse en tanto son valores que permitirán asegurar el desarrollo de las naciones, y colocarlas en la línea de las más adelantadas y progresistas del mundo. Los escritores y filósofos románticos, coherentes con su sistema de teorías, exaltan el sentimiento y la intuición como medios para llegar al conocimiento, atacando la razón, a la que no se le reconocen posibilidades para lograr una interpretación total y esencial del mundo, la naturaleza y Dios.

La Reforma en México (1858–1860): Benito Juárez

En los países de Iberoamérica, liberales y conservadores se han enfrentado continuamente a causa de sus ideas, y en algunos casos han llegado a la guerra civil. México y Guatemala son los dos países donde el enfrentamiento con la Iglesia Católica ha sido más violento.

En el primero de los países, Benito Juárez, un liberal de sangre india, fue el inspirador y ejecutor de la llamada Reforma de 1859. Años antes, la lucha contra la Iglesia había comenzado limitando la jurisdicción de las cortes militares y eclesiásticas (1855), y suprimiendo la Compañía de Jesús (1856). En virtud de la llamada Ley Lerdo de Tejada (1850) se obligó a la Iglesia a vender todas las tierras y bienes no dedicados al culto; se establecieron los cementerios civiles y se fijaron los donativos para los bautismos y matrimonios.

Benito Juárez, el liberador mexicano del poder imperial de Maximiliano. Durante la Guerra de los Tres Años (1858–1860) defendió la causa republicana y propició las Leyes de la Reforma. Le tocó dirigir la nación en tiempos particularmente difíciles.

En 1857 México adoptó su nueva constitución que rigió hasta 1917. Fue un importante paso hacia adelante en el progreso del país. Dicho documento garantizaba la libertad de palabra y de prensa; prohibía el monopolio y la confiscación de los bienes; abolía los títulos hereditarios; establecía la forma republicana de gobierno, y separaba la Iglesia del Estado. Asumió la presidencia el doctor Juárez.

Estalló entonces una guerra civil entre liberales y conservadores, conocida por el nombre de la "Guerra de los Tres Años" o "Guerra de la Reforma" (1858–1860), que fue ganada por Benito Juárez y sus hombres. En 1859, en medio de la conflagración, Juárez dictó las Leyes de la Reforma, o decretos anticlericales, por las cuales se nacionalizaban los bienes de la Iglesia no vendidos todavía de acuerdo con la Ley Lerdo; se disolvían las órdenes monásticas religiosas; se establecía el matrimonio como contrato civil y el registro de los nacimientos, matrimonios y muertes; se proclamaba la libertad de cultos, y se reglamentaban las festividades religiosas.

La intervención francesa en México (1864–1867)

El presidente Juárez resolvió suspender en 1861 el pago de las deudas públicas debido a la mala situación financiera del país. Inglaterra, Francia y España decidieron entonces efectuar una acción conjunta e intervenir en México para defender sus intereses. Al

El archiduque Maximiliano que con fuerzas francesas y bajo la sugestión de Napoleón III ocupó a México y se proclamó emperador. Fue derrotado por Benito Juárez y fusilado en Querétaro (1867). Su esposa Carlota enloqueció en Europa.

poco tiempo de la ocupación del puerto de Veracruz, las tropas inglesas y españolas se retiraron al darse cuenta de las intenciones imperialistas de Francia, cuyo emperador, Napoleón III, de acuerdo con elementos conservadores de México, pensaba establecer un imperio en este país, bajo algún Habsburgo.

Después de algunas acciones bélicas y de la entrada de las tropas enemigas en la ciudad de México, fue impuesto en 1864 como emperador el archiduque Maximiliano de Austria, descendiente de Carlos V. El régimen concluyó pocos años después con la derrota de Maximiliano frente a las fuerzas de Juárez. Maximiliano fue ejecutado en 1867 mientras su infeliz esposa Carlota enloquecía en Europa, adonde había ido en busca de apoyo para su marido.

El romanticismo literario

El movimiento romántico fue el más fecundo movimiento literario de Hispanoamérica en el siglo XIX, y al mismo tiempo el de más larga vigencia, pues dos generaciones de escritores y poetas escribieron dentro de esa concepción estética.

Este movimiento llegó a Hispanoamérica pocos años después de que el romanticismo se hubiera consagrado en Europa, y la puerta de entrada al continente fue el Río de la Plata, por obra del argentino Esteban Echeverría, quien en 1832 inició ese movimiento con la publicación del poema *Elvira o la novia del Plata*. Esta obra se anticipó a la primera obra propiamente romántica de España, *El moro expósito* (1833) del duque de Rivas.

La crítica más responsable ha señalado dos tipos de romanticismo en Hispanoamérica: el de imitación francesa, cuyo foco de irradiación estuvo en Buenos Aires, y el de inspiración española, con sus centros en México y Lima. En otras palabras, hubo un romanticismo afrancesado en la costa atlántica, y un romanticismo españolizado en la costa del Pacífico. Aunque esta simplificación es algo extrema, puede adoptarse con reservas.

Por razones metodológicas, se puede aceptar también la división del romanticismo en dos épocas o generaciones: el primer romanticismo, que abarca aproximadamente el período 1830–1860, y el segundo romanticismo, que se desarrolla en el lapso 1860–1880. También suelen distinguirse ambos períodos por alusión a la edad de los escritores, denominándoselos primera y segunda generación romántica.

La primera época coincide aproximadamente con los movimientos de liberación nacional en el continente y aun con los períodos de anarquía o de búsqueda de formas gubernamentales estables que culminan con la caída de las viejas ideas en materia de política, economía, religión y sociedad. El segundo período, en cambio, coincide con la etapa de organización de los nuevos estados, y por esta razón, la tarea literaria se hace menos periodística y circunstancial, pierde gran parte de su valor cívico y patriótico, y adopta una forma estética más desinteresada y menos comprometida.

Los caracteres del romanticismo hispanoamericano fueron los siguientes:

a. *americanismo:* la literatura debe independizarse de España como ocurrió en política y administración; la literatura de cada país debe ser nacional y representarlo geográfica, física, humana, histórica y espiritualmente; este americanismo debe reflejarse en las ideas, la historia, el paisaje, los temas y la lengua.

b. *popularismo:* la literatura debe ser la expresión de un pueblo y el poeta debe representarlo en sus obras: lo popular es preferible a lo aristocrático.

c. *el artista y el yo:* el escritor es un representante de una vasta cantidad de gente, y por su más intensa sensibilidad y su capacidad de inspiración, es un personaje excepcional que debe expresar la riqueza de su alma, tener una voluntad de gloria, preferir lo sentimental a lo racional, y tener un sentido especial de la soledad, una insatisfacción por el mundo contemporáneo, una aspiración hacia lo indefinido, gran fuerza de originalidad, individualismo, rebeldía y egoísmo.

d. *actitud libre frente al arte:* el romanticismo es la revolución en la literatura, y el artista debe romper con las normas y las reglas clásicas que constriñen el arte; esto implica la no separación de los géneros literarios, el derecho a mezclar poesía y prosa, el cambio de las combinaciones métricas y estróficas, el no cumplimiento de los preceptos neoclásicos, en suma, la expresión de la propia originalidad.

e. *nuevo sentido de la naturaleza:* búsqueda de la soledad; preferencia por los campos, bosques, montañas y mar; prioridad de la noche, la luna y las estrellas; gusto por las ruinas y los monumentos históricos locales; admiración por la naturaleza; intercambio espiritual entre la naturaleza y el poeta y las otras almas humanas; aspiración infinita hacia Dios.

f. *sentimiento de la religión:* tendencia a Dios, que está asociado al hombre (*deísmo*) y la naturaleza (*panteísmo*); creencia en el demonio Satán y el Ángel Caído; inclinación hacia el Dios cristiano por encima de otros dogmas; el amor es el principal sentimiento (porque no es racional); y constituye una forma de culto a Dios.

g. *otros contenidos del ideario romántico:* dolorismo, optimismo, ensoñación, visiones, música, gigantismo, sepulcralismo y "byronismo".

h. *ideología:* libertad, democratismo vago, progresismo, ciencias, feminismo, revolución.

Los grandes escritores

Esteban Echeverría

El iniciador del romanticismo en Argentina había llevado una vida disipada en su juventud y no concluyó sus estudios. Viajó a París y allí estudió durante cinco años a los filósofos, historiadores y escritores del momento, y a los clásicos españoles para aprender a fondo la lengua. Volvió a Buenos Aires con la firme convicción de aportar algo nuevo a las letras de su patria.

Publicó entonces un poema en folleto, *Elvira o la novia del Plata* (1832) (primera obra completamente romántica de América), y con posterioridad otros volúmenes poéticos. Fundó con Juan María Gutiérrez y Juan Bautista Alberdi la denominada Asociación de Mayo, sociedad patriótico-literaria cuyo *Credo* redactó. Suprimida la Asociación, y perseguidos sus miembros por el dictador Rosas, Echeverría y otros escritores emigraron a Uruguay. Allí editó el antiguo *Credo* con el título de *Dogma socialista.*

Compuso además el primer cuento argentino, *El matadero,* sobre las atrocidades de los sectarios de Rosas, y un poema, *La cautiva* (1837). En el primero, los encargados de un matadero de Buenos Aires se burlan de un joven federal, bien vestido y con barba a la francesa, lo apresan, lo someten a toda clase de vejámenes y se aprestan a violarlo. El joven muere rabioso por el atropello. Echeverría no lo publicó en vida quizás por temor a la venganza de Rosas, o por su contenido antirrosista y anticlerical. "El poeta no estaba sereno cuando realizaba la buena obra de escribir esta elocuente página del proceso contra la tiranía", escribía su editor años después.

La cautiva refleja reminiscencias de un leído relato del francés Chateaubriand, *Atala.* Un malón de indios saquea una población de la Pampa y toma cautivos, entre ellos al capitán Briand y su esposa María. Aprovechando un festín en que los indios se emborrachan, María liberta, puñal en mano, a su esposo herido y huyen al desierto. Briand muere y su esposa lo entierra, hasta que una patrulla la pone a salvo.

Hay una exagerada idealización de los personajes que aparecen nítidamente clasificados en héroes y malvados. El desierto parece ser el protagonista real del poema; las excesivas descripciones y la presentación de esta región geográfica en una gran variedad de momentos y fenómenos (amanecer, tarde, mediodía, calor, sequedad, extensión, vientos, fuego, etc.), contrastan por su gran número con los versos dedicados a la narración misma. Echeverría usa en su obra la lengua argentina y si bien incorpora algunos argentinismos típicos (*malón, quemazón, yajá, rancho, fachinal,* etc.), muchos pertenecen al vocabulario culto y no al lenguaje gauchesco.

Domingo Faustino Sarmiento

Sarmiento es, sin disputa, el mayor prosista argentino del siglo XIX. Fue sobre todo ensayista, y dentro de este género, una figura de importancia continental. Junto con Juan Montalvo (ecuatoriano), Eugenio María de Hostos (portorriqueño), Justo Sierra (mexicano) y Enrique José Varona (cubano), constituyen el grupo de grandes maestros hispanoamericanos del siglo pasado.

Nació en la provincia de San Juan (1811) y perteneció a una familia muy modesta. Desde niño mostró gran precocidad y talento, pero no pudo realizar estudios sistemáticos y universitarios; fue el prototipo del autodidacta. Por sus ideas liberales y por su oposición a Rosas vivió exiliado en Chile, donde fue periodista, maestro y organizador de la Escuela Normal de Preceptores de Santiago. De esta época data su famosa polémica con Bello.

Estuvo en Europa y en Estados Unidos para estudiar sus sistemas de educación, y después de la caída de Rosas ocupó importantes cargos en su país. Fue diputado, senador, ministro y gobernador en su provincia natal, embajador argentino en Estados Unidos, presidente de la nación y, por último, director de educación de su país. Pero antes había sido también empleado de comercio, maestro rural, minero y soldado. La Universidad de Michigan le llegó a conferir el grado de Doctor *honoris causa*. Hacia el final de su vida, cansado y enfermo, se retiró a Paraguay donde murió (1888).

Domingo Faustino Sarmiento, autor de 52 volúmenes, transitó desde la humilde función de empleado de comercio rural hasta la de presidente de la República Argentina. Escribió *Facundo*, fue amigo personal de Horace Mann y llevó las primeras profesoras norteamericanas a enseñar en su país. (Retrato al óleo de su nieta Eugenia Belin Sarmiento)

Las obras completas de Sarmiento comprenden 52 volúmenes, de distinta calidad y contenido. Ninguna de ellas es estrictamente literaria, pues Sarmiento no fue un artista puro: escribía para expresar su opinión, enseñar, defenderse o atacar. Poseía un estilo sin igual, impetuoso, desordenado, vivo y demoledor, lo que le valió el calificativo de "gaucho en literatura". A pesar de ser a veces incorrecto, es el más importante prosista de Argentina del siglo XIX.

El más famoso de sus libros es *Facundo o Civilización y barbarie* (1845) que se publicó en Chile en forma periodística. Contiene un violento ataque a la dictadura de Rosas y sus caudillos, y un agudo análisis de la sociedad argentina de aquellos tiempos. Es un libro extraño, "sin pies ni cabeza", según la definición del propio Sarmiento, pero escrito con incomparable maestría y fuerza. En *Recuerdos de provincia* (1850) escribe su autobiografía y se defiende de sus enemigos.

Las ideas de Sarmiento fueron las de un liberal. Consideraba a la vida gauchesca como un impedimento para el progreso de la nación; exigía la educación popular como medio de sacar a su país del atraso colonial y de la barbarie de los caudillos; mostraba el ejemplo de Europa y de Estados Unidos como modelos para seguir en la organización del país, y aconsejaba desarrollar la industria, el comercio, el arte y las ciencias. Sostenía, además, que la barbarie era propia del gaucho y la vida campesina, mientras que la civilización del país tenía su centro en la ciudad de Buenos Aires.

Aparte de la diatriba que hace del régimen rosista y de los caudillos federales del país, pueden anotarse otros contenidos. Por de pronto, una teoría sobre el hombre argentino, bastante determinista,[1] pues concibe al hombre, sobre todo al campesino o gaucho, como determinado por el suelo, el clima y el ambiente, con lo cual se convierte en un anticipo de la posición filosófica del determinismo europeo, llevado a sus últimas consecuencias por el francés Hipólito Taine, y que hoy, a la luz de la moderna sociología, ha perdido gran parte de su validez. Sin embargo, sus apreciaciones y observaciones sobre la psicología del hombre de campo y los caudillos, revelan una sutil capacidad de observación. "La lucha parecía política, y era social" decía el propio autor. Además, *Facundo* desarrolla la teoría de la oposición ciudad-campo y sus equivalencias, civilización y barbarie. Juan Bautista Alberdi se ocupó ya en su tiempo de rebatir esta tesis, sosteniendo que "la división en hombre de ciudad y hombre de la campaña es falsa, no existe; es reminiscencia de los estudios de Niebuhr sobre la historia primitiva de Roma". Y agregaba que también era inválida esta concepción, porque no sólo en Argentina, sino en todos los países del mundo, las grandes culturas y civilizaciones se han apoyado siempre en las ciudades, y aun los países que Sarmiento admiraba como civilizados (los europeos y Estados Unidos), también tenían en esos tiempos campos atrasados, y no por eso podía calificárselos de incivilizados. En el fondo, esta concepción sarmientina adolece de la idealización que los románticos tanto hicieron de la realidad concreta, y aun cuando ciertos aspectos parciales de la teoría eran reales en esos momentos, la teoría genérica no ha podido sostenerse hasta nuestros días.

---

[1]**determinista** que atribuye a los factores externos la conducta y la personalidad del ser humano (determinismo filosófico)

DOMINGO F. SARMIENTO

Facundo o Civilización y barbarie

Facundo es un tipo de la barbarie primitiva; no conoce sujeción de ningún género; su cólera era la de las fieras; la melena de sus renegridos y ensortijados cabellos caía sobre su frente y sus ojos en guedejas, como las serpientes de la cabeza de Medusa, su voz se enronquecía, sus miradas se convertían en puñaladas; dominado por la cólera, mataba a patadas estrellándole los sesos a N. por una disputa de juego; arrancaba ambas orejas a su querida porque le pedía una vez 30 pesos para celebrar un matrimonio consentido por él, y abría a su hijo Juan la cabeza de un hachazo, porque no había forma de hacerlo callar; daba de bofetadas en Tucumán a una linda señorita a quien ni seducir ni forzar podía; en todos sus actos mostrábase el hombre bestia aún, sin ser por eso estúpido, y sin carecer de elevación de miras. Incapaz de hacerse admirar o estimar, gustaba de ser temido: pero este gusto era exclusivo, dominante hasta el punto de arreglar todas las acciones de su vida a producir el terror en torno suyo, sobre los pueblos como sobre los soldados; sobre la víctima que iba a ser ejecutada, como sobre su mujer y sus hijos. En la incapacidad de manejar los resortes del gobierno civil, ponía el terror como expediente para suplir al patriotismo y a la abnegación; ignorante, rodeábase de misterios, haciéndose impenetrable, valiéndose de una sagacidad natural, una capacidad de observación no común y de la credulidad del vulgo, fingía una prescindencia de los acontecimientos, que le daba prestigio y reputación entre las gentes vulgares.

Es inagotable el repertorio de anécdotas de que está llena la memoria de los pueblos con respecto a Quiroga; sus dichos, sus expedientes, tienen un sello de originalidad que le daban ciertos visos orientales, cierta tintura de sabiduría salomónica en el concepto de la plebe.

(Cap. V)

Facundo apareció originalmente como folletines (luego reunidos en un volumen) en el diario *El progreso* de Chile, donde estaba exiliado el autor perseguido por los secuaces de Rosas. En esta obra pueden encontrarse tres elementos: biográficos (Facundo Quiroga, Rosas y el propio Sarmiento); políticos (hechos entre unitarios y federales), y sociológicos (su teoría de la civilización urbana y europeísta, opuesta a la rural y campesina.) En estos tiempos, estos temas no se consideran como absolutamente válidos.

En el fragmento reproducido puede apreciarse su extraña mezcla de estilos y técnicas, pero sobre todo, la fuerza de su expresión.

El crítico Zum Felde ha señalado, en su opinión, las que considera las dos falacias más sustanciales del libro: 1) el campo no es la barbarie, porque es fuente de riquezas; 2) la ciudad es siempre el europeísmo, el cosmopolitismo, y por ello es menos nacional que el campo. El maestro Ricardo Rojas, argentino, tampoco ha compartido esta concepción de Sarmiento. A pesar de estas reservas en cuanto al contenido, *Facundo* ha sido considerado "como el libro quizás más importante que se haya producido en Hispanoamérica" (Arturo Torres Rioseco). Ricardo Rojas ha opinado así: "No fue una verdad filosófica de validez permanente. Fue sólo una ingeniosa máquina que nosotros, cien años después, debemos examinar".

En el libro *Conflictos y armonías de las razas en América* (1883), expone sus teorías sobre la mezcla de razas y culturas, y se muestra favorable al tipo de colonización anglosajona. Su concepto político se resume, sintéticamente, en la frase: "Gobernar es educar".

Ricardo Palma

Es el escritor más difundido del Perú y la más grande personalidad literaria del romanticismo en su segunda etapa. De origen modesto, nació en Lima (1833), donde pasó la mayor parte de su vida, salvo una corta expatriación en su juventud, por motivos políticos, y breves viajes circunstanciales.

Estudió leyes en la Universidad Mayor de San Marcos, y ya en tiempos de su mocedad comenzó a entregarse a su vocación de infatigable lector. Perteneció un tiempo a la Armada de su país hasta que se exilió en Chile por razones políticas. Realizó algunos viajes por Europa y Norteamérica, y ocupó varios puestos públicos de relativa importancia. Publicó en un volumen sus primeras *Tradiciones* (1872), hasta entonces dispersas en periódicos y revistas.

Fue designado luego director de la Biblioteca Nacional de Lima (1884) para dirigir su reconstrucción, pues había sido saqueada, a raíz de la guerra con Chile, por los atacantes extranjeros. En esta tarea, desarrolló una acción continental, escribiendo a todo el mundo en busca de ejemplares en donación, al punto de obtener el mote de "bibliotecario mendigo". Desde aquel año permaneció siempre en dicha institución hasta su retiro (1912). Pasó el resto de su vida en Miraflores, donde falleció (1919).

Palma es el creador de un nuevo género literario, la "tradición", que en esencia es un relato corto, ágil y humorístico, histórico o legendario, de varias épocas del Perú (incásico, colonial, independiente) y otras no clasificables, escrito en un estilo original y castizo. La crítica ha sido unánimemente elogiosa ante este espécimen literario, de magnífica factura.

Palma de alguna manera festejó o se burló de ciertas costumbres, usos de la historia menuda de su país, y puso indirectamente de relieve algunos aspectos extravagantes de personas, ideas, sentimientos o hechos. Por eso ciertos peruanos lo han considerado, quizás injustamente, anticolonialista disfrazado con una sonrisa. Otros, en cambio, lo han considerado un "perricholista" por excelencia. La Perricholi fue una actriz del siglo XVIII residente en Lima, que gozó de gran favor y publicidad, y llevó una vida íntima muy criticada. Según este origen, el "perricholismo" consistiría en una "adoración incondicional del Virreinato, de la anécdota, de lo trivial y gracioso, dejando a un lado lo profundo e intenso" (Luis Alberto Sánchez). No ha faltado tampoco quien haya sostenido que por esta preferencia del Perú virreinal, cuya expresión más típica se dio en Lima, estas tradiciones deberían denominarse "tradiciones limeñas".

Ricardo Palma, el mayor prosista peruano de la segunda mitad del siglo XIX, creador del género denominado *tradición* o relato histórico-imaginativo sobre el Perú. Se lo llamó el "bibliotecario mendigo" porque durante la invasión de Chile a su país la Biblioteca Nacional fue saqueada e incendiada y como director se dedicó a reconstruirla solicitando donaciones.

Jorge Isaacs

Isaacs es el autor de la más popular y acaso la mejor novela hispanoamericana del siglo XIX: *María*.

Colombiano de nacimiento (1837–1895), hijo de un judío inglés de Jamaica y de madre criolla, realizó sus estudios en Bogotá y luego retornó a Cali, su ciudad natal. Intervino en varios combates civiles, y comenzó tempranamente su tarea de poeta y prosista. Ocupó algunos puestos públicos, entre ellos el de inspector de caminos, actividad durante la cual enfermó gravemente. Fue diputado por el partido conservador, cónsul en Chile, y fracasó en una empresa rural antes de establecerse en Popayán. Intentó superar su fracaso con una compañía de minas, pero tampoco logró el éxito anhelado. Conoció al poeta José Asunción Silva, maestro del modernismo. Más tarde, una grave dolencia lo llevó a la muerte.

Dotado de una notable sensibilidad, quizás debido a su origen hebreo y andaluz y a sus constantes lecturas de autores extranjeros, ya que dominaba el francés y el inglés, se percibe en sus poesías la influencia de Chateaubriand y Rousseau, sobre todo por la preferencia que revelaba por la naturaleza. Transportó esa sensibilidad al valle del Cauca.

Su obra maestra, la novela *María* (1867) ha empalidecido el resto de la obra de Isaacs, pero es suficiente para adjudicar al autor colombiano la prioridad que ocupa en las letras hispanoamericanas. En ella se mezclan dos elementos fundamentales del alma romántica: la admiración por la naturaleza y el respeto por el espíritu humano. Quizás este tipo de romanticismo esté pasado de moda, pero ello no invalida el valor de la pieza.

A través del amor puro entre Efraín y María, que resulta frustrado por un largo viaje de estudios del joven a Londres, el novelista describe con maestría los paisajes, la gente y las costumbres del lugar. Al término de las peripecias Efraín regresa a Colombia pero no llega a tiempo para despedirse de su amada María, que ha fallecido.

José Hernández y la culminación del género gauchesco

Contemporáneamente con el romanticismo, hacía fines de siglo, la poesía gauchesca resurge en Argentina y produce sus obras mayores, entre ellas el mejor poema del género, publicado en dos partes llamadas *El gaucho Martín Fierro* (1872) y *La vuelta de Martín Fierro* (1879).

Su autor, José Hernández (1834–1886), creció en una estancia del sur de la provincia de Buenos Aires, ocupó diversos cargos públicos menores, participó en las luchas contra el régimen rosista, fue diputado nacional, misión durante la cual defendió con ardor la federalización de la ciudad de Buenos Aires como capital de la República Argentina (1880), escribió artículos periodísticos de carácter político y un manual en prosa, *Instrucción del estanciero,* con el propósito de educar en sus tareas a los habitantes del campo. Pero su obra fundamental es la primera mencionada, por la cual algunos críticos le han dado el calificativo de "poeta nacional".

Martín Fierro es un gaucho que vive feliz con su mujer y sus hijos. En un acto arbitrario, las autoridades lo apresan y lo envían a la frontera, donde sirve en un fortín, sin recibir paga alguna, y víctima de una comandancia injusta y corrompida. Agobiado por esa vida miserable, huye y regresa a su pago; allí se encuentra con su rancho des·truido, y desaparecidos sus hijos y su mujer. Entonces jura ser más malo que una fiera, y se convierte en gaucho pendenciero. Es perseguido nuevamente como vago, y en una refriega con la policía, se encuentra con el sargento Cruz quien se vuelca a favor de Fierro y resuelven irse juntos a refugiarse entre los indios.

Al cabo de un tiempo, Martín Fierro regresa a la civilización, y narra su vida en las tolderías: las costumbres de los salvajes, los estragos de una epidemia de viruela, la muerte de su amigo Cruz por contagio, la matanza de un indio que maltrataba a una cristiana cautiva y la fuga con ella, hasta dejarla a salvo en una estancia rural.

Fierro encuentra a sus hijos: el mayor de ellos narra también sus aventuras, y el menor refiere sus andanzas bajo la tutela del Viejo Vizcacha, un menesteroso sucio e ingenioso, que solía darle famosos consejos. Llega entonces el gaucho Picardía, hijo de Cruz, y un moreno,[2] hermano de una de las víctimas de Fierro. Se produce entonces

---

[2]**moreno** negro, mulato

JOSÉ HERNÁNDEZ

Martín Fierro

[La payada entre Martín Fierro y el Moreno]

MARTÍN FIERRO

¡Ah, negro[1]!, si sos tan sabio
no tengás ningún recelo[2];
pero has tragao el anzuelo[3]
y, al compás del estrumento,[4]
has de decirme al momento
cuál es el canto del cielo.

EL MORENO

Cuentan que de mi color
Dios hizo al hombre primero;
mas los blancos altaneros,[5]
los mesmos[6] que lo convidan,
hasta de nombrarlo olvidan
y sólo lo llaman negro.

Pinta el blanco negro al diablo,
y el negro blanco lo pinta
blanca la cara o retinta,[7]
no habla en contra ni a favor;
de los hombres el Criador
no hizo dos clases distintas.

Y después de esta alvertencia,[8]
que al presente viene al pelo,[9]
veré, señores, si puedo,
sigún mi escaso saber
con claridá responder
cuál es el canto del cielo.

Los cielos lloran y cantan
hasta en el mayor silencio;
lloran al cair el rocío,[10]
cantan al silbar los vientos,
lloran cuando cain[11] las aguas
cantan cuando brama[12] el trueno.

MARTÍN FIERRO

Dios hizo al blanco y al negro
sin declararlos mejores;
les mandó iguales colores
bajo una mesma cruz;
mas también hizo la luz
pa[13] distinguir los colores.

Ansí[14] ninguno se agravie;
no se trata de ofender,
a todos se ha de poner
el nombre con que se llama
y a naides[15] le quita fama
lo que recibió al nacer.

(II parte, versos 4055 y sig.)

---

1. en realidad moreno, no negro puro, de piel oscura   2. desconfianza   3. expresión gauchesca por "te has dejado engañar, sorprender"   4. instrumento   5. orgullosos 6. mismos   7. reteñida, ennegrecida   8. advertencia   9. viene al caso, oportunamente 10. vapor de agua que se condensa por la noche y al amanecer   11. caen   12. sopla con furia y ruido   13. para   14. arcaísmo: así   15. nadie

Algunos caracteres de la lengua gauchesca: falsa diptongación (naides), supresión de consonantes (claridá), apócopes (pa), mutación de fonemas (alvertencia, Criador), arcaísmos (mesma, ansí), etc.

El fragmento anterior es una parte del debate al compás de las guitarras, en que un improvisador debe responder al otro al instante (Martín Fierro y el Moreno). El tema es la diferencia entre blancos y negros. Se trata de sextinas octosilábicas de diversas combinaciones rítmicas, o sextina hernandiana.

Desde la Edad Media se conocía en España este tipo de contrapunto o "tensión" literaria que cultivaron los juglares y trovadores. Aunque el lenguaje es gauchesco, es difícil concebir los temas que se desarrollan en esta payada, como propios de la educación del gaucho (canto del cielo, de la tierra, del mar, origen del amor, etc.).

una célebre payada entre Fierro y el Moreno. Luego éste reta a duelo a Fierro al reconocerlo, pero el desafiado, a quien los años y las desdichas han aplacado y le han otorgado una serenidad de hombre bueno, rechaza el lance, da consejos a sus hijos, y se retira con ellos.

El poema recoge algunas fuentes folclóricas (diálogos entre gauchos y ciertas combinaciones estróficas, fuentes gauchescas autóctonas (semejanzas con algunos otros poemas en versos o pasajes), y fuentes románticas (antecedentes de Echeverría y su *Cautiva*, color local, rebeldía, exaltación del bandido, y reminiscencias de personajes de la literatura española, sobre todo de Espronceda).

El *Martín Fierro,* como obra literaria y social que es, ha sido objeto de valiosos análisis críticos e interpretaciones, tanto de argentinos como de extranjeros. En cuanto al propio Hernández, nos ha dejado en el poema mismo, y en su correspondencia, irrefutables testimonios de que el poema tenía una intencionalidad social:

> *Yo he conocido cantores*
> *que era un gusto el escuchar:*
> *más no quieren opinar*
> *y se divierten cantando;*
> *pero yo canto opinando*
> *que es mi modo de cantar.*

(II, 61)

El positivismo

Con el triunfo del liberalismo como doctrina social, América Latina entra hacia la mitad del siglo en un período de entusiasmo por el europeísmo. Las clases gobernantes hacen suyas las ideas elitistas sobre las ventajas de desprenderse por fin del repertorio tradicional de cuño hispánico católico o indigenista, como mejor recurso para afianzar el progreso de las nuevas naciones. De acuerdo con el ejemplo de países como la Argentina, Brasil, Chile y Costa Rica, el progreso parecía estar fundado en las nuevas generaciones sin ataduras a la tradición conservadora.

Este optimismo ideológico se apoyaba paralelamente en un aumento de la demanda europea por minerales, metales preciosos, productos alimenticios, trigo y carnes, cueros, sebo y grasas, derivados todos de la explotación de la tierra, que América Latina estaba en excelentes condiciones de proveer. El continente parecía destinado a emerger de su crónica debilidad mundial y convertirse en la ansiada patria del bienestar. Los criollos jóvenes entendieron que tan compleja aspiración no podía llevarse a cabo con el paternalismo antiguo y que estaba reservada a las minorías cultas y modernizadas.

La segunda mitad del siglo XIX asiste entonces a la aparición de una nueva mentalidad, la economía exportadora, que permitiría con los ingresos importar maquinarias de producción, ferrocarriles, navíos, puentes, técnicas modernas, aparte de artículos domésticos y personales de comodidad y lujo.

Muchos gobernantes, acompañados de minorías clasistas y futuristas, se lanzan a esta filosofía. En México aparecen los denominados *científicos* que se ponen al lado de Porfirio Díaz, quien gobernó el país de 1876 a 1911, dio un fuerte impulso a la economía, emprendió importantes obras públicas, construyó vías férreas, introdujo la electricidad, amplió las bases de la educación pública, creó instituciones culturales y abrió el país a los capitales extranjeros, bajo un régimen presidencial autoritario y reeleccionista.

En dos países, Argentina y México, se producen los acontecimientos políticos nacionales más importantes de su historia. En otros dos, Chile y Brasil, se viven períodos de menor sacudimiento político.

La Organización Nacional en la Argentina (1852–1880)

Cuatro excelentes presidentes se suceden unos 10 años después de la caída de Rosas. Los tres primeros fueron hombres de gran cultura y escritores, y el cuarto, un sagaz militar y político: Bartolomé Mitre (1862–1868), Domingo Faustino Sarmiento (1868–1874), Nicolás Avellaneda (1874–1880) y el general Julio A. Roca (1880–1886).

Con ellos, el país se organiza rápidamente y adopta la fisonomía de una nación moderna. Se promulga la Constitución de 1853. Se termina la Campaña del Desierto, conquistando la Patagonia, que hasta entonces había estado dominada por los indios; se convierte a la ciudad de Buenos Aires en territorio federal y capital del país; se establecen los ferrocarriles; se tienden los caminos y comienza el proceso de la explotación agrícola y ganadera en gran escala; se inicia el tránsito hacia la economía preindustrial; se crean escuelas primarias y secundarias por toda la nación; se establece la enseñanza oficial primaria, gratuita y obligatoria; se abren las puertas a la inmigración en masa, y torrentes de extranjeros llegan de Europa; se secularizan los cementerios y se establece el matrimonio civil paralelo al religioso; se redactan los códigos y comienza la etapa del optimismo en el pueblo. A este período (1853–1886) se lo denomina "Organización Nacional".

El período de Porfirio Díaz en México (1876–1911)

En 1876 el general Porfirio Díaz, héroe de la lucha contra los franceses, derrota a las fuerzas gubernamentales y es reconocido como nuevo presidente por el Congreso.

Comenzó así el período de Porfirio Díaz, que duró hasta 1911 (excepto cuatro años de interrupción). Se caracterizó el régimen de Díaz por el adelanto material de México, el impulso a los ferrocarriles, el ingreso de capitales extranjeros, el establecimiento de plantas textiles, metalúrgicas y mineras, la lucha sin cuartel contra los bandidos por medio de una policía fuerte —los *rurales*— y un gobierno autocrático. La Reforma fue olvidada y las clases privilegiadas fueron protegidas contra los intereses de las clases populares: el sistema de tenencia de las tierras no se modificó y los latifundios se consolidaron.

En 1910 estalló la Revolución Mexicana que derrotó a Porfirio Díaz en el año siguiente. Luego se restablecieron la libertad y el sistema republicano.

Balance del positivismo en Iberoamérica

Según esto, en Latinoamérica el positivismo fue bastante más que una especulación filosófica. Fue una actitud económica, política y cultural, que en el siglo siguiente sería cuestionada por muchos intelectuales. En su momento generó una tecnocracia, una elite, y más aún, una división de clases. Considerado como sistema filosófico, el positivismo clásico, representado por su principal figura, el francés Augusto Comte (1798–1857), sostiene que las ciencias recorren en su desarrollo tres etapas: la teológica, que explica los acontecimientos recurriendo a la persona de Dios o de los dioses;

la metafísica, que apela a los conceptos universales, y la positiva, que se limita a describir los hechos por medio de las ciencias. Sólo lo que puede comprobarse por los sentidos es verdadero. La filosofía, en definitiva, no es otra cosa que la suma de los resultados de la ciencia. El lema de los gobiernos influidos por el positivismo fue "Orden y progreso", y así lo dice expresamente la bandera brasileña, país donde esta doctrina se adoptó con decisión en la época.

Pero el positivismo tuvo varias manifestaciones o modalidades. Hubo un positivismo inglés representado por Herbert Spencer (1820–1903), que pretende someter la esfera del saber a una sola idea dominante y explicar todo por ella. Es la idea de la evolución, según la cual toda realidad se explica por transformación de otra anterior, todo es evolución transformadora. El positivismo biológico está representado por el caballero francés de Lamarck (1744–1829), más conocido por su idea no probada de que todos los cambios producidos en vida de un organismo se convierten en hereditarios.

Es dudoso que estas diversas teorías hayan transitado del campo de la especulación académica a las doctrinas políticas y sociales, salvo como creencias de los líderes latinoamericanos. De todos modos, aun en el terreno práctico, este positivismo coincidía con algunos principios de los líderes: gobiernos fuertes para contener a las fuerzas de la regresión; superioridad racial de los blancos sobre los indígenas, los mestizos y los afroamericanos; condición viciosa de ellos en el trabajo, la sociabilidad y la obediencia; incapacidad intelectual para absorber el progreso, resentimiento psicológico y otras insuficiencias. La diferenciación racial es insuperable y un impedimento para construir cualquier nacionalidad.

Fueron los años en que las riquezas obtenidas por el intercambio se gastaron en embellecer las ciudades de Buenos Aires, México, Lima, Caracas, Río de Janeiro y San Pablo con bulevares y avenidas, parques, residencias suntuosas y otras exquisiteces, aunque en honor a la verdad, se crearon también teatros, academias, círculos literarios, museos y universidades. Fueron los años del *rastaquoère,* o latinoamericano ostentoso que despilfarraba su fortuna en París.

Aunque hayan ocurrido estas realidades en la historia latinoamericana, desde el punto de vista de la biología eran falaces e inhumanas. También demostraron su debilidad con los años las ilusiones mercantilistas, debido a que Europa no podía ser un consumidor interminable de productos primarios latinoamericanos.

La guerra de España y Estados Unidos (1898)

Mientras la mayor parte de Iberoamérica luchaba con problemas de organización interna, Cuba no había logrado separarse de España en tiempos de las guerras de la Independencia. Hacia mediados del siglo XIX, sin embargo, comenzaron a manifestarse indicios de revolución, pero varios intentos fueron sofocados. España efectuó reformas liberales, sin satisfacer a los cubanos, que en 1895 hicieron una revolución con resultados negativos. José Martí, escritor y patriota, tuvo una importante participación en ella y murió en una de las batallas.

Pronto los Estados Unidos se vieron envueltos en la cuestión. Un barco de guerra, el "Maine", que había sido enviado al puerto de La Habana para proteger los intereses y la vida de los ciudadanos norteamericanos, explotó en el puerto. El Congreso de Estados Unidos dos meses después declaró que el pueblo cubano tenía pleno derecho a ser libre e independiente. España tomó tal manifestación como una declaración de guerra: se rompieron las relaciones diplomáticas y estalló la guerra (1898).

La flota española fue vencida y las fuerzas norteamericanas tomaron la ciudad de Santiago. Al poco tiempo, se firmó un tratado de paz entre Estados Unidos y España (1898), por el cual España renunciaba a su soberanía sobre Cuba, Puerto Rico y las Filipinas. Se estableció en Cuba un gobierno militar norteamericano, que convocó una convención constituyente y estableció la República.

En la nueva constitución se incorporaron las disposiciones de la Enmienda Platt, la cual autorizaba a Estados Unidos a intervenir en la isla para garantizar su independencia, y cedía al país del norte la bahía de Guantánamo y la bahía Honda. Más tarde, Estados Unidos abandonó la bahía Honda y en 1936 se firmó un nuevo tratado por el cual se anulaba la Enmienda Platt y el derecho a intervenir en Cuba.

La bahía de Guantánamo continúa todavía en poder de Estados Unidos, donde mantiene una fuerte base naval y militar.

Puerto Rico

Una de las consecuencias de la guerra de Estados Unidos y España fue la pérdida para la metrópoli de la isla de Puerto Rico, la más pequeña de la cadena de las Antillas Mayores, descubierta por Cristóbal Colón en su tercer viaje (1493). Tuvo un importante carácter estratégico en el antiguo imperio. Durante las guerras de la Independencia permaneció leal a España. En nuestros tiempos conserva profundos rasgos de la cultura hispánica, al punto que puede ser considerada como el único estado bicultural de Hispanoamérica. Su capital es la ciudad de San Juan. Hacia 1970 su ingreso anual por persona era el más alto de toda Latinoamérica.

Su economía estuvo sustentada durante mucho tiempo en las plantaciones de azúcar, café y tabaco, pero fue paulatinamente industrializándose con la llegada de las tropas norteamericanas a fines del siglo XIX. Con posterioridad a la guerra y como consecuencia del Tratado de París (1899), fue cedida con Cuba y las Filipinas por España a los Estados Unidos y se dejó al Congreso norteamericano la determinación de su futuro político, sin precisar su situación jurídica. Éste amplió en 1907 las bases de su dependencia admitiendo la autoridad local de un gobernador designado por el presidente de los Estados Unidos, acompañado de un consejo ejecutivo dependiente del Congreso norteamericano. Al mismo tiempo otorgó la ciudadanía norteamericana a los puertorriqueños. En 1940 se autorizó a los locales a redactar su propia constitución, aunque los Estados Unidos mantienen los derechos de defensa, política exterior, emisión de moneda y correos. En 1952, por ley del Congreso, aprobada por un referéndum del pueblo isleño, Puerto Rico fue instituido como Estado Libre Asociado, con Luis Muñoz Marín como primer gobernador. Otro referéndum de 1967 reveló que un 60% de la población estaba de acuerdo con dicho régimen.

Los puertorriqueños (o portorriqueños) debaten entre ellos la conveniencia o inconveniencia de su actual estatuto político: mientras los integrantes del Partido Popular Democrático defienden el mantenimiento de la situación, el partido nacionalista insiste en la completa independencia del territorio.

El pueblo de Puerto Rico es una mezcla histórica de diversas corrientes étnicas —españoles, africanos, caucásicos e indígenas, estos últimos casi desaparecidos. El flujo de portorriqueños en los Estados Unidos ha decaído desde la década de los años '60, en que comenzó a aumentar la inmigración cubana. La mayor parte de los isleños están concentrados en la ciudad de Nueva York y provienen de las áreas rurales de la isla.

Una gran figura de la historia cultural de Puerto Rico fue el ensayista Eugenio María de Hostos (1839–1903), autor de un estudio sobre el *Hamlet* y una divulgada *Moral social* (1888), el libro que mejor lo representa, en el que propugna una moral de inspiración positivista. Estudioso de saber enciclopédico, su ideario lo revela partidario de la fusión de razas, dolido por el fracaso español y americanista cultural. En los tiempos actuales se destaca la figura del dramaturgo René Marqués (n.1919), autor entre otras obras de *La muerte no entrará en Palacio (1957),* tragedia urticante en la que desarrolla el tema de la lucha política de su patria.

El sistema panamericano

A fines del siglo XIX, las relaciones entre Estados Unidos e Iberoamérica llegan a un punto de máxima tirantez. La intervención del país del norte en los asuntos de México y otras repúblicas, la anexión de Puerto Rico y las Filipinas, el derecho a intervenir en Cuba, el apoyo a la separación de Panamá de Colombia (1903) y los derechos adquiridos en la zona del canal de Panamá, así como las declaraciones del presidente Theodore Roosevelt sobre el ejercicio de un poder policial sobre los demás países americanos, crean un ambiente inamistoso entre Iberoamérica y el llamado "coloso del Norte". Esta política, denominada con varios nombres —*Manifest Destiny, Big Stick Policy o Dollar Diplomacy*—, provoca la reacción de varios escritores y políticos de Iberoamérica, entre ellos Rubén Darío, José Santos Chocano, Rufino Blanco Fombona, José Enrique Rodó y Manuel Ugarte.

Hacia 1910, Estados Unidos renuncia a esta política y comienza una nueva era en las relaciones interamericanas, cuyas repercusiones posteriores serán la política llamada *Good Neighbor Policy* (1933) del presidente Franklin D. Roosevelt, y el *Plan de alianza para el progreso* (1961) del presidente John Kennedy. Ninguna de estas políticas ha dado los resultados esperados por los iberoamericanos, quienes las consideran sólo como fracasadas buenas intenciones.

Entre 1889 y 1890 se reunió en la ciudad de Washington la Primera Conferencia Internacional de Estados Americanos, por iniciativa de Estados Unidos. Se adoptaron diversas resoluciones, entre ellas la creación de la Unión Internacional de Repúblicas Americanas, llamada luego Unión Panamericana, con sede en la ciudad de Washington. Éste fue el origen de todo el vasto sistema panamericano denominado actualmente Organización de los Estados Americanos (O.E.A.), que tiene diversas organizaciones, comisiones, conferencias y reuniones para debatir y tratar los asuntos concernientes a las repúblicas de América.

Temas de expresión oral o escrita

1. Exponer algunos caracteres del liberalismo político.
2. ¿Qué es el romanticismo artístico y cuáles son sus principios?
3. ¿Qué relación existe entre el liberalismo político y el romanticismo literario?
4. ¿En qué consistió la Reforma en México?
5. ¿Por qué y cómo sucedió la intervención francesa en México?
6. ¿Qué importancia atribuye usted a las ideas de Domingo F. Sarmiento en el pensamiento hispanoamericano?
7. ¿Quién fue Jorge Isaacs y de qué trata su famosa novela *María?*
8. Caracterizar la poesía gauchesca rioplatense.
9. ¿A qué se denominó el período de la Organización Nacional en la Argentina?
10. Exponer en modo general las ideas del positivismo filosófico.
11. ¿Qué especie literaria creó el peruano Ricardo Palma y cuáles son sus características?
12. Explicar la guerra de España con los Estados Unidos.
13. Imagine la autobiografía de un *rough rider* sobre su participación en la guerra de Cuba.
14. Escriba un artículo periodístico en estilo actual anunciando la guerra de 1898 contra España.
15. Carta supuesta de un soldado norteamericano a su madre refiriéndole pormenores de la lucha en territorio cubano.
16. Hipotética respuesta epistolar de esa madre.

Temas de discusión

1. Discutir el tema del sistema panamericano hasta nuestros días.
2. Explicar el *rastaqouère* hispanoamericano a fines del siglo XIX.
3. Debatir el pensamiento de Sarmiento en materia de mestizaje racial y cultural.
4. ¿Considera suficiente la filosofía positivista para justificar el avance económico de los países iberoamericanos en la segunda mitad del siglo XIX?
5. El historiador norteamericano Herbert Eugene Bolton, dirigente de la Asociación Americana de Historia, sostenía a mediados del siglo XX que la época de la separación de las historias de los diferentes países de América había pasado y que esa historia debía estudiarse como una entidad conjunta. ¿Cuál es su opinión al respecto? Dar las razones.

Temas de investigación

1. El panamericanismo en la historia de Iberoamérica.
2. La amistad de Domingo F. Sarmiento con el educador norteamericano Horace Mann.
3. Breve historia del canal de Panamá.

En busca del nuevo orden

Los nuevos tiempos y la disconformidad

Después de tres siglos de "siesta colonial" (XVI, XVII y XVIII) y uno más de organización de las nuevas naciones (XIX), Iberoamérica entra al siglo XX con nuevos ímpetus, en procura de una evolución satisfactoria. Ha experimentado por lo menos dos sistemas de vida, el hispánico colonial y el novecentista propio, liberal y romántico, ninguno de los cuales ha podido corregir las diferencias con otros países adelantados del mundo.

Se efectúan intentos de varios tipos, pero las deficiencias históricas se corrigen sólo en parte. A los antiguos problemas heredados, se suman los originados por la marcha de la civilización mundial y los derivados de las propias falencias.[1] En tales circunstancias, Iberoamérica se lanza bajo la conducción de sus propios hombres en busca de la modernidad por otros caminos distintos de los tradicionales. Ocurren entonces varios acontecimientos de particular importancia.

El entusiasmo optimista generado por las rentas del intercambio comercial, la acelerada industrialización, la democratización y la modernización de la cultura, decayó por las restricciones comerciales de los países europeos y las prácticas políticas viciosas de los locales al mismo tiempo.

---

[1] **falencia** falla

Aquí y allá se levantan voces de descontento y protesta: sindicalistas y anarquistas inmigrados de Europa, terratenientes con ingresos de exportación disminuidos, fraudes electorales, peculados[2] gubernamentales, pobreza insistente de los trabajadores rurales y urbanos, bajos sueldos, privilegios de las minorías, caídas de las Bolsas y represiones violentas. La intervención norteamericana en asuntos internos de los países comienza a tomar estado público y los prolegómenos[3] de la crisis financiera de 1929–1930 perturban los estados de ánimo de las poblaciones.

Una turbulencia ideológica y cultural se instaura en las dos o tres primeras décadas del siglo, con argumentos diferenciados. En lo ideológico aparece el nacionalismo y en lo cultural se practican simultáneamente el modernismo, el criollismo y el realismo.

El sentimiento nacional histórico resurge en varias naciones y comienza con la "búsqueda de los culpables". Este fenómeno adopta diversas modalidades, según los problemas locales más urgentes, promovidos y exaltados por pensadores, escritores y hombres prominentes. En México son los problemas de distribución de las tierras, las adversidades políticas y la inextinguida rivalidad entre católicos y liberales. En la Argentina son los fraudes electorales de los partidos políticos que escamotean[4] el voto de los opositores, revueltas y huelgas propiciadas por los inmigrantes obreros socialistas de Europa, divididos en "maximalistas" (reformistas al máximo) y "minimalistas" (transformaciones menos rigurosas). En los países andinos (Perú y Ecuador) son las reclamaciones indígenas de tierras y trato igualitario.

La disconformidad había comenzado desde fines del siglo anterior, pero alcanzó sus expresiones más categóricas, aunque pacíficas, en las dos o tres primeras décadas del siglo con la obra *Ariel* (1900) del polígrafo uruguayo José E. Rodó. Adoptó denominaciones diversas según fuera la queja, pero de todas maneras fue un renacimiento del nacionalismo.

Tomó la forma de "indigenismo" en algunos ensayistas. Reclamaban una vuelta a los valores tradicionales de la nación, el rechazo del españolismo clásico acusado de retrógrado e injusto, y la redención de los indios (José Carlos Mariátegui, *Siete ensayos de interpretación de la realidad peruana*, 1928). La responsabilidad del atraso recaía en las minorías de la costa y en los comerciantes e industriales que habían mantenido una organización semifeudal y antiindígena en el Perú:

> La clase terrateniente no ha logrado transformarse en una burguesía capitalista, patrona de la economía nacional ... Al contrario de los países norteños, lo que se encuentra en el Perú es un atavismo ... Este sistema económico ha mantenido en la agricultura una organización semifeudal que constituye el más pesado lastre del país.

Otros ensayistas imputaron la decadencia a los inextinguibles resabios[5] del españolismo imperial que no supo o no quiso crear una democracia social ni beneficiar a las colonias con la libertad de comercio y de conciencia, enriqueciéndose con el mo-

---

[2]**peculado** robo contra el Estado cometido por sus funcionarios   [3]**prolegómenos** comienzos
[4]**escamotean** hacen desaparecer, hurtan   [5]**resabio** vicio, mala costumbre

nopolio y las industrias extractivas y del campo (Manuel González Prada, *Horas de lucha*, 1908):

> Rechacemos ese liberalismo burgués, edulcorado, oloroso y hasta *chic* ... la mayor parte de los que hasta ahora se titulan liberales son conservadores de nueva especie ...
> ... Los viejos a la tumba, los jóvenes a la obra.

Un tercer grupo de disconformes concentró sus ataques en los anglosajones, especialmente norteamericanos, a quienes responsabilizaban de imperialismo e intromisión en los destinos de Hispanoamérica (Rufino Blanco Fombona, *La evolución política y social de Hispanoamérica*, 1911):

> Aun en aquellos pueblos en que está en minoría, la raza blanca les infunde su espíritu. Ella impera en sociedad, de modo exclusivo, celoso e intransigente; posee la riqueza; es ama de la tierra; practica el comercio; ejerce el poder público e impone sus ideas culturales.

La Iglesia católica y el clero fueron uno de los más imputados organismos en cuanto al atraso. Se incriminó a la Iglesia de complicidad con los gobernantes españoles en la apropiación de tierras indias, el sostenimiento de los privilegios de las minorías, la concupiscencia monetaria, la negación de la libertad de pensamiento, la Inquisición persecutoria de herejes, protestantes y renegados, la censura de obras escritas, y en ciertos casos, de inconducta personal. Sus detractores olvidaron los beneficios de la catequización, las misiones evangélicas, la oposición a los excesos de los encomenderos y funcionarios oficiales, el martirio y la muerte sufridos en esa obra, la denuncia de los vicios, el ejemplo virtuoso de tantísimos frailes, y su apoyo en muchos países a la causa de la revolución.

No faltaron tampoco pensadores que atribuyeron las culpas a los propios hispanoamericanos, calificándolos despectivamente, sobre todo a los criollos descendientes de hispánicos, inspirados en teorías biológicas deterministas (positivistas) de la época. Un caso excesivo fue el del argentino Carlos Octavio Bunge que incriminó a indios, africanos y mestizos de decadencia, considerándolos fatalistas, vengativos, con escaso sentido moral, defectos que se convirtieron en la pereza, la tristeza, la mentira y la arrogancia criollas (*Nuestra América: Ensayo de psicología social*, 1926):

> Todos los viajeros han notado, dice Darwin, la degradación y las disposiciones salvajes de las razas humanas cruzadas ... "Dios ha hecho al hombre blanco y Dios ha hecho al hombre negro; pero el demonio ha hecho al mestizo".

Alcides Arguedas, un autor boliviano, fue autor de uno de los más despiadados libros contra estos pueblos, en particular el suyo, el *cholo* o mestizo del Altiplano, a quien considera un individuo "inferior", "tornadizo" y "variable", alcoholista, sin ideales, ostentoso y vanidoso, ferozmente egoísta y holgazán. Dentro del tipo de cholo sitúa también al de Perú y Colombia, al *roto* de Chile y al *gaucho* argentino y uruguayo. Su libro (*Pueblo enfermo*, 1909) fue rechazado con indignación unánime.

Un caso curioso en la interminable polémica lo constituye el escritor norteamericano Waldo Frank, censor al mismo tiempo de las culturas anglosajona y latina. Sus opiniones sobre el particular le valieron el desagrado en uno y otro continente. Censuró el maquinismo del pueblo norteño, la rudeza de su cultura, su ideal erróneo de "pueblo", su mezcla caótica de ideas de bien, derecho, servicio, ambición, riqueza y comodidad. Análogo malhumor manifestó ante la tradición católica de Hispanoamérica, su irrefrenable y utópico idealismo, el espíritu de esclavitud, su vano empeño de crear una sociedad homogénea y otros vicios (*Redescubrimiento de América,* 1929).

En esencia, gran número de pensadores de la época estaban propugnando un nacionalismo fecundo en hechos progresistas.

El nacionalismo político

En el orden político hace su aparición hacia esos años el nacionalismo como una reacción contra la hegemonía norteamericana en el continente, pero al mismo tiempo como una disconformidad con el europeísmo tampoco satisfactorio. La mayor parte de las economías latinoamericanas seguían subordinadas a las naciones adelantadas y los dirigentes locales atendían los intereses extranjeros con sumisión, a cuyo amparo obtenían réditos y poder. Los progresos logrados con el comercio por algunos países —Argentina, México, Brasil, Costa Rica y Chile— no habían sido compartidos por las clases dirigentes locales con los indígenas, campesinos y obreros fabriles, que continuaban en una situación de pobreza. Hacia esos años las clases de blancos pobres, indígenas, africanos y mestizos, habían sido excluidas del sistema social y económico, circunstancia que aprovechó el naciente nacionalismo para su prédica de redención[6] de los relegados.

En gran manera influyeron también las intervenciones norteamericanas en Latinoamérica, que por ese entonces habían llegado a un punto de máxima tirantez. La crisis finaciera y bursátil de Wall Street (octubre de 1929) y la depresión consiguiente originó la aparición de nuevas fuerzas sociales, en especial en las ciudades, que responsabilizaron de la catástrofe a las oligarquías locales, financistas y empresarios.

Contribuyó además la inmigración de obreros europeos, que llegaban en masa a América en procura de posibilidades de educación, trabajos promisorios y mejoras en su situación económica y social. En la Argentina se calificó de "aluvional" a dicha oleada inmigratoria, y tuvo sus equivalentes en el sur del Brasil, Estados Unidos y un poco menos en México, Chile y Uruguay.

El nacionalismo, en su manifestación natural, es un apego de los naturales de una nación a ella y a cuanto le es propio, es un estado sentimental y de conciencia, es instintivo. Como doctrina política es la aspiración de un pueblo a convertirse en estado autónomo, es una actitud de lealtad y promoción. Cuando este amor llega a la exaltación del propio pueblo por sobre todos los demás, se convierte en una desviación política que puede conducir al fanatismo. En materia cultural, es una preferencia por los temas, paisajes y personajes de la propia nación.

El nacionalismo contaminado de nazismo o marxismo es un fenómeno distinto y relativamente reciente.

---

[6]**redención** rescate, recuperación, liberación

México: La Revolución (1910–1920)

La historia de la nación mexicana ha estado signada[7] desde los tiempos coloniales por el problema de la posesión de la tierra. En la Colonia estuvo en poder de los conquistadores y de la Iglesia; con los años fueron adueñándose de ella poderosos latifundistas[8] que se agregaron a las clases anteriores (políticos y militares), hasta que en el siglo XIX el movimiento de la Reforma promulgó bajo la inspiración y obra de Benito Juárez la Ley de Desamortización (1856) que prohibía que las corporaciones religiosas y civiles poseyeran bienes raíces, con excepción de aquellas indispensables al desempeño de sus funciones, y más tarde, la Ley de Nacionalización de los bienes de la Iglesia (1859), por imperio de la cual el producto de la venta de esos inmuebles debía ser entregado al gobierno.

Los pueblos indígenas tenían un fundo[9] legal en el cual vivían, pero la propiedad de esos territorios no pertenecía a los individuos sino a las comunidades y no podían ser vendidas en forma alguna. En virtud de estas disposiciones, se constituyeron compañías llamadas "deslindadoras", que debían deslindar[10] las tierras baldías[11] y traer colonos para que las trabajaran. La corrupción de estas empresas no hizo prácticamente otra cosa que traspasar esas tierras a manos de los poderosos y la situación de los indígenas no mejoró mayormente.

El gobierno de Porfirio Díaz, conservador y autoritario, bajo el lema de "Poca política y mucha administración", se mostró indiferente al problema de los indígenas y de los pobres, y concentró durante su gobierno (1876–1911) sus esfuerzos en tratar de modernizar el país en otros aspectos. Habiendo prometido elecciones libres en 1908 para el año siguiente, se postuló como candidato un hombre joven, Francisco I. Madero, hacendado desconocido en la vida pública, rico, del norte del país. Había escrito un libro titulado *La sucesión presidencial en 1910,* que ignorado por las clases cultas, adquirió extraordinaria difusión por su valiente crítica al régimen porfirista y la defensa de los indígenas y las clases pobres. Era un hombre idealista pero sin experiencia política. Díaz, alarmado por las manifestaciones opositoras del nuevo movimiento, hizo encarcelar a Madero y un compañero, acusándolos de incitar al pueblo a la rebelión. Las elecciones se efectuaron con el candidato Madero en prisión, por lo que carecieron de legalidad. El momento del estallido había llegado.

Burlando la vigilancia de sus custodios, Madero pudo fugarse de México con grave peligro de su vida y se estableció en San Antonio, Texas. Dejó redactado (o lo redactó en Estados Unidos) su famoso Plan de San Luis de Potosí, fechado un 5 de octubre de 1910, donde consideraba nulas[12] las elecciones, se declaraba presidente provisional, consagraba el principio de la no reelección y llamaba a sus conciudadanos a tomar las armas a fin de quitar del gobierno al ilegítimo Porfirio Díaz.

La Revolución había estallado. Se produjeron levantamientos en varias localidades del norte; Madero reingresó al país en febrero de 1911 y se puso al frente de la

---

[7]**signada** marcada   [8]**latifundista** propietario de grandes extensiones de fincas y tierras
[9]**fundo** finca rural   [10]**deslindar** señalar los límites   [11]**baldía** sin cultivar   [12]**nula** sin efecto, anuladas

Revolución. Se adhirió a la lucha en el norte el general Francisco (Pancho) Villa, antiguo bandido ladrón de ganado, según se decía, hombre rudo e ignorante, cruel, astuto, desconfiado, con predominante sangre indígena, inigualable en la lucha, guerrero intuitivo de extraordinarias cualidades militares. Lo acompañaba el general Obregón, perteneciente a la clase media rural, autodidacta, dueño de un pequeño rancho, valiente hasta la temeridad, ingenioso estratega y de talento poco común. Tanto Pancho Villa como Álvaro Obregón fueron militares improvisados, pues ninguno de los dos había efectuado estudios especializados. Llegaron a dominar Coahuila, Sonora, Chihuahua y prácticamente todo el norte.

En el sur, los adictos a Madero fueron encabezados por Emiliano Zapata, hombre reputado por los periódicos oficiales como un bandido vulgar y calificado de "Atila del Sur". Otros prestigiosos revolucionarios actuaban en forma secundaria en ciudades y campos. Una figura prominente del norte, Venustiano Carranza, antiguo senador en el régimen de Díaz, adquiere relevancia entre los revolucionarios.

El presidente Díaz, ante la inminencia de su derrota, anunció su próxima renuncia, aunque sin ánimo de cumplirla, en un intento de ganar tiempo, pero debió ceder en su orgullo de octogenario y cumplir alejándose del cargo (mayo de 1911), mientras dejaba escrito un testimonio en el cual justificaba sus acciones y proclamaba su patriotismo en todas las acciones emprendidas. Su renuncia fue aceptada por el Congreso y Díaz salió de México para Veracruz al día siguiente, donde se embarcó rumbo al extranjero y murió en 1915.

Madero entró entonces victorioso en la ciudad de México y asumió el gobierno. En esas funciones, sus decisiones no fueron del agrado de todos sus seguidores, quienes comenzaron a dividirse por diferencias de opinión. En lo esencial, le achacaban falta de firmeza en la aplicación de las reformas enunciadas en sus escritos y discursos. Se formaron entonces dos facciones, los defensores y los contrarios de Madero, quienes le reclamaban con urgencia la solución del problema de las tierras.

Sobreviene entonces un período de luchas civiles. La estrella de Villa comienza a decaer y el caudillo comete varios errores, entre ellos el de atacar la ciudad norteamericana de Columbus, originando un grave conflicto internacional, aparte del asesinato consumado de varios ciudadanos estadounidenses por una partida de sus tropas.

Entretanto, el gobierno fue acosado por el de Estados Unidos con una invasión a propósito del arresto en Tampico de unos marinos norteamericanos que habían desembarcado ilegalmente. El almirante de la flota exigió al gobierno un pedido de disculpas, acto que se cumplió. Pero el jefe de la flota no se sintió satisfecho y reclamó al gobierno de la sitiada ciudad una salva de veintiún cañonazos como saludo a su bandera. El presidente respondió que aceptaba, siempre que inmediatamente después la bandera mexicana fuera saludada también con otros veintiún cañonazos por parte de los norteamericanos. No se logró un acuerdo, y el presidente Wilson fue autorizado por el Congreso de su país para emplear las fuerzas armadas. El día 2 de abril de 1914, fuerzas norteamericanas fondeadas frente al puerto de Veracruz desembarcaron y tras un encuentro militar ocuparon la ciudad. El hecho estuvo a punto de desencadenar una guerra entre ambos países, pese a los buenos oficios interpuestos por los representantes de Argentina, Brasil y Chile en las negociaciones realizadas en Niagara Falls, del lado canadiense.

En 1917 ocupó la presidencia Venustiano Carranza, quien gobernó por decretos, con mano firme, y convocó a un Congreso Constituyente para reformar la Constitución de 1857. En pocos meses los constituyentes redactaron la nueva carta magna, "la más avanzada del mundo en la fecha en que fue promulgada" (Jesús Silva Herzog, *Breve historia de la Revolución Mexicana*). Particularmente revolucionarios se consideran algunos artículos. Fue la primera constitución que incorporó finalidades socialistas con anterioridad al establecimiento de estos principios en la propia Rusia.

Declaró libre la enseñanza, que sería laica en los establecimientos oficiales de educación, lo mismo que la primaria, secundaria y universitaria que se impartiera en los establecimientos particulares. Ninguna corporación religiosa ni ministro de culto alguno podría establecer o dirigir escuelas de instrucción primaria (Art. 3).

La propiedad de las tierras y aguas correspondía originariamente a la nación; se establecía la expropiación por causa de utilidad pública; el dominio de los recursos del subsuelo correspondía a la nación y era inalienable e imprescriptible; los latifundios deberían fraccionarse para crear pequeñas propiedades en el período presidencial 1917–1920; las asociaciones religiosas de cualquier índole no podrían adquirir, poseer o administrar bienes raíces ni capitales (Art. 27). Este artículo está considerado el más avanzado de la Constitución de 1917.

El artículo 28 estaba dirigido contra los monopolios, y el 123 asentó las nuevas condiciones del trabajo: derecho de huelga, jornada de ocho horas, salario mínimo, etc. El artículo 130 establecía que para ejercer el ministerio de cualquier culto se necesitaba ser mexicano de nacimiento.

La nueva constitución de 1917 contiene en sí los principios básicos de la Revolución Mexicana. Fue el más importante logro de la revolución armada que duró diez años y costó un millón de muertes. Sobre ella se ha constituido la república mexicana y por ella se ha conseguido modificar un estado de cosas de varias centurias de antigüedad.

En 1924 había sido elegido Plutarco Elías Calles, que entre otras realizaciones fundó un partido político unificado con los hombres de la Revolución, el Partido Nacional Revolucionario (PNR), llamado más tarde Partido Revolucionario Institucional (PRI), que desde 1929 ganó todas las elecciones presidenciales. Fue uno de los sucesores que más a fondo trató de llevar la doctrina socialista. Tuvo dificultades con la Iglesia y con Estados Unidos a propósito de la cancelación de los permisos de explotación del petróleo en poder de empresas norteamericanas. Lázaro Cárdenas, que gobernó de 1934 a 1940, es considerado también como uno de los más doctrinarios presidentes surgido del movimiento. Fundamentó su gobierno en el poder de las bases populares, nacionalizó los ferrocarriles y las compañías de petróleo y puso en práctica otros varios principios de la Revolución.

Después de 71 años de hegemonía política, en las elecciones libres del 2 de julio de 2000, el candidato opositor del Partido Acción Nacional (PAN), Vicente Fox, resultó elegido presidente. Fox ascendió a la vida política desde su posición inicial de hombre de ventas y luego gobernador del estado de Guanajuato. Uno de sus lemas fue: "Hundir el PRItánic."

A diferencia de otras revoluciones latinoamericanas, la Revolución Mexicana se acompañó con movimientos culturales anexos de valor continental, como lo son el muralismo pictórico, la literatura de la Revolución, la música de Chávez y otras manifestaciones.

La novela de la Revolución Mexicana

La Revolución Mexicana dio origen a un fecundo movimiento en literatura y pintura. Se había iniciado en tiempos de las luchas, con los *corridos* o canciones populares sobre la guerra, discursos, proclamas, panfletos[13] y artículos periodísticos. A partir de 1925 comienza a florecer propiamente la llamada "literatura de la Revolución", que alcanza su máxima expresión en la novela y el cuento. Los autores eran oficiales del ejército, soldados, periodistas, políticos o simples ciudadanos, que sentían la necesidad de expresar sus experiencias e ideas. No se preocuparon tanto de las formalidades estilísticas, ni vacilaron en usar el lenguaje popular y coloquial. Los temas preferidos fueron, lógicamente, los de la Revolución: la guerra, el hambre, las enfermedades, los fusilamientos, los caudillos, la corrupción política, la lucha por la posesión de la tierra, y la muerte.

Mariano Azuela

El más famoso de todos los escritores del movimiento es quizás Mariano Azuela (1873–1952), un médico provinciano que colaboró como cirujano con las tropas de Pancho Villa y vivió muchos años en El Paso, Texas, en Estados Unidos, donde publicó en un periódico su obra principal, *Los de abajo* (1915), considerada por la crítica como la mejor novela de toda la Revolución Mexicana.

La novela narra la guerra revolucionaria a través de la vida de Demetrio Macías, que impulsado por las circunstancias, se convierte en soldado y termina en general. El proceso espiritual de los hombres y las masas, en el torbellino de los acontecimientos que nadie puede dominar, es desarrollado en todos sus matices: ambición, heroísmo, desilusión, gloria.

Otro escritor sobresaliente es Martín Luis Guzmán (1887–1976), periodista, abogado revolucionario y político. Su obra es amplia y comprende crítica, historia y ficción. La mejor de sus obras, *El águila y la serpiente* (1928), es una especie de autobiografía sobre los aspectos y personajes de la guerra que conoció Guzmán. José Rubén Romero (1890–1952) es otro de los grandes maestros de la prosa revolucionaria. Su obra maestra, *La vida inútil de Pito Pérez* (1938), es una novela satírica, al estilo de la picaresca española. El protagonista es un pobre diablo, bebedor, mentiroso y ladrón, que termina mal sus días.

El modernismo literario

El modernismo es el primer movimiento literario originario de Hispanoamérica que se proyecta al exterior. Puede enmarcárselo cronológicamente entre los años 1880 y 1910, en que se produce su agotamiento y liquidación. En las letras, se crea y se otorga el premio Nobel por primera vez (1896) al parnasiano francés Sully Prudhomme, y las obras

---

[13]**panfleto** folleto, impreso

de autores con tendencias sociológicas y críticas se leen con asiduidad: Guyau, Nordau, Le Bon, Mantegazza, Darwin y otros. Una universalidad de influencias confluye en Hispanoamérica, y las capitales culturales de Europa son visitadas por los nuevos artistas. España, entre todas las naciones, ha perdido, con su decaído prestigio político, la hegemonía intelectual y artística.

Las artes, saturadas de realismo y de ideología, buscan nuevas fuentes de inspiración y nuevas formas de expresión. El Parnaso francés (Gautier, Leconte de Lisle, Sully Prudhomme), los simbolistas (Verlaine, Mallarmé, Maeterlinck) se convierten en modelos de la nueva generación, junto con los norteamericanos Poe y Whitman.

El momento del triunfo definitivo ocurrió en el año 1888, cuando Rubén Darío, el poeta nicaragüense, edita en Valparaíso (Chile) su libro *Azul*, extraña y novedosa conjunción de prosas y versos, con reminiscencias e influencias románticas, parnasianas, simbolistas, pero sobre todo, exóticas y principalmente francesas.

En pocos años, los escritores modernistas son legión en la América latina, y sobre todo, constituyen históricamente el grupo más valioso de escritores que se haya dado hasta entonces en Hispanoamérica: Leopoldo Lugones y Enrique Larreta (Argentina), Amado Nervo (México), José Enrique Rodó y Julio Herrera y Reissig (Uruguay), José Santos Chocano (Perú), Manuel Díaz Rodríguez y Rufino Blanco Fombona (Venezuela), Ricardo Jaimes Freyre (Bolivia), aparte de otras figuras de menor relevancia.

Proliferan las revistas literarias de jerarquía y difusión continental, bellamente editadas y con colaboraciones de gran valor.

La estética modernista

Dentro de la estética modernista, para algunos artistas fue primordial americanizar la materia literaria, mientras que para otros, el arte no debía tener compromisos con lo regional y vernáculo, y por lo tanto debía trabajar el artista con su sola inspiración y voluntad, como encerrado en su torre de marfil, sin importarle de dónde procedía esta inspiración ni si era nacional o extraña. Así, Darío fue cosmopolita, Lugones argentinista en sus últimas obras, Chocano peruanista y americanista casi siempre, Evaristo Carriego porteñista. El cosmopolitismo suponía adquirir los préstamos de inspiración de cualquier fuente, antigua o moderna, nacional o extranjera. Hubo, además, una reacción contra el españolismo dogmático y clasicista en literatura, una postergación voluntaria del romanticismo, y con menos fobia, del clasicismo y del naturalismo. En síntesis, el modernismo puede caracterizarse así:

    a. *la razón no es un elemento de la creación literaria:* las fuentes de conocimiento y creación poética son la intuición y las facultades subconscientes del artista, y por ello las obras revelan un mundo fantástico, quimérico, sutil, caprichoso, melancólico; el mundo metacientífico es interesante (magia, ocultismo, teosofía, magnetismo, parasicología, escatología,[14] satanismo, etc.); los "raros" son objeto de especial interés y al mismo tiempo aptos para el arte.

---

[14]**escatología** doctrina sobre la vida de ultratumba

b. *las sensaciones se corresponden entre sí:* cada objeto del mundo exterior produce en el individuo y en el artista un conjunto de sensaciones correlativas; los perfumes, los sonidos y los colores equivalen, y por eso puede hablarse de audición coloreada (*la a es negra; blanco horror*) y otras correlaciones.

c. *impresionismo:* la poesía debe expresar las impresiones que nos producen las cosas y no las cosas mismas (*una nube empequeñecía el firmamento,* por *una nube me dejaba ver sólo una parte pequeña del universo*).

d. *sentimentalidad:* los artistas de la nueva estética no pueden dejarla de lado.

e. *matiz:* el arte debe expresar el matiz difuso de la realidad, los estados de ánimo indefinibles, lo que no es lógica ni psicológicamente claro y distinto.

f. *musicalidad:* los versos, además de tener un contenido significativo, deben ser musicalmente atractivos por su mismo sonido, aun cuando esta selección de sonidos no encierre un significado comprensible o preciso (*De la musique avant toute chose,* había dicho el maestro Verlaine).

g. *transposiciones de arte:* este recurso tomado del parnasianismo consiste en tomar técnicas de un arte y proyectarla a otra: pintura-literatura (descripciones de obras plásticas y cuadros), teatro-literatura (descripción de gestos, actitudes y ademanes como si los personajes actuaran en un escenario), etc.

h. *temas exquisitos, decorativos, pintorescos y exóticos:* Escandinavia, Oriente, Edad Media, Grecia antigua, Francia versallesca, mitología, colonia virreinal, etc.; flora y fauna llamativa y exótica, etc.

i. *renovación del vocabulario y de la sintaxis:* neologismos (*liróforo, faunalias, crisoelefantismo,* etc.); arcaísmos, (*ansina, rempujar,* etc.); barbarismos (*sportwoman, gin, baccarat,* etc.); latinismos (*Pro nobis ora*).

j. *renovación de la versificación:* actualización de antiguos versos olvidados, como los eneasílabos, los tercetos monorrimos y los cuartetos monorrimos, y combinaciones estróficas nuevas.

José Martí

Un movimiento literario no nace por la decisión espontánea de una sola persona en un momento fijo del tiempo: siempre admite antecedentes que han ido creando con anticipación el cambio. Este fue el caso del modernismo y otras escuelas artísticas. Entre los precursores del modernismo se cuentan el mexicano Manuel Gutiérrez Nájera (1859–1895), Julián del Casal, cubano (1863–1893), y el colombiano José Asunción Silva (1865–1896).

El cubano José Martí (1853–1895) es el más importante de los precursores, y, en lo histórico, uno de los grandes ejemplos cívicos del continente y un héroe de la independencia de su país. Es famosa su existencia de desterrado por varios países del hemisferio, particularmente Estados Unidos, en procura de apoyo a su infatigable lucha por la libertad de Cuba.

En este orden de hechos, envió colaboraciones a diarios y revistas, y fue corresponsal del diario *La Nación* de Buenos Aires. Sus artículos periodísticos tienen especial interés entre sus obras, no sólo por su prédica libertaria, sino también por la variedad de temas culturales que abordó. Son igualmente memorables sus cartas, consideradas como de "una categoría única en lengua española". La prosa del artista cubano, rápida

José Martí, poeta y prosista del modernismo, y figura capital en las luchas por la independencia de su país, Cuba. Sus actividades independentistas lo forzaron a vivir exiliado y en peregrinación para obtener apoyo en la revolución. En poesía cultivó un estilo sencillo, y en prosa escribió ensayos, cartas y artículos periodísticos.

y estilizada, no oculta en su aparente sencillez una cultura poco común, refinada y cosmopolita. Había en ella lo elemental del alma hispanoamericana, lo indio y lo español, pero también lo mejor del modernismo.

Desde muy joven comenzó a escribir versos, y su poética se caracteriza por la sencillez, la delicadeza de sentimientos, la sinceridad emocional y el tono nostálgico. Difícilmente podrá encontrarse en la literatura hispanoamericana otro poeta de un arte logrado con tan mínimo empleo de recursos verbales. Dio a conocer sus *Versos sencillos* (1891) dentro de esta línea de inspiración, y póstumamente, aparecieron sus *Versos libres,* compuestos hacia esos mismos años. Con anterioridad al primero de esos volúmenes había publicado unos cuentos para niños, *La edad de oro* (1889), sin precedentes en Hispanoamérica.

Otro importante aspecto de la literatura de Martí lo constituyen sus discursos, recogidos como modelos de exaltación patriótica y maestría estilística en antologías del continente.

Martí siempre confió en el "poder moral y fin trascendental de la belleza" y consecuente con este ideal, dio a sus páginas un contenido aleccionador. Con todo, no limitó su vida únicamente al mundo de las palabras, y la compartió con su lucha por la independencia de Cuba.

Fundó el Partido Revolucionario Cubano, realizó una incansable campaña en favor de ella por México, Costa Rica y Santo Domingo, y cuando estalló la guerra y las fuerzas revolucionarias desembarcaron en suelo cubano, encontró la muerte en el combate de Dos Ríos (1895), a los cuarenta y dos años de edad.

Rubén Darío, nicaragüense, corifeo del
movimiento modernista en Hispanoamérica.

Rubén Darío

Es el más famoso poeta de Hispanoamérica, el creador del modernismo y el más imi-
tado autor latinoamericano. Su nombre originario completo fue Félix Rubén García
Sarmiento (1867–1916); nació de familia humilde, mestizo nicaragüense, y leyó mucho desde niño. No tuvo una educación formal, aunque su precocidad intelectual le
permitió una sólida conciencia artística. Vivió en varios países hispanoamericanos y en
Europa fue corresponsal periodístico y diplomático, conforme cambiaba su situación
de vida. En Buenos Aires inspiró a un gran número de seguidores, y con Leopoldo Lugones, argentino, y Ricardo Jaimes Freyre, boliviano, encabezó la transformación literaria. En España frecuentó la amistad y la admiración de del Valle-Inclán, Unamuno,
Baroja, los hermanos Machado y Castelar.

Rubén Darío fue el poeta que más contribuyó hasta su época a la renovación de
las letras iberoamericanas, en temas y formas. Su arte delicado, aristocrático, aunque
de vez en cuando sin gran profundidad de pensamiento, alcanzó su más alto grado en
el citado *Azul*, en *Prosas profanas* y en *Cantos de vida y esperanza*.

Los parnasianos, a su vez, le ofrecieron el ejemplo de la despersonalización de las
descripciones, el gusto por la estatuaria, la arquitectura, los cuadros, las plantas, los jardines, que cuando son descritos en versos, constituyen de por sí temas de interés. En
gran cantidad de poesías de Rubén aparecen recreaciones de centauros, blasones,

RUBÉN DARÍO

Lo fatal

Dichoso el árbol que es apenas sensitivo,[1]
y más la piedra dura porque ésa ya no siente,
pues no hay dolor más grande que el dolor de ser vivo
ni mayor pesadumbre que la vida consciente.[2]

Ser, y no saber nada, y ser sin rumbo cierto,[3]
y el temor de haber sido y un futuro terror...
y el espanto seguro de estar mañana muerto,
y sufrir por la vida y por la sombra[4] y por

lo que no conocemos y apenas sospechamos,
y la carne que tienta con sus frescos racimos,
y la tumba que aguarda con sus fúnebres ramos,[5]
y no saber adónde vamos,
ni de dónde venimos...!

(Cantos de vida y esperanza, 1896)

---

1. que apenas siente, esto es, que no tiene alma   2. la vida humana, consciente, es dolorosa   3. los tres grandes temas filosóficos: ¿Quién soy? ¿De dónde vengo? ¿Adónde voy?   4. por lo que imaginamos que es la vida   5. la vida es una oscilación entre el miedo al más allá y las tentaciones mundanas

Rubén Darío, nicaragüense de origen indoespañol, fue el creador y el maestro del modernismo en Hispanoamérica. En opinión de algunos críticos, es además el poeta mayor del subcontinente. Su mundo poético está constituido por marqueses, princesas, faunos, centauros, jardines y palacios versallescos, paisajes orientales y exóticos, un orbe, en suma, fantástico, quimérico, exquisito. Sin embargo, sería erróneo considerarlo únicamente como un poeta de lo visual. Sus poemas abordan otros temas de reflexión, más filosóficos (estados difusos de la personalidad, intuición, impresiones insólitas que producen las cosas, mitología, política, etc.). En sus últimos años de vida, se entregó con preferencia a este tipo de arte, menos exhibicionista y sensorial. Él mismo expresó que esos poemas tardíos encerraban "las esencias y savias de mi otoño". Si bien el poema "Lo fatal" pertenece a su primera época, preanuncia ya su intimidad metafísica. Rubén Darío lo ha explicado así: "En 'Lo fatal', contra mi arraigada religiosidad y a pesar mío, se levanta como una sombra temerosa un fantasma de desolación y duda. Ciertamente, en mí existe desde los comienzos de mi vida, la profunda preocupación del fin de la existencia, el terror a lo ignorado, el pavor de la tumba ... En mi desolación me he lanzado a Dios como a un refugio, me he asido de la plegaria como de un paracaídas".

Sonatina

A la desconocida

> La princesa está triste...¿qué tendrá la princesa?
> Los suspiros se escapan de su boca de fresa,
> que ha perdido la risa, que ha perdido el color.
> La princesa está pálida en su silla de oro;
> está mudo el teclado de su clave[1] sonoro;
> y en un vaso olvidado se desmaya[2] una flor.
> El jardín puebla el triunfo de los pavos reales;
> parlanchina,[3] la dueña[4] dice cosas triviales,
> y vestido de rojo piruetea[5] el bufón.
> La princesa no ríe, la princesa no siente;
> la princesa persigue por el cielo de Oriente
> la libélula[6] vaga de una vaga ilusión.

---

1. *instrumento musical de cuerdas* 2. *se marchita* 3. *locuaz* 4. *la princesa* 5. *hace piruetas, saltos, cabriolas* 6. *insecto volador de cuatro alas, "caballito del aire"*

Este fragmento forma parte de un poema más extenso. El poema total expresa que la princesa está triste, porque le falta el amor: un hada se le presenta y le anuncia que su caballero está por llegar.

La composición es un ejemplo típico del modernismo más acabado: sentimentalismo, exotismo (*Oriente*), personajes representativos (*princesa, hada, bufón*), animales suntuarios (*pavo real, libélula*) y sentimientos exquisitos (*esplín, ilusión, poesía*).

ánforas y todo el repertorio mitológico y arqueológico que los parnasianos habían traído a la poesía.

Tampoco faltó en el arte del poeta nicaragüense la incidencia romántica, particularmente la de Víctor Hugo. Las poesías de Darío, sobre todo las de su última época, cuando el poeta andaba en sus versos a la búsqueda de Dios y de una filosofía propia, están influidas por esa corriente. El estremecimiento del hombre frente al misterio de la vida y de la muerte, de la ultratumba, es un aspecto que Darío rescató del romanticismo.

Pero bastante tomó también de la poesía española, sobre todo de Gonzalo de Berceo y de la poesía antigua, que le brindaron metros ya olvidados. El crítico español Juan Valera, en la carta que servía de prólogo al libro *Azul* (1886) le expresaba: "... lo primero que se nota es que usted está saturado de toda la más flamante literatura francesa ... Y usted no imita a ninguno: ni usted es romántico, ni naturalista ni neurótico, ni decadente, ni simbólico, ni parnasiano. Usted lo ha revuelto todo..." El arte de Darío fue cosmopolita, aunque esencialmente afrancesado. España fue su otro amor. En esencia, un "hombre de varias patrias", como se ha dicho.

Rodó y el arielismo

En prosa, el escritor modernista más famoso fue el uruguayo José Enrique Rodó (1872–1917). Fue un hombre consagrado a su vocación intelectual, y al margen de su cargo de profesor en la Universidad de Montevideo, participó en la vida política de su país. Murió en Italia, mientras efectuaba un viaje.

Rodó fue esencialmente un ensayista, y dentro de este género, es uno de los más brillantes que ha producido Iberoamérica. Fue un pensador, pero al mismo tiempo un artista, un estilista, amante de la forma escrita perfecta. Su actitud general frente a la vida y a los temas fue intelectual, aguda y penetrante. Fue dueño de una vasta erudición, que ocultaba artísticamente detrás de su pensamiento, para no fatigar al lector y ofrecerle, en cambio, los razonamientos ya elaborados y fundamentados.

Su estilo está lejos del apasionamiento y el personalismo de otros escritores de la época. Al contrario, su obra se señala por la serenidad y el equilibrio entre las posiciones o ideas encontradas, sin comprometer por eso la verdad. Es un razonador discursivo, sin apuros ni prejuicios, que busca llegar por su propia lógica a lo verdadero. Por eso su posición ideológica es libre y ecléctica, separada de todo doctrinarismo excluyente.

Rodó supo como pocos unir el pensamiento con las formas artísticas. Sus ideas han perdido en parte vigencia en estos tiempos, pero su prosa se conserva todavía como modelo de claridad y elegancia. *Ariel,* su obra capital, apareció en 1900 y el libro fue adoptado como breviario por gran número de jóvenes iberoamericanos. Fue el código del "arielismo".

El libro adopta la forma de una clase que el profesor Próspero da a sus alumnos, al despedirse de ellos después de un año de actividad escolar. El nombre de Próspero le ha

José Enrique Rodó, uruguayo, reputado ensayista, creador del "arielismo". Su libro *Ariel,* (1900) mereció particular atención en Hispanoamérica y fue breviario de la juventud en esos años. Defendió la formación moral y espiritual y manifestó recelo hacia la hegemonía política de los Estados Unidos.

sido dado al maestro en recuerdo del sabio de la obra de Shakespeare, *La tempestad*. El maestro habla a sus jóvenes discípulos cerca de una estatua de Ariel, otro personaje de la misma obra, que domina la sala y representa al genio del bien, a la parte noble y espiritual del ser humano, en contraposición con Calibán, el símbolo de la materia y del mal.

La obra puede dividirse en tres partes: primero, la exaltación de la personalidad del hombre contra la especialización profesional que lo empequeñece y la defensa del ocio noble que permite la realización de las obras del espíritu; segundo, la defensa de las minorías selectas y de la jerarquía intelectual contra las tendencias igualadoras de la democracia moderna; y tercero, una crítica contra una parte de Estados Unidos, su tipo de civilización y escala de valores.

En síntesis, el arielismo propuesto por Rodó consiste en una combinación armónica de los ideales griegos, cristianos, hispánicos y anglosajones, que permite el desarrollo integral de la personalidad humana, en una democracia justa y selectiva. Considera que a esto debe agregarse lo más puro de la energía anglosajona. De esta manera, puede lograrse una armonía en la personalidad humana, un equilibrio entre las tendencias naturales del individuo y las normas educativas.

Al referirse a los Estados Unidos estima que su cultura no es refinada ni espiritual; que ha hecho una ciencia de la utilidad; que no hay dimensión y poética en el espíritu anglosajón; pero en cambio, aplaude su filosofía de la acción, el culto de la salud y la fuerza, y el bienestar material que ha logrado con el trabajo del pueblo, pues considera que el bienestar es necesario para el reino del espíritu.

Rodó pregona una sociedad organizada en forma más justa y noble, que supere los instintos y la ignorancia, y para ello sostiene que el ideal del gobierno es una democracia dirigida por una aristocracia de la inteligencia, que desarrolle el desinterés personal y el idealismo, en contra del utilitarismo. Rodó, en lo religioso, desecha por igual el ascetismo cristiano y el puritano, por considerarlos estrechos, y pone su esperanza en la ciencia y en la democracia como semillas para los futuros estados iberoamericanos, reclamando al mismo tiempo una intensa vida interior y una capacidad urgente de ejecución.

Se le ha reprochado a Rodó el haber planteado una teoría sin considerar la realidad social, política y cultural de Iberoamérica, y sin tener tampoco una palabra de recuerdo para el indio, en otros términos, que su americanismo es simplemente cultural, unilateral, y que no aporta ideas propias sino que glosa los conceptos tradicionales del humanismo.

En sus aspectos políticos, el arielismo representó una reacción histórica contra el poderío de Estados Unidos y su influencia más allá de las fronteras. El país del norte acababa de triunfar sobre España, y varios sucesos interamericanos hacían temer a los intelectuales de Iberoamérica la extensión a otros países del sur de la política manifestada después de esa guerra.

El criollismo

En las tres primeras décadas del siglo XX se afianza en Hispanoamérica una corriente literaria que hace de lo regional el fin de la actividad literaria. Se la ha denominado genéricamente *criollismo* y también *regionalismo*. Los escritores muestran una definida posición nacionalista en el arte y una conciencia literaria madura. Son americanistas también, en cuanto se desentienden del peso de las tradiciones europeas y centran su interés en el propio continente. A diferencia de los americanistas del período romántico (Echeverría y otros) y de los indigenistas de la misma época (Zorrilla de San Martín y otros), ponen su objetivo en el paisaje antes que en los individuos. Son notoriamente descriptivos. Los personajes de sus obras son por lo común víctimas de esa naturaleza americana brutal, inhóspita y devoradora.

Son excelentes artistas que dominan la técnica de la novela, el relato o el cuento, ya maduros por esos años en Hispanoamérica. Continúan la tradición de hacer verdadero arte escrito, pero con contenidos regionales en vez de los cosmopolitas preferidos por sus predecesores. Dominan el manejo de la lengua y conocen a fondo los regionalismos de vocabulario y sintácticos, que usan sin prejuicios en sus obras. Los diálogos se caracterizan por la fidelidad a las lenguas locales. Finalmente, conocen a fondo la psicología de los habitantes de esas regiones y los presentan con exageraciones o idealizaciones irreales.

Los más grandes representantes del movimiento criollista en Hispanoamérica fueron José Eustasio Rivera (Colombia), Rómulo Gallegos (Venezuela), Horacio Quiroga (Uruguay-Argentina), Ricardo Güiraldes (Argentina) y Ciro Alegría (Perú).

Argentina: El peronismo y su continuación

El movimiento organizado en Argentina por Juan D. Perón (1895–1974) se llamó *peronismo* o *justicialismo*. El principal apoyo político lo concentró al principio en su esposa, María Eva Duarte (1919–1952), quien centralizó las obras de beneficencia, y en la Confederación General del Trabajo, que agremiaba obligatoriamente a los obreros y empleados del país. Los partidarios del régimen se denominaron también *descamisados*.[15]

Perón contó en su primera presidencia (1946–1952) con una gran parte del pueblo a su favor y efectuó un profundo cambio social y económico basado en la protección de los trabajadores y las clases pobres, la industrialización y la nacionalización de la economía.

Perón, viudo de su primera esposa, había conocido poco antes de su elección presidencial a la actriz de radionovelas María Eva Duarte, una joven provinciana bonaerense de origen humilde, con quien se casó en 1945. Ella le sirvió de apoyo durante su corta vida y fue la conductora de los planes políticos de su esposo y la intermediaria en las relaciones con los sindicatos y las clases trabajadoras del país. Organizó la rama femenina del Partido Justicialista y creó una Fundación de Ayuda Social, que centralizó autoritariamente todas las obras de beneficencia en manos del gobierno.

Las clases humildes se convirtieron en sus fervientes seguidores y la apodaron cariñosamente "Evita", mientras sus opositores y gran parte de la clase conservadora

---

[15]**descamisado** sin camisa

tradicional y de los intelectuales la repudiaba y denigraba. Cuando intentó ascender a la vicepresidencia del país en las siguientes elecciones de 1951 con el apoyo de la Confederación General del Trabajo, las fuerzas armadas se opusieron y la forzaron a renunciar. A pesar de la irreparable enfermedad terminal que la aquejaba, Evita continuó sus obras de beneficencia hasta caer postrada en la cama. Inmediatamente después de fallecer víctima de cáncer, su cuerpo fue embalsamado por un médico español y expuesto al público en una capilla mortuoria construida en la sede de la Confederación General del Trabajo, de donde fue retirado al caer derrotado Perón por la llamada Revolución Libertadora y sepultado secretamente en un cementerio de Milán (Italia). Sus restos fueron repatriados al país veinte años después (1975) y depositados en un panteón familiar del cementerio de la Recoleta, donde yacen hasta la actualidad.

La figura de Evita se ha convertido en un mito popular de la Argentina. Se le atribuye haber escrito un libro, *La razón de mi vida,* en apología de su esposo, que fue texto de lectura obligatoria en las escuelas del país. "Evita me mima", decía un libro de enseñanza primaria, entre otras tantas alabanzas de su esposo. Más allá de todo juicio político, fue la mujer más poderosa de la historia argentina. Su discutida figura ha trascendido las fronteras del país y sobre ella se ha escrito una oleada de libros y se han producido una ópera *rock* (de Tim Rice y Andrew Lloyd Webber), y varias películas cinematográficas, en Hollywood y en la Argentina.

En la segunda presidencia (1952–1955) de Perón, su gobierno cayó en el desorden administrativo, la persecución de los partidos democráticos y las minorías intelectuales, y el ataque a la Iglesia Católica. En sus últimos tiempos se desprestigió por varios motivos, entre ellos el contrato con la California Oil Company para la explotación del petróleo en el sur del país y el incendio de templos católicos. Después de repetidos intentos frustrados, las fuerzas armadas y el pueblo democrático se unieron en la Revolución Libertadora, que expulsó al gobernante del poder en 1955.

En teoría, el peronismo sostenía la "tercera posición" internacional entre Estados Unidos y Rusia; la libre determinación de los pueblos, la humanización del capital, la educación humanística y cristiana, la igualdad social, la defensa del pequeño capital privado y la protección de los trabajadores. Hacia el final de su gobierno, Perón anunció su decisión de organizar un estado sindicalista, con milicias populares. Su lema fue: "Una nación socialmente justa, económicamente libre y políticamente soberana".

Dieciocho años después de la revolución que destituyó a Juan D. Perón de la presidencia argentina, el peronismo o justicialismo volvió a convertirse en el movimiento político más importante y poderoso del país. En 1973 triunfó la fórmula integrada por el general Perón y su nueva esposa María Estela Martínez de Perón, con más del 60% de los sufragios a su favor.

El programa político del justicialismo sostenía la liberación de Argentina de todo tipo de dependencia política, económica y cultural extranjera, en un marco de tercera posición equidistante del capitalismo y del comunismo. Dentro de esta corriente de ideas, el gobierno peronista reestableció relaciones diplomáticas y comerciales con Cuba y otros países socialistas, se incorporó a los denominados Países No Alineados (Tercer Mundo), nacionalizó los depósitos bancarios y el comercio exterior de cereales y carnes, y efectuó otras numerosas reformas institucionales.

Aquejado de una antigua afección broncopulmonar, el general Perón falleció (julio de 1974) mientras presidía el país y asumió la presidencia su esposa, conocida popularmente como "Isabelita", quien carente de experiencia y prestigio, fue jaqueada por radicales, viejos peronistas, dirigentes sindicales izquierdistas y clases altas. Aislada en el ejercicio del poder, comenzó a regirse por los consejos de sus allegados. No pudo sin embargo poner freno al desorden social, la acelerada inflación, la creciente falta de artículos de consumo, un funesto mercado negro de productos y divisas, el déficit del comercio exterior, la declinación de las inversiones nacionales y extranjeras, y la constante violación de los precios estipulados para los alimentos y artículos de consumo doméstico (inflación).

La agitación política tomó el carácter de subversión armada y costó la vida a muchos habitantes. Hubo secuestros y extorsiones, fomentados por los crecientes grupos guerrilleros de derecha, los Montoneros, y de izquierda, el Ejército Revolucionario del Pueblo (ERP). La situación caótica de la nación y la desintegración del gobierno culminaron con la toma del gobierno por parte de los militares (1976) y el establecimiento de una Junta de Gobierno, integrada por un representante del ejército, la marina y la aviación, presidida por el teniente general Rafael Videla, a quien sucedieron otros gobiernos militares.

El gobierno de la junta militar trató de poner fin a los múltiples problemas heredados del peronismo y adoptó diversas resoluciones para controlar la inflación, congelar los crecientes salarios y estimular la producción. Desvalorizó la moneda en un 70%, aumentó los gastos militares, incrementó las reservas nacionales, aumentó la producción de petróleo y la exploración de fuentes gasíferas, liberalizó en varios aspectos la economía, pero no pudo sustraerse a la corrupción interna y la persecución sangrienta de los grupos subversivos que se denominó "Guerra sucia". Analistas políticos extranjeros han estimado entre 6.000 y 15.000 personas los desaparecidos y enemigos eliminados en una flagrante violación de los derechos humanos continuamente denunciada en el extranjero, al punto que el presidente Carter, de Estados Unidos, suspendió toda ayuda militar. Los historiadores y analistas extranjeros han considerado a este período el peor para Argentina en todo el siglo XX.

La desastrosa situación económica de Argentina mostraba caracteres alarmantes: la deuda externa había aumentado a cifras siderales; la descomposición social, la atomización de intereses internos, políticos, sociales y económicos era extrema; los presupuestos acusaban déficits impresionantes; gran parte de los profesionales, técnicos y científicos del país habían emigrado en procura de mejores condiciones económicas y de reales posibilidades para sus talentos; la burocracia, tanto nacional, como provinciales y comunales, insumía la mayor parte de los ingresos y no dejaban libres recursos para las obras públicas; la economía marginal y el mercado negro se consideraban equiparables al oficial; las relaciones con los países del Primer Mundo estaban sumamente deterioradas; los inversores extranjeros no se establecían en la nación por la inseguridad jurídica y las restricciones gubernamentales; las empresas estatales expropiadas por Perón (ferrocarriles, teléfonos, aerolíneas, siderurgia, producción de energía eléctrica, petróleo, gas, correos, etc.) habían llegado a un punto insostenible de ineficacia, déficits y corrupción administrativa; la evasión impositiva se calculaba en

El general Juan Domingo Perón asiste con María Eva Duarte a una reunión hípica en un club de Buenos Aires.

un 50%; el nivel de empleo era el más bajo de toda la historia; las fuerzas armadas insumían una importante parte de los ingresos fiscales; los sindicatos obreros compartían el poder con los elegidos por el pueblo, y la nación estaba desacreditada en el resto del mundo, además de aislada.

En esas condiciones, el presidente Carlos Saúl Menem, elegido presidente en 1988, resolvió revertir esta situación, y transformó el cuadro con la estrecha colaboración de un prestigioso economista e investigador cordobés, formado en las más recientes ideas capitalistas vigentes en los Estados Unidos y países adelantados. En forma inesperada un hombre orgulloso de su peronismo tradicional modificó drásticamente el pasado económico, y se convirtió de pronto en un activo presidente y en un adelantado en la transformación económica del país.

Cuba: El castrismo comunista (1959)

En enero de 1959 asumió el gobierno de Cuba en calidad de primer ministro el abogado Fidel Castro, organizador del movimiento revolucionario contra el régimen del presidente Fulgencio Batista. Entre sus colaboradores inmediatos, Fidel contaba con su hermano Raúl, el médico Ernesto Guevara, conocido políticamente con el sobrenombre de "Che" por su origen argentino, y Camilo Cienfuegos.

El presidente Batista, que gobernaba el país desde 1952, se había caracterizado por la conducción despótica del país y los excesos de todo tipo. El grupo político denominado "26 de Julio" capitalizó el descontento popular y organizó la revolución bajo

Ernesto "Che" Guevara, colaborador firme de Fidel Castro, fotografiado durante una conferencia política en Punta del Este, Uruguay (1962).

el mando de Castro en México. El líder revolucionario había sido anteriormente arrestado por actividades subversivas en la isla y por un fracasado ataque a un cuartel, pero a los once meses había conseguido el indulto.

Después de haber sido detenido otra vez por la policía mexicana, Castro fue dejado en libertad y se embarcó en noviembre de 1956, en el navío "Granma", con 83 personas rumbo a Cuba. Desembarcó en la isla y comenzó la guerrilla desde la Sierra Maestra, ayudado por campesinos y revolucionarios urbanos de distinto origen político.

La revolución tuvo múltiples peripecias y se fue consolidando paulatinamente hasta lograr la llegada a La Habana a fines de 1958. El presidente Batista abandonó el país y se trasladó a la República Dominicana, mientras Fidel Castro entraba triunfante en la capital el 8 de enero de 1959. Inmediatamente se iniciaron juicios contra los partidarios y colaboradores de Batista, muchos de los cuales fueron ejecutados. Fidel Castro retuvo para sí el cargo de primer ministro y se convirtió en el real gobernante del país.

El "Che" Guevara, por su parte, ocupó sucesivamente importantes cargos en el régimen: presidente del Banco Nacional de Cuba, luego del Instituto Nacional de Reforma Agraria (INRA) y más tarde ministro de industrias. Desde todas estas posiciones aceleró el proceso de socialización de Cuba.

Después de una misteriosa desaparición del escenario político de Cuba, el "Che" Guevara reapareció en Bolivia conduciendo un movimiento guerrillero. Fue muerto por las fuerzas gubernamentales bolivianas en 1968.

En cuanto asumió el gobierno, Castro adoptó diversas resoluciones con el objeto de afianzar su gobierno e instaurar el régimen socialista en su país: solicitó el retiro de la misión militar de Estados Unidos en Cuba; implantó la reforma agraria, expropiando tierras con pagos en bonos a veinte años de plazo para redistribuirlas entre los campesinos, prohibiendo a los extranjeros adquirirlas o heredarlas; suscribió diversos tratados de comercio, préstamos y asistencia técnica con la Unión de las Repúblicas Socialistas Soviéticas (URSS) durante la visita de Anastasio I. Mikoyan a la isla (1960), y luego con Checoslovaquia, Alemania Oriental, la República Popular China y Corea del Norte.

Estados Unidos respondió con la supresión de la cuota de importación de azúcar cubano; el embargo de todas las exportaciones a Cuba, con excepción de medicamentos y ciertos alimentos de primera necesidad; y la decisión de defender la base naval de Guantánamo, hasta que rompió las relaciones con el país del Caribe (1961).

Una fracasada invasión a Cuba por parte de exiliados anticastristas adiestrados en el exterior, derrotada en la bahía de Cochinos (1961), y la expresa declaración de Castro de que había sido y seguiría siendo marxista, empeoró la situación, que culminó con el bloqueo naval y aéreo de la isla por parte de Estados Unidos, ordenado por el presidente Kennedy. Relevamientos fotográficos aéreos de los norteamericanos habían revelado la instalación de plataformas de lanzamiento de misiles soviéticos (1962). El conflicto estuvo a punto de originar una nueva guerra mundial, pero se disipó cuando el primer ministro soviético Khrushchev ordenó el retiro de los cohetes intercontinentales. Desde entonces, la situación se ha mantenido tensa y sin mayores variantes. Castro declaró su decisión de apoyar las guerrillas en toda Iberoamérica y convertir a la cordillera de los Andes en una nueva Sierra Maestra.

Con los años, la situación económica y política de Fidel Castro fue en paulatino descrédito entre la población, abrumada de carencias, y al mismo tiempo, presionado cada vez más por mayores exigencias de cooperación reclamada por la Unión Soviética y las progresivas restricciones impuestas por los gobiernos extranjeros a Cuba. En un esfuerzo político por compensar los millones de dólares diarios exigidos a la Unión Soviética para el mantenimiento del comunismo en el Caribe, por razones estratégicas, Fidel Castro ofreció tropas propias. Envió soldados a Angola para apoyar a los revolucionarios comunistas de ese país (1975). Las tropas cubanas se vieron pronto comprometidas en campañas en Etiopía, Yemen del Sur y Afganistán. Contemporáneamente, los cubanos actuaron como "asesores" en los conflictos internos de Nicaragua, en apoyo de los sandinistas, y en seguida en El Salvador y Guatemala.

Entretanto, en 1984, Castro trató aparentemente de modificar sus relaciones con Estados Unidos, justificando el caso de los refugiados que huían de la isla rumbo a las playas del país del norte. Conforme a su costumbre de declaraciones dobles, anunciaba que proveería tropas, si fueran necesarias, a Vietnam. De España se recibieron noticias de que cubanos actuaban en los ataques de los grupos guerrilleros vascos (*etarras*) en la Península.

Éstas y otras actitudes revolucionarias terminaron por descalificar[16] a Castro, aun entre sus primarios simpatizantes.

---

[16]**descalificar** desacreditar

Fidel Castro, líder de la revolución cubana, habla al
público al entrar vencedor en La Habana (1959).

Como consecuencia de estos y otros actos, Cuba fue perdiendo paulatinamente
su principal fuente de ingresos, el turismo internacional. En 1980 Castro permitió que
100.000 cubanos pudieran salir del país, en un aparente gesto de buena voluntad y
acercamiento, pero pronto se descubrió en Miami que gran parte de los autorizados
eran ciudadanos de los cuales deseaba desprenderse el dictador cubano. Se lo ha acusado varias veces en la prensa de estar complicado en el tráfico de drogas.

Posteriormente, en 1989, cuando Mijail Gorbachov visitó Cuba, Fidel Castro le
expresó su desacuerdo por la nueva política de la *perestroika*[17] y la *glasnot*,[18] y así lo hizo
saber en declaraciones públicas. El líder cubano insistió en su criterio de continuar al
frente de un país dirigido únicamente por el Estado, dentro de la ortodoxia del marxismo. Prometió que Cuba seguiría siendo socialista, pese a las reformas realizadas en
la URSS, convertida ahora en una democracia. La ayuda anual de la disuelta URSS a
Cuba ha sido calculada en unos 6.000 millones de dólares, que la fracasada economía
socialista de casi cuarenta años de existencia no ha podido resolver. Ante la terquedad
de Castro en mantenerse en el poder dentro de un estado comunista, algunos observadores internacionales no comparten su aparente optimismo y firmeza.

Castro, después de haber fracasado en otras aventuras en América Central
(Guatemala, Nicaragua, El Salvador), Granada, Etiopía y Yemen, se manifiesta como
apaciguado en sus intentos revolucionarios, después de cuarenta años, a causa de la pos-
tración de la economía: otorga ciertas facilidades al turismo, legaliza la libre circulación

[17]**perestroika** (Rus.) reestructuración del Estado soviético   [18]**glasnost** (Rus.) transparencia ante los
ciudadanos de los actos de gobierno

de dólares, permite el ejercicio de algunos trabajos y oficios sin intervención estatal, y autoriza el funcionamiento de algunas casas de comida y restaurantes.

Sin embargo, los Estados Unidos sostenían a fines del siglo XX y comienzos del actual el embargo económico de la isla establecido en 1960, no permitiendo que ninguna compañía norteamericana mantenga comercio directo ni indirecto por medio de sus afiliadas en el exterior, salvo de medicinas y alimentos. Tampoco ningún navío que haya tocado antes puerto cubano puede amarrar en uno norteamericano.

La visita del Papa Juan Pablo II en julio de 1998 a Cuba congregó a cientos de miles de habitantes y alivió en mucho la antigua tensión entre la Iglesia y el gobierno marxista. El Sumo Pontífice fue recibido personalmente por Castro en el aeropuerto y se otorgaron permisos especiales de entrada al país a peregrinos extranjeros y exiliados cubanos. El Papa denunció en discursos públicos la violación de los derechos humanos y la falta de libertad de conciencia, al mismo tiempo que reclamó el levantamiento del embargo comercial por razones humanitarias.

Con todo, Castro continuó su estilo dual de gobernar y ratificó en conferencias internacionales y discursos el mantenimiento del socialismo en la isla. Lo porvenir pertenece al campo de las hipótesis y conjeturas discutibles.

Chile: El experimento marxista (1970–1973) y la restauración democrática

En 1970 ganó las elecciones presidenciales en Chile el candidato marxista doctor Salvador Allende, surgido de una coalición de partidos izquierdistas (Unión Popular) y apoyado por los demócratas cristianos. Su programa político fue típicamente marxista, si bien había prometido mantener la estructura democrática del país, la libertad de prensa y opinión, y la independencia con respecto a Moscú, Pekín y La Habana, alegando que la realidad y la historia de Chile eran diferentes a la soviética, china y cubana, y que era posible aplicar el marxismo en un régimen político pluralista.

Allende continuó la expropiación de tierras iniciada por los democristianos durante el gobierno anterior (1964–1970) de Eduardo Frei, terminó la nacionalización de las industrias del cobre, el acero, el salitre y el carbón, en algunos casos sin pago previo. El presidente chileno sostenía que el socialismo marxista es la mejor solución "para romper el atraso y elevarse a la altura de la civilización de nuestro tiempo", en un período relativamente corto como, según él, lo prueba el ejemplo elocuente de la URSS y China. En una ocasión expresó: "Chile es hoy la primera nación de la tierra llamada a plasmar el segundo modelo de transición a la sociedad socialista", sin atenerse a la tesis de los pensadores socialistas clásicos, que habían sostenido que las naciones industrialmente más avanzadas serían las primeras en llegar al marxismo con sus poderosos partidos obreros.

El gobierno de Salvador Allende se fue radicalizando cada vez más y debió soportar una ola de huelgas, presiones políticas, disturbios sociales, intentos revolucionarios y una profunda división entre los grupos integrantes de la Unión Popular, todo lo cual produjo en el país una notoria escasez de alimentos y una perturbación del orden público. Allende se vio bloqueado entre los grupos extremistas de derecha y de izquierda, sin poder dar satisfacción a ninguno de los dos. A su vez, el partido demócrata cristiano le retiró su apoyo y pasó a la oposición.

Así, en septiembre de 1973 las fuerzas armadas, integradas por el ejército, la marina, la aeronáutica y los carabineros (la policía nacional) se levantaron contra el gobierno de Allende, bombardearon la casa de gobierno o Palacio de la Moneda, y después de cruentas jornadas de lucha y tiroteos en calles, fábricas y edificios entre francotiradores y grupos leales, lograron la victoria. Salvador Allende murió en el Palacio de Gobierno, se dice que por suicidio.

Asumió entonces el gobierno una junta militar integrada por los comandantes de esas cuatro armas, bajo la presidencia del representante del ejército, general Augusto Pinochet. El gobierno deportó a numerosos grupos de extranjeros que habían participado en la política interna de Chile, sometió a los extremistas a juicio, muchos de ellos estudiantes, prometió respetar las conquistas sociales logradas por la clase obrera y la libertad de prensa, y convocó a todos los chilenos, sin distinción ideológica, a trabajar por la unión y el progreso del país.

El poder estuvo en realidad en manos del general Pinochet, quien impuso sus puntos de vista. En lo económico realizó una acción satisfactoria para el país, que a partir de allí pasó a convertirse en una nación en creciente y sostenido desarrollo: en 1988 la inflación descendió al 8% anual, su balanza de pagos pasó a un superávit de 1.500 millones de dólares anuales, unas doscientas empresas nacionalizadas por Allende fueron devueltas a sus antiguos propietarios, el país se retiró del Pacto Andino para tener mayor libertad comercial, implantó todos los resortes de la libre economía de mercado, vendió las principales empresas estatales que arrojaban pérdidas en sus ejercicios, redujo la desocupación de un 30 a un 8.3%, bajó drásticamente el importe de la deuda externa y convino un acuerdo con el Fondo Monetario Internacional para refinanciar el capital y los intereses adeudados, estabilizó la economía y la moneda, estimuló la llegada de capitales e inversores extranjeros, mejoró y diversificó su tradicional condición de exportador de cobre y nitratos, en fin, dio los pasos necesarios para convertir a Chile en uno de los más sobresalientes países de Hispanoamérica en materia económico-financiera.

Sin embargo, pesa sobre el gobierno militar y sobre la figura del general Pinochet una serie de cargos en contra de los derechos humanos, como la desaparición de personas, la muerte de opositores y los intentos de prolongar por medio de plebiscitos su permanencia al frente del país. Una figura destacada en la oposición fue el cardenal católico Raúl Silva Henríquez, quien en varias oportunidades criticó duramente al régimen en sus excesos.

Como conclusión de tan discutido proceso, en 1990 se restauró la democracia, resultando electo presidente Patricio Alywin, demócrata cristiano, por un período de cuatro años. En un plebiscito anterior, se había votado la libertad para todos los partidos —con exclusión del marxista—, se redujo el período presidencial de ocho a cuatro años, se previó el procedimiento a seguir si un presidente es removido por las fuerzas armadas, y otras reformas democráticas. Se formularon proyectos en materia de construcción de viviendas, seguridad social y salud. El general Pinochet, a su vez, consiguió ser mantenido como comandante en jefe de las fuerzas armadas y senador perpetuo según la constitución nacional.

Grupos opositores, mientras tanto, reclaman su enjuiciamiento por muertes ocurridas durante su gobierno, en abierta oposición de sus partidarios.

Colombia: Las luchas civiles y el narcotráfico

Desde mediados del siglo pasado Colombia ha sido el escenario de tremendas guerras civiles entre los partidos liberal y conservador. Hacia 1840 la división se hizo más profunda y durante los cuarenta años restantes los dos partidos se alternaron en el poder. Luego se produjeron otras guerras civiles largas de describir, sumadas a la rebelión que terminó con la separación de Panamá (1903) como país independiente. Por momentos la anarquía se apoderó de la nación, y en algunos casos, como en el llamado "bogotazo", murieron más de dos mil personas en las revueltas. En otra oportunidad, hacia 1950, el país vivió una guerra civil no declarada, pero que costó la vida a miles de ciudadanos. Fatigados pueblo y gobierno de tan lamentable forma de vida, en 1957 se produjo un acuerdo o coalición entre liberales y conservadores, y según el cual se alternarían los gobiernos y cargos públicos entre ellos por un período de veinte años. Al año siguiente fue elegido el primer presidente bajo este sistema. El acuerdo trajo inicialmente la paz entre los grupos rivales, pero se vio pronto perturbado por disconformidades internas, y los síntomas de malestar comenzaron a agravarse con la aparición de grupos de bandidos que asolaban los campos y caminos.

Los sucesivos presidentes trataron a su manera de lograr la paz nacional y la unión de los colombianos, pero las diferencias surgían por los principios políticos que sostenían los intereses sectoriales, el descontento del pueblo por las diferencias sociales y el bajo nivel de ingresos. Según estimaciones realizadas, un 4% de la población poseía un 68% de las tierras productivas, mientras un 73% sólo era dueño de un escaso 7% de las granjas y quintas, insuficientes para solventar los gastos de una familia.

Se hicieron varios intentos por remediar la injusta situación, que en definitiva no tuvieron éxito, y el bandolerismo tomó caracteres de guerrillas, acompañadas de contrabando de drogas, violación de las leyes e impotencia de los gobernantes para encontrar soluciones. El más fuerte movimiento organizado por ese entonces fue el denominado M-19, que aumentó sus ataques, pese a la represión policial y militar, y produjo actos de terrorismo que tuvieron repercusión mundial. Se promovieron varios planes, que en definitiva fracasaron, mientras resurgió otro de los grupos guerrilleros, el FARC (Fuerzas Armadas Revolucionarias de Colombia). El gobierno, en un momento, convino una tregua con los grupos rebeldes pero no se respetó. Se dice que unos cien grupos revolucionarios, de distinta extracción, algunos meramente delincuentes comunes y no ideológicos, existían hacia fines de 1984.

Algunos colombianos comentan que la red de bandidos, revolucionarios, sectores represivos secretos de las fuerzas armadas, arrepentidos y vengadores por desgracias familiares sufridas, contrabandistas, guardaespaldas, funcionarios corrompidos, policías y hasta jueces, además de narcotraficantes, conforman una red difícil de discriminar.

Los llamados "barones de la droga", organizados en dos sedes principales, el cartel de Cali y el cartel de Medellín, son los responsables de haber llevado los crímenes a niveles extremos. La cocaína producida se trafica desde Colombia a Estados Unidos y Europa en especial, a través de los países vecinos y de Centroamérica, en los cuales se "lavan"[19] los ingresos obtenidos. En 1985 el M-19 se hizo responsable de haber volado con dinamita y ataques armados el Palacio de Justicia de Bogotá. En estas condiciones, la vida en Colombia es insegura. Colombia tiene en la actualidad el más alto porcentaje de muertes por homicidio en todo el mundo.

Un cálculo presuntivo señala que en el país existían a fines del siglo pasado unos cien laboratorios clandestinos dedicados a la producción de drogas, y que en total reportaban un negocio de entre 500 y 1.000 millones de dólares de ganancia anualmente. En los últimos años ha aparecido en escena un grupo de justicieros, Los Pepes, organizados para vengar los crímenes de los narcotraficantes (perseguidos por Pablo Escobar). Pablo Emilio Escobar, jefe del cartel de Medellín, era considerado el barón más temido y buscado, y fue abatido a disparos por fuerzas de seguridad en la azotea de una casa en pleno centro comercial de Medellín (1993). Se había iniciado en el delito como ladrón de automóviles y presidió una década de terror en Colombia. Hacía unos meses que había logrado huir de la cárcel donde estaba recluido (1992).

La violencia, sin embargo, no ha impedido el incesante aumento de la economía nacional, que se destaca por sus adelantos en el continente. Los analistas extranjeros expresan su sorpresa ante esta aparente contradicción. Es necesario tener en cuenta que gran parte de los atentados terroristas se realizan en zonas rurales y no en las grandes ciudades; que los dólares de los narcotraficantes se invierten en construcciones y fábricas en el país; que la seguridad financiera es fuerte y el país no ha tenido que renegociar su deuda externa pues es uno de los deudores impecables en el cumplimiento de las obligaciones contraídas; que su producción tradicional de café se ha enriquecido con una importante industria petrolífera; que los inversores extranjeros han encontrado allí un destino con altas tasas de interés; que los gobiernos, pese a sus dificultades internas, se preocupan por atraer capitales de inversión y estimular la incorporación de nuevas tecnologías; que el papel, el cemento, el azúcar, el oro y la plata, el acero y otros productos de que dispone el país, han comenzado a movilizarse.

Temas de expresión oral o escrita

1. Exponer algunas de las manifestaciones de disconformidad de los hispanoamericanos a principios del siglo XX.
2. ¿En qué consistió el "arielismo" y quién fue su creador?
3. Haga una lista de las imputaciones de los pensadores y dirigentes hispanoamericanos a la cultura norteamericana de esa época.
4. ¿Qué se entiende por nacionalismo en términos generales y en términos extremos?
5. Exponer en forma sintética la Revolución Mexicana de 1910.

---

[19]**se lavan** se legalizan mediante maniobras comerciales o financieras

6. ¿Qué elementos revolucionarios contenía la Constitución de 1917 en México?
7. Caracterizar la influencia de la Revolución en la literatura mexicana.
8. Exponer los principios estéticos del modernismo literario.
9. Contribución del cubano José Martí a las letras y la independencia de su país.
10. ¿En qué consistió el movimiento criollista en la novela?
11. Breve exposición sobre el contenido ideológico del peronismo.
12. Breve resumen acerca del dualismo marxista de Fidel Castro.
13. El socialismo marxista de Salvador Allende en Chile y sus consecuencias.
14. Explicar el fenómeno de las guerrillas colombianas.

Temas de discusión

1. Discutir el siguiente juicio del ensayista mexicano Leopoldo Zea: "La emancipación mental de Hispanoamérica debería ser el segundo paso a dar".
2. Un periodista argentino enjuició la obra de Evita, después de su muerte, con esta expresión: "El bien que hizo, lo hizo mal; el mal que hizo, lo hizo bien". Indagar la obra cumplida por ella y discutirla.
3. ¿Qué opina Ud. del castrismo marxista en América?
4. ¿Qué haría Ud. para poner freno a la narcoguerrilla de Colombia?
5. ¿A qué atribuye Ud. la continua efervescencia político-social de Hispanoamérica?

Temas de investigación

1. Las relaciones cubano-norteamericanas.
2. Influencias de la poesía europea sobre el modernismo hispanoamericano.
3. La figura de Evita en la cinematografía actual.
4. El Che Guevara como símbolo de la rebeldía juvenil en Hispanoamérica.

CAPÍTULO 9

La actualidad: Política y religión

Aspectos de la vida política

Al considerar la actividad política iberoamericana, deben tenerse en cuenta dos aspectos principales: es un fenómeno que interesa a la mayor parte de los individuos y tiene rasgos de personalismo más que de institucionalismo.

El personalismo

El primer factor se explica fácilmente por la gran dependencia en que se encuentran los ciudadanos del gobierno. El segundo encuentra su razón profunda en el carácter presidencialista de las constituciones y en la actitud psicológica de los habitantes, que confían más en las personas que en las normas escritas.

El mandatario, sea presidente, gobernador o intendente, asume sobre sí una suma de poderes que en otras naciones corren por cuenta de los organismos de aplicación. Muy a menudo el presidente tiene asignadas funciones que corresponderían a los representantes del pueblo constituidos en parlamentos o concejos. Pueden limitar la libertad de expresión, dispensar favores a título personal, orientar o cambiar la economía, fijar el valor de la moneda,[1] disponer aumentos masivos de salarios y

---

[1]**moneda** dinero

condiciones de trabajo, establecer el tipo de interés bancario, conceder o negar privilegios industriales o comerciales, fijar los sistemas educativos y planes de estudios, y aun servir de último recurso de apelación[2] en caso de indiferencia o injusticias burocráticas y aun jurídicas, como en el caso de los indultos penales.

En cuanto se refiere a la inclinación a adherirse a la figura de un gobernante personalizado, el fenómeno tiene otras raíces profundas, originadas en mecanismos psicológicos de defensa en el ejercicio de los derechos, más confiables frente a un personaje conocido que frente a personas desconocidas y protegidas por el anonimato[3] de la burocracia.

Por supuesto, estas características se prestan tanto a desviaciones injustas, el favoritismo y el nepotismo, como a la obtención de resoluciones compensatorias. El presidente se convierte así en una figura de gran gravitación en el destino personal de los ciudadanos, y en la medida en que se trata de un mandatario honorable, actúa como instrumento de moderación y equilibrio.

Podría agregarse el factor de la tradición histórica, según la cual las nacientes[4] naciones del siglo pasado fueron encauzadas[5] y conducidas por hombres representativos, de gran capacidad y educación, en busca de organización y progreso. Algunos extranjeros han sugerido que este matiz de la vida política puede tener bastante relación con la idiosincrasia latina, donde las relaciones personales tienen mayor fuerza que en otras etnias.[6]

Curiosamente, las infracciones legales de un mandatario o funcionario no afectan su buen nombre y honor, como en otros países, al extremo de que la honestidad o moralidad públicas parecen estar separadas de la individual.

Dentro de un sistema tal, no es de extrañar que ocurran episodios desconcertantes para los extraños, como es el caso de las frecuentes revoluciones o mejor dicho golpes de estado.[7] Cuando la ineficacia, la mala administración o el autoritarismo se tornan insufribles, se suprime al mandatario y a su cohorte política mediante la fuerza, ya que el pueblo interpreta que con dicha revolución castiga antes al hombre responsable que al sistema democrático. Estos golpes de estado suceden cuando se necesita resolver con urgencia problemas graves, o poner freno a la inoperancia o favoritismo del titular del gobierno, que en base a su poder, convierte a la presidencia en una dispensadora irresponsable de privilegios.

El presidente, a su vez, está facultado por la constitución para suspender las garantías constitucionales por tiempo limitado, cuando se trata de mantener la paz interior o la seguridad nacional. Este derecho se denomina, según los países, "estado de sitio", "estado de emergencia", o "medidas de pronta seguridad", y aunque es excepcional ese recurso, los gobiernos autoritarios han usado y abusado de él.

Otros historiadores dan una explicación diferente a la fuerte propensión del hombre iberoamericano a la política, y le atribuyen un trasfondo[8] económico: "Detrás

---

[2]**apelación** recurso legal contra una sentencia   [3]**anonimato** condición de anónimo, desconocido, secreto   [4]**naciente** recién nacida   [5]**encauzada** orientada   [6]**etnia** grupo racial   [7]**golpe de estado** toma violenta del gobierno   [8]**trasfondo** intención oculta

La disconformidad política se manifiesta en Iberoamérica en campos y ciudades. En zonas rurales, selváticas o montañosas, adoptan la forma de guerrillas, mientras que en las ciudades son raramente armadas y se reducen a expresiones de repudio verbal o escrito. Clase media de Buenos Aires en una de esas manifestaciones.

de todas las maniobras políticas en Latinoamérica hay un fondo económico. Por un lado está el egoísmo humano que lleva al hombre a querer hacer fortuna. Por otro lado arde el deseo de sacar al pueblo de su miseria, sea por razones nobles, sea sencillamente por miedo a la revolución" (Ronald Hilton, *La América Latina de ayer y de hoy*).

Otras luces han sido proyectadas sobre tan complejas prácticas. Es frecuente leer en libros, revistas y periódicos interpretaciones del más variado orden: que este desorden indica una incapacidad para el gobierno propio; que los partidos liberales y conservadores que hicieron su aparición en las nuevas repúblicas "no fueron tanto partidos políticos como camarillas de dictadores" (Stephen Clissold, *Latin America*); que "sobre el suelo hispanoamericano no se ha creado ni cultura ni democracia dignas de ese nombre" (Robert Bazin, *Histoire de la littérature américaine*). Hasta podrían agregarse las atribuidas periodísticamente a un ex presidente norteamericano: "No tenemos la certeza de que el desarrollo contribuya directa o inmediatamente a la democracia, a la paz o a unas relaciones más amistosas con Estados Unidos, pero confiamos en que a la larga así sea ... Estados Unidos no puede ser indiferente al hemisferio en que vive. Pero la geografía por sí sola no hace una comunidad" (Richard M. Nixon).

Las instituciones

Los partidos tradicionales han sostenido en todo momento la necesidad de preservar la plena vigencia de las instituciones republicanas. La principal de todas, por sus facultades de controlar y ordenar la vida general de una nación, es el parlamento. En algunos países es bicameral (cámara de diputados y cámara de senadores), mientras que en otros es unicameral.

Pero en la práctica no siempre sucede así, debido a que esos organismos están a veces contaminados de obsecuencia y sometimiento al poder ejecutivo, insuficiente nivel cultural, infiltración ideológica en las asambleas, demora en la sanción de leyes, empleo de tecnicismos operativos para no aprobar leyes o aprobarlas sin el correspondiente debate, aprobación de actos gubernativos ya decretados por la presidencia de la nación, votación de leyes de privilegio, asignación de dietas elevadas, "gastos reservados" para el ejercicio de la función, cuando no origen espurio[9] de las bancas obtenidas por favores partidistas.

Estos y otros vicios han creado en Iberoamérica un cierto desprestigio de los parlamentarios como dirigentes, y de los parlamentos como instituciones confiables de justicia social, política y económica. En otros lugares se los considera retóricos, ambiciosos y rezagados culturales, y se los responsabiliza de los males públicos.

La ciudadanía reclama una nueva generación de políticos. Suele ser una opinión bastante generalizada la de que en Iberoamérica hay muchos políticos pero pocos estadistas. Con todo, y aunque la situación tiende a mejorar por presión de los habitantes, todavía la política sigue siendo una fuente de poder y de privilegios, considerada de un modo general y exceptuados los nombres de algunos prestigiosos miembros. No todos son sospechosos de inmoralidad, favoritismo, nepotismo, sensualidad o incapacidad legislativa.

Estas condiciones producen como resultado que hombres probos e intelectualmente responsables eludan la actividad partidaria y dediquen su talento y esfuerzo a su especialidad profesional, cultural, científica o técnica.

Presentada en estos términos, la crisis puede parecer exclusiva de Iberoamérica, pero no es así. Casi diariamente los diarios informan de prácticas semejantes en que han incurrido los legisladores de naciones de cultura milenaria.

A estos vicios correspondería agregar el de la corrupción notablemente incrementada en las últimas décadas, según lo confirman las denuncias efectuadas por el periodismo de investigación y difundidas por la prensa, la radio y la televisión.

El fenómeno de la corrupción se constata en la historia por lo menos desde los tiempos de los egipcios (2.000 años antes de Cristo) y alcanza sus más perversas manifestaciones donde el aparato del Estado abarca mayores áreas de influencia. Contamina por igual a los tres poderes de una república —ejecutivo, legislativo y judicial— y desciende a los más bajos niveles de la burocracia, incluida la policía. En Iberoamérica varios ex presidentes han sido condenados por los jueces. En varios países la prisión se cumple en los domicilios de los condenados y no exige la devolución de los bienes o capitales usurpados.

---

[9]**espurio** bastardo

Si bien existe corrupción también en las empresas y actividades privadas, los efectos más dañosos y extendidos suceden en el sistema estatal al amparo de la impunidad de los tribunales judiciales. A tal extremo de gravedad llega esta práctica que en algunos casos ha afectado incluso a la defensa nacional (adquisición de equipos militares obsoletos, mala calidad de los armamentos y sobreprecios[10] en las compras), la estabilidad de la moneda de un país y el desarrollo económico (contratos deshonestos, concesión de monopolios, exención o rebajas de impuestos, marco legal insuficiente y otras transgresiones).

Antiguamente se acostumbraba a señalar a los latinoamericanos como propensos endémicos a la corrupción, pero esta perspectiva ha comenzado a variar a fines del siglo XX con la comprobación de escándalos en muchos otros países extranjeros, desarrollados o no, contaminados de este flagelo.[11] Ni la pobreza, ni la raza, ni la nacionalidad son las causantes únicas sino la inmoralidad. La corrupción hace la vida penosa e injusta.

Los partidos políticos

La ideología de los partidos políticos no es clara y precisa en la mayor parte de los casos. Por lo común, son declaraciones genéricas que no indican específicamente la acción a cumplir en cada caso concreto de la realidad.

Los partidos cambian habitualmente su repertorio de ideas retóricas o efectúan alianzas entre sí para lograr mayoría. Estas alianzas o frentes suelen desmoronarse ni bien el grupo ha llegado al poder. Este fenómeno es particularmente notable en las revoluciones militares que durante su gobierno cambian con golpes internos a los presidentes surgidos de su propio seno, y suele repetirse también en las coaliciones de izquierda, debido a la división entre los grupos más revolucionarios y los moderados.

La excesiva sofisticación de las ideologías políticas ha favorecido la formación de numerosos partidos políticos —más de diez en algunos países—, sin mayoría apreciable de ninguno de ellos, que a veces llegan al gobierno con apenas un 25% de votos a su favor. La atomización política dificulta el ejercicio del poder y conduce en definitiva al desorden institucional o a la revolución.

Cada país tiene naturalmente sus propios partidos políticos, con ideologías propias, de modo que ser conservador o radical no significa lo mismo en un país que en otro. Hay lugares donde los radicales son realmente conservadores, y otros donde los democristianos son más revolucionarios que los socialistas. Por eso el análisis de los partidos debe hacerse en términos de cada nación.

Algunos tuvieron pretensiones expansionistas. Hacia la década de los '30, en Perú la Alianza Popular Revolucionaria Americana (APRA), inspirada y dirigida por Víctor Raúl Haya de la Torre, tuvo aspiraciones iberoamericanas, que no llegaron a concretarse. Lo mismo sucedió con el peronismo argentino (1946–1955), que en su momento buscó proyectarse como doctrina hacia países vecinos, pero fracasó.

---

[10]**sobreprecios** recargos　　[11]**flagelo** calamidad

La razón de estos fracasos debe buscarse en la naturaleza distinta de los problemas políticos de cada país, en la escasa posibilidad de ninguno de ellos de ejercer un liderazgo continental, y en el natural recelo y susceptibilidad de los latinoamericanos para recibir órdenes o inspiración desde fuera de las fronteras.

Los demócratas cristianos han tenido su más fuerte y eficiente expresión en Chile bajo el gobierno del presidente Eduardo Frei (1964–1970), y en Venezuela con la elección de Rafael Caldera (1969–1974), candidato del Comité de Organización Politica Electoral Independiente (COPEI).

Los democristianos han constituido partidos en casi todos los países, y aunque sus simpatizantes y líderes tienen en común una formación cristiana, un declarado interés por la aplicación de la doctrina social de la Iglesia y el cambio de las estructuras económicas tradicionales, no puede afirmarse que hayan logrado el apoyo de la jerarquía eclesiástica que se mantiene más bien al margen de los hechos. En general, es un partido de clase media, sin mayores posibilidades por el momento.

Los partidos comunistas, por su parte, son minoría en todos los países y están proscritos en muchos de ellos. Han tenido también sus cismas o divisiones internas. Dirigen su acción proselitista principalmente sobre los obreros industriales, los universitarios e intelectuales, y apoyan su lucha en la reforma total de las estructuras políticas, económicas y sociales, la lealtad, el ejemplo soviético o chino de desarrollo e industrialización, y el ataque violento a los países capitalistas, principalmente a Estados Unidos y sus instituciones.

En la década de los '30 los socialistas se dividieron en trotskistas y comunistas, y en la década de los '60 volvieron a segmentarse en partidarios de Moscú, Pekín y de La Habana, según promovieran la coexistencia pacífica, la vía revolucionaria o el método de las guerrillas, respectivamente. A su vez, la distinta concepción de las guerrillas dividió a sus partidarios. Entre los activistas revolucionarios, unos son fieles a la teoría de practicar la guerra rural, mientras otros la sustituyen por la urbana. Con motivo de la disolución de la Unión Soviética, y su proceso de democratización, es prematuro imaginar la línea que tomarán los comunistas.

En México, la mayoría la conforma el Partido Revolucionario Institucional (PRI), surgido de la Revolución Mexicana y heredero ortodoxo de su doctrina de "sufragio efectivo, no reelección". El partido fija los candidatos políticos para cada elección, los que resultan siempre elegidos porque el partido es altamente mayoritario y sólo se permite una actividad limitada a los partidos mínimos opositores. Ningún presidente puede ser reelegido. Esto quita cierta continuidad al gobierno, pero este inconveniente se subsana en la práctica mediante organismos estables de funcionarios de alto nivel. Los presidentes que han terminado sus mandatos forman un comité de consejeros dentro del partido y aportan su valiosa experiencia para la continuidad y homogeneidad de las sucesivas administraciones. El Partido Revolucionario Institucional justifica su monopolio político sosteniendo que después de las cruentas luchas civiles de la Revolución es muy importante la estabilidad institucional y que todo mexicano que desee llegar al poder está libre de hacerlo a través del partido.

En las últimas décadas el PRI ha sido acusado de controlar el poder mediante el soborno y la corrupción. El soborno sería la forma más efectiva de mantener la unidad del partido y someter al Congreso y a los disidentes. Una larga tradición de políticos y dirigentes enriquecidos ilegalmente confirmaría esta táctica. Esta práctica ha significado para los empresarios norteamericanos un delicado problema en la concertación de los negocios. Desde los años '90 este aparato de corrupción da manifestaciones de atenuarse ante los nuevos negocios internacionales y la opinión mundial. En la actualidad el PRI está en franca competencia política con el Partido Revolucionario Democrático (PRD), de tendencia izquierdista, y en menor grado con el Partido de Acción Nacional (PAN), conservador. Este último partido ganó en los comicios de julio de 2000.

El Movimiento Nacionalista Revolucionario de Bolivia (MNR) sufrió un colapso hacia 1964, con las revoluciones sucesivas de los generales René Barrientos (1964), Ovando Candia (1969–1970) y Juan José Torres (1971), quien intentó un "experimento único" en materia de nacionalizaciones y sustitución del Parlamento por una Asamblea Popular, con integrantes sindicales y representantes de la clase media y partidos prosoviéticos, prochinos y procastristas, hasta ser derrotado por el coronel Hugo Banzer (1971–1978), un militar de derecha. Este último fue el 188° levantamiento y golpe de estado en Bolivia.

Estos ejemplos son suficientes para comprender la complejidad y entremezcla[12] de ideas y pruebas realizadas para llegar a una fórmula estable y mayoritariamente aceptada y respetada.

La historia política, conviene agregar, debe ser estudiada en cada país en particular. Por esta razón, la formulación de una tipología de la política iberoamericana ha presentado insalvables dificultades a los politicólogos.

Desde la independencia del siglo XIX hasta principios del XX, el panorama era más simple y se reducía, en definitiva, a distinguir entre centralistas (unitarios) y federales, o entre católicos y laicos. Estos conflictos han sido superados ya, y han surgido otros propios de estos tiempos, por efecto de nuevos agregados contemporáneos: el militarismo, el socialismo marxista, los grupos sindicales, el retiro paulatino de la Iglesia del quehacer político, la reminiscencia del fascismo y el nazismo, la incorporación soviética a la actividad política iberoamericana, el florecimiento del capitalismo, el nacionalismo económico, la economía globalizada y otros factores circunstanciales surgidos en la realidad de cada nación.

No es aventurado afirmar que en los tiempos actuales el bipartidismo tiene poca vigencia mientras que el espectro partidario oscila entre un extremo y otro, y el centrismo es poco preferido.

Es comprobable, en cambio, que dos tendencias genéricas ocurren con contenidos opuestos entre sí. Se han propuesto para estos complejos ideológicos diversos nombres, ninguno de los cuales es satisfactorio del todo: liberales y conservadores; democráticos y autoritarios; democráticos y socialistas; etc.

Actitudes políticas

Es conocido el hecho de que las ideologías están mal representadas en los partidos políticos latinoamericanos. El programa de ideas y principios de un movimiento

---

[12]**entremezcla** mezcla indebida

raramente pasa de una mera expresión de promesas o de una serie de ideas oportunistas enunciadas con el propósito de atraer votos en los comicios electorales. Un análisis profundo de los repertorios de ideas nos enfrentaría en teoría, en estos tiempos, con ideologías fascistas (nazis), marxistas (comunistas), socialistas moderadas, democristianas (cristianas progresistas), liberales a ultranza[13] y conservadoras. Difícilmente son puras, pues cada partido combina conceptos de distintas procedencias para acomodarse a la situación concreta de cada campaña electoral, con excepción quizás de los marxistas, más sistemáticos.

Diversos factores contribuyen a esta debilidad de los principios: la ignorancia de afiliados y simpatizantes que los desconocen intelectualmente por falta de educación cívica suficiente, el analfabetismo de algunos sectores indígenas y rurales, y el escepticismo e incredulidad de los ciudadanos ante el crónico incumplimiento de las propuestas formuladas por los candidatos.

Son básicamente aplicables en Latinoamérica las dos actitudes políticas universales enunciadas por el psicólogo J. A. C. Brown, de la Universidad de Londres: la de derecha y la de izquierda, que entrecruzadas pueden explicar el comportamiento de los ciudadanos de un país. El hombre de derecha es leal a un líder, defiende la estabilidad de la familia, enfatiza la disciplina, es nacionalista, defiende la religión y las tradiciones, sostiene la propiedad privada, recalca la restricción sexual, es moralista y prejuiciado, y defiende la distinción de clases. El hombre de izquierda, contrariamente, es leal al grupo, no está apegado al concepto de familia, recalca la libertad, es cosmopolita e internacionalista, no se ata a la religión ni a las convenciones tradicionales, es partidario de la propiedad socializada, proclama la libertad sexual y tiende a una sociedad sin clases (*Techniques of Persuasion*).

Estas actitudes forman la materia prima con la cual se hacen los partidos políticos e influyen de modo que un ciudadano se afilie o no a un determinado partido político, según la flexibilidad o rigidez de su personalidad.

El profesor Seymour Martin Lipset de la Universidad de California en Berkeley piensa que las democracias occidentales están en un período "postpolítico", caracterizado por las pocas diferencias entre las derechas y las izquierdas, la moderación de los socialistas y el comienzo de la aceptación por los conservadores de algunas conquistas del estado benefactor (*Political Man: The Social Bases of Politics*). En Iberoamérica la situación no es exactamente así, porque persiste todavía cierto grado de tensión y de violencia. Después de la caída del muro de Berlín el temor al comunismo ha cedido en las clases dirigentes y los marxistas se han refugiado en los partidos socialistas ocultando su antigua ideología. Ha de considerarse que debido a las persistentes injusticias, no son muchos los argumentos que pueden ofrecer públicamente las personas independientes y los intelectuales, quienes a su vez disimulan sus ideas liberales. Este fenómeno se percibe en el número de indecisos que reflejan las encuestas ante la proximidad de comicios electorales.

Las manifestaciones públicas están perdiendo su tradicional violencia en las ciudades y se reducen a marchas con cartelones y banderas, y presentación de petitorios a

---

[13]**a ultranza** a cualquier precio, resueltamente

Póster gubernamental en Buenos Aires con un pedido de
apoyo a la población para disminuir el desempleo.

las autoridades, que excepcionalmente terminan en disturbios callejeros reprimidos
por la policía, como se observa en Chile por el discutido retorno de Pinochet; en la Argentina por el retardo en el pago de los sueldos, el incumplimiento de los servicios asis-
tenciales, el desempleo y otros; en México por la falta de trabajo y el enfrentamiento
de los disidentes con el Partido Revolucionario Institucional, y en países como Bolivia,
Uruguay, Perú y Colombia por razones locales específicas. Únicamente los grupos
guerrilleros pueden considerarse políticamente violentos a esta altura del siglo.

Los países más desarrollados de Iberoamérica se encuentran en la actualidad en
un grado de evolución política como el de Europa en el siglo pasado, derivados de la
industrialización y el urbanismo, con una clase media creciente, movimientos sindicales y reclamaciones sociales, intentando reducir la influencia del capitalismo. En las
naciones menos evolucionadas, con gran parte de población indígena residente en los
campos, los descontentos se manifiestan contra los terratenientes y los gobernantes in-
diferentes o incapaces ante las injusticias, apropiándose por la fuerza de tierras
(nordeste del Brasil), realizando marchas hacia las ciudades para respaldar sus actividades rurales (cultivadores de coca en Bolivia), y otros recursos.

Los disconformes políticos actuales son diferentes de los anteriores: reclaman
derechos sindicales, aumentos de salarios, beneficios sociales, educación pública gratuita, atención de sus necesidades sanitarias, protección de las pequeñas y medianas
empresas frente al avance de los gigantes transnacionales, mayor participación en los
gobiernos, repudio a la politización sectaria del poder judicial y la impunidad otorgada

a los dirigentes venales y corruptos. A estos hechos se han sumado en las últimas décadas la solidaridad con sucesos políticos ocurridos en otros lugares del mundo, como la guerra en Yugoslavia, el reciente golpe de estado en Paraguay o el conflicto en Medio Oriente entre Israel y los estados árabes y otros de difusión pública.

La tesis muy en boga hasta hace poco que atribuía la inestabilidad política de Latinoamérica a la herencia individualista y autoritaria de la raza hispánica y lusitana, ha perdido vigencia y no es aceptada como causa sustancial. Las modalidades de la vida política en el subcontinente tienen su origen más bien en las estructuras sociales y de poder mantenidas durante largos períodos de la historia, según el criterio del profesor Jacques Lambert de la Universidad de Lyon (*América Latina: Estructuras sociales e instituciones políticas*):

> A menos que se acepte la idea, tantas veces repetida, de que únicamente los pueblos nórdicos son capaces de gobernarse, mientras que los demás deben ser gobernados, la explicación a través de la psicología de razas aparece ya como sospechosa debido a la circunstancia de que se manifiesta en muchos pueblos.

Militarismo y política

El sentimiento y las ideas nacionalistas son fuertes en Iberoamérica y se manifiestan bajo formas distintas, según la ocasión. A veces surge espontáneamente el nacionalismo por algún hecho histórico, por ejemplo, cuando la nación se siente amenazada por peligros externos. En otras ocasiones, es un estímulo provocado con intención por los partidarios de ciertas causas o creencias. Puede ser un pretexto de agitadores sociales o dictadores políticos. En unos casos procura lograr formas artísticas o literarias originales, y en otros es un medio para promover el desarrollo de un país u oponerse al predominio económico de Europa o Estados Unidos.

Cuando aparecieron las nuevas naciones el siglo XIX, fue el antihispanismo de los románticos (Echeverría, Sarmiento) en defensa de la independencia espiritual y artística el que dio ímpetu al nacionalismo. Hacia fines del siglo, fue el antiyanquismo de los modernistas (Rodó, Rubén Darío, Blanco Fombona) para oponerse al papel de policía internacional asignado a Estados Unidos por el presidente Theodore Roosevelt. En la Primera Guerra Mundial fue el neutralismo y la anglofobia, y en la Segunda, el germanismo, el antisemitismo y también el neutralismo que una vez más avivó el nacionalismo.

Las manifestaciones más visibles del nacionalismo han sido el antiimperialismo, el anticolonialismo, el anticapitalismo, el socialismo, el antiintervencionismo y el estatismo económico. El antiimperialismo acusa a Estados Unidos y Europa de intromisión política en Iberoamérica; el anticolonialismo reclama ante las Naciones Unidas la reincorporación a países latinoamericanos de las colonias subsistentes en el continente (Islas Malvinas o Falkland, Belice, etc.); el anticapitalismo ataca al capital internacional como causante del atraso; el socialismo proclama la necesidad de entregar al Estado las áreas más importantes de la economía para contrarrestar la influencia europea y norteamericana, lo mismo que el estatismo; y el antiintervencionismo sostiene su fuerte oposición a la injerencia externa en asuntos internos de cualquier país iberoamericano.

Estas manifestaciones cambian de país a país, según el caso y el interés nacional, o la ideología del partido gobernante. No puede afirmarse que un determinado país sea naturalmente nacionalista en sí, aunque todos lo son históricamente en mayor o menor grado, como todas las naciones del mundo.

John J. Johnson ha opinado que la preferencia de los iberoamericanos por la carrera militar obedece a tres razones principales: las academias militares ofrecen mejores oportunidades educativas que otros establecimientos, sin costo; permiten a los provincianos acceder a la capital y ciudades importantes, sustrayéndose de este modo a las escasas oportunidades económicas del interior; y finalmente, brinda una buena posibilidad de ascenso social y de participación en los centros de poder. Se constituyen en algunos casos verdaderas familias de militares, se crea un *esprit de corps*[14] beneficioso en la vida social y económica, se asegura el empleo para el futuro, se obtiene una paga superior a las medias, y se logra la oportunidad de un respetable prestigio y el contacto con los países exteriores, a través de puestos diplomáticos y asistencia a conferencias internacionales (*The Military and Society in Latin America*).

Este enfoque del fenómeno militarista no excluye, sin embargo, la vocación sincera de profesionalidad de muchos oficiales.

El tema de la interrelación entre la actividad militar y la política es sumamente intrincado y tiene una tradición antigua. No se reduce únicamente a una desviación incorrecta de la función de las fuerzas armadas, sino que está también en algunos casos conectada con los intereses de la defensa hemisférica, el aseguramiento de materias primas estratégicas, las luchas ideológicas mundiales, el asentamiento de bases estratégicas, la colaboración en situaciones bélicas o políticas, y otras razones que exceden las posibilidades de análisis de este libro.

En los tiempos actuales el panorama tiende a cambiar, de manera que las actividades marginales de los militares están perdiendo o han perdido su tradicional carácter. Por lo pronto, los civiles han reemplazado a los presidentes militares en prácticamente todos los países en elecciones libres, y el restablecimiento de la vida democrática ha aparecido en el horizonte político iberoamericano con gran esperanza, lo cual no debe interpretarse como una desaparición definitiva del militarismo. Según la interpretación de Johnson, el llamado de los poderes civiles a los militares podría continuar en tres casos: a) para remover a un determinado grupo de poder en beneficio del mantenimiento del régimen democrático; b) para colaborar con el poder civil como una fuerza final y más poderosa que la policía en la lucha contra la violencia interior; c) las rivalidades entre oficiales que pudieran ser explotadas por grupos políticos.

La primera y la segunda de las hipótesis parecen ser las más probables, como lo demuestran los acontecimientos generados por las guerrillas subversivas, el narcotráfico, la corrupción de algunos gobiernos civiles y la necesidad de impedir la disolución interna de una nación. De todos modos, los analistas reconocen que las nuevas

---

[14]**esprit de corps** (Fr.) solidaridad extrema entre miembros de un grupo o institución

generaciones de oficiales revelan criterios distintos de los antiguos compañeros de armas y tratan de mantener a las fuerzas armadas en sus funciones específicas.

Las guerrillas

La guerrilla es un instrumento contemporáneo empleado preferentemente por los grupos descontentos para provocar o acelerar el proceso de cambio. Es difícil tipificar a esos grupos ideológicamente, pues son de naturaleza distinta según las naciones. Los analistas políticos presumen que existen conexiones entre los grupos guerrilleros de varias naciones, pero también divergencias. Algunos son de izquierda y otros de derecha, y en ciertos casos están integrados por personas de diferentes ideologías. Recurren a los secuestros de personalidades, atentados terroristas, tienen sus propias "cárceles del pueblo" secretas, donde recluyen a los secuestrados, practican la extorsión y la amenaza o libran abiertas batallas en el campo, la montaña, la selva o la ciudad.

La guerrilla urbana o rural ha superado a la policía tradicional y ahora se la combate mediante cuerpos armados especializados, los cuales han obtenido hasta el presente escaso éxito. Los guerrilleros detenidos son sometidos en algunos países a los tribunales ordinarios, mientras que en otros son juzgados por tribunales especiales y encarcelados. Según los especialistas militares, las guerrillas iberoamericanas no tienen por el momento la posibilidad de tomar el poder. Quizás el más antiguo de estos movimientos sea el grupo uruguayo de los Tupamaros, nombre derivado de una corrupción de Túpac Amaru, el caudillo peruano que organizó y dirigió una rebelión indígena en el siglo XVI en el Perú. En general, adoptan los nombres de "frentes", "ejércitos de liberación", "fuerzas armadas revolucionarias", etc. Hay o hubo guerrilleros marxistas, castristas, comunistas, maoístas, peronistas, indigenistas y de otras extracciones.

El último movimiento aparecido (enero de 1994) es el Ejército Zapatista de Liberación Nacional (EZLN), en Chiapas, en el sudeste de México, que comenzó sus demostraciones de fuerza con la toma de varias sedes gubernamentales en dicho estado y próximos.

Los investigadores periodísticos dan cuenta de que al frente de la guerrilla se encuentra un carismático subcomandante Marcos, identificado como un educado miembro de la clase media con estudios universitarios realizados en Tampico y conocedor de varias lenguas, quien habría tomado experiencias propias en la selva lacandona y recibido instrucción militar en Nicaragua. Una versión más aventurada pretende ver por detrás la actividad de un sacerdote, obispo de San Cristóbal de las Casas, Chiapas. Sus defensores, por el contrario, niegan esta versión y lo consideran un mediador pacifista.

En 1994 el ensayista mexicano Gabriel Zaid enunció en la prensa el concepto de "guerrilla posmoderna", según la cual los dirigentes guerrilleros parten de las capitales y van al monte para tratar de regresar triunfantes a la capital. Ambas guerrillas, la campesina y la urbana, tienen de común la rebelión contra el orden establecido, pero mientras la guerrilla campesina busca resultados militares en la selva, la guerrilla universitaria o urbana busca ante todo llamar la atención del país y el mundo: "La guerrilla chiapaneca traslada la conciencia posmoderna de la vanguardia artística a la vanguardia en armas. Sigue siendo la guerrilla universitaria".

En Colombia operan sobre todo dos grupos, el Ejército de Liberación Nacional (ELN) y las Fuerzas Armadas Revolucionarias de Colombia (FARC), caracterizadas las dos por el uso sangriento de las armas, el secuestro, la toma de rehenes, la voladura de edificios y oleoductos, el combate directo, el asesinato y otros desastrosos métodos que han provocado ya millares de muertes. Se las relaciona actualmente, después del colapso de la Unión Soviética, menos con las ideologías que con el tráfico de narcóticos y la búsqueda del poder. Los gobiernos presidenciales procuran por diversos medios militares y por negociaciones lograr la pacificación del país.

La guerrilla no nace espontáneamente en un lugar. Presupone una estrategia y una táctica establecida de antemano para la toma del poder. Se dice que la gran escuela de adoctrinamiento y preparación de las fuerzas de choque estuvo o está en Cuba, organizada y sostenida por Fidel Castro. La intervención de las fuerzas armadas regulares es el recurso más aplicado por los gobiernos legalmente constituidos.

El Che Guevara fue el símbolo de la guerrilla desde su muerte, ocurrida en 1967 en Bolivia, en acción de combate. Su figura atrajo por muchos años particularmente a los estudiantes revolucionarios, quienes lo convirtieron en su ídolo y pegaron carteles con su figura por Europa y América. Sin embargo, las guerrillas no han contado hasta el presente con la adhesión o colaboración voluntaria de los campesinos ni de los trabajadores fabriles de los países que proponían "liberar". Hasta ahora han operado bajo la conducción de líderes universitarios o bien educados, médicos y abogados muchos de ellos, que no han logrado conquistar la simpatía de los pobres. Uno de los problemas fundamentales de los guerrilleros lo constituyen sus continuas luchas internas por el poder, que conciben de distinta manera según su procedencia ideológica y conforme al distinto criterio militar que sustentan.

En Argentina los dos grupos más fuertes en su momento (1970–1981), los Montoneros y el Ejército Revolucionario del Pueblo (ERP), provenían de distintas inspiraciones políticas: los primeros eran peronistas y los segundos, marxistas. Ciertas operaciones militares eran cumplidas con independencia por uno u otro grupo, mientras que en algunos casos eran operaciones conjuntas.

Los diferentes modos de operar han variado y varían según las condiciones geográficas, sociales y económicas de las circunstancias. Algunos movimientos apelan al descontento de los campesinos, los indígenas, los obreros fabriles o las clases medias intelectualizadas, aprovechando las reclamaciones de los disconformes. Sendero Luminoso en el Perú (1982) ha actuado incluso contra las propias poblaciones indígenas, atacándolas con las armas para forzarlas a incorporarse a la lucha o como escarmiento por la falta de cooperación. Al mismo tiempo, ha recurrido al ataque de instalaciones policiales y gubernamentales en la ciudad de Lima.

Los argumentos comunes, hasta la actualidad, suelen concentrarse en contra del imperialismo, el capitalismo, el feudalismo colonial, la explotación de los pobres, a los que se ha agregado últimamente el de la corrupción política.

Las respuestas de los gobiernos han variado también de acuerdo con las características específicas de cada rebelión, desde la abierta lucha armada con tropas regulares, hasta la amnistía de presos y condenados. Otros procedimientos son también empleados. Se realizan negociaciones y firman acuerdos para evitar o detener los combates; se ofrece perdón a los "arrepentidos" y se les garantiza el cambio de identidad

Las huelgas y los disturbios callejeros son un recurso frecuente actualmente utilizado en las ciudades iberoamericanas por los grupos políticos, obreros y sociales para presionar a los gobiernos y obtener sus propósitos. La fotografía muestra un enfrentamiento entre grupos opuestos en la plaza central de la ciudad de Buenos Aires.

pública y el traslado al extranjero para cubrirlos contra las represalias; se disminuyen las condenas de los apresados y juzgados; se publican recompensas pecuniarias para quienes ofrezcan información que conduzca a la detención de los criminales; se convienen acuerdos entre países para intercambiar o extraditar a los delincuentes, y otros recursos del momento. En varios países, Brasil por ejemplo, han aparecido "escuadrones de la muerte", es decir, grupos policiales o parapoliciales encargados de eliminar físicamente a los terroristas.

La Iglesia Católica, a través del Papa y sus ministros, así como otras comunidades religiosas y organizaciones civiles de distintos ámbitos, se han pronunciado explícitamente contra las guerrillas, las que por algunos conductos tienen afinidades y relaciones en Medio Oriente y han realizado actos de vandalismo también en Europa.

La Iglesia en Iberoamérica

Muchos extranjeros de países con otra historia originaria y con minorías católicas se sorprenden al comparar la influencia de la Iglesia católica en la vida pública de Iberoamérica con la de Europa y Estados Unidos.

Alrededor de un 80/85% de latinoamericanos declara ser católico, aunque algunos de ellos no sean practicantes activos de sus creencias ni concurran a las iglesias. La fotografía muestra el monumento a Cristo Redentor, instalado en la cordillera de los Andes a 4.200 metros de altitud sobre el nivel mar, obra del escultor Mateo Alonso, para celebrar la paz entre Chile y la Argentina, que había estado en peligro durante varios años el siglo pasado.

La Iglesia católica ha constituido a través de la historia un importante elemento de poder, a partir de las prerrogativas que la autoridad papal concedió a los Reyes Católicos y sucesores. Todavía la palabra de la Iglesia, del Sumo Pontífice y los prelados, es respetada y escuchada con fe y se le otorga credibilidad y confiabilidad.

El catolicismo social

En materia económica y social es donde algunos cuestionan su participación, y no en lo teológico y pastoral, conforme al moderno criterio, incluso pontificio, de respetar la libertad de conciencia preconizada por el cristianismo. La doctrina católica ha sido explícita en actos y documentos fijando su posición frente a los hechos concretos y materiales de la vida social. Sus enseñanzas están expuestas en varias encíclicas: *Rerum Novarum* (1891) de León XIII sobre la cuestión obrera; *Quadragessimo Anno* (1931) de Pío XI sobre la restauración del orden social; *Mater et magistra* (1961) de Juan XXIII, en la que urge la justicia y el bien común como normas para el desarrollo de la cuestión social; *Populorum progressio* (1967) en la que el Papado expone su doctrina sobre el desarrollo de los pueblos y muy especialmente de aquellos que sufren hambre, miseria, enfermedades endémicas e ignorancia y buscan una participación en los frutos de la civilización.

En síntesis, sostiene que "el desarrollo integral del hombre no puede darse sin el desarrollo solidario de la humanidad"; "que los pueblos desarrollados tienen la obligación gravísima de ayudar a los países en vía de desarrollo"; que "lo superfluo de los países ricos debe servir a los países pobres", y con texto claro enuncia que la regla del libre cambio[15] no puede regir por sí sola las relaciones internacionales y debe mantenerse dentro de los límites de lo justo y lo moral, sin abolir el mercado de concurrencia[16]; y que la insurrección revolucionaria engendra nuevas injusticias, desequilibrios y ruinas, "salvo el caso de tiranía evidente y prolongada, que atentase gravemente a los derechos fundamentales de la persona y damnificase peligrosamente el bien común del país".

Cantidad abundante de documentos de distinta naturaleza y discursos del Sumo Pontífice ratifican inconmoviblemente esta posición, considerada por la Iglesia como la palabra de Dios acerca de este tema.

El Concilio Vaticano II (1959–1965) ha reafirmado dogmáticamente esta posición. En la Carta Pastoral *Gaudium et Spes* (1965), analiza la posición de la Iglesia en el mundo actual, repasa su actividad en el mundo contemporáneo, clarifica los problemas más urgentes, el desarrollo económico, la vida en la comunidad política, el incremento demográfico, la promoción de la paz y el fomento de la comunidad de los pueblos, la obligación de evitar la guerra y la necesidad de edificar una comunidad internacional. Es comprensible, entonces, que los miembros de la cristiandad (fieles y pastores), se sientan obligados a contribuir en la medida de sus posibilidades y las circunstancias en que vivan, a hacer efectivas estas creencias.

Esta es la doctrina del *aggiornamento*.[17] Los pasos concretos en procura de estos objetivos son de otra naturaleza. Equivocados o lúcidos, algunos miembros han cometido errores en su quehacer apostólico o han entrado en caminos equivocados, que no nos toca enjuiciar. En Colombia (1960), el padre Camilo Torres tomó las armas y formó parte activa de las guerrillas armadas, conducta que lo condujo a la muerte en una acción militar. En El Salvador, la Iglesia informó por intermedio de su portavoz que estaba tratando de intervenir para favorecer un pacto entre el gobierno y las guerrillas (1985). Con anterioridad (1979), había sido asesinado a balazos en el templo el arzobispo Óscar Romero, pagando con su vida la gestión en pro del entendimiento.

Bastan estos dos casos extremos para internarse en el ámbito de las relaciones de la Iglesia con el Estado. En Europa los "curas obreros", que ingresaron como empleados comunes a las fábricas para poder cumplir mejor su misión de apostolado, no pudieron lograr sus fines.

Los denominados curas "tercer mundistas", reunidos en la Conferencia de Medellín, Colombia (1968), o en la Segunda Conferencia General del Episcopado Latinoamericano, coincidiendo con la visita del Papa Pablo VI, reactualizaron los contenidos sociales de la Iglesia. En sus conclusiones, se destaca la siguiente: "La violencia —expresa— constituye uno de los problemas más graves que se plantean en América Latina. No se puede abandonar a los impulsos de la emoción y de la pasión una decisión de la que depende todo el porvenir de los países del continente. Faltaríamos a un deber pastoral si no recordáramos a la conciencia, en este dramático dilema, los criterios que derivan de la doctrina cristiana del amor evangélico".

---

[15]**libre cambio** comercio libre   [16]**concurrencia** competencia   [17]**aggiornamento** (Ital.) puesta al día, modernización

Más recientemente, el Papa Juan Pablo II ha advertido en innumerables ocasiones que además de éstos y otros desvíos de la conducta humana, deben agregarse ahora los nacionalismos y localismos, y en su primer mensaje de 1994, agregó que la "paz está herida por el persistir de la injusta diferencia entre el norte y el sur del planeta y por la pesadilla de una vasta crisis económica que pesa sobre las clases sociales menos protegidas".

La teología de la liberación

El Concilio Vaticano II (1962–1965) había reexaminado en sus sesiones el papel de la Iglesia católica en el mundo moderno y decidido su *aggiornamento* o puesta al día, no en el orden dogmático o de la fe, que es inmodificable, sino en su misión pastoral y de evangelización. Como derivación de este acontecimiento surgió años después la llamada "teología de la liberación" con el propósito de ampliar las bases sociales del catolicismo.

Este propósito de revitalización tuvo su máxima manifestación en la II Conferencia General del Episcopado Latinoamericano reunida en Medellín, Colombia en 1968, durante el pontificado del Papa Pablo VI. Allí se acordó la acción de la Iglesia a favor de los pobres, firmemente defendida por los prelados, entre ellos el obispo Helder Cámara de Recife (Brasil). Se denunció la explotación de los campesinos y obreros, se señaló la injusticia que pesaba sobre los marginados, se criticó a quienes no intervenían en apoyo de las clases humildes y se analizó la necesidad de renovación y adaptación de la Iglesia en los tiempos modernos. Fue como un resurgimiento de los puntos de vista del Padre Las Casas durante la Colonia.

El orden económico mundial fue calificado de injusto por cuanto implicaba una coacción de las naciones poderosas contra los deseos de autodeterminación de los pueblos débiles y se pidió a los organismos internacionales medidas correctivas decididas y urgentes. Ellos deben ocuparse de los abusos del imperialismo y del neocolonialismo. La violencia como instrumento de acción fue cuestionada. Si bien la acción revolucionaria puede ser legítima en los "casos de tiranía", no es aplicable a la modificación de las estructuras vigentes. La doctrina sufrió desviaciones en algunos prelados y sacerdotes, que llevaron su interpretación personal a hechos no prescriptos en el documento final.

La Iglesia, ante el incremento de los movimientos políticos y sociales emergentes, se distanció tanto de la derecha como de la izquierda y mantuvo una actitud de independencia en la lucha. En su visita al Brasil en 1980, el Papa Juan Pablo II condenó finalmente la teología de la liberación y el empleo de la violencia como recurso del cambio social, y prohibió a todo miembro del clero ocupar cargos políticos en los países.

La prédica papal en América Latina

En la última década del siglo XX la actividad del "Papa viajero" Juan Pablo II (Karol Wojtyla) ha cubierto varias veces en sus peregrinaciones a los países latinoamericanos e incluso a los Estados Unidos. Su prédica esencial ha consistido en advertir a los

Juan Pablo II, pontífice de la Iglesia católica desde 1978 y conocido como el Papa Peregrino, ha visitado en misión pastoral casi todos los países de Iberoamérica, incluida Cuba en 1998, no obstante su delicada salud. En su reciente viaje a México oró en privado ante la Virgen de Guadalupe y la consagró Madre de América.

pueblos sobre los extravíos y peligros de la humanidad al concluir el siglo, describiéndolos sobre todo en sus visitas a Cuba (octubre de 1998) y México (enero de 1999).

En Cuba fue recibido personalmente por Fidel Castro, quien asistió a una multitudinaria manifestación de quinientos mil católicos en La Habana y mantuvo con el pontífice conversaciones privadas. Su Santidad pidió la liberación de los presos políticos, la libertad de conciencia y enseñanza, el acceso de la Iglesia a los medios de comunicación social, la justicia social, la solidaridad de los pueblos y los hombres. Criticó a los regímenes totalitarios, al "capitalismo salvaje", al embargo económico a la isla, al hedonismo de las sociedades ricas y a las desviaciones espirituales de las sectas. Llamó a los exiliados a "evitar confrontaciones inútiles y a fomentar un clima de positivo diálogo". En una de sus homilías expresó: "Para muchos de los sistemas políticos y económicos hoy vigentes el mayor desafío sigue siendo conjugar libertad y justicia social, libertad y solidaridad, sin que ninguna quede relegada a un plano inferior".

Fidel Castro, por su parte, guardó silencio cuando se aludió a su gobierno y permitió la libre manifestación de la fe religiosa y la prédica papal en toda la isla. La prensa atribuye a un dirigente de la Fundación Nacional Cubano-Americana, la poderosa organización del exilio, la siguiente frase: "Desde ahora, hablaremos de una Cuba antes y después de la visita de Juan Pablo II". Su permanencia de varios días en México fue clamorosa y en ella tuvo expresiones de particular afecto al pueblo mexicano. Consagró a la Virgen de Guadalupe, "la morenita de Tepeyac" según su calificativo, como Patrona de América. La exhortación pontificia abordó sus conocidas preocupaciones contemporáneas: la ley preeminente del mercado y las ganancias afectan la dignidad humana; la corrupción favorece la impunidad y el enriquecimiento ilícito; las sectas son un obstáculo para el esfuerzo evangelizador; el armamentismo es un escandaloso comercio que crea amenazas para la paz; hay que estar atentos a los derechos de los inmigrantes y a los de sus familias; la mujer es todavía objeto de discriminación, y el abuso sexual y la prepotencia masculina son contrarios a los planes de Dios; el divor-

Estampa religiosa de la Virgen de Guadalupe,
la *Lupita* popular o la *Morenita de Tepeyac,*
consagrada como Madre de América.

cio, la difusión del aborto y la mentalidad anticonceptiva amenazan en la mayor parte de América.

En anteriores documentos pontificios emitidos desde el Vaticano, el Papa Juan Pablo II había pedido disculpas por el maltrato de los cristianos a los judíos ("nuestros hermanos mayores"), por los traficantes de esclavos y por otros errores de la cristiandad en la historia.

El protestantismo

En Latinoamérica las iglesias protestantes han aumentado en las últimas décadas su expansión a través de sus obras misioneras. Es muy difícil precisar el número de fieles de las innumerables denominaciones que existen en el subcontinente, por su diversidad de credos y falta de estadísticas precisas en cada caso. De todos modos su número puede estimarse en unos 40 millones de fieles (10%) sobre una población de 400 millones de habitantes. Comparativamente, un 80% se declara católico.

El protestantismo nació en el mundo con la Reforma del siglo XV como una reacción de un sector de sacerdotes y creyentes de la Iglesia católica en materia dogmática. Algunos historiadores eclesiásticos agregan a la disidencia teológica la rebeldía contra la autoridad papal de Roma, concretada por el religioso Martín Lutero en sus conocidas 95 tesis (31 de octubre de 1517). En el siglo anterior se habían registrado ya algunos hechos precursores.

La fe protestante se basa en las Sagradas Escrituras, a las cuales considera la única fuente de la palabra de Dios, y pueden ser leídas en forma crítica y personal. La Biblia no es monopolio de los eclesiásticos: cada creyente puede tener su propia interpretación en materia doctrinal. Finalmente, la predestinación desempeña un papel de suma importancia. Ella es un acto voluntario de Dios, el cual decide, anticipándose a la opción de la fe personal, quién es salvado y quién condenado para toda la eternidad. Se trata de una "elección soberana" de Dios. No son los pecados los que pierden al hombre, ni su fe la que los salva. Es sólo Dios en Cristo. Todos los creyentes están siempre necesitados de misericordia y su salvación está ligada al Evangelio y a los sacramentos queridos por Cristo —el bautismo y la Santa Cena.

La teología protestante, por consiguiente, no es única y en el curso de la historia ha tenido diversas variantes, según las sucesivas iglesias constituidas: anglicanos (el rey es el único y supremo jefe sobre la Tierra de la Iglesia de Inglaterra); episcopalianos (la asamblea de los obispos o epíscopos y de los concilios tiene un poder superior al Papa); pentecostales (el Espíritu Santo prodiga sus dones de curación de las enfermedades); metodistas (insisten en la pureza de las costumbres, la caridad, la confesión pública, la comunión dominical); los baptistas (administración del bautismo exclusivamente a los creyentes adultos capaces de una verdadera conversión personal); los evangelistas (Jesús es el anunciante de Dios a la humanidad y el único punto de referencia para la existencia y la fe cristiana), y así otras denominaciones (Sergio Ronchi, *El protestantismo*).

América Latina, por su historia hispano-portuguesa, sigue siendo mayoritariamente católica, mientras que en los Estados Unidos, poblados por individuos pertenecientes a distintas religiones (en algunos casos perseguidas en Europa), el protestantismo alcanzó un grado importante de difusión. Sin embargo hubo también algunos conflictos entre fieles de distintas denominaciones.

Las iglesias protestantes han realizado en los últimos cincuenta o sesenta años un inmenso esfuerzo para unir y coordinar sus organizaciones y sus dogmas, sobre todo a partir del Concejo Ecuménico de las Iglesias realizado en 1939, en busca de la evangelización de los países no cristianos.

En América Latina, donde la libertad religiosa y la tolerancia han adelantado, la actividad del protestantismo crece día a día y está más proyectada hacia las poblaciones humildes e indígenas mediante visitas domiciliarias; escuelas; reuniones bíblicas; ayudas económicas a los pobres, enfermos y desocupados; y cultos eclesiales.

Las sectas

Estrictamente hablando, una secta es el conjunto de seguidores de una parcialidad religiosa o ideológica. Su fundamento puede consistir en una doctrina que se independiza de otra o en una que se crea originariamente. Algunos especialistas prefieren hablar en nuestra época de "nuevos movimientos religiosos", denominación con menos sentido emocional. En el mundo anglosajón se emplea el vocablo "culto" (*cult*).

Los sociólogos han creado el término de "sectas destructivas" para designar a grupos religiosos o supuestamente religiosos, esotéricos o falsamente filosóficos, con características especiales y distintivas: organización interna en forma de pirámide, sumisión incondicional a un líder, renuncia a la crítica de los principios, manipuleo de los adeptos y rechazo de todo control exterior. Ejemplos de esta última clase fueron Shoko Asahara, líder de la Verdad Suprema en Japón, condenado por envenenar y matar a centenares de japoneses con gases en los subterráneos de Tokio; Charles Manson en los Estados Unidos, quien asesinó a la actriz Sharon Tate y a otras cuatro personas en nombre de la "guerra del fin del mundo"; Jim Jones, que llevó al suicidio colectivo a 900 miembros del Templo del Pueblo en Guyana; David Koresh, que provocó la matanza de 87 personas en una batalla con la policía en un rancho de Waco, Estados Unidos.

Algunas sectas de este último tipo han sido acusadas de buscar el poder y obtener ganancias financieras a través de cursos, cintas de video, pago de afiliaciones de los creyentes, presiones corporales y mentales, donación forzada de bienes y riquezas, exenciones de impuestos, privación de la libertad de los adeptos, apropiación de su personalidad mediante drogas, lavado de cerebros[18] y otros trucos ilegales.

En los países latinoamericanos no son estrañas estas sectas, aunque el freno del cristianismo no favorece su extensión. En la Argentina, por ejemplo, la justicia ha condenado a muchos responsables por delitos específicos, como los Niños de Dios, acusados de privación de la libertad. Una investigación realizada en 1993 reveló que el 6% de las personas encuestadas manifiesta cierta permeabilidad para ser seducidas por las sectas. Un 38% de los interrogados mencionó explícitamente a determinadas sectas, y un 22% opinó que debería prohibirse su funcionamiento.

También se han extendido en las últimas décadas en el subcontinente movimientos organizados por "pastores", particularmente provenientes del Brasil y Uruguay, titulados con las más extrañas denominaciones en las que se combinan calificaciones de universal, científica, cosmológica, hermandad, fraternidad, iglesia y otras no menos pretenciosas, y prometen curaciones milagrosas, adivinación, mejoras en la situación económica y obtención de empleos, resolución de conflictos familiares, poderes mágicos y cosas por el estilo. Muy a menudo no tienen templos y sus sedes se reducen a escritorios y números telefónicos.

Se han difundido también los cultos *macumba* y *umbanda,* de origen lusoafricano, por vía brasileña, ambos esotéricos,[19] con apelaciones a santos católicos y divinidades negras, y rituales con el sacrificio de animales y aves. El vudú (*voodoo*) de Haití proviene del Dahomey, África, y es una síntesis de elementos religiosos del período colonial francés (1804) y prácticas rituales introducidas por los esclavos. Aunque admite la existencia de un dios único, sus otras divinidades son de origen nativo, antecesores deificados[20] y santos católicos.

El vudú (o vodú) es la religión de la mayor parte de los campesinos y del proletariado urbano de Haití. La otra parte de la población lo ve más bien como folclore que como religión, y la idea de que se trataba de un culto diabólico de serpientes y magia negra desaparece con el curso de los años.

---

[18]**lavado de cerebros** procedimiento de interrogación para obligar a un acusado a aceptar su culpabilidad   [19]**esotérico** secreto   [20]**deificado** convertidos en dios

Mantiene como la mayoría de las religiones africanas el culto de muchas divinidades, bajo la autoridad de un sacerdote o una sacerdotisa, cuyo santuario frecuentan. En el culto, los espíritus (*loa*) se encarnan a voluntad en las personas de su elección, cuyos cuerpos toman prestados para manifestarse. Esta penetración sobrenatural otorga una especie de conocimiento y poder que asegura un ascenso en la escala social. Permite también a los fieles una unión en trance[21] místico con los dioses. En las ceremonias religiosas los espíritus eligen a hombres o mujeres para concederles esos dones y recibirlos como posesos[22] a su servicio. Las danzas, cantos y sones forman parte importante de las ceremonias. El tambor no es solamente un instrumento musical sino también un objeto sagrado. Los rituales incluyen el culto de los muertos, constituido por prácticas especiales de velatorio y enterramiento.

Los *zombis* son en ese culto personas muertas que han sido enterradas a la vista de la comunidad y se vuelven a encontrar algunos años más tarde en un estado próximo a la idiotez. Las autoridades públicas sostienen que no se trata de muertes reales sino de una especie de letargo producido por el empleo de sustancias tóxicas. El hechicero resucita al muerto quien permanece en adelante en una zona brumosa entre la vida y la muerte (Alfred Métraux, *Vodú*).

En Cuba se practica la *santería,* especie también de hechicería sincrética de cristianismo y africanismo.

La posición de la Iglesia católica frente a estos cultos supersticiosos latinoamericanos se ha modificado hacia fines del siglo XX. Sin efectuar en modo alguno ninguna concesión dogmática, procura en la medida de sus posibilidades modificar esas creencias por vía de la predicación pacífica. Las denominaciones protestantes, abundantes en Latinoamérica (bautistas, metodistas, anglicanos, pentecostales, evangelistas, etc.), son intransigentes frente a estas manifestaciones de paganismo.

El catolicismo romano y el protestantismo entienden que la filosofía cristiana debe fundarse siempre en la libertad del hombre, pero que al mismo tiempo es su obligación pastoral dar a todo individuo la oportunidad de su salvación sobre la palabra del Evangelio.

Temas de expresión oral o escrita

1. ¿Cuáles son las características distintivas de la vida política iberoamericana?
2. Explicar las razones del presidencialismo en Iberoamérica.
3. ¿Qué se entiende por un hombre de derecha y otro de izquierda?
4. Comentar las razones del militarismo iberoamericano.
5. Explicar el fenómeno de las guerrillas.
6. ¿En qué consiste el catolicismo social?
7. ¿Qué explicación tienen las frecuentes visitas papales a Iberoamérica?
8. Distinguir entre catolicismo y protestantismo.
9. ¿Qué diferencia existe entre una iglesia y una secta?
10. Explicar el culto vudú.

---

[21]**trance** estado hipnótico de comunión directa con los espíritus   [22]**poseso** poseído

Temas de discusión

1. ¿Considera Ud. que la corrupción política es un fenómeno exclusivo de Iberoamérica? Dar las razones.
2. Si fuera Ud. autoridad, ¿qué haría frente al hecho de las sectas?
3. Discutir en clase algún suceso político de violencia ocurrido en Iberoamérica últimamente.

Temas de investigación

1. El PRI en México.
2. Breve historia de la "Morenita de Tepeyac" en México.

C A P Í T U L O   1 0

La economía

Panorama general económico

Cuando se habla de Latinoamérica, una gran mayoría de extranjeros piensa en la pobreza y el subdesarrollo. La situación económica de Iberoamérica era en la última década del siglo XX distinta de la de otros continentes y difícil de pronosticar. En algunos aspectos muestra signos promisorios, como por ejemplo en su crecimiento industrial; modernización de los servicios, sistemas bancarios y financieros; educación tecnológica; ampliación de los mercados comerciales; más estrecha vinculación con los centros económicos mundiales; lucha contra el mal crónico de la inflación; paulatino alejamiento de las ideas estatistas; ampliación del número de contribuyentes impositivos; y privatización de los servicios públicos deficitarios e ineficientes conforme a las experiencias de países más adelantados.

Sin embargo, este proceso no es uniforme en todos los países ni ocurre con la misma celeridad ni en el mismo grado de profundidad o convicción. A la vanguardia de este proceso de modernización marchan Argentina, Brasil, Chile, Colombia y México, y en menor grado, también Venezuela.

Considerado el subcontinente como una totalidad, es pobre en relación con Europa y Estados Unidos, pero lo es menos que África y gran parte de Asia. Considerados los países individualmente, la apreciación es otra. Hay países medianamente ricos

(Argentina, Uruguay, Chile, Colombia, Costa Rica, México y Brasil), y países pobres (Bolivia y Honduras son los casos extremos).

También es diferente el panorama si se toma en cuenta la distribución de la riqueza entre la población. Aun en los países más pobres hay minorías adineradas comparables con las de cualquier país del mundo. La diferencia estriba[1] en el elevado número de pobres de escasísimos ingresos.

El ingreso anual por persona es mucho más bajo en los países con grandes masas indígenas o semiindígenas (Bolivia, Perú, Ecuador, Guatemala) y en los países de poca extensión territorial (El Salvador, Honduras, Nicaragua, República Dominicana).

Ninguna de estas situaciones es constante ni lo ha sido tampoco siempre, pues el deterioro o caída de las economías nacionales oscila según el régimen político imperante en cada momento o el sistema económico aplicado. Un ejemplo demostrativo es el de Argentina, que de su privilegiada posición de principios del siglo pasado (uno de los diez países más ricos del mundo), descendió sesenta posiciones en la escala por una equivocada conducción gubernamental, para volver a ocupar el puesto 37 en diciembre de 1993.

De todos modos, por una razón u otra, el conjunto de naciones iberoamericanas no conforman un bloque rico, aunque tampoco un bloque totalmente pobre. Los vaivenes[2] internos y externos se conjugan[3] año a año para producir efectos imprevistos. Entre 1950 y 1978, por ejemplo, el índice de crecimiento de la América Latina superó al de Estados Unidos, y Argentina, en 1929, para tomar otro caso demostrativo, tenía un producto bruto *per cápita*[4] equivalente al de Francia, mientras en la actualidad es apenas un quinto del francés. En la década de 1950, el de México era superior al de España, y el del Perú superaba ampliamente al de Corea, Tailandia, Taiwán y otros países de la zona. La región crecía a un ritmo mayor que otras naciones del mundo. Las cosas son bastante diferentes hoy en día.

El problema del subdesarrollo

Los iberoamericanos han buscado y continúan buscando sin encontrarla todavía una fórmula liberadora de su crónico estado de retraso económico. El fenómeno del "subdesarrollo", como se lo conoce técnicamente (aunque algunos economistas prefieren la expresión más eufemística[5] de "países en vías de desarrollo"), afecta en mayor o menor grado aproximadamente a tres cuartas partes de la población mundial. Consiste en una serie de síntomas, cualitativos y cuantitativos, de naturaleza compleja y entrecruzada, a saber: carencia de alimentos, reducido nivel de vida de los habitantes, nivel sanitario bajo o muy bajo, natalidad elevada, corta expectativa de vida, asistencia médica defectuosa, escasas posibilidades de educación, desempleo y subempleo,[6] estructuras sociales atrasadas, subordinación económica con respecto a los países desarrollados,

---

[1]**estriba** descansa, se apoya   [2]**vaivenes** movimientos alternativos entre dos extremos; fluctuaciones [3]**se conjugan** se reúnen, concurren   [4]***per cápita*** (Lat.) por persona, habitante   [5]**eufemística** decorosa, elegante   [6]**subempleo** empleo de nivel inferior al merecido

poco desarrollo de la clase media, deficiencias de la agricultura, industrialización incipiente, hipertrofia[7] del sector comercial, y finalmente, debilidad de la integración regional (Y. Lacoste, *Les pays sous-développés*). En síntesis, una suma de problemas demográficos, económicos, políticos, sociales y culturales.

Cada país adolece particularmente de algunos y no de todos estos inconvenientes. Por esta razón, cada nación debería analizarse por separado, pues aunque sus problemas son comunes en ciertos aspectos (colonialismo hispánico y portugués, mezcla racial, dependencia económica internacional, atraso científico y tecnológico, malos gobiernos, disputas internas, etc.), en otros son categóricamente diferentes (extensión territorial, geografía y naturaleza, historia nacional, inmigración, aptitudes y voluntad de sus habitantes, educación, recursos de sus suelos, etc.). De todos modos, el subcontinente tiene al respecto algunos matices coincidentes.

Los economistas han distinguido entre varios tipos de países subdesarrollados. Los de Latinoamérica se caracterizarían por una población étnicamente compuesta, con la gran propiedad como marco fundamental, una aristocracia social y económica prominente, una clase política fundada en el juego de una "clientela",[8] y un proceso de industrialización liviana desde la primera posguerra mundial. Difiere del África, con poblaciones primitivas muy fraccionadas étnicamente, organizada primordialmente sobre la base de la comunidad tribal, de escasa evolución social, subpoblada, con una economía tradicional y necesidades sanitarias. En Asia el subdesarrollo se manifiesta por países muy diferenciados. China y la India son casos excepcionales y muy disímiles entre sí. Coinciden en la firme decisión de modernizarse a todo costo. Japón está fuera del subdesarrollo.

Los diagnósticos sobre el subdesarrollo latinoamericano exceden el marco de este libro, pero a título ilustrativo pueden formularse así: se necesitan capitales provenientes del ahorro propio y de las inversiones externas, privadas o gubernamentales; no hay una cantidad suficiente de empresarios y técnicos (*management*) para afrontar la enorme tarea del desarrollo; a pesar de la riqueza de recursos naturales disponibles, es necesario modernizar el rígido sistema de la propiedad; la ayuda extranjera en capital y tecnología es indispensable, así como también el aumento de la productividad y la competencia internacional. "La idea de que esos países podrían desarrollarse según un proceso de transformación más o menos paralelo al de los países hoy en día avanzados ... es superficial y completamente falsa. Todos sus problemas son diferentes", ha sostenido el economista sueco Gunnar Myrdal. Haría falta un "atajo",[9] que debería encontrarse dentro del marco del mundo occidental (*Econonic Theory and Underdeveloped Regions*).

La teoría de la dependencia

En Latinoamérica es frecuente escuchar o leer en el lenguaje de políticos y economistas alusiones a la "dependencia" del subcontinente con respecto a los Estados Unidos

---

[7]**hipertrofia** desarrollo exagerado   [8]**clientela** conjunto de clientes, y por extensión, de favoritos y parientes   [9]**atajo** senda o camino rápido

y Europa. A esta subordinación iniciada durante el imperio español y portugués, y continuada después sostenidamente a partir de la fórmula de Monroe (América para los americanos), se debería el subdesarrollo de la región. Pero el término *dependencia* ha tomado un significado menos histórico en el siglo XX y se relaciona casi exclusivamente con el tema económico.

Enunciada en forma simplificada, esta teoría sostiene que el subdesarrollo de la región se debe principalmente a que los países extranjeros poderosos han dominado y manejado las economías regionales y han coaccionado[10] a los gobiernos para tomar decisiones en contra de sus propios intereses. Han invertido en los sectores más productivos de cada país, han explotado las riquezas naturales, han remitido sus ganancias a las sedes de origen, han financiado revueltas y revoluciones cuando el *status quo* amenazaba sus intereses, y se han desentendido de la educación y mejoras sociales, haciendo sus propios negocios aun fuera de la ley.

Este criterio es obviamente de naturaleza política; está relacionado con el socialismo económico y no representa el sentir de la mayoría. Resurge cada tanto, en especial cuando ocurren crisis económicas. Así lo sostiene, por ejemplo, el profesor germano Andre Gunder Frank (*Capitalism and Underdevelopment in Latin America*):

> I believe, with Paul Baran, that it is capitalism, both world and national, which produced underdevelopment in the past and which still generates underdevelopment in the present.

Contra este punto de vista otros historiadores, como Edwin Williamson (*The Penguin History of Latin America*, 1992), argumentan:

> None of the republics possessed the capital, the educational system or the social structure required to compete with British, German or French industry. Nor could Latin America have developed its natural resources without foreign assistance ... Furthermore, it seems that industrial development was positively stimulated by links with the international economy ...

Los economistas de la Comisión Económica para la América Latina (CEPAL), organismo dependiente de la Organización de Estados Americanos (OEA) con sede en Santiago de Chile, presididos por el argentino Raúl Prebisch, elaboraron hacia los años '80 la teoría de que el subdesarrollo era producto de la intervención de los países capitalistas (o centrales) que habían relegado al subcontinente (países periféricos) al papel de productores de materias primas, sin preocuparse por su verdadero desarrollo económico social. Proponían la planificación por vía estatal, la fijación de precios político-sociales, la regulación del comercio internacional a expensas del libre comercio, los acuerdos entre los países latinoamericanos y la protección de las industrias locales. Los detractores de la CEPAL la acusaron de crear falsos entusiasmos, de inclinación a la ideología comunista y de haber eludido por conveniencias políticas otros temas no menos importantes, como la reforma agraria, la seguridad social y los excesivos gastos militares.

---

[10]**coaccionado** presionado

El subdesarrollo continúa siendo, aunque parcialmente atenuado, un serio problema para Iberoamérica. Los países más adelantados, como México, Argentina, Brasil y Chile, están menos afectados debido a su progreso industrial. El proceso no será ciertamente rápido ni uniforme en el continente, pero se pronostica que llegará en algún momento, y no será por la vía de la violencia sino de las negociaciones y el acuerdo.

Las reformas agrarias

Hasta hace un tiempo el tema de la reforma agraria ocupó el interés de los partidos políticos en sus plataformas ideológicas. En estos momentos, por diversas razones ha disminuido la propaganda en este aspecto. Se había pensado que el atraso de muchos países radicaba fundamentalmente en la falta de tenencia propia de la tierra por los campesinos y agricultores. Pero las escasas pruebas realizadas han permitido un cambio de criterio al respecto.

Seguramente la propiedad de la tierra es injusta en Iberoamérica, pero algunas experiencias realizadas no han sido del todo satisfactorias. En algunos países, densamente poblados por etnias indígenas, las tierras son escasas en relación con la población (Guatemala, Honduras, etc.); en otros son escasamente rentables los terrenos (Panamá, Honduras, Nicaragua, Ecuador); en varios de ellos consisten en zonas desérticas, sin provisión de agua, con suelos pedregosos sin humus[11] suficiente, falta de caminos y transportes hasta los centros urbanos consumidores, incapacidad o falta de educación de los nativos para establecer unidades productivas, hábitos consuetudinarios de producción primitiva, carencia de capital para la compra de maquinarias y equipos, tráfico ilegal de los predios recibidos, indiferencia de la población ante las exigencias de la competitividad, resabios culturales retardantes, y otros peculiares de cada nación.

Hasta el presente se han efectuado algunas reformas más o menos tímidas con resultados diferentes.

El primer país que llevó a cabo la reforma agraria fue México, a partir de 1917. El gobierno de la Revolución Mexicana comenzó a entregar tierras a los pequeños agricultores, en su mayor parte agrupados en comunidades rurales denominadas *ejidos,* quienes obtenían solamente el derecho a explotarlas y no podían venderlas ni hipotecarlas. Estos ejidos poseían en una época casi la mitad de la tierra cultivada en todo el país.

El proceso de entrega de tierras fue difícil, lento y sangriento. Hubo falta de planeamiento, injusticias en la aplicación de la ley, codicia y favoritismo en la reasignación, confiscación, engaños frecuentes y luchas burocráticas en los tribunales. El mayor esfuerzo distributivo lo realizó el presidente Lázaro Cárdenas (1934–1940). Los latifundios fueron eliminados, el país se unificó políticamente, la tasa de crecimiento económico se elevó y mejoró el nivel de vida de un 95% de la población.

Sin embargo, muchos mexicanos piensan hoy en día que la reforma agraria no es ya el medio apropiado para el desarrollo económico, pues los adelantos más significa-

---

[11]**humus** manto de tierra vegetal

tivos de la producción han ocurrido en el sector privado, y además, junto a la asignación de la tierra deben otorgarse créditos, tecnología moderna y mecanismos modernos de comercialización para poder obtener resultados.

En Bolivia se realizó la reforma a partir de 1953, bajo la presidencia de Víctor Paz Estenssoro, con la expropiación de tierras en la meseta y valle andinos, pagadas con bonos a 25 años de plazo a sus propietarios, excepto a aquellos que trabajaban personalmente sus tierras o habían efectuado inversiones de capital. Se entregaron parcelas a los campesinos, pero el gobierno agotó sus recursos y suspendió la compra de latifundios. La producción agrícola decayó, aunque se benefició a muchas personas.

En Guatemala el gobierno de Jacobo Arbenz realizó también un amplio programa agrario (1952), expropiando y redistribuyendo tierras abandonadas, no cultivadas o de propietarios ausentes, con exclusión de las trabajadas intensamente. El caso más conflictivo fue la expropiación de 160.000 hectáreas baldías de la empresa United Fruit Company. Dos años después de iniciada la reforma, se suspendió por los acontecimientos políticos y militares que derrocaron al presidente (1954) y se la reemplazó con un programa de colonización.

Siguió Venezuela en 1958 con un criterio más científico y planificado puesto en marcha por el presidente Rómulo Betancourt. El gobierno adquirió las tierras a repartir y una comisión las adjudicaba en venta hasta un máximo de 30.000 dólares. El gobierno acompañó la entrega de tierras con un adecuado sistema de créditos y asistencia técnica a los nuevos propietarios. El sistema permitió a Venezuela distribuir gran cantidad de tierras y mejorar sustancialmente el rendimiento agrícola.

En Cuba el gobierno de Fidel Castro emprendió también su reforma agraria. El Estado expropió prácticamente la mayor parte de la tierra en poder de los terratenientes por medio del Instituto Nacional de Reforma Agraria (INRA) y organizó la propiedad en granjas colectivas estatales al modo soviético, aunque también entregó pequeñas parcelas a granjeros. Los especialistas señalan que no es posible efectuar una evaluación precisa de los resultados obtenidos por falta de información suficiente. Más adelante, el gobierno sustituyó este primer programa por el de la confiscación directa, la colectivización y la formación de grandes granjas, haciendas y cooperativas azucareras, administradas por el gobierno y el ejército.

En Chile el presidente democristiano Eduardo Frei realizó otro tipo de reforma en 1967, adquiriendo tierras y convirtiéndolas en *asentamientos,* administrados por un cuerpo colectivo de campesinos. Mientras el gobierno pudo prestar su apoyo financiero y técnico, funcionaron bien, hasta que la situación económica del Estado frustró el programa. Con el ascenso al poder del socialista Salvador Allende, los campesinos vieron crecer sus esperanzas, y la reforma comenzó con la expropiación de los grandes fundos, y en algunos casos se produjeron invasiones de campesinos a propiedades privadas.

Las experiencias de Iberoamérica en materia de reforma agraria no son hasta ahora realmente alentadoras. Si bien han satisfecho parcialmente las demandas de algunos campesinos, no han resuelto en cambio el problema de la baja producción. Todavía hay grandes extensiones para el desarrollo y la colonización en Iberoamérica, pero los programas de mejoramiento de las tierras y los planes de colonización son extremadamente costosos y complejos, y los grandes sostenedores de la teoría de los impuestos progresivos[12] son a su vez los principales opositores a todo otro intento de reforma. El problema es arduo pues implica otorgamiento de créditos a los beneficiarios, educación de los campesinos, asistencia técnica y otras ayudas.

La redistribución de la tierra ayudaría a Iberoamérica pero es sumamente difícil de realizar. Sobre este asunto, los políticos están polarizados en dos tendencias: unos se oponen terminantemente a ella, mientras que otros exigen su implantación drástica y urgente aunque sea en forma imperfecta. Si las experiencias realizadas no son alentadoras, la solución puede residir en el estudio e investigación de formas más modernas, justas y productivas. El panorama no es totalmente pesimista, sino que encierra un desafío a la inteligencia y buena voluntad de los iberoamericanos. Debe recordarse que el 1,5% de los propietarios agrícolas posee el 50% de la tierra cultivable, y que el rendimiento no puede elevarse mientras subsista el latifundio improductivo, que significa un desperdicio del suelo.

La industrialización

Los países iberoamericanos consideran a su insuficiente desarrollo industrial como otro factor importante de su atraso económico y el punto débil de su posición internacional. Por ello realizan esfuerzos de todo tipo para lograr un grado de industrialización compatible con las posibilidades de la zona.

El mayor esfuerzo ha tenido lugar en épocas de la Segunda Guerra Mundial a causa de la escasez de artículos industriales en Europa y en Estados Unidos. Los países iberoamericanos comenzaron entonces su conocida política de "sustitución de importaciones" para tratar de abastecer sus necesidades internas. Esta política dio buenos resultados en su momento, pues comenzaron a establecerse las industrias livianas productoras de artículos de consumo, que son más fáciles de instalar y requieren menos capital.

En la actualidad se producen en la región automóviles, motocicletas, tractores, camiones, trenes, barcos, aviones livianos, material de guerra (tanques, cañones, armas ligeras), motores, artefactos para el uso doméstico (cocinas, lavarropas, refrigeradoras, acondicionadores de aire), artículos de radio, telefonía, televisión, comunicaciones y textiles de todas clases.

En la última década se ha intensificado el desarrollo de la industria pesada (hierro y acero, química, petroquímica, cemento, aluminio, etc.). Los países de mayor potencial industrial son Argentina, Brasil y México, a los que se han agregado en estos años Venezuela, Colombia y Chile.

Casi todos los países se encuentran hoy en la etapa de satisfacción de sus necesidades primarias industriales, pero sus precios son caros comparados con los mundiales, debido a que sus mercados internos son limitados y las fábricas no pueden aumentar su producción a un nivel masivo de consumo. Otros problemas abundan. Algunas ma-

---

[12]**impuestos progresivos** impuestos a tasas diferentes según aumenta el capital

La industrialización de Iberoamérica es progresiva a pesar de las dificultades económicas y financieras de fines del siglo XX. Detalles de la construcción de una nueva planta industrial siderúrgica.

terias primas como cinc, aluminio, acero y drogas todavía deben importarse; los equipos productivos no son muy modernos; la organización de algunas empresas es inadecuada; falta capital para la expansión.

Por estas razones y para ampliar sus mercados, los países iberoamericanos están en la tarea de estimular el comercio con otros países y de lograr una mayor cuota de importación de sus productos en Estados Unidos.

Sin embargo, ni los modernos partidarios de la economía liberal ni la mayoría de los conductores políticos tienen confianza en la vieja receta de sustitución de las importaciones, que ya lleva casi cincuenta años de aplicación y ha dado resultados apenas parciales. Un nuevo realismo parece imponerse: los países subdesarrollados no están en condiciones por sí mismos de acceder a las nuevas tecnologías "de punta"[13] ni de competir en el orden mundial sin la cooperación o asociación con empresas líderes del mundo.

Otros analistas han mostrado su desconfianza incluso ante este nuevo criterio, y sostienen que los países subindustrializados no lograrán tampoco la expansión deseada, porque la producción de artículos más tecnificados y más rentables está en poder monopólico de las grandes empresas transnacionales.

---

[13]**de punta** de última generación

Pese a estas premoniciones pesimistas, los hechos parecen demostrar lo contrario, conforme al ejemplo de países del Lejano Oriente, como Taiwán, Corea del Sur y Singapur, que están desarrollando y tecnificando sus producciones y su cuota de participación mundial, en forma casi impresionante.

Los gobiernos han aprendido varias lecciones rectificatorias de los antiguos criterios. En su forma tradicional, el comercio internacional ha estado organizado sobre la división de países proveedores de materias primas y productos energéticos (petróleo, gas natural y derivados) y países proveedores de artículos industrializados y servicios. Como era natural, las balanzas comerciales resultaban perjudiciales para los países citados en primer término por la diferencia de valor entre unos productos y otros. En esta comprobación fundamentaban, en esencia, su contrariedad los economistas partidarios de la aplicación de mecanismos estatales y regulatorios que atenuaran las diferencias.

Hoy en día se han puesto en práctica otros métodos que ofrecen diferentes perspectivas. Uno es el de agregar valor a los productos agrícolas, ganaderos y minerales mediante una primera etapa de procesamiento (cueros curtidos en lugar de cueros crudos, carnes envasadas en vez de carnes en reses, prendas de algodón en sustitución del algodón en bruto, derivados petrolíferos en cambio de petróleo crudo, etc.).

Un segundo recurso es asociarse con las empresas extranjeras mediante convenios de riesgo compartido (*joint venture*), en el cual cada organización ofrece en calidad de socio la parte más ventajosa de su especialidad: materia prima, tecnología, capital, mercados, gerencia y otros detalles. De esta manera se origina un más rentable aprovechamiento de los productos primarios y una ampliación de las ventas, aparte de la creación de nuevas fuentes de mano de obra local.

Para esta finalidad, las empresas deben adaptarse aceptando que todo cambio implica al mismo tiempo una oportunidad y un riesgo. Este cambio exige rápida adaptación, innovación, información, creatividad, motivación personal y muy buenas relaciones comerciales, tanto internas como externas. Se comprende, claro está, que todo cambio estructural u operacional provoca temores. Pero se supone que para estas responsabilidades cada nueva empresa deberá contar con los empresarios y gerentes capaces.

Hasta hace pocas décadas el protagonista de la economía mundial que cargó con los reproches del atraso y estancamiento fue la llamada "multinacional", que era una empresa gigantesca con una casa matriz en una potencia industrializada, y que se manejaba internacionalmente mediante filiales establecidas en diversas partes del mundo. Las decisiones se tomaban en el cuartel central, asentado en el país de origen, a través de un plan centralizado, operado por ciudadanos locales.

En la actualidad, los nuevos gigantes actúan sin fronteras, establecen su cuartel general donde les resulta más conveniente, los gabinetes y laboratorios de investigación pueden estar en cualquier lugar y la gerencia ha dejado de estar a cargo exclusivamente de los individuos provenientes del país de origen y ha pasado a estar integrada por profesionales de origen múltiple. Se ha operado una descentralización de las decisiones, una adecuación de los artículos a la demanda de los consumidores locales, y el poder central se ha delegado mucho más.

PAÍSES RICOS Y PAÍSES POBRES

Las Naciones Unidas, en su Programa para el Desarrollo correspondiente al año 1998, dio a conocer el índice de desarrollo de los países del mundo. Dicho índice se obtiene combinando el poder adquisitivo de la población, la esperanza de vida y el nivel de educación. Según esos datos, Canadá ocupaba el primer lugar en la escala mundial, seguida de Noruega, los Estados Unidos, Japón, Bélgica y Suecia.

Ningún país latinoamericano aparece entre los 33 primeros del mundo, y han descendido con respecto al informe anterior. En el año mencionado el lugar ocupado por los cuatro en mejores condiciones fue el siguiente: Chile, lugar 33; Argentina, 39; Uruguay, 40, y Costa Rica, 45.

Algunas conclusiones del documento son las siguientes:

- La pobreza y la riqueza crecen simultáneamente.
- Los fenómenos que determinan el atraso son: desmedidos gastos en armamentos; escasez de alimentos; elevado desempleo; salarios en baja; violaciones de los derechos humanos; violencia étnica y crecientes disparidades regionales.
- La diferencia entre la población más rica y más pobre del mundo es preocupante: el 20% más rico disfruta del 86% del producto interno bruto mundial (PIB).
- El acelerado proceso de globalización ha dejado marginadas a millones de personas.
- Los países pobres están situados principalmente en el Hemisferio Sur.

El comercio y los acuerdos regionales

Iberoamérica participa aproximadamente en apenas un 10% del comercio de Occidente, cifra muy reducida en relación con sus recursos naturales. La expansión de las economías de los países iberoamericanos está obstaculizada por factores diversos: escasos recursos financieros propios; tecnología atrasada; limitada capacidad adquisitiva de los consumidores locales; proteccionismo aduanero de casi todos los países extranjeros (Europa y Estados Unidos en particular); escasa producción que permita bajar los precios y competir a nivel mundial; deficiencias burocráticas y legales en los sistemas comerciales de importación y exportación; transportes y seguros costosos debido a la lejanía de los principales países consumidores; privilegios o monopolios internos que no promueven la competencia ni la iniciativa local; defensa de los intereses arraigados en cada nación y otros menores.

Conscientes de estas limitaciones, los gobiernos iberoamericanos han buscado una parte de las soluciones por vía de acuerdos comerciales regionales para ampliar sus mercados, según lo realizan también los países industrializados de Europa con el Mercado Común Europeo o Comunidad Económica Europea (CEE).

Los varios intentos efectuados en este sentido no han dado resultados satisfactorios una vez puestos en práctica o están todavía pendientes de ejecución. De modo general, puede afirmarse que las dificultades de estas aspiraciones radican en el diferente grado de industrialización de los países, la semejanza de sus producciones agrícolas, la defensa de las incipientes industrias nacionales, la inflación y las reacciones de los grandes países, por lo que la anulación o reducción de las tarifas se torna problemática.

En 1960 se creó la Asociación Latinoamericana de Libre Comercio (ALALC), con sede ejecutiva en Montevideo (Uruguay), para la liberación del comercio entre Argentina, Bolivia, Brasil, Chile, Colombia, Ecuador, México, Paraguay, Perú, Uruguay y Venezuela, y la formación de un mercado común. El acuerdo se movió lentamente y los expertos lo consideran problemático.

El NAFTA o TLC

En noviembre de 1993 el Congreso de los Estados Unidos aprobó por ley el Tratado de Libre Comercio con Canadá y México, conocido por su denominación en inglés como NAFTA (*North American Free Trade Agreement*) y como TLC (Tratado de Libre Comercio) en Iberoamérica, propuesto por el presidente Bill Clinton, después de encontradas polémicas entre la población y los dirigentes políticos, empresariales y sindicales. No impide el ingreso de otros países americanos que deseen incorporarse después. Dos de ellos, según la prensa, están entre los primeros de esa posible lista: Chile y Argentina. Sin lugar a dudas, si se pone en vigencia y se respetan los acuerdos, repercutirá en forma favorable en las economías de Iberoamérica.

Algunos líderes de opinión de Estados Unidos alegan que las empresas locales orientarán en el futuro sus inversiones hacia México por el más bajo costo de la mano de obra, circunstancia que puede provocar el desempleo en los Estados Unidos, cuyos trabajadores están mejor pagados y protegidos por ley contra la explotación de los empleadores. Sus oponentes afirman, en cambio, que las economías de mercado interactúan comercialmente y crecen juntas, no unas a expensas de otras. Fenómeno similar sucede con las inversiones.

Se dice que con el tiempo la productividad de los mexicanos mejorará, sin que ello signifique peligro alguno para sus colegas estadounidenses, pues en la misma proporción de su progreso reclamarán salarios más altos. Mejorarán también las condiciones generales de vida, además de la protección ecológica del medio ambiente y la seguridad industrial. La libertad de mercados hace más ricas a todas las naciones y las obliga a adaptarse a la competencia. Por otra parte, Estados Unidos está acostumbrado al cambio, la movilidad geográfica de sus negocios y las transformaciones sociales.

El BID (Banco Interamericano de Desarrollo) ha reconocido que los años de la década de los '80 fueron un período perdido para las economías iberoamericanas, aunque con algunas disimilitudes nacionales. La prensa especializada ha denominado a ese lapso "la década perdida".

El Tratado de Libre Comercio es considerado por los economistas regionales como un paso necesario y previo a la constitución de un mercado hemisférico, y se está a la expectativa de los acontecimientos.

El Mercosur

El Mercosur es un acuerdo signado en Asunción del Paraguay (1991), entre cuatro países del denominado Cono Sur del continente (Argentina, Brasil, Paraguay y Uruguay), con la finalidad de establecer un mercado común a partir de 1995.

Según este acuerdo, los productos podrán circular libremente entre los países signatarios, con un régimen tarifario encuadrado entre el 0 y el 20%, y los capitales de un país invertidos en otro gozarán de garantías dentro de un régimen apropiado. El acuerdo deja libre el acceso a otros países como Bolivia y Chile, si en el futuro consideran conveniente incorporarse. Dos obstáculos deberán resolverse para lograr una efectividad del acuerdo, a saber: el diferente grado de inflación de cada economía nacional y la competitividad entre artículos semejantes producidos en dos o más lugares. El Mercosur y los demás convenios regionales suscritos o que puedan suscribirse, deben considerarse como el paso previo necesario para el establecimiento de un mercado común hemisférico.

El Mercosur se presenta actualmente como uno de los intentos más firmes para avanzar en la regionalización de las economías latinoamericanas. Ha comenzado a funcionar ya, pero como Argentina y Brasil son fuertes competidores entre sí, algunos industriales y productores se resisten a dar entrada a los productos extranjeros, como en los casos de la industria automotriz, la textil y la de alimentos. Una devaluación de la moneda brasileña (1999), el real, ha descolocado a los argentinos, pues sus productos resultan más caros en el Brasil y las exportaciones han disminuido. Problemas de similar naturaleza se han solucionado anteriormente con buena voluntad de los gobiernos, y muchos empresarios confían en el éxito futuro de este acuerdo.

A fines del siglo XX la tendencia a constituir zonas de libre comercio entre países vecinos está ampliamente generalizada en el continente, y se estima que hacia el año 2005 estará bastante afianzada. Pocos piensan que en el mundo moderno deben mantenerse las anteriores restricciones proteccionistas. Dos temas acaso más difíciles vienen aparejados al libre intercambio de bienes y servicios: el de la moneda común a utilizar, única y estable, como el *euro* transatlántico, y el de la mano de obra o trabajadores que podrían trasladarse libremente de un país a otro. Los partidarios del sostenimiento del Mercosur estiman que son objetivos a plazo más largo y como ejemplo muestran el del Mercado Común Europeo que demoró casi veinte años en consolidarse. En cuanto a la moneda, algunos son partidarios de la adopción del dólar (*dolarización*), para lo cual se requieren acuerdos especiales con los Estados Unidos, que por el momento se muestran renuentes a asumir las responsabilidades consiguientes.

Otros acuerdos

En 1960, Guatemala, Honduras, El Salvador y Nicaragua suscribieron un pacto de Mercado Común Centroamericano (MCCA), con el propósito de favorecer el desarrollo de sus economías a través del libre comercio y la integración económica. Iniciado con cierto éxito y entusiasmo, su progreso se detuvo en 1969 como consecuencia de la guerra entre Honduras y El Salvador, pero la intención de ponerlo en práctica no

ha cesado en nuestros días y con frecuencia el asunto vuelve a las conversaciones gubernamentales. Los intereses de esos pequeños países son difíciles de conciliar, como
sucede en acuerdos de esta naturaleza. En este caso particular se mencionan los inconvenientes derivados del libre desplazamiento de los trabajadores, la semejanza de la
producción agrícola (café, banano, cacao y frutas), las dificultades de Nicaragua para
compensar su balance comercial con los vecinos, los altos precios de los artículos industriales en comparación con los agrícolas, etc.

Nueve años después (1969), el grupo de países constituido por Chile, Colombia,
Ecuador, Perú y Bolivia firmaron en Cartagena (Colombia) el llamado Pacto Andino
con el propósito de eliminar las barreras aduaneras comerciales en diciembre de 1980.
Se esperaba que esos cinco países pudieran competir con las economías de las naciones
más importantes de Latinoamérica (Argentina y Brasil) y lograr de este modo una expansión de sus industrias, pero el pacto suscitó una serie de cuestiones que no han logrado todavía superarse del todo.

Las inversiones

La financiación es un punto clave de la industrialización y del desarrollo de
Iberoamérica. El total del capital existente en la región es bajo para atender a su desarrollo. El capital que se necesita en un país puede provenir del ahorro nacional, de los
excedentes de su comercio con otros países del mundo o de la inversión extranjera.

El ahorro nacional es escaso en Iberoamérica pues la mayoría de la población
tiene poco margen para ahorrar, y los que lo tienen, gastan gran parte de sus excedentes
en mejorar su nivel de vida consumiendo artículos suntuarios. A esto debe agregarse
que una buena parte del ahorro es girado a cuentas en el extranjero para eludir la inflación que deteriora el valor de la moneda.

La segunda solución, es decir, excedentes de comercio con otras naciones, es
problemática por la gran competencia internacional.

Queda una tercera posibilidad, la inversión de capital procedente del exterior,
pero las inversiones extranjeras, europeas o norteamericanas, han sido miradas con recelo por algunos gobiernos. De una parte, está comprobado que no se efectúan en las
áreas o industrias de mayor interés nacional o social (caminos, educación, transportes,
sanidad, agricultura, ganadería), sino en las más rentables: petróleo, siderurgia, bancos, petroquímica, química, automotores y una multiplicidad de servicios, como
prensa, radio, televisión, publicidad e informática. Si bien esto puede ser explicable
desde el punto de vista de la empresa privada que invierte donde la rentabilidad del
capital está asegurada, no siempre coincide con las necesidades o los intereses del país
receptor.

Por otra parte, las empresas extranjeras no siempre aportan todo el capital requerido en dinero efectivo, sino que recurren a créditos de los bancos del propio país
donde se instalan. Al poco tiempo, efectúan las remesas de sus ganancias al país de origen, que en pocos años exceden a la inversión original, de manera que terminan tra-

Las actividades financieras han aumentado en forma notable en los últimos tiempos en Latinoamérica. Las Bolsas más activas que concentran el mayor número de operaciones de capital están en las ciudades de México, San Pablo (Brasil), Buenos Aires y Santiago de Chile.

bajando con capital ajeno y provocando con sus envíos de ganancias al exterior un desequilibrio en la balanza de pagos[14] del país receptor.

Así por ejemplo, el aporte de capital de Estados Unidos a Iberoamérica fue de 3.800 millones de dólares en el período de 1950–1965 y la remesa de Iberoamérica a Estados Unidos fue de 11.300 millones en el mismo período, de modo que Iberoamérica tuvo un déficit de 7.500 millones de dólares. Estos retornos de capital se produjeron por utilidades, patentes, intereses, seguros, transportes y viajes al exterior de directores y gerentes.

Además, se han visto casos en que una parte del costo de los equipos y tecnologías que figuran como inversiones no son tales; que se fijan sobreprecios a las compras del exterior; se bajan los de los artículos exportados, se evaden impuestos y se utilizan otros tecnicismos contables que permiten ocultar ganancias.

Otras acusaciones que pesan sobre las inversiones extranjeras son la creación de impedimentos para la formación de capital doméstico, la interferencia en la política de cada país, las demandas de "clima favorable", el uso de tecnologías ya obsoletas[15] en el país de origen, y las alianzas con las oligarquías iberoamericanas, todo lo cual contribuye a perjudicar la opinión de los iberoamericanos con respecto a la moralidad de los negocios.

---

[14]**balanza de pagos** relación entre los pagos totales de un país y los ingresos provenientes de otro (comerciales, financieros, intereses, transportes, seguros, etc.); no confundir con balanza comercial (sólo comercio)   [15]**obsoleta** anticuada

En un momento se sacaron a luz otras imputaciones de naturaleza ideológica. Se trata del fenómeno llamado de "concentración económica", "conglomerados" o "fusión" de las grandes empresas, que tienden de esta manera a controlar en forma creciente el poder de decisión en materia económica, financiera o industrial.

La deuda externa

Un aspecto retrógrado del progreso lo constituye la deuda externa de los países iberoamericanos, que en 1998 ha sido estimada en unos 350/400 mil millones de dólares. La deuda proviene de préstamos efectuados por bancos y gobiernos extranjeros para cubrir las diferencias entre las importaciones y las exportaciones, los déficits presupuestarios o los requerimientos de empresas privadas para sus necesidades de explotación o de inversión.

Una parte sustancial se ha originado en las dos o tres últimas décadas del siglo pasado, cuando las tasas de interés anual eran altas (del 11 al 15%) y por lo tanto en los mercados internacionales había gran disponibilidad de capitales prestables, originados en gran proporción por los negocios del petróleo y quizás otras procedencias indemostrables. En tal situación, los bancos internacionales ofrecieron sin mayores exigencias capitales a los países en desarrollo, que los tomaron también sin suficiente previsión y en demasía, los cuales no siempre fueron aplicados a la producción industrial y a la atención de los problemas sociales, sino que en algunos casos hasta fueron despilfarrados o cayeron en manos inescrupulosas.

Al bajar las tasas de interés drásticamente (al 5%), en la década de los '80, los deudores debieron cumplir las condiciones convenidas a los intereses vigentes en el momento de su otorgamiento, y se encontraron en la imposibilidad de atender esos compromisos pactados al 11/15%. Los bancos norteamericanos y europeos se enfrentaron, a su vez, con el problema de abonar las altas tasas ofrecidas a sus clientes e inversores, y entraron en dificultades propias. Hubo en algunos casos reajustes de las deudas, pero ellas continuaron siendo abrumadoras porque a los capitales prestados se sumaban los intereses originados en la falta de pagos.

Los países enfrentaron la crisis de manera diferente. Perú, por ejemplo, decidió durante el gobierno de Alan García (1985–1990) desconocer los compromisos y pagar lo que pudiera (el equivalente a un 10% de su comercio internacional). Colombia, en cambio, cumplió rigurosamente sus compromisos. En Argentina el gobierno resolvió absorber[16] las deudas privadas y unificar los compromisos, recurriendo a nuevos préstamos, con lo cual la deuda creció más todavía. A este fenómeno se sumó el de la inflación e hiperinflación (cuando los precios al consumidor suben más de un 50% mensual), y el problema adquirió características dramáticas. La receta del presidente peruano causó gran alarma internacional, pero entusiasmó a otros gobiernos locales. En 1987, Brasil, el principal deudor (unos 108.000 millones de dólares), anunció que suspendería el pago por tiempo indefinido del capital y los intereses adeudados.

---

[16]**absorber** tomar a su cargo

Datos económicos comparativos 1996
(En dólares estadounidenses)

País	Producto Interno Bruto (PIB) (En millones)[17]	Deuda externa (En millones)	Ingreso anual *per cápita*
Argentina	196.949	85.098	8.200
Bolivia	6.496	4.938	950
Brasil	432.443	157.397	3.250
Chile	48.326	22.569	3.200
Colombia	56.379	19.784	1.500
Costa Rica	7.027	3.672	2.800
Cuba	sin datos	sin datos	350
Ecuador	15.132	14.366	1.200
El Salvador	6.674	2.264	1.400
Guatemala	9.706	3.083	1.500
Honduras	3.378	4.480	750
México	250.936	158.298	4.000
Nicaragua	2.590	9.614	400
Panamá	6.570	8.053	2.700
Paraguay	7.177	2.112	1.500
Perú	47.618	23.097	1.100
Rep. Dominicana	7.341	4.171	1.200
Uruguay	11.431	5.0°0	3.500
Venezuela	64.980	37.434	3.000

FUENTE: Banco Interamericano de Desarrollo, *Informe 1996*, excepto los datos de Cuba. El ingreso anual *per cápita* son estimaciones particulares para 1998.

Se realizaron negociaciones entre bancos y gobiernos deudores, en algunas oportunidades con intervención del Fondo Monetario Internacional (FMI), del Banco Interamericano de Desarrollo (BID) y del Banco de Exportación e Importación (EXIMBANK) de Estados Unidos, a los cuales no fueron ajenos los gobiernos norteamericano y europeos. Los gobiernos y bancos acreedores no aceptaron reconocer a la deuda de los distintos países como una deuda global y por tanto merecedora de un trato uniforme, y resolvieron considerar el caso de cada deuda por separado. Las tratativas fueron intensas y afiebradas y no faltaron amenazas de represalias económicas y financieras si no se llegaba a un acuerdo.

La deuda externa de Latinoamérica a fines del siglo pasado ascendía a unos 350.000/400.000 millones de dólares, cifra que representaba una cantidad estadística

[17]**Producto Interno Bruto (PIB)** valor de los bienes y servicios producidos dentro de un territorio nacional

de 1.000 dólares aproximadamente por habitante. Estos montos alarman a los economistas ortodoxos y banqueros, internacionales e internos, quienes dudan de la capacidad de los países para atender al pago de los compromisos contraídos. Para cumplir con ellos, los países latinoamericanos destinan como promedio un 30% más o menos de sus ingresos brutos anuales (cerca de 50.000 millones), que sustraen a las obras de asistencia social y a las inversiones para el desarrollo. Han comenzado a levantarse voces de advertencia contra este dilema: si se pagan estrictamente las deudas, se quitan fondos para el desarrollo, y si el desarrollo no mejora, no habrá dinero suficiente para pagar.

La economía de mercado

Hacia la década de 1980, fracasados los ensayos estatistas y socializantes, se inicia en casi todas las naciones una nueva política económica caracterizada básicamente por la libertad económica y financiera, y coincidente en el tiempo con la llegada de los gobiernos democráticos. Se la denomina con diferentes nombres, *economía libre, economía de mercado, economía social de mercado,* etc. En definitiva, no significan otra cosa que un sistema donde cada individuo, obrero o empresario, acepta los riesgos y los beneficios de la libertad de decisión en cuanto a producción, precios, competencia, eficiencia y rentabilidad de su actividad económica, sin reclamar la protección, asistencia o privilegios del Estado.

La doctrina de fondo parte de la premisa de que la libertad es indivisible —esto es, que un país no puede considerar que vive en libertad si su economía no es libre. Se trata de un liberalismo a la moderna, probado en los Estados Unidos, Alemania Occidental, Japón y otros países líderes. La puesta en práctica de esta teoría presupone el retiro del Estado de las actividades industriales y comerciales que habían establecido los regímenes proteccionistas, la lucha contra la inflación, la supresión de prácticas discriminatorias en el comercio internacional, el mantenimiento del valor de la moneda, la competencia internacional, la excelencia gerencial y otras particularidades menores.

Chile fue uno de los países pioneros en este campo y le ha valido una mejora en su posición económica. Argentina lo adoptó en forma drástica y acelerada (*shock*); México lo adoptó también, lo mismo que Colombia, Venezuela y otros países. Este tipo de economía ha permitido un mejoramiento de la producción, el comercio y las finanzas, aunque ha tenido un costo social que todavía se discute: desocupación de los menos capacitados, subempleo, desaparición de muchas pequeñas y medianas empresas, disminución del consumo interno y otras consecuencias. Un dirigente empresario latinoamericano de alto nivel expresó en un debate público: "Así como hay empresas que no maduran y caen, hay otras que nacen". A fin de siglo, la mayor dificultad parece consistir en lo que se ha denominado "costo social". Si el progreso logrado en los altos niveles repercute en un plazo prudente en los sectores bajos de la economía (trabajadores, empleados y pequeñas empresas), habrá razones para aguardar con optimismo el futuro.

La globalización

El nuevo término "globalización" se emplea para designar desde hace unos pocos años a la internacionalización de los mercados nacionales y su participación en la economía mundial. Se supone que de esta manera los capitales disponibles pueden producir un crecimiento económico más veloz.

El Fondo Monetario Internacional (FMI) explica que en colaboración con el Banco Mundial interviene con sus préstamos en la distribución eficiente y equitativa del dinero. Con tal objeto, supervisa la estabilidad económica, ayuda a los países miembros a dar mayor transparencia a las políticas y prácticas fiscales, contribuye con los gobiernos a establecer marcos reglamentarios sencillos, colabora en la redefinición del papel del Estado en la economía, contribuye a mejorar la calidad del gasto público y brinda asistencia técnica.

La globalización es un nuevo intento de modernización y desarrollo adoptado, en mayor o menor grado, a fines del siglo pasado por los países latinoamericanos. Los economistas y empresarios discuten la conveniencia o inconveniencia de este sistema que convertiría al mundo en una "aldea global". Los partidarios sostienen que los países se beneficiarán con la incorporación de nuevas tecnologías, los préstamos financieros, el aumento de los negocios de intercambio y la estabilidad de sus monedas. Los adversarios previenen contra la desocupación que ha generado, la imposibilidad de competir con las grandes potencias en precio y calidad, la desaparición de las pequeñas y medianas empresas locales, el endeudamiento con el Fondo y el Banco Mundial y otras consecuencias negativas.

La aplicación de los programas de globalización o "universalización" dio comienzo en los siguientes años:

1985: Chile, México
1986: Bolivia, Costa Rica
1988: Guatemala
1989: Argentina, El Salvador, Paraguay, Venezuela
1990: Brasil, Rep. Dominicana, Ecuador, Honduras, Perú
1991: Uruguay, Colombia
1995: Panamá
FUENTE: Banco Interamericano de Desarrollo (BID)

- El proceso no fue sincrónico.
- Los programas de estabilización fueron bastante similares en los distintos países.
- No han producido todavía los resultados esperados por la mayoría de la población.
- En algunos casos han excitado los problemas sociales ya existentes.
- En los campos de la educación y de la salud no han sido hasta ahora satisfactorios.

En el plano individual, la población no encuentra manera de salir de esta conflictiva situación y probablemente no pueda hacerlo por mucho tiempo sin algún tipo de ayuda o solidaridad. El dilema sigue planteado en las tradicionales antinomias: Estado contra empresa privada, acumulación de capital contra redistribución de los ingresos, estabilidad de precios contra crecimiento económico, aislamiento económico o incorporación en la economía mundial, defensa de la producción nacional contra la competencia internacional, mantenimiento de las democracias que impongan una economía social, razones puramente económicas y financieras o razones de humanidad. No resultará fácil para Latinoamérica resolver este dilema, pero frente a la agravación de las desigualdades dentro de las naciones o entre ellas, concluido el siglo XX, poco ha cambiado desde los tiempos coloniales en cuanto a la solución de la pobreza. No se ha encontrado todavía una estrategia que concilie los intereses opuestos: desarrollo con justicia social.

Se argumenta en Latinoamérica y otros lugares subdesarrollados que la economía fue creada para el hombre y no el hombre para la economía. Pocas personas — o ninguna— se hallarían dispuestas a aceptar como justos los dos siguientes hechos, no referidos exclusivamente a la América Latina sino al mundo en total. El primero: "La fortuna de las tres personas más ricas del mundo es superior a la suma de los productos internos brutos de los 48 países en desarrollo más pobres" (Sophie Boukhari, en *El nuevo rostro de la pobreza, El Correo de la UNESCO,* marzo de 1999). El segundo: "Satisfacer las necesidades esenciales de las poblaciones de los países en desarrollo (alimentación, agua potable, infraestructuras sanitarias, salud y educación), costaría unos 40.000 millones de dólares al año, o sea el 4% de la riqueza conjunta de las 225 fortunas mundiales más grandes" (Andrés Ricupero, *ibídem*).

Sin embargo, ni el escepticismo ni la desilusión constituyen una reacción provechosa frente al problema. Miles de personas, iglesias, instituciones, fundaciones benéficas y grupos específicos de ayuda solidaria actuaban a fines del siglo XX en busca de una salida o mejoramiento de la realidad, como se ha visto en Honduras con motivo de los destrozos provocados por el huracán Mitch, los terremotos en Colombia, los aludes en Perú y otras desgracias materiales. El punto de partida será siempre una toma de conciencia del fenómeno.

La pobreza

La pobreza es un flagelo mundial que se manifiesta en la desnutrición y el hambre, la mala atención sanitaria y médica, la carencia de viviendas y agua potable, y el escaso grado de educación. Aunque afecta a individuos y grupos también en los países más desarrollados, es particularmente grave y extendida en África, Asia, América Latina y el Caribe. Comparados unos países con otros, la pobreza no puede medirse por continentes sino por naciones: Uruguay, Chile, Argentina y Costa Rica (latinoamericanos), son países de buen nivel económico confrontados con Portugal y Grecia (europeos). Corea del Sur, Taiwán y Japón (asiáticos) gozan de un floreciente desarrollo económico frente a cualquier país hispanoamericano.

La pobreza se medía hasta hace poco tiempo en función del nivel de ingreso de las personas. Se estima que son pobres todos aquellos cuyo ingreso es de un dólar diario, suficiente para adquirir los productos mínimos para subsistir y cubrir las 2.800

La mendicidad en las ciudades ha aumentado en las últimas décadas del siglo XX a causa de la migración rural interna, la falta de empleos, el deterioro de algunas economías regionales y las dificultades de acceso a las nuevas modalidades técnicas del trabajo.

calorías diarias (nivel internacional). Por debajo de esa cantidad, los economistas consideran que el individuo se halla en estado de pobreza extrema, indigencia o miseria.

Hasta ahora se ha tratado de combatirla con ayudas extranjeras circunstanciales, estabilidad económica de los Estados, equilibrio de los presupuestos, apertura de las economías nacionales a todo el mundo, libre circulación de los capitales, privatización de las empresas estatales deficitarias, desregulación de las trabas internas para la producción, implantación de la competencia entre empresas nacionales e internacionales y otras medidas menores para acelerar el desarrollo de los países pobres y poder distribuir más riqueza. Es la fórmula de los partidarios de la universalización o globalización, aplicada con mayor o menor rigor desde la década de los '80 por casi todos los países iberoamericanos, y sostenida por los miembros del Foro Económico Mundial de Davos, que se reúne anualmente en esa ciudad de Suiza.

Se ha calculado que en conjunto los 24 estados occidentales más ricos manejan el 60% de la producción industrial mundial, el 73% del comercio y el 80% de toda la ayuda a los países pobres. El Oriente está prácticamente ausente. A su vez, los bancos comerciales del Oeste, así como las dos entidades financieras del mundo, el Fondo Monetario Internacional (FMI) y el Banco Mundial de Desarrollo otorgan créditos pero bajo severas condiciones, como lo son los ajustes de los presupuestos, el pago de intereses diferenciales, la aplicación a determinadas obras sociales y el cumplimiento de pagos adeudados. Su política crediticia es restrictiva y cautelosa, porque los países

Algunos sectores sociales recurren a la venta callejera de artículos diversos para atender sus necesidades, mientras que las personas de mayor nivel educativo ejercen sus habilidades histriónicas o artísticas.

más deudores del mundo se encuentran en América Latina. Una publicación periodística explica: "Las deudas de México, Brasil y Argentina juntos son tan grandes, que se cree que cualquier negativa o incapacidad de devolverlas provocaría un caos en el sistema bancario occidental".

En el nivel nacional, los países más pobres se enfrentan con urgentes demandas que no están en condiciones de satisfacer con sus limitados recursos y el aumento de sus poblaciones. Los países ricos y los bancos, ante tal disyuntiva, ayudan en situaciones graves pero no pueden hacerse cargo de la pobreza mundial.

Temas de expresión oral o escrita

1. Sintetice a su criterio el panorama general de la economía iberoamericana.
2. Explicar el proceso de industrialización en Iberoamérica.
3. ¿Cómo han resultado los intentos de reforma agraria realizados?
4. Exponer en qué consiste la denominada "economía de mercado".
5. Explicar las razones de la deuda externa iberoamericana.
6. ¿Qué es el NAFTA y qué resultados ha producido hasta ahora?
7. ¿A qué atribuye la diferencia de ingreso bruto *per cápita* entre los diferentes países?
8. ¿Qué opinión le merece la globalización económica actual?
9. ¿Se considera Ud. optimista o pesimista ante la futura situación económica de Iberoamérica? Fundamentar la opinión.
10. Haga una breve exposición sobre las causas del subdesarrollo económico de Iberoamérica.

Temas de discusión

1. Discutir el atraso económico de Iberoamérica.
2. Debatir la opinión del profesor Jorge Domínguez, del Centro de Estudios Internacionales de la Universidad de Harvard: "América Latina es la campeona mundial de la desigualdad" (*La Nación* de Buenos Aires, 2 de agosto de 1998).
3. ¿Discutir la siguiente opinión: "Los pobres deben esperar veinte años" (Diario *El cronista,* Buenos Aires, 15 de marzo de 1995).
4. ¿Cómo procedería Ud., si tuviera poder, para aliviar la situación de los pobres de la América Latina?
5. Si conoce el caso individual de alguien que ha colaborado en la mejora de una comunidad pobre latinoamericana, coméntelo en clase y discútalo.

Temas de investigación

1. Averigüe dos opiniones contrarias acerca de la pobreza en Latinoamérica y dé su opinión.
2. Motivos que contribuyen a la pobreza latinoamericana y la riqueza norteamericana. Comparar y opinar.
3. Dar un ejemplo de explotación económica en Iberoamérica y comentarlo.

CAPÍTULO 11

Sociedad y educación

La población iberoamericana

El fenómeno del crecimiento mundial de la población ha comenzado a preocupar. Los especialistas en demografía estiman que en caso de continuar a este ritmo el crecimiento humano, los problemas sociales, económicos y políticos pueden asumir proporciones alarmantes, a menos que las autoridades responsables encuentren una solución a las urgencias de alimentación, salud, habitación y trabajo para las nacientes generaciones.

Por supuesto, América Latina está incluida en el fenómeno, con la diferencia de que su tasa de crecimiento viene aumentando desde mediados de siglo pasado en mayor grado que la de otros continentes. Aunque resulta técnicamente difícil establecer la tasa real de aumento poblacional, con bastante aproximación se ha afirmado que hacia 1950 fue de un 3%, mientras que anteriormente lo había sido del 2,5% anual.

Una historia de la cultura no puede eximirse de los pormenores demográficos que han conducido a estas comprobaciones, las cuales no son por otra parte uniformes en el continente. Mientras Brasil y México aumentan con mayor rapidez sus poblaciones (alrededor del 3,1% anual), Chile, Argentina y Uruguay, con poblaciones más "envejecidas", lo hacen a una tasa menor (2,4; 1,8 y 1,3% anual). Es posible que circunstancias imprevisibles puedan modificar algo estas estadísticas, pero de ningún modo se producirían diferencias muy sustanciales.

Indígenas del Altiplano con sus vestimentas típicas. Los actuales habitantes de la región sienten orgullo por su tradición racial y son por lo general resistentes al cambio.

Consideradas las tasas de natalidad y mortalidad, urbana y rural, el Centro Latinoamericano de Investigaciones en Ciencias Sociales, con sede en Río de Janeiro, estimaba en 1969 que la "explosión demográfica" era considerable, que la esperanza de vida en América Latina era una de las más bajas del mundo. La diferencia entre las tasas de una nación y otra son consecuencia de la estructura familiar y fenómenos locales.

Según las Naciones Unidas, la población de América Latina constituía apenas un 4% de la población mundial en 1900, mientras que hacia la década del 1970 llegaba a un 8 o 9%. La mayor densidad demográfica corresponde a México, Guatemala, Nicaragua, El Salvador, Panamá, Colombia y Ecuador, así como a los países del Caribe. La parte menos poblada del continente corresponde a los restantes países. La densidad demográfica es de unos 20 habitantes por kilómetro cuadrado en el planeta, al tiempo que no supera los 10 en Latinoamérica.

En la economía anterior se estimaba que el mejor índice para apreciar el progreso de un país era el aumento de población, criterio descartado hoy en día. Economistas posteriores de Latinoamérica han tratado de relacionar el crecimiento poblacional con el desarrollo, pero el hambre que ha asolado en varias crisis a las regiones mejor abastecidas se ha encargado de desmentir esa teoría.

Si bien es cierto que ningún pueblo ha progresado sin un aumento de población, también lo es que el crecimiento del contingente humano no es una condición ineludible del bienestar, como lo prueban los casos de Argentina y Uruguay.

En otro aspecto, la población latinoamericana es esencialmente joven, y la estructura por sexos es semejante a la de otros países.

La estratificación social

En relación con el tema poblacional, deben considerarse diversos aspectos parciales y propios de Latinoamérica.

Uno de los principales es la división por clases de la sociedad. Como se sabe —y se discute—, la pertenencia a una determinada clase social puede ser objetiva o subjetiva, según que cada individuo permanezca en una de ellas por causas externas irremediables, o por el contrario, se sienta emocional o intelectualmente constitutivo de ella.

Por lo general, en la vieja sociedad había dos estratos sociales, la clase alta, rica y aristocrática, y la clase baja formada por los obreros, empleados de baja categoría y campesinos. En la sociedad actual, en cambio, existe un sistema de estratos más diversificado, con separaciones poco reconocibles, particularmente en las zonas urbanas.

La imprecisión de algunos criterios sociológicos, o las presuposiciones políticas ocultas, desfiguran a veces la realidad del fenómeno. A un versado ensayista norteamericano se le ha criticado su "generoso tono optimista" por el futuro de los "sectores medios".

Mucha es la bibliografía en la que se señala a la clase media iberoamericana con un futuro lleno de promesas. Por supuesto, para la literatura izquierdizante,[1] con su concepto del proletariado,[2] al que asigna un papel fundamental en la revolución, este criterio resulta inaceptable políticamente. Este único ejemplo puede servir de estímulo para análisis más serios de la realidad social iberoamericana.

Un fenómeno apreciable que hace algunos años tiende a desaparecer es el del mestizo no culturalizado, quien en su afán de ascenso se comporta con sumisión excesiva con el patrón blanco y respeta poco los derechos de los campesinos e indígenas. Con todo, la situación social del hombre latinoamericano es más fluida que en Asia y África, y bastante menos prejuiciosa.

La primitiva clase aristocrática ha perdido su relevancia colonial y su prestigio al ser reemplazada por los triunfadores en otros campos de actividad, la política, los negocios, las artes y las ciencias, los grados militares, la carrera eclesiástica, los medios de comunicación (cine, radio, televisión) y en algunos países, la actividad sindical.

La clase media

La clase media en su forma más típica —por lo menos hasta el presente—, es la más apta para aprovechar la movilidad vertical existente y cambiar de estrato mediante su eficiencia profesional o la elevación del nivel intelectual. Dentro de este fenómeno, los diversos países del continente se encuentran en diferentes etapas de esta evolución,

---

[1]**izquierdizante** de izquierda, socialista   [2]**proletariado** clase obrera

Poblador campesino actual, típico en varios países.
Algunos son descendientes criollos de europeos,
como el que muestra la fotografía; otros son
mestizos, y una minoría indígenas, según los países.

aunque de una manera general puede decirse que coexisten los dos sistemas de estratificación, uno por nacimiento y otro por movilidad. Argentina, Uruguay, Chile y Costa Rica tienen un mayor porcentaje de clase media (20% o más), con matices culturales, psicológicos y políticos propios. En estas naciones hay una mayor homogeneidad étnica y cultural, y una considerable participación en las distintas esferas, a diferencia de otras. México y Brasil, y en menor grado, Cuba, Venezuela y Colombia, ocupan una posición intermedia (entre un 15 y 20% de clase media), en tanto otras naciones no tienen una clase media importante o significativa.

En algunas zonas la separación de clases es todavía fuerte. Con todo, las fuentes de acceso a la cumbre de la pirámide social se mantienen abiertas para los individuos de probado prestigio profesional y moral.

La mayoría de la clase media emergente habita en los centros urbanos, donde las posibilidades de ascenso están dadas por la industria, el comercio, los negocios y las universidades. Su educación es por lo común superior a la de otros segmentos sociales menos interesados por el ascenso, sea por la riqueza familiar, sea por la imposibilidad de estudiar en niveles superiores. Las existencia del hombre de clase media se interpone entre esas categorías extremas.

La clase media es un sector progresista por sus intereses y sus ideales internacionalizados, y en casos especiales, puede llegar a percibirse a sí misma más como integrante de una comunidad profesional, cultural o artística mundial que como un semejante de los retrasados intelectuales o económicos. Sin embargo, en su psicología interna es un individuo que experimenta fuertes sentimientos nacionales, pero debe conciliar su intimidad con la realidad internacional.

Ideológicamente considerada, la clase media es con frecuencia crítica y oscila en una ambivalencia inevitable. Comprende las necesidades de las clases menos benefi-ciadas y se siente solidaria con el sufrimiento ajeno, pero no tiene a su alcance los medios de poder político para remediarlo. Su criticismo, sin embargo, no trasciende la disconformidad y se mantiene en una cautela pacífica. Difícilmente integrará un movimiento de ideología violenta o revolucionaria, salvo casos extremos como el del Che Guevara, médico y guerrillero compañero de Fidel Castro, por ejemplo.

Los connacionales[3] obreros y campesinos desconfían de las palabras de la clase me-dia, temerosos de su saber que no alcanzan a comprender, o de su procedencia social. Esta desconfianza es notoriamente perceptible en los movimientos obreros y sindicales, donde por lo general son escuchados pero no elevados a los puestos de mando. Algunos ciudadanos les reprochan su comportamiento tibio y esquivo en las grandes transfor-maciones sociales, así como su tendencia de acercarse finalmente a los centros del poder, tanto militares como comerciales, industriales o financieros.

Los sectores medios están constituidos por los educadores, los profesionales, los empleados de cuello duro, los burócratas, los políticos de profesión y los pequeños comerciantes y productores rurales de poco capital. Con todo son el más numeroso grupo progresista de las naciones. Sarmiento podría considerarse como un exponente típico, pues habiendo nacido en el hogar de una humilde tejedora de provincia subió por su talento y esfuerzo personal a la presidencia del país. Uruguay es la nación donde primero se conformó dicha clase como partido político (Partido Colorado), bajo la di-rección de José Batlle, que fue ungido presidente dos veces (1903–1907 y 1911–1915) y cumplió una obra de evidente beneficio social: una excelente escuela pública gratuita, convivencia pacífica y democrática con los opositores (Partido Blanco), grandes ex-portaciones de productos agrícolo-ganaderos, construcción de ferrocarriles, etc. En la Argentina el presidente Hipólito Yrigoyen subió a la presidencia del país con el apoyo de su partido Unión Cívica Radical (1892) de clase media.

Los intelectuales

Los intelectuales han constituido desde los tiempos coloniales un grupo social de pres-tigio y respeto en Latinoamérica por su nivel cultural. En el curso del tiempo este pres-tigio se incrementó por el papel cumplido en la Independencia y la formación de las nuevas naciones (Bello, Echeverría, Sarmiento). John P. Gillin ha sostenido que la vida cultural de los grupos medios latinoamericanos "tiene un tono estético que la clase me-dia norteamericana no se permite a sí misma en la actualidad" (*Social Change in Latin America Today*). Adolf A. Berle ha observado por su parte que los intelectuales que componen el cuerpo de profesores de una universidad latinoamericana "no son con-siderados meros expositores; se supone que ellos tendrán un punto de vista en asuntos

---

[3]**connacional** de la misma nación

sociales y abogarán por una causa" (*Latin America: Diplomacy and Reality*). Una tercera opinión que reafirma las anteriores es la de W. Rex Crawford: "Ningún país adjudica más importancia a su minoría intelectual que las repúblicas latinoamericanas" (*A Century of Latin American Thought*).

Esos intelectuales fueron moralistas, polígrafos, críticos, pensadores sobre materias generales, excepcionalmente científicos, que pusieron su pensamiento al servicio de alguna causa social o nacional. Fueron personas comparables en algunos sentidos a los norteamericanos Jefferson, Emerson, William James y otros —es decir, figuras señeras cuyas ideas contribuyeron a la conformación de las nuevas naciones. Se diferenciaron en ese sentido de los intelectuales europeos, más consagrados a las especulaciones filosóficas, estéticas y teóricas.

En la actualidad el intelectual latinoamericano ha perdido parte de su influencia social y ha quedado circunscrito al círculo de sus colegas, investigadores, aulas universitarias y academias. Con la aparición de los medios de comunicación masiva (prensa, radio, televisión) su lugar en la popularidad está compartida con comunicadores sociales, periodistas, comentaristas, editores, promotores culturales y otros profesionales más accesibles al interés de los públicos, en general de nivel cultural informativo y no discursivo.[4] Esta reducción se ha operado también en el campo político, donde por lo general no son figuras de atractivo popular. Se pone en duda su capacidad de interesar a los públicos, su inexperiencia en las actividades públicas y la falta de pragmatismo en sus planteamientos intelectuales.

De todos modos, a pesar de que la palabra "intelectual" no es muy grata a los oídos de ciertas personas en la vida moderna, todavía son figuras respetables por encima del hombre común en las comunidades. La brillantez de la inteligencia es todavía en Latinoamérica una cualidad que otorga jerarquía social, tanto quizás como el dinero. Son "incurablemente intelectuales", opinó un analista norteamericano de los latinos. Fácilmente podrá comprobar un viajero foráneo la propensión del latino culto a especular teóricamente sobre los hechos y cosas. En la escala de valores de esa sociedad, ser inteligente o docto es un signo de distinción.

Un economista de la Universidad de Columbia, Alberto O. Hirschman, ha señalado una diferencia: "Dada nuestra actual aversión por la ideología, nos mostramos renuentes[5] a aceptar que ciertas convicciones, que quizás nos parezcan ingenuas, puedan ser sostenidas con adhesión sincera o intensa. No nos es posible comprender que ciertas proposiciones que hace tiempo se han vuelto para nosotros de dudosa veracidad, son ingredientes esenciales de la atmósfera de otros países. En general nos molestan los doctrinarios de derecha y de izquierda" (*Latin American Issues: Essays and Comments*).

Las mujeres

La situación social de la mujer en Iberoamérica varía cada día más. La antigua condición de mujer trabajadora sometida al imperio del hombre, relegada al papel de ama de casa doméstica y cuidadora de los hijos, tiende a desaparecer.

---

[4]**discursivo** reflexivo, razonado   [5]**renuente** indiferente, resistente

Su papel social y familiar ha cambiado debido a la ampliación de la educación, a la igualación de los derechos cívicos y profesionales, a la conveniencia de no desaprovechar sus talentos en los programas de desarrollo, a la firme decisión femenina de participar en la vida plena, con sus riesgos y beneficios, y finalmente, a la necesidad de su contribución pecuniaria, en las clases media y baja, para el sostenimiento de la familia.

En Latinoamérica actual la discriminación de la mujer en cualquier tipo de actividad es prácticamente inexistente en los centros urbanos. El fenómeno de la igualación es sin embargo menos notorio en las zonas rurales, en las comunidades de fuerte herencia indígena y en los países de economías más atrasadas.

Los datos estadísticos existentes demuestran que aunque el elemento femenino tiene ya una significativa importancia en la vida política, la universitaria y la profesional, no ocurre lo mismo con su participación en la fuerza del trabajo. En los censos poblacionales las mujeres de Latinoamérica se declaran en su gran mayoría "amas de casa". Por supuesto que esta situación fluctúa de país a país. La actividad industrial de las mujeres, por ejemplo, era de un 31% de las personas económicamente activas hacia 1970 en Argentina, mientras que esa proporción llegaba en Brasil al 14,9%, en la República Dominicana al 12% y en Bolivia al 7,8%. Por otra parte, la demanda industrial de mano de obra femenina es cada vez más creciente.

Un hecho notable, además, es el aumento sostenido del empleo de las mujeres casadas. Las dificultades en gran número de hogares para sostener los gastos domésticos ante las modernas exigencias de la vida, han motivado que la mujer busque compensación económica en trabajos fuera de la casa y el marido asuma quehaceres que tradicionalmente eran ejecutados por empleadas domésticas.

Es difícil distinguir entre el ascenso natural de la mujer originado en la evolución social misma y el logrado a través de los movimientos de liberación organizados, y cuya base radica en la filosofía del "feminismo", según la cual las mujeres deben reconocerse como libres para decidir su propio destino.

Los movimientos de liberación de la mujer se desarrollaron ampliamente entre 1960 y 1970 en Estados Unidos, Europa y Japón. A pesar de sus leves diferencias regionales y culturales, esencialmente todos tendían a los mismos objetivos. Las activistas de estas organizaciones se han preocupado por demostrar que la mujer debía ser aceptada en todas las esferas de la vida humana, sin diferenciación de los hombres, y no relegadas a sus funciones tradicionales.

El feminismo, como tal, intenta suprimir las diferencias de salario en los empleos, los prejuicios sexistas sobre el papel de la mujer en la sociedad actual, la representación en los gobiernos locales y nacionales, la igualdad de derechos legales en relación con los hijos y otras evidentes discriminaciones legales que aún subsisten. Este tipo de movimientos organizados es mínimo en los países latinoamericanos, quizás debido al carácter poco proclive de las personas a incorporarse a los grupos regimentados,[6] a la peculiaridad psicológica del individuo de esta región, y probablemente a que el feminismo es una posición más propia de las clases intelectualizadas, de las urbanas y las de buena posición económica.

---

[6]**regimentado** organizado por un conductor

Algunos extranjeros que visitan Iberoamérica suelen sorprenderse, por ejemplo, de la actitud del padre de familia ante su esposa e hijos, y la consideran, según sus patrones culturales foráneos, como autoritaria. Sin embargo, el varón iberoamericano no se siente a sí mismo dueño del grupo familiar, aunque tome en muchos casos las decisiones por cuenta propia, sin consulta, y se considere el principal responsable de la familia.

Se ha dicho que las mujeres occidentales, en especial las inglesas y norteamericanas, están cada vez más conscientes de la opresión que soportan las mujeres del Tercer Mundo en beneficio del marido jefe de familia, y reprochan a los expertos en economía el haber agravado la situación con sus políticas de desarrollo económico. Postulan la supresión del sistema patriarcal, pero no han encontrado todavía una teoría idónea para revertirlo. El rechazo del patriarcalismo tradicional no ha sido acompañado de una propuesta concreta para poner en práctica los nuevos criterios de igualdad.

En casi todos los países las mujeres tienen voto en las elecciones, son elegibles para cargos públicos del más alto nivel, aspiran a la presidencia (tres de ellas lo han logrado, María Estela Martínez de Perón [Argentina, 1976–1981], Violeta Barrios de Chamorro [Nicaragua, 1990–1997] y Mireya Moscoso [Panamá, 1999]), ocupan posiciones directivas y gerenciales en empresas, forman parte de equipos de investigación en organizaciones científicas, se las encuentra en congresos y foros internacionales como embajadoras y delegadas, de modo que su presencia al lado de los hombres no despierta la atención ni se duda de su capacidad intelectual. La igualdad legal y jurídica está asegurada. Consultadas en público, expresan su reconocimiento de este hecho, aunque sostienen que su ascenso es más difícil que para los hombres, lo cual es cierto en todo el mundo.

Pero si en esto los países latinoamericanos se asemejan a los estados anglosajones, no sucede lo mismo cuando se analiza el papel familiar. La familia típica latinoamericana es todavía patriarcal y mantiene en mucho la tradición, sobre todo en los hogares de clase media y pobres. La familia continúa siendo una familia centrada en la figura del hombre y raramente ha sido afectada por lo que en algún momento se denominó "revolución sexual" y "revolución de la cocina". Subsisten en gran parte los tradicionales conceptos de fidelidad conyugal, atención de los menesteres domésticos, educación de los hijos, manejo de la economía doméstica, organización del consumo y acompañamiento del varón en sus obligaciones y necesidades. Habitualmente la relación entre padre y madre no es un camino de ida y vuelta, porque la mujer en los temas conflictivos delega finalmente la responsabilidad al marido. Lo mismo en cuanto se refiere a la relación con los hijos, que acaban en la decisión paterna.

Frente a estas costumbres, no debe pensarse que la familia latinoamericana es única e ideal en la civilización moderna, ni tampoco que la mujer es un ser subalterno y sometido. El idílico hogar antiguo al estilo latino ha sido también alcanzado por el modernismo y el divorcio (negado por razones religiosas) para resolver las incompatibilidades de caracteres, la infidelidad y otros problemas. En las clases pobres y en otras circunstancias se recurre a la mera "separación" de los cónyuges. La palabra "pareja," surgida en los últimos tiempos en lugar de la antigua esposa o esposo, puede servir simbólicamente para entender este fenómeno. La clásica amante del antiguo hogar hispánico tiende a desaparecer. Dicho en otras palabras, se está abriendo una puerta a la permisividad, pero la familia no ha pasado de moda.

Esta condición de la figura masculina en el hogar y en la sociedad no debe confundirse con el denominado "machismo". El machismo es el abuso y el alarde ostentoso del propio varón frente a la mujer, y no tiene vigencia en muchos países, sobre todo en los del sur. Tampoco es un autoritarismo abusivo: se trata sólo de un uso o costumbre en que la autoridad decisiva está a cargo del hombre, sin menoscabo de la figura femenina.

Cualquiera sea la interpretación de esta modalidad, lo cierto es que la mujer ha elevado su condición legal, social y familiar en modo ostensible a fines del siglo pasado.

Los jóvenes

Más de un 50% de la población iberoamericana está constituida por jóvenes. Ellos están también incluidos dentro del cambio social que ha afectado a la estructura social en las últimas décadas. Como en toda sociedad, ningún estrato social queda excluido.

La juventud es uno de los estratos más expuestos, según los sociólogos, pues la afectan fuerzas económicas, profesionales, políticas, culturales y espirituales. En lo económico, deben afrontar en Latinoamérica la falta de empleo, el escaso ingreso familiar en la mayoría de los hogares, las condiciones de trabajo diferenciales por su edad, el abuso de algunos empleadores, en una palabra, la carencia de recursos necesarios para atender las exigencias de la nueva civilización.

En el aspecto profesional, el advenimiento de las nuevas disciplinas científicas y tecnológicas les exige una adaptación escolar o universitaria previa a los requerimientos de las nuevas actividades, para las cuales no se hallan siempre preparados.

En lo político, la tensión entre las diferentes ideologías y partidos los desconcierta y se resisten a las promesas a largo plazo o incumplidas.

En lo cultural se encuentran con el cambio de valores de la sociedad en que les toca vivir, a menudo incongruentes[7] con los recibidos en la escuela y el hogar, y sobre todo en flagrante contraste con el mundo secularizado y competitivo moderno, en que el éxito y el dinero se han convertido en la mejor recompensa a los esfuerzos, por encima de los valores auténticamente morales. La insistente prédica y ejemplos ofrecidos por los medios de comunicación masiva —prensa, cine, radio y televisión— corroen su enfoque de la vida y confunden sus principios tradicionales.

Ante este panorama, las nuevas generaciones entran en conflicto con las anteriores y se inclinan a ignorarlas, rechazarlas o denunciarlas. La reacción no es naturalmente uniforme: muchos sectores de la juventud se afirman en sus principios aprendidos, no se dejan seducir por los cantos de sirena,[8] asumen los riesgos de su convicción en la defensa de la sociedad tradicional y se alejan de todo tipo de desviación transgresora, la inmoralidad, el delito, la revolución.

El enfrentamiento de los dos modelos de sociedades estereotipadas por algunos sociólogos como "sociedad tradicional o sagrada" y "sociedad industrial o secular" (denominadas también con otros términos más o menos equivalentes), repercute con

---

[7]**incongruente** inconexo, sin coherencia   [8]**cantos de sirena** voces seductoras

menos gravedad en los adultos que en los jóvenes. Queda claro que estos fenómenos son comunes a todos los países de Occidente, pues se trata de un cambio mundial.

Latinoamérica no se excluye de estas realidades, se bien revela ciertas diferencias menores o mayores con respecto a otros países.

No hay aquí espacio para analizar a fondo el llamado "problema de la juventud", que veladamente sugiere la idea de que los jóvenes son en sí una capa social creadora de conflictos sociales. Para comprender el tema bastaría con señalar que los jóvenes latinoamericanos, especialmente los habitantes de las ciudades, están involucrados en los mismo problemas que los de Nueva York, París o Tokio. Tropiezan con dificultades de estudio; falta de fuentes de ocupación; restricciones familiares a sus ansias de independencia; conflictos domésticos; riesgos de caer en los estupefacientes, la marginalidad o la criminalidad; seducción implacable de la publicidad comercial; ambición de ascenso profesional, artístico o político acelerados; apelación muchas veces maliciosa de los dirigentes; desagrado por la "sociedad opulenta" y otros innumerables inconvenientes. A la antigua diferenciación de clases sociales, se ha sumado la diferenciación generacional, con lo cual el panorama se ha complicado.

Los más lúcidos, advertidos o voluntariosos responden con equilibrio intelectual, se adaptan o soportan, esperan con serenidad su turno histórico y colaboran en el perfeccionamiento de la sociedad. Los más vehementes y rebeldes, en cambio, recurren a la violencia, como modo de descargar su frustración y castigar a quienes consideran los responsables de su situación. No aceptan vivir en una sociedad incongruente y difícil, estallan en su disconformidad, desobedecen a toda autoridad (política, profesional, religiosa, sindical, académica, espiritual y aun familiar) y reclaman su derecho a participar en las decisiones de todo tipo con actitudes violentas.

Un psicólogo francés especialista en educación (Louis Cros, *L'explosion scolaire*), opina que la explicación de este fenómeno, tanto en Francia como en los demás lugares, debe buscarse en el hecho de que "lo propio del hombre es obedecer a los impulsos peligrosos y brutales del instinto cuando se les ocultan o se les cierran los más difíciles caminos de la comprensión". Se produce un sentimiento de alienación[9] frente a la sociedad y un sentimiento de irritación ante las fuerzas materiales y morales que la protegen.

La solución, pues, parece consistir en tratar de insertarlos por medio de la educación y persuasión en la nueva sociedad.

Los indígenas

Los indígenas actuales de Iberoamérica son los descendientes sin mezcla biológica de los antiguos reinos y tribus aisladas, conquistados y convertidos en vasallos por los españoles y portugueses en tiempos de la Conquista. El juicio sobre ellos ha variado a través de la historia, desde su consideración antigua de "bárbaros" y "salvajes" hasta el moderno de ciudadanos con iguales derechos humanos que los blancos y mestizos. Los

---

[9]**alienación** enajenación, separación

escritores románticos del siglo XIX los idealizaron literariamente como el *bon sauvage*, dotado de fina sensibilidad y pacíficas costumbres, aunque injustamente maltratado por los europeos. Los rebeldes fueron ajusticiados, sus tierras usurpadas y sus culturas destruidas para implantar sobre ellas la civilización europea y la fe cristiana.

El tema de los indígenas ha sido controvertido desde el colapso de sus civilizaciones en los siglos XVI y XVII y no se ha extinguido todavía de raíz. Los atropellos a sus vidas, propiedades y culturas han sido tradicionalmente atribuidos a los españoles y portugueses. Fue un hecho histórico irreversible, no más cruel que cualquier otra conquista militar en la historia, cuyas consecuencias perduran hasta nuestros días. Sin embargo, vencidos los europeos, los siguientes gobiernos criollos no mejoraron en grado importante su situación, salvo que de inmediato los declararon libres de la esclavitud y aliviaron su trato social. Durante ambos ciclos históricos se produjo el mestizaje biológico, cultural y lingüístico, hasta llegar a constituir una característica propia del subcontinente.

La población de las distintas etnias a fines del siglo XX puede analizarse comparativamente en los siguientes porcentajes:

Blancos %		Indígenas %		Mestizos %	
Uruguay	88	Bolivia	53	Paraguay	95
Argentina	85	Perú	46	El Salvador	94
Costa Rica*	96	Guatemala	44	Honduras	90
Chile*	95	México	30	Panamá	70
		Ecuador	60	Nicaragua	69
				Venezuela	67
				México	60
				Colombia	58
				Guatemala	56
				Ecuador	55
				Bolivia	25/30

*Europeos e indoeuropeos

La situación de los indios, allí donde existen en una importante proporción, es de pobreza o suma pobreza. Aunque los antiguos prejuicios están desapareciendo, no podría asegurarse que se han extinguido en ciertas personas de arraigadas convicciones racistas, que rechazan esas comunidades o no mantienen relación con ellas. Las consideran incultas, improductivas y retardatarias, un obstáculo para el desarrollo y el progreso. Ésta parece ser la opinión del historiador inglés Stephen Clissold (*Latin America: A Cultural Outline*), cuando afirma:

> The Indian question in Latin America can indeed be regarded less as a racial than a cultural, economic and social one . . . The "integration" of the Indians really implies their assimilation. The Liberals who believed they were offering the natives salvation offered it to them as individuals, not as a race.

Para los hispanoamericanos modernos, el enfoque teórico es diferente. El indio dio su tierra y su sangre, fue desposeído de sus bienes y no ha sido compensado. Es justo que se les dé un pedazo de tierra para atender a sus necesidades vitales. Y no sólo por razones históricas o culturales, sino por el derecho a la dignidad humana. Podríamos contrastar la afirmación anterior con la del pensador mexicano Alfonso Reyes (*Visión de Anáhuac*):

> ... nos une con la raza de ayer, sin hablar de sangres, la comunidad del esfuerzo por domeñar nuestra naturaleza brava y fragosa, esfuerzo que es la base bruta de la historia. Nos une también la comunidad, mucho más profunda, de la emoción cotidiana ante el mismo objeto natural ...

Los indios (mayas, araucanos, quechuas, aimaras, guaraníes), reclaman tierras para cultivar, vivienda, hospitales, escuelas e igualdad de derechos políticos y sociales. Contrariamente, no están interesados en modificar su estilo de vida ni en abandonar sus propias lenguas, usos y costumbres, con las cuales se sienten satisfechos y orgullosos. No se preocupan por la propiedad privada sino por la colectiva, no participan de la idea occidental del progreso, tienen un concepto diferente del tiempo y de la naturaleza, confían más en el intercambio de productos que en la moneda, les gusta venerar a sus dioses ancestrales y a sus antepasados, son amantes de las fiestas y danzas en colectividad, en otras palabras, pretenden ser al mismo tiempo antiguos y modernos, desentendiéndose de la cultura de los blancos.

Lamentablemente, no disponemos todavía de estudios profundos sobre la psicología indígena que ayudarían a armonizar la coexistencia con los naturales y comprenderlos mejor. Para explicar la magnitud de los obstáculos, esfuerzos y capital necesarios para proporcionar a los indígenas la atención de sus necesidades y derechos, un embajador de Guatemala confesaba en privado que en su país hay más de veinte etnias mayas, con distintas lenguas, dispersas en cientos de comunidades, a veces en lugares de montañas casi inaccesibles, y que el gobierno no disponía de maestros que conocieran todos esos idiomas, ni de médicos ni de recursos económicos para resolver esos casos. En Bolivia los cultivadores de coca han realizado marchas hacia la capital reclamando que no se les prohibieran esas plantaciones, pues vivían de la venta de ese producto.

La urbanización

Un problema que ha adquirido particular significación en el segundo cuarto del siglo pasado es el urbanismo o concentración creciente de la población en centros urbanos. La demanda de mano de obra en las industrias y el mejor nivel de vida en las ciudades ha producido corrientes de migración interna desde los centros rurales a los centros urbanos.

Los distritos urbanos siguen creciendo a una tasa superior que las zonas rurales. Este fenómeno es más notable en las capitales y ciudades industriales de México, Brasil, Argentina, Venezuela y Colombia, donde una mitad aproximadamente de los habitantes actuales provienen del campo. Las ciudades de México, Río de Janeiro, San Pablo, Buenos Aires, Caracas y Bogotá son ciudades de varios millones de habitantes cada una.

La concentración de personas en torno a las grandes ciudades ha sido estimada como uno de los más serios problemas, dado que el crecimiento de esos aglomerados periurbanos[10] es mucho más rápido que el de la población urbana misma, y en algunas ciudades, se ha agravado todavía más por la inmigración clandestina de extranjeros fronterizos y de sus familiares que llegan posteriormente hasta completar el grupo familiar. En la Argentina, por ejemplo, donde las leyes en esta área son permisivas y las autoridades tolerantes, la afluencia de inmigrantes no documentados procedentes de Chile, Bolivia, Paraguay y Uruguay, por distintas razones en cada caso, es muy alta. Fenómenos análogos pueden comprobarse en otros países.

Si bien la inmigración rural-urbana es un hecho bastante generalizado en todo el mundo, en Latinoamérica ha asumido una magnitud sin precedentes. Esos asentamientos poblacionales o chabolas han tomado distintas denominaciones: "villas miserias" en Argentina, "cantegrills" en Uruguay, "favelas" en Brasil, "callampas" en Chile.

Esa radicación es parte de un cambio profundo de tipo social y cultural, por lo que supera a un simple fenómeno demográfico. Los analistas han estudiado en conferencias internacionales la urbanización, comparando la de América Latina con la de Asia. Se discute si los asentamientos marginales son una consecuencia de la industrialización o constituyen un fenómeno independiente, lo cual implicaría un traslado de la pobreza del campo a la ciudad.

En el Seminario sobre Problemas de Urbanización en América Latina, patrocinado por la Organización de las Naciones Unidas (1959), la UNESCO y otras organizaciones mundiales, se ha llegado a la conclusión de que la población urbana es mayor que la que corresponde en relación con la productividad agrícola y no agrícola; que el rápido crecimiento urbano es más bien un resultado de expulsión económica del campo hacia la ciudad, acompañada de una atracción por el mejor género de vida. Es aconsejable, entonces, llegar a un equilibrio urbano-rural y a una mayor armonía entre el crecimiento de las grandes ciudades y otras ciudades menores.

Una extensa serie de fenómenos concomitantes se derivan de esta inmigración. Entre los principales pueden citarse: los obreros procedentes del campo no están en general calificados para el trabajo industrial; las áreas metropolitanas no están en condiciones de atender el aumento de la demanda de agua potable, energía eléctrica, transportes, vivienda, desagües, sanidad y escuelas; con bajos índices de desarrollo económico no pueden brindarse oportunidades de mejoramiento a los inmigrantes. En síntesis, únicamente un planeamiento físico, dentro de las posibilidades económico-financieras, puede mitigar este arduo problema, solucionable en el mejor de los casos a mediano o largo plazo.

Las barriadas marginales revisten características propias en cada país. El proceso de este tipo de asentamientos ocurre en la siguiente forma en el Perú: un grupo de familias invaden terrenos baldíos de propiedad del Estado o privados desocupados; dividen el terreno en parcelas de distinto tamaño según la extensión de cada familia; edifican viviendas precarias de adobe, chapas de cinc, tablas o cartón; toman energía eléctrica clandestinamente de las redes públicas; perforan pozos primitivos para

---

[10]**periurbano** que rodea una urbe o ciudad

proveerse de agua o la traen en cubos de lugares próximos; improvisan letrinas; constituyen sus propias autoridades; instalan un puesto sanitario, una iglesia y una escuela o guardería de niños; no pagan alquiler, y salen a la ciudad en busca del sustento diario, mediante el trabajo, la mendicidad o el robo.

Las megaciudades

La emigración de la población rural a las ciudades es un asunto mundial que ha comenzado a crear problemas desconocidos en los siglos precedentes: hacinamiento de los habitantes, falta de vivienda, promiscuidad social, comportamientos delictivos o simplemente antisociales, propagación del uso de estupefacientes, negocios marginales, mercado negro, insuficiencia policial, congestionamiento de vehículos en las calles, enormes problemas de limpieza, contaminación de la atmósfera (*smog*), formación de pandillas juveniles callejeras, inseguridad, eliminación de los deshechos familiares e industriales, excesivo consumo, en otras palabras, deterioro de la calidad de vida. La formación de "megaciudades" se convertirá según los expertos en un grave problema futuro, de índole mundial.

Lo curioso es que en una Iberoamérica pobre y con grandes extensiones de terrenos libres, se haya dado también este caso. Hacia 1990 tres de las diez metrópolis más grandes del mundo eran iberoamericanas, según cálculos de los expertos de la Organización Mundial de la Salud:

Población aproximada (En millones)			
México	**20,8**	Los Ángeles	11,9
Tokio	18,1	Calcuta	11,8
San Pablo	**17,4**	**Buenos Aires**	**11,5**
Nueva York	16,2	Bombay	11,2
Shanghai	13,4	Seúl	11,0

Se ha estimado que en corto plazo las ciudades de México y de San Pablo serán las más pobladas del orbe. Se impone un acuerdo o planificación ecológica a nivel internacional para evitar por lo menos algunos de los más graves perjuicios que provoca esta excesiva concentración humana. Propuestas hay, pero voluntad unánime por el momento no. Las naciones, en particular las muy industrializadas, deben volverse más prudentes en interés del planeta. En el debate se contraponen intereses económicos y principios religiosos y humanos. ¿Quién tiene la autoridad suficiente y justificada para disponer de la vida humana ajena, su derecho a radicarse en el lugar que más convenga a su destino, de procrear los hijos que su conciencia le indique? En síntesis, un inesperado problema para el nuevo milenio. En China los matrimonios no pueden engendrar por ley más de dos hijos por matrimonio; en la anterior Unión Soviética existió un régimen de residencia obligatoria y se necesitaba un permiso del Estado para cambiarla; en los alrededores de Buenos Aires fueron prohibidos los fraccionamientos de tierras menores de cierta dimensión, pero se constituyeron las chabolas llamadas "villas miserias"; en Santiago de Chile los automotores circulan por las calles tres días por semana según el número de su patente.

En algunos casos, se constituyen en refugios de criminales que los vecinos se niegan a delatar por temor. Instalan sus propios comercios, intercambian servicios y organizan una "economía informal", a veces superior numéricamente a la formal, y no se paga ninguna clase de tributos. Hernando de Soto (*El otro sendero*), un economista peruano, ha publicado un estudio con el objeto de probar que la economía informal en su país equivale a un monto casi igual al de la economía formal.

La solución propuesta por los especialistas consiste en que los gobiernos designen organismos centrales que se ocupen exclusivamente de estos problemas, aprovechen los programas internacionales de asistencia técnica específica, y se analicen a fondo los "estudios de niveles de vida familiar" a fin de formular concretos programas de acción.

Las ciudades son indudablemente un primordial factor del desarrollo social y económico de la América Latina. Durante los últimos cien años el número de habitantes de los países se duplicó en tanto que la población de las zonas urbanas se quintuplicó. En 1960 había sólo cuatro zonas metropolitanas con más de 2.000.000 de habitantes (Buenos Aires, México, Río de Janeiro y San Pablo). Hacia esa misma época, la población metropolitana de América Latina correspondía a un 21% de la población total. Por regla general, la principal ciudad metropolitana coincide con la capital del país, con la excepción de Ecuador, Brasil, y Bolivia. La capital del primero es Quito, pero la zona metropolitana mayor es Guayaquil; la capital del segundo es Brasilia, pero las dos zonas metropolitanas son San Pablo y Río de Janeiro; la capital de Bolivia es Sucre, pero la ciudad de La Paz, sede del gobierno, tiene diez veces más habitantes. Sucre es el nombre de la colonial Chuquisaca. En su mayor parte las ciudades latinoamericanas de primera categoría se encuentran sobre la costa o zona próxima, con excepción de México y Bogotá, que están situadas en el interior. Las siete grandes metrópolis son las mencionadas, más Santiago, Lima, Caracas y Panamá.

Las comunidades rurales

Iberoamérica es un subcontinente que ha organizado su historia a partir de las ciudades. Ellas monopolizan prácticamente las decisiones políticas, allí radican los centros culturales, desde allí se irradian las artes y las ciencias, en ellas están asentados los centros científicos —en otras palabras, el destino de toda gran idea o de todo personaje valioso se incuba en las grandes ciudades.

Sin embargo, con los años han ido creándose ciudades secundarias que llegaron a constituirse en centros paralelos de igual o parecida importancia. Varias ciudades intermedias de más de 1.000.000 de habitantes existen en casi todos los países.

En el otro extremo están las pequeñas aldeas, pueblecitos o comunidades rurales, los que determinan en una importante medida las características y economías de la nación.

La población rural se caracteriza por su excesiva dispersión en vastos territorios, lo cual provoca un aislamiento que no contribuye al progreso. Por esta razón, las condi-

Los inmigrantes internos provenientes de las zonas rurales y los indocumentados extranjeros se establecen en tugurios aledaños a las grandes ciudades, como en otras partes del mundo occidental, por falta de viviendas. Vista de una chabola en Buenos Aires ("villa miseria").

ciones sanitarias son malas y existen enfermedades endémicas difíciles de desarraigar, situación que se complica por la falta de educación sanitaria, la insuficiencia de médicos y hospitales y la escasez de fármacos.[11] Todavía en algunas zonas se recurre a los curanderos para la cura de ciertas enfermedades y aparecen santones[12] de vez en cuando.

En las zonas rurales el analfabetismo es grande, los medios de comunicación insuficientes, los métodos de trabajo rutinarios, la vivienda y las costumbres primitivas y la miseria frecuente.

Los estudios sobre sociología rural iberoamericana son todavía muy escasos y esto hace más difícil los intentos de mejorar la vida del campesino en varios países. El factor fundamental del atraso parece estar en los inadecuados sistemas de explotación de la tierra y de los recursos naturales.

La estratificación en la sociedad rural comprende comúnmente dos clases: la de los grandes propietarios y la de los peones y pequeños productores, que en algunos países incorpora también a una corta clase media. La clase alta rural está generalmente compuesta por un pequeñísimo número de personas que tienen un porcentaje enorme de la riqueza. Una característica sobresaliente de esta clase es la de vivir permanentemente o casi permanentemente en las ciudades, aunque sus rentas provengan de la tierra. Su influencia en la política, la economía y la organización social es fuerte, y su comportamiento frente a las situaciones de vida es casi siempre conservador.

Suelen distinguirse tres tipos de clase alta en la sociedad rural: la tradicional, ligada a la hacienda o explotación agrícola; la transicional, ligada al mercado externo de exportación; y la industrial, formada por personas que explotan sus bienes con tecnología moderna y altos niveles de productividad. Estas últimas pagan buenos salarios

---

[11]**fármaco** medicina   [12]**santón** falso profeta religioso, curandero

Las comunidades rurales que persisten en vivir dentro de sus costumbres ancestrales suelen bajar a sitios de cultos, festividades o mercados fijos, donde cultivan la amistad y obtienen noticias sobre la vida moderna.

y aceptan la presencia de los sindicatos; sus actividades tienden en lo político y económico a obtener ventajas en la comercialización o exportación de sus productos, y en algunos países, sobre todo a través del mecanismo de devaluación[13] de la moneda.

Las clases bajas se encuentran en diferentes situaciones según los lugares: algunos son asalariados típicos, es decir, reciben una paga en dinero o en especie[14] por su trabajo. Hay también un grupo de arrendatarios y medieros,[15] que reparten los beneficios de la explotación con el propietario de la tierra. Sin embargo, debe reconocerse que en toda la América Latina la mano de obra es libre, y la base de toda relación es casi siempre el contrato. Su nivel de vida es bajísimo, la participación política es mínima, la agrupación en organizaciones sindicales es débil y la vida familiar muy sólida. La familia es mucho más estable que en las ciudades, el divorcio no existe prácticamente y los hijos mantienen un contacto estrecho con los padres. Sin embargo, es alto el porcentaje de hijos naturales y el abandono de los hogares en busca de mejores perspectivas laborales en los centros urbanos.

La vida en las pequeñas ciudades de entre 50 y 100.000 habitantes es una forma típica de la sociedad iberoamericana. Esta afirmación es válida para Iberoamérica con-

---

[13]**devaluación** pérdida o disminución de su valor   [14]**pago en especie** pago con productos del lugar en vez de dinero   [15]**mediero** que va a medias con otros en un negocio

siderada en su generalidad, aunque hay diferencias sustanciales de país a país. La Argentina y el Uruguay tienen un 86% de población urbana, proporción similar a la de Estados Unidos, mientras que en otros países como Guatemala, Honduras, y El Salvador, esa proporción no llega al 50%.

El narcotráfico

Las autoridades de casi todos los países han establecido restricciones legales contra esta práctica. Ya en 1904 el presidente norteamericano Theodore Roosevelt propuso en una reunión realizada en Shanghai ante representantes de 13 naciones una investigación sobre el problema del opio, que motivó una resolución en la convención internacional de La Haya de 1912. De allí en más, hasta nuestros días, las decisiones gubernamentales han variado en su filosofía, desde cierta tolerancia para la mariguana hasta la pena de muerte para los traficantes decretada por Komeini en Irán.

En Europa y América el tráfico y consumo de drogas han adquirido caracteres propios, y varios países están considerados como zonas de gran riesgo. Bolivia, Perú y Ecuador son países productores de las hojas de coca, difícilmente controlables por los gobiernos, y Colombia es un gran centro elaborador de la cocaína extraída de ellas y vendedor mundial del producto en importante magnitud. Estados Unidos es el mercado de consumo más importante de toda América.

Recientemente el gobierno de los Estados Unidos ha adoptado el papel de contralor sobre el tráfico en el continente mediante un sistema denominado de "certificación", opinando sobre la acciones cumplidas en cada lugar para la erradicación del flagelo. Esta sistema ha molestado a algunos gobiernos y políticos latinoamericanos, que consideran al método como una intromisión en los asuntos internos de sus países.

La represión del mercado negro de narcóticos es un tema altamente preocupante para la salud del mundo. Dejando a un lado el caso de Oriente, en Occidente la América Latina es un centro del narcotráfico. Tan complejo problema involucra a indígenas cultivadores de las plantas; correos que trasladan de un lugar a otro los productos; comerciantes inescrupulosos que los negocian en sus propios países y los exportan por el mundo; ricos empresarios que financian las operaciones; bancos que favorecen el "lavado de dólares" y los encubren en cuentas y operaciones inmobiliarias, industriales y financieras; comerciantes y profesionales que obtienen fuentes de riqueza personal negociando con los barones de la droga; gobernantes y burócratas que participan secretamente en las operaciones en beneficio personal; agitadores sociales que se acoplan a ese mundo para obtener recursos económicos para sus actividades; delincuentes comunes que se convierten en guardaespaldas de los magnates y eliminan a los investigadores, jueces y competidores comerciales; hombres y mujeres del pueblo que reciben dádivas y sobornos por su silencio; revendedores y contrabandistas que han encontrado una productiva fuente de trabajo; consumidores interesados en la compra; policías sobornados; legisladores que obstaculizan la sanción de leyes represivas; abogados que los defienden, en fin, una enmarañada madeja de intereses económicos dificilísima de investigar y reprimir.

De una u otra manera, en mayor o menor grado, hechos de esta naturaleza aparecen todos los días denunciados en los diarios. Si un observador sagaz viajara por alguno de esos países, tomaría de inmediato conocimiento de estas afirmaciones.

En Colombia, por ejemplo, los propios habitantes manifiestan sus angustias y preocupaciones por el narcotráfico. Hablan de dos centros principales: el cartel de Cali y el de Medellín. Según ellos, la diferencia entre uno y otro bando radica en que el de Cali es contrario al empleo de las armas y la violencia, mientras que el de Medellín es favorable. Hablando en la intimidad, es posible encontrar personas que se excusan diciendo que ellos no son delincuentes sino simples comerciantes que se dedican a la venta de ese producto como podrían hacerlo con otro cualquiera. Los campesinos productores sostienen que siembran porque los cultivos tradicionales no dejan ganancias y ellos necesitan obtener dinero para su subsistencia. Diferencian entre "cocaísmo" (masticación de hojas) y "cocainismo" (uso de drogas).

En Bolivia los productores "cocaleros" han efectuado marchas públicas reclamando del gobierno el permiso para continuar con sus cultivos, o en su defecto una compensación económica para vivir o la provisión de semillas sustitutivas para iniciar otras siembras. En Perú se han registrado quejas por la quemazón de las plantaciones, lo mismo que en Colombia. En este último país, el más azotado de Latinoamérica, el problema se ha agravado al combinarse el narcotráfico con las guerrillas, transformando el fenómeno en "narcoguerrilla".

En síntesis, un gravísimo problema para el que no se ha encontrado todavía una solución, y constituye un peligro futuro para el ser humano.

Los latinoamericanos en el exterior

La migración es un cambio estable de residencia de un individuo o grupo. Se diferencia del nomadismo, que es la costumbre de cambiar habitualmente de lugar, como los gitanos, y se distingue obviamente del turismo que es temporal y no involucra a un pueblo entero. Algunas teorías tratan de explicar la migración como una característica inherente a la naturaleza nomádica[16] de las personas, mientras otras la atribuyen a razones históricas y circunstanciales.

Latinoamérica fue históricamente un continente receptor de inmigrantes, si bien en tiempos de la colonia fue un sitio negado a los protestantes. Pero en los últimos cincuenta años el fenómeno se ha revertido y muchos nativos se han visto en la necesidad de abandonar sus países de origen, por causas variadas, y dirigirse preferentemente a los Estados Unidos, Canadá, Australia, España, Italia, Francia, Alemania y Suecia.

El análisis imparcial de este fenómeno permite diferenciar entre varias clases de emigrantes latinos. Los emigrantes que podríamos denominar "económicos" son por lo general personas pobres, desocupados, con frecuencia campesinos, que abandonan su país en busca de medios de vida. La prensa norteamericana y europea alude a menudo a latinoamericanos incluidos en esta condición. Otra clase la constituyen los

---

[16]**nomádica** propia de los nómades

"refugiados políticos", que dejan su patria por escapar a las leyes, requerimientos judiciales o policiales. Una tercera clase de emigrados está constituida por científicos, profesionales, técnicos y artistas de nota que buscan en los países desarrollados (universidades, centros de investigación, grandes empresas) ambientes más propicios para cultivar sus talentos. Los demógrafos llaman a este fenómeno "fuga de cerebros" (*brain drain*).

La migración ha existido siempre en la historia: italianos y españoles vinieron a toda América atraídos por las posibilidades de riqueza; irlandeses castigados por las hambrunas; judíos privados de territorio nacional propio; ingleses, alemanes y franceses requeridos por su especialización técnica o empleos ultramarinos, y muchos otros más por razones específicas.

La emigración es por lo común traumática. Corresponde a los psicólogos sociales explicar la prevención, el desagrado, el menosprecio, el repudio, el odio y la agresión física que deben soportar algunos inmigrantes, aparte de la nostalgia inherente a la lejanía de su patria o de sus parientes, que siempre ha existido y se repite en casi todos los lugares. La radicación en un país extranjero implica adaptarse a una nueva sociedad, aprender su lengua, aceptar modos de vida extraños, costumbres, comidas y vestimentas, todo lo cual requiere un proceso largo y penoso.

Cuando la emigración es transitoria en busca de un ahorro temporario para enviar a la familia en el país de origen o con la intención de regresar una vez ahorrado un capital mínimo, el conflicto psicológico es menor: la esperanza del regreso ayuda a soportar las penurias. El caso es más grave cuando el emigrado ha cambiado definitivamente de país y tiene hijos en la nueva tierra de adopción. Éstos recibirán una educación diferente, harán amistades de otra etnia, asimilarán costumbres y leyes extrañas, trabajarán en regímenes distintos, y probablemente fluctuarán entre dos culturas con riesgo de menoscabar o perder la identidad primaria. Es muy probable que se plantee un conflicto generacional dentro de la propia familia y el hijo o el nieto terminen por rechazar la identidad cultural originaria y se sientan partícipes legítimos de la adoptada.

El proceso psíquico del inmigrante comienza con una admiración de las "maravillas" del país de adopción, aunque sigue recluido dentro de grupos de connacionales donde se siente más cómodo, hasta que logra la adaptación. No deja de idealizar a la distancia su patria, ponderando la comida familiar, los amigos, las costumbres, aunque olvidando las penurias económicas que lo forzaron a la emigración. Algunas personas somatizan[17] esta ambigüedad, se enferman acaso y experimentan una serie de síntomas difíciles de sobrellevar, mientras otras se vuelven críticas y hasta se burlan de la nueva sociedad comparándola con la suya.

El inmigrante de a poco inicia el proceso de transculturación. El inmigrante confronta los comportamientos, normas y valores originarios con los nuevos (institucionalización, tiempo y espacio reglamentados, relaciones entre hombre y mujer, vida social, etc.), comprende que toda civilización tiene su propia modalidad, y se convierte en un buen ciudadano. Si es incapaz de superar esta etapa, triunfa la nostalgia y

---

[17]**somatizan** transforman un estado psíquico en un efecto corporal

Presencia hispana en EEUU creció un 35% en ocho años

Los inmigrantes ayudan a la economía pero enfrentan prejuicios

El creciente número de hispanos en el sureste estadounidense está cambiando el perfil de esa zona, conocida tradicionalmente por sus platos típicos, la bandera de los estados confederados y la lucha por los derechos civiles.

Según el censo nacional, la población hispana en Estados Unidos aumentó de 22.4 millones en 1990 a unos 30.3 millones en 1998. Una gran parte de este incremento se ha concentrado en el sur, donde estados como Carolina del Norte han notado un aumento en la población de origen latino de hasta un 110%.

Fragmento de un artículo aparecido en el periódico *Gazeta Mercantil Latinoamericana* (Buenos Aires, Río de Janeiro y San Pablo), semana del 19 al 25 de marzo de 2000. El periodista comenta que la expansión económica norteamericana no puede continuar sin el aporte del trabajo de los hispanos (en su mayoría mexicanos y centroamericanos); que los trabajadores nacionales reflejan miedo a que los recién llegados ocupen los empleos disponibles; y que los hispanos que no hablan inglés suelen quedar atrapados en sus comunidades y no conocen sus derechos.

retorna a su patria si puede hacerlo, o en caso contrario, vive en permanente ansiedad y tensión.

Naturalmente, no todos los ciudadanos de una nación están en condiciones de interpretar este fenómeno y entender a los inmigrantes. Una psicóloga marroquí recuerda la frase de un francés en defensa de los inmigrantes de África del Norte: "Primera, segunda, tercera o cuarta generación, todos somos hijos de inmigrantes".

Algunos latinoamericanos emigrados al exterior en los últimos años lamentan la poca hospitalidad que se les tiene en Europa y América, el apartamiento en que se los coloca, las actitudes antisociales que deben soportar, la discriminación en los puestos de trabajo, la indiferencia ante sus sufrimientos, la permanente angustia de perder sus empleos, la subestimación cuando no las calificaciones despectivas con que se los trata (*sudacas, ches, argies, negritos,* etc.). Obviamente, estos tratamientos no son universales e incluso se presentan entre nativos de las propias naciones latinoamericanas. El rechazo de cualquier extraño en una comunidad parece ser una actitud instintiva en el ser humano, o por lo menos un comportamiento social. Razones económicas, culturales, laborales, comerciales, históricas, étnicas, raciales, psicológicas y otras de la más variada naturaleza explican —aunque no justifican— este fenómeno, sin dejar de considerar que la aceptación de una persona cualquiera en un país extranjero es además un asunto de personalidad y merecimientos propios.

A fines del siglo XX la mayor parte de los países del mundo han adoptado reglamentaciones restrictivas sobre la inmigración de extranjeros, por causas diversas, y en algunas naciones receptoras los hijos de padres extranjeros son considerados tam-

Buenos Aires nocturna vista desde el Río de la Plata.

bién extranjeros. El caso de los refugiados políticos y de los inmigrantes ilegales está fuera de este libro y debe ser considerado aparte. En el continente americano los países más receptores de inmigración han sido los Estados Unidos, Canadá, Argentina, Costa Rica, República Dominicana y Venezuela. La expulsión o "regreso voluntario" es más fuerte en algunos países que otros.

Latinoamérica ha sido históricamente uno de los territorios más hospitalarios con los extranjeros, particularmente Uruguay, Argentina, Chile y Brasil, aunque tampoco ha carecido de minorías xenófobas.[18] Las olas inmigratorias ocurren por lo general entre naciones limítrofes y en gran parte están constituidas por trabajadores pobres que buscan ocupación. A menudo las autoridades son tolerantes y aducen razones humanitarias y de identidad racial y de solidaridad continental.

En Argentina, por ejemplo, el número de chilenos, uruguayos, bolivianos, paraguayos y peruanos se estima en un millón y medio o dos. El gobierno, cuando los detecta, los obliga a documentarse pero no los expulsa, salvo el caso de que tengan antecedentes penales en su origen u otros impedimentos relacionados con el contrabando. Las leyes obligan a los empresarios a no emplear extranjeros indocumentados, pero su control es muy precario.

Físicamente es difícil distinguir a los nativos de un país u otro, salvo por ciertos rasgos fisonómicos y el acento de sus hablas. El proceso de adaptación no es traumático dado que existe una pronunciada identidad cultural común y se atienen a valores

---

[18]**xenófoba** enemiga de los extranjeros

semejantes en casi todos los temas. A lo sumo puede percibirse entre ellos manifestaciones de rivalidad nacional.

Los nómades y los indocumentados

Pese al progreso de la civilización y de las comunicaciones, existen todavía en varios
continentes grupos humanos múltiples que por razones variadas no acostumbran a
radicarse en un lugar fijo y practican la transhumancia, o sea el vivir cambiando de sitio
de residencia. En la América Latina se ha estimado que un millón y medio de personas
llevan este género de vida.

En cuanto a la inmigración clandestina, ningún país del mundo está exento de
este problema. En el continente americano la inmigración clandestina es típica, y está
constituida por trabajadores pobres en busca de trabajo o perseguidos políticos en sus
países de origen.

Perfil psicológico de los iberoamericanos

Si bien es casi imposible demostrar que cada país o grupo étnico tiene un carácter nacional determinado, también es cierto, según los psicólogos, encontrar en el alma de
cada pueblo un conjunto de notas espirituales y de comportamiento típicos que lo distinguen de otros.

El *homo latinoamericanus,* por designarlo con este neologismo, se distingue o define por ciertos rasgos perceptibles que lo denuncian como tal. Dejamos a un lado el
análisis de las causas y orígenes de estas modalidades para centrarnos en sus manifestaciones. Viajeros y analistas extranjeros han llenado libros con interpretaciones, y
lo mismo han realizado a su vez pensadores naturales de cada región. Mencionaremos
unos pocos.

André Siegfried, miembro de la Academia Francesa que visitó varios países en la
primera mitad del siglo XX (*L'Amérique Latine,* 1944), sostuvo haber descubierto un
fondo de tristeza, de marca ibérica, en el hombre de estas latitudes, de gran orgullo nacional, confianza en su riqueza, amante del lujo y proclive a la indolencia y el endeudamiento.

José Ortega y Gasset, el mayor filósofo español de principios de ese siglo, que
visitó la Argentina tres veces (1916, 1928 y 1939), se ha referido al tema en varios libros y artículos. En síntesis, ha visto al hispanoamericano, en particular al argentino,
como una persona que vive a la defensiva, que muestra sólo la periferia de su alma, interesado en el prestigio social, de patriotismo insólito y frenético idealismo.

Jules Huret, en 1910, creyó descubrir en el hispanoamericano un hombre orgulloso de su origen humilde, tolerante con sus propios defectos, pero muy sensible a las
críticas extranjeras.

El conde de Keyserling, filósofo alemán, elaboró hacia 1910 en sus *Meditaciones
sudamericanas* la teoría de la "tristeza india", que no tiene nada de trágica y da indicios
de una concepción autónoma y original del universo, diferente de la optimista euro-

pea. Anunció para el futuro un renacimiento del espíritu que surgirá de Indoamérica, de más alto valor que el optimismo y el idealismo europeo.

Américo Castro, humanista español que enseñó durante muchos años en Estados Unidos, estimaba que el hispanoamericano es un individuo insatisfecho, propenso a achacar a los extraños los defectos de su país, que es naturalmente de una manera y necesita vivir de otra, con sentimientos de inferioridad y de superioridad al mismo tiempo, con una violenta desarmonía entre sus impulsos y sus razones, en definitiva, un hombre en conflicto consigo mismo.

Dos opiniones de estudiosos norteamericanos pueden mencionarse para finalizar esta visión panorámica: la del historiador J. Fred Rippy, contemporáneo, y la de Samuel Guy Inman, un poco anterior.

Para Rippy los "latinoamericanos prefieren las óperas a las fábricas, la sociedad y la política a los negocios"; tienen "mayor capacidad para gozar del contorno que para su dominio". Es un hombre individualista, atado por fuertes lazos familiares, mayoritariamente católico, aristocrático y humanista. No le atrae el trabajo manual, no ha salido todavía del estado patriarcal, considera a la mujer como una subordinada, y además, es ceremonioso y le gusta la etiqueta (*Latin America: Its History and Culture*, 1944).

Inman, otro historiador, ha señalado algunos contrastes entre el hombre iberoamericano y el norteamericano. En su opinión, existen dos mentalidades, la anglosajona y la iberoamericana. Mientras el anglosajón es práctico, amante de las cosas, de la organización de la comunidad y del trabajo efectivo, el iberoamericano es teórico, amante de la discusión, del individualismo y de la amistad (*Latin America: Its Place in World Life*, 1942).

La ciencia es el dios de los anglosajones, según él, porque ella trae el poder económico y militar, la salud, el bienestar y la riqueza. El iberoamericano, en cambio, se dedica principalmente a las relaciones humanas y es experto en ese campo, pero encuentra poco tiempo para el aislamiento activo en el laboratorio o la ciencia aplicada. Si el anglosajón es práctico, el iberoamericano es legalista.

Agrega Inman que aunque difícilmente se acudiría a Iberoamérica en busca de dirección democrática, organización, negocios, ciencia o valores morales rígidos, la región tiene algo que aportar al mundo industrial y mecanicista actual: "el valor de lo individual; el lugar de la amistad; el uso del ocio o tiempo libre; el arte de la conversación; los atractivos de lo intelectual; la igualdad de razas; la base jurídica de la vida internacional; el lugar del sufrimiento y de la contemplación; el valor de lo no práctico; la importancia del pueblo por sobre las cosas y las reglas".

Octavio Paz, reciente Premio Nobel de Literatura (1991), en su divulgado ensayo *El laberinto de la soledad,* ha dejado escritas interesantes páginas sobre los norteamericanos y los mexicanos, que en algunos aspectos pueden generalizarse a todos los hispanoamericanos:

"Ellos [los norteamericanos] son crédulos, nosotros creyentes; aman los cuentos de hadas y las historias policíacas, nosotros los mitos y las leyendas. Los mexicanos mienten por fantasía, por desesperación o para superar la vida sórdida; ellos no mienten, pero sustituyen la verdad verdadera, que siempre es desagradable, por una verdad social. Nos emborrachamos para confesarnos; ellos para olvidarse. Son optimistas; nosotros nihilistas —sólo que nuestro nihilismo no es intelectual, sino una reacción instintiva; por lo tanto es irrefutable. Los mexicanos son desconfiados; ellos abiertos. Nosotros somos tristes y sarcásticos; ellos alegres y humoristas. Los norteamericanos quieren comprender; nosotros contemplar. Son activos; nosotros quietistas; disfrutamos de nuestras llagas como ellos de sus inventos. Creen en la higiene, en la salud, en el trabajo, en la felicidad, que es una embriaguez y un torbellino. En el alarido de la noche de fiestas nuestra voz estalla en luces, y vida y muerte se confunden, su vitalidad se petrifica en una sonrisa; niega la vejez y la muerte, pero inmoviliza la vida."

La educación

La educación es uno de los temas más tratados en Latinoamérica y una de las necesidades prioritarias para el progreso y el bienestar de la población.

En su estructura más generalizada comprende los cinco niveles que existen en el mundo actual: preprimaria, primaria, secundaria, universitaria y de postgrado. Y al mismo tiempo, cubre todos los campos que la moderna ciencia de la educación determina: humanidades, ciencias, tecnología y algunas áreas ocasionales propias de ciertas comunidades o regiones.

Se debaten y estudian todos los asuntos o problemas conexos a la enseñanza considerada en sí misma: concepciones, enfoques pedagógicos, política educativa, metodologías, acceso a la educación, objetivos antropológicos y nacionales, régimen estatal y privado, financiación, innovación, y toda una larga serie de aspectos.

Describir las particularidades de cada uno de estos asuntos, así como las modalidades regionales de cada sistema de educación, es tarea específica. No obstante, pueden señalarse ciertas características comunes a la actual educación latinoamericana.

En primer lugar, el sector educacional no es del todo satisfactorio, pues los obstáculos naturales para lograr un sistema ideal se presentan en el continente en forma bastante aguda: insuficiencia de recursos causada por la pobreza de algunos países; enorme extensión territorial con difíciles vías de acceso y medios de transporte para llegar a la escuela; comunidades indígenas de innumerables etnias, con lenguas históricas que dificultan la comunicación dentro y fuera del aula; necesidades económicas urgentes de algunos hogares que se ven forzados a emplear a los niños y adolescentes en las tareas domésticas o de subsistencia económica; baja remuneración de los maestros y profesores que deben abandonar su vocación para dedicarse a tareas mejor remuneradas; competencia de los medios de comunicación de masas en el interés de los educandos; obstáculos históricos generadores de hábitos arraigados; opiniones contradictorias (cuando no ideológicas) entre los especialistas acerca de los objetivos educativos o de los valores en juego; desinterés de algunos gobernantes ante los problemas de esta naturaleza, y finalmente, escasez de educadores calificados para cubrir el universo de estudiantes.

Otra consideración importante es la paulatina difusión de la idea de la participación de todos los interesados en una comunidad educativa (autoridades, alumnos, padres y vecinos), en contraste con la idea de que actúen sólo los educadores.

La educación de los niños es una preocupación de los gobiernos de Iberoamérica, no obstante la falta de recursos en ciertos países. En la fotografía un maestro celebra una festividad patriótica argentina con sus alumnos en la Plaza de Mayo de Buenos Aires.

La protesta de los reformadores sociales de mediados del XX, que consistía en proporcionar educación primaria a todos los niños, puede considerarse prácticamente superada en estos tiempos, en que las oportunidades de educación están abiertas a todos los niños y jóvenes en el continente. Se conservan algunos pocos signos del pasado: el niño campesino o el habitante de zonas geográficas de difícil acceso o el de zonas lingüísticas regionales, no tienen a su disposición la misma calidad educativa que los escolares urbanos o de familias adineradas. Con todo, es innegable que la educación ha dejado de ser un privilegio de las élites minoritarias para convertirse en un derecho de todos.

Otra modalidad característica es que los programas educativos prestan particular atención a los problemas concretos e inmediatos del desarrollo económico. Los escolares y estudiantes deben prepararse para los nuevos empleos que además de una instrucción manual y elemental requieren conocimientos superiores. No basta con esperar a que prospere la economía para educarse, pues la educación es un requisito básico del desarrollo. Iberoamérica debe recuperar el tiempo perdido y producir un cambio rápido. En la actualidad se necesitan más cerebros que manos. La juventud actual ha tomado plena conciencia del problema y no quiere repetir el camino de sus antecesores.

Finalmente, y de modo general, gobernantes, educadores y estudiantes han acabado por comprender que toda educación es paralela y simultáneamente un asunto de recursos económicos. "Ganarle la carrera a la economía" es una verdad compartida en los nuevos tiempos, muy semejante a la del dirigente de la India creador del eslogan "Tenemos que aprender a correr antes que a caminar".

La alfabetización

La alfabetización es uno de los problemas educativos más inquietantes de Iberoamérica. En todos los países se han realizado y siguen realizándose campañas de alfabetización, con mayor o menor éxito, sin haberse resuelto en definitiva el problema. Los países más alfabetizados son Uruguay, Argentina, Chile, Costa Rica, Panamá y Cuba. Los de mayor porcentaje de analfabetos son Bolivia, Haití y Guatemala por la abundancia de población indígena.

El ritmo de creación de nuevas escuelas primarias es bastante intenso y sostenido, pero prácticamente es superado por la tasa de crecimiento aún mayor de la población. En algunas naciones se da el caso contradictorio de que cada año aumenta el número de escuelas, pero aumenta también el de analfabetos. El proceso es entonces lento y poco notable, pero ha mejorado sin lugar a dudas a medida que transcurre el tiempo. Hoy en día los expertos están de acuerdo en que el analfabetismo no podrá erradicarse totalmente mientras no mejoren las condiciones económicas y sociales de los países, pues la escuela no puede resolver por sí sola tan complejo asunto.

Pero ocurre que mientras se cumplen los programas de alfabetización deben perfeccionarse también la escuela media y las universidades, como forma de acelerar el desarrollo económico. Se presenta entonces el discutido dilema de la prioridad de las inversiones, o sea a cuál nivel de educación —primario, secundario o universitario— dedicar la mayor parte de los escasos recursos. El rendimiento de las inversiones en universidades es más alto e inmediato, mientras que el de la escuela primaria es más bajo y lento. Los diversos países y gobiernos se inclinan por una u otra prioridad, según sea la ideología política imperante, la acumulación de ahorro o las presiones sociales y estudiantiles de cada situación y momento.

Nadie dudaba a fines del siglo XX que debía realizarse un cambio en el sistema educativo. La polémica está en decidir qué clase de cambio debe operarse con más intensidad si los fondos disponibles son escasos. ¿Alfabetizar, educar en el nivel secundario para el trabajo, aumentar el número de universitarios, perfeccionar a los graduados? El enfoque economista sostiene que deben generarse nuevos trabajadores jóvenes con capacidad para ampliar los procesos productivos porque la pobreza y el desempleo son el tema más urgente en Iberoamérica. Frente a este criterio otros expertos creen que a un país lo elevan en primera instancia los profesionales y científicos de alto nivel, pues son ellos quienes pueden tomar las decisiones fundamentales. La enseñanza superior sería entonces la prioritaria. Otros especialistas analizan el asunto en términos de justicia social considerando que la educación ha dejado de ser un privilegio otorgado graciosamente por los gobiernos para convertirse en un derecho humano más. En suma, la prioridad es un complejo tema. Otros educadores reclaman reformas urgentes en sus respectivos niveles, en cuanto a métodos didácticos, programas de estudio y regímenes de promoción.

La alfabetización debe dirigirse a la masa de la población más necesitada, precedida y apoyada por un gran despliegue de información radiofónica y televisada. Debe ser también funcional, es decir, estar concebida en relación profunda con el medio en que opera, e integrada por socioprofesionales homogéneos agrupados en equipos de trabajo. También debe incorporar a los estudiantes, que se ayudan a sí mismos mientras educan a los otros, y los padres, religiosos y voluntarios. Se han elaborado y ejecutado numerosos proyectos que simplifican el objetivo de la enseñanza a los elementos fundamentales (lectura, escritura y cultura básica utilitaria), a cargo de técnicos y profesionales socio-económico-culturales. Hasta fines del siglo pasado, las evaluaciones efectuadas han dado resultados significativos en lo pedagógico, sociológico y económico, con gran aceptación de las comunidades.

En estos programas, las diferencias en el nivel de formación y de remuneración entre los maestros de escuela primaria y secundaria han sido abolidos ya en algunos lugares, considerando que la función del educador es una sola en su esencia y su dignidad.

El sistema educativo

El sistema educativo sigue en general el modelo europeo. Comienza en la escuela maternal o en el jardín de infancia, y continúa en la escuela primaria, que dura seis o siete años. La enseñanza secundaria se imparte en el bachillerato, de cinco o seis años, que habilita para el ingreso a las universidades. Los planes son de tendencia muy amplia. Otros establecimientos de segunda enseñanza son las escuelas de comercio, de industrias y de artes u oficios.

La enseñanza universitaria dura de cinco a siete años, según la universidad y carrera, al término de los cuales se obtiene un título, por ejemplo doctor en medicina, leyes, ciencias económicas, filosofía y letras, veterinaria, ingeniería en distintas especialidades, o agronomía, etc. En algunas casas de estudio se extienden títulos intermedios de licenciados. La universidad está dividida en facultades, y cada facultad en divisiones o departamentos. Los educadores de enseñanza primaria se llaman maestros, los de secundaria, profesores, y los de universidad, catedráticos o profesores.

En los últimos años las universidades han ampliado sus programas de estudio para dar cabida a nuevas especialidades. De un modo general, la música, las artes plásticas y el teatro se estudian en institutos superiores especiales que no forman parte de las universidades.

La universidad

La universidad iberoamericana sigue los mismos objetivos de las instituciones similares del mundo, a saber: la conservación del patrimonio cultural del país, la investigación científica, técnica y humanística, y la formación de profesionales y especialistas de alto nivel.

Muchas universidades se han dirigido más bien a la formación de profesionales, sobre todo con el advenimiento de nuevas actividades aparecidas en la civilización moderna (gerentes, empresarios, paramédicos y enfermeras, comunicadores sociales, publicistas, redactores periodísticos y de guiones televisivos, etc.), para las cuales no habilitaban las carreras clásicas. Asimismo, han quebrado la tendencia al orgullo institucional y han entrado a formar parte de la red mundial interuniversitaria mediante el intercambio de alumnos, profesores e información de investigaciones, rompiendo así un aislamiento de vieja data.

En casi todas ellas se está creando un nivel posterior de estudios, de última generación, con los estudios y seminarios postuniversitarios que permiten mantener permanentemente actualizados los conocimientos y fomentar la investigación.

Las antiguas orientaciones de constituir una cultura o ciencia de carácter nacional, han dado paso al nuevo criterio de la universalidad del saber, que se ha agregado a los objetivos tradicionales. Otro matiz estrictamente iberoamericano es la adopción de las sedes universitarias como centros de promoción de la idea de desarrollo nacional, cuando no de la denominada "liberación nacional", tan agitada en las dos pasadas décadas.

Estas concepciones tienen mayor aplicación en las universidades estatales, nacionales o provinciales, ya que las privadas, que han aumentado numéricamente en los años recientes, prefieren mantenerse al margen de toda ideología instrumental o actividad política.

La organización académica y administrativa de la universidad iberoamericana es diferente de la norteamericana y está influida más bien por el modelo europeo, en especial el francés. En Iberoamérica un bachiller es el estudiante que ha concluido la escuela secundaria. Muy pocas instituciones disponen de un *campus,* pues funcionan a menudo en edificios urbanos de espacio limitado o están edificadas en grandes conglomerados bajo la denominación de *ciudad universitaria.* Las instalaciones anteriores se están complementando de a poco con campos deportivos y anexos, construidos en zonas cercanas a la ciudad. El pase de los estudiantes de universidad a universidad es por lo común complicado burocráticamente porque se analizan las equivalencias de años de estudio, materias y programas estudiados. Es poco común que un graduado de determinado establecimiento pueda preparar su tesis de doctorado (*dissertation*) en otra universidad, nacional o extranjera. El tema de las equivalencias de estudios no está resuelto a nivel internacional y opera básicamente mediante un régimen de convenio interuniversitario.

Una facultad no es el conjunto de profesores de una institución, sino una división de la universidad según la especialidad (Facultad de Filosofía y Letras, Facultad de Medicina, etc.). El siguiente cuadro puede brindar un panorama comparativo aproximado:

Iberoamérica		Estados Unidos	
Años de estudio	Grado	Años de estudio	Grado
4/5	Licenciado, magíster, etc.	4	*Bachelor*
6		6	*Master*
7/8	Doctor	8	*Ph.D., M.D., D.Sc.*

El régimen de promoción no se efectúa mediante el sistema de créditos horarios *(units)*, sino por el cumplimiento de un programa preestablecido por la universidad para cada carrera, en la que el estudiante tiene muy pocas o ninguna posibilidad de introducir modificaciones según sus intereses o vocación personal. Este oportunidad queda relegada a los estudios de postgrado.

En las universidades se cumplen también actividades extraprogramáticas, por lo común voluntarias: programas de radio, televisión y cine, publicación de revistas y periódicos, conferencias públicas, concursos, conciertos musicales, teatros, cultos religiosos, campañas de colaboración social, y en las últimas décadas se ha comenzado a prestar servicios rentados a empresas e instituciones externas con el objecto de recaudar fondos para el perfeccionamiento universitario.

La investigación científica y técnica se cumple en pocas casas de estudio por falta de presupuesto suficiente para mantenerla. A menudo se realiza en las mismas unidades de enseñanza por los propios profesores, aunque en pocos casos hay centros de investigación con especialistas dedicados exclusivamente a esa función. Estas actividades se desarrollan con frecuencia en institutos especiales de investigación externos, o en hospitales, museos, academias, archivos y otros. En la Argentina funciona un organismo especial llamado Consejo Nacional de Investigaciones Científicas y Técnicas (CONICET); en Colombia es famoso el Instituto Caro y Cuervo especializado en lingüística hispánica; en México son muy renombrados el Museo de Antropología, el Instituto Nacional de Antropología e Historia, el Instituto Nacional de Bellas Artes y el Colegio de México.

El cuerpo de profesores está habitualmente constituido por educadores bien seleccionados y por profesionales de medicina, ingeniería, leyes, ciencias económicas, que no trabajan a menudo con exclusividad *(full time)*, sino que comparten la docencia con su actividad profesional. Los sueldos y remuneraciones son en casi toda Iberoamérica muy bajos, por falta de recursos universitarios y porque se supone que ganan bien en sus consultorios y actividades privadas. En tales condiciones, algunos ejercen la enseñanza por compromiso moral con la sociedad, otros porque la universidad es ciertamente un campo de trabajo beneficioso para el desarrollo de sus conocimientos y el contacto con colegas prominentes, y un último grupo porque la condición de profesor universitario da brillo y prestigio.

Los estudiantes provienen en general de las clases adineradas y media, y sólo muy pocos descienden de familias obreras, por falta de tiempo para estudiar o por falta de recursos económicos. Muchas universidades son totalmente gratuitas, como la de Buenos Aires, pero las privadas resultan caras para la mayoría de los aspirantes. Los derechos de estudio en ellas oscilan alrededor de los 400/500 dólares mensuales y el número de becas disponibles es escasísimo. Las exigencias de rendimiento académico son las normales en cualquier universidad americana, pero en el curso de las carreras la deserción de estudiantes es grande. En la Universidad de Buenos Aires alcanza a graduarse apenas un 20% de los inscriptos en primer año. En modo general, puede decirse que una de las falencias de la universidad iberoamericana es el bajo rendimiento en graduados comparado con el coste de inversión.

Dentro de la universidad norteamericana los estudiantes se congregan en sociedades que suelen denominarse con letras griegas (Phi Beta Kappa, etc.),

La Biblioteca Nacional de Buenos Aires, obra de arquitectos argentinos de las nuevas escuelas de vanguardia.

por cuestiones por lo común académicas y de prestigio, mientras que en las latinoamericanas lo hacen por ideologías políticas o partidos, cuyos problemas llevan al seno de la institución. Existe una brecha entre el nivel de los egresados de la escuela secundaria (*secondary education*) y las exigencias universitarias, que se resuelve por un examen de selección, por un período llamado "preuniversitario" de unos meses de educación o por el recurso de "ingreso irrestricto", según la universidad. Este último procedimiento da oportunidad de ingresar a estudiantes de limitada capacidad de aprendizaje, que abandonan las aulas en su mayoría en el segundo o tercer año de estudios. Razones políticas explican el recurso de "ingreso irrestricto", prácticamente inexistente en las universidades privadas que compiten entre sí en cuanto a la excelencia de los programas ofrecidos. Son cuestiones que todavía se debaten.

Los universitarios iberoamericanos se sienten en mayor o menor grado comprometidos con las ideas transformistas, progresistas o desarrollistas, y esto los lleva al proselitismo político e ideológico. Algunas universidades han albergado y protegido a personas acusadas de subversión o han servido de centros de difusión de propaganda. Estos hechos antiacadémicos tienen su explicación en las circunstancias económicas, políticas y sociales que imperan en los respectivos países, así como en la renovación universitaria mundial.

En algunas universidades rigen todavía los principios de la Reforma Universitaria argentina de 1918, iniciada en la ciudad de Córdoba, que buscando eliminar a los malos profesores y democratizar la enseñanza para permitir el acceso de los estudiantes pobres, logró que los alumnos participaran en el gobierno tripartito universitario al lado de profesores y ex alumnos, con los consiguientes conflictos de autoridad.

Los ex alumnos, una vez concluidos sus estudios, no acostumbran a agruparse en organizaciones relacionadas con la universidad (*alma mater*) y prefieren hacerlo en instituciones de profesiones afines en defensa de sus derechos laborales. Pese a sus limitaciones de presupuesto e ingerencia estatal, la universidad latinoamericana produce profesionales de muy buen nivel intelectual, que completan y perfeccionan sus estudios en universidades del extranjero, en particular de los Estados Unidos, Francia, Italia y España. Varios premios Nobel han surgido de sus aulas.

La actual universidad latinoamericana está en proceso de cambio y debe afrontar y resolver los problemas creados por la nueva civilización. La universalización e intercambio de las culturas se han introducido en ella y sus responsables son conscientes de la necesidad de modernizarla y comunicarla con las universidades extranjeras, en la medida de sus posibilidades y recursos. Firman convenios de intercambio de profesores, investigadores y estudiantes; asisten a congresos internacionales para mantenerse al corriente de los adelantos científicos; están en comunicación con sus colegas por las más actualizadas vías informáticas; publican sus hallazgos y opiniones en revistas especializadas; viajan y visitan a los más famosos centros científicos y culturales; editan sus estudios —en una palabra, han salido del aislamiento del siglo XIX y principios del XX.

Es fácilmente perceptible la consagración de la universidad a las tareas específicas y su fuerte resistencia a las presiones políticas y de cualquier otra influencia no académica. La enseñanza superior busca su propio ámbito, aunque sin desentenderse de la sociedad en que está inscrita. Actúa por propia iniciativa frente a la indiferencia o descuido de los factores de poder, busca sus recursos si el Estado no los provee, atrae a los estudiantes con propuestas más actualizadas que las tradicionales, no hace discriminación de ninguna naturaleza, aumenta su influencia y prestigio en la sociedad, es productora de ideas en la vida intelectual del país y logra paulatinamente su lugar en el tiempo y el espacio.

El universo de jóvenes universitarios, consultado sobre su institución u otra similar, expresa con cierta frecuencia las objeciones que a su criterio pueden hacerse a las universidades: carreras largas; currículos rígidos con poca o ninguna libertad para incorporar materias optativas; exámenes de ingreso y de evaluación difíciles de superar; escasas oportunidades de investigación en bibliotecas y laboratorios; falta de profesores; pocas ocasiones de trabajos prácticos en grupos reducidos; clases a veces masivas; dificultades para la publicación de trabajos; enseñanza demasiado teórica; instalaciones edilicias insuficientes; obstáculos externos para proveerse de bibliografía extranjera; alto precio de los libros; limitaciones económicas para el intercambio de docentes y alumnos extranjeros —en fin, defectos derivados en su mayor parte de la falta de presupuestos y recursos financieros.

Con todo, en estos últimos años se han creado universidades con gran frecuencia y la matriculación de alumnos crece notablemente. En una situación de esta naturaleza, los hechos adquieren una significación más profunda que la obtenida superficialmente en visitas protocolares u opiniones apresuradas. Evidentemente, en pocos casos es posible comparar una universidad europea milenaria con una nueva universidad latinoamericana joven. La realidad económico-social del continente se encarga de recortar las aspiraciones y la voluntad persistente de profesores y alumnos.

Pese a estas características, la universidad es la parte más eficiente de los sistemas educativos nacionales.

Temas de expresión oral o escrita

1. ¿Qué clases sociales componen la sociedad latinoamericana?
2. Explicar la composición y el valor de la clase media en el subcontinente.
3. ¿Qué posición social ocupan en la sociedad los llamados "intelectuales"?
4. ¿Cuál es la condición actual de la mujer? Compararla con la tradicional.
5. Exponer la situación y conflictos de los jóvenes iberoamericanos de estos tiempos.
6. ¿Le gustaría ser hispanoamericano o hispanoamericana y llevar la vida de ellos?
7. Si debiera trabajar en Latinoamérica, ¿dónde le agradaría vivir y por qué?
8. Describa cómo es en su opinión un latinoamericano típico.
9. Explique el proceso de formación de una chabola en torno a una megalópolis latinoamericana según lo refiere el peruano Hernando de Soto.
10. ¿Existe a su criterio una psicología indígena en Latinoamérica, y si es así, en qué difiere de la mentalidad criolla o mestiza?
11. ¿Cree Ud. que es verdad que los latinoamericanos prefieren las óperas a las fábricas, la política a los negocios?
12. ¿Es para Ud. el latinoamericano una persona individualista, aristocrática, ceremoniosa y propensa a la etiqueta?
13. ¿Por qué es más lento el avance de la universidad latinoamericana que el de una norteamericana?

Temas de discusión

1. ¿Hay a su criterio diferencias psicológicas entre un latinoamericano (varón o mujer) y un norteamericano? Explicar.
2. Un hombre común de la calle razonaba así: "Para mí, un latinoamericano es un latinoamericano y un norteamericano, un norteamericano. Así la vida es más fácil". Discutir esta opinión.
3. Si el destino lo llevara a la presidencia de un país latinoamericano, ¿qué haría para cambiar la vida de los necesitados?

Temas de investigación

1. La universidad latinoamericana actual.
2. El narcotráfico.
3. La teoría del filósofo español José Ortega y Gasset sobre el sudamericano.
4. Investigar otras opiniones extranjeras sobre el hombre hispanoamericano.

CAPÍTULO 12

La literatura

El postmodernismo

Al agotarse la ola modernista de los grandes maestros y producirse un cambio en los gustos estéticos de Europa después de la Primera Guerra Mundial, los escritores encauzan su vocación hacia caminos no frecuentados.

Sirven de ejemplo las escuelas llamadas "de vanguardia". Los innovadores europeos encuentran discípulos e imitadores en diversos países, algunos constituyendo grupos o capillas literarias, y otros a título personal. Barroco, neoclasicismo, romanticismo y modernismo se relegan a categoría de "clásicos", en el significado de antiguos, y proliferan las nuevas formas. Dos actitudes son comunes entre los artistas: la destructiva, que rechaza las expresiones anteriores y da por cumplida su misión, y la constructiva, que se propone encontrar nuevos ideales para sustituir los anteriores.

Los simbolistas franceses, con su sentido del matiz y lo indefinido (Verlaine, Rimbaud, Mallarmé) ya habían sido conocidos por los modernistas. El futurismo (Marinetti) aporta sin mayores consecuencias su teoría de la integración de la ciencia con la poesía, la reverencia de las máquinas y del automóvil, el espíritu de conquista, el nacionalismo, el imperialismo, el dinamismo, la fuerza, la velocidad, la "imaginación sin hilos", y en lo formal, la destrucción de la sintaxis, la eliminación del adjetivo y el adverbio, el empleo de signos matemáticos y musicales, la supresión de la puntuación, el armado tipográfico de las poesías y la libertad de palabras.

El expresionismo alemán aporta la tesis de que el artista no debe describir la naturaleza, sino decirle al lector cómo la ve, creando así nuevas representaciones del mundo externo.

El dadaísmo (Tristan Tzara), iniciado en Suiza, propugna descartar de la poesía el lenguaje lógico (del mismo modo que el objeto de la pintura). Por ello, comienza con el hombre "Dadá", que según Tzara no significa nada, y afirma su protesta contra todo, la abolición de la lógica, "gritar lo contrario de lo que el otro afirma".

Del dadaísmo se deriva el ultraísmo, el surrealismo y su pariente chileno el creacionismo, que tienen de común la idolatría de la imagen y la metáfora.

El surrealismo ingresa en Hispanoamérica a través de España, y es quizás uno de los movimientos literarios y artísticos de mayor significación en el siglo XX. Su creador originario, el francés André Breton, se convierte en una figura clave. Rechaza el idealismo al que califica de mediocre y chato, exalta el ensueño, lo maravilloso, o sea toda manifestación del hombre que no lo eleve por encima de lo pasado. Y como recurso técnico, introduce el "automatismo psíquico" en la creación, el fluir libre de la conciencia, ya sea en prosa o en verso, que en definitiva es la manera real de funcionamiento del pensamiento.

Las poesías experimentales y herméticas hacen entonces su aparición.

El tránsito a la nueva poesía en sus formas más radicales y contemporáneas no fue, sin embargo, fulminante. Pasó por un período intermedio de evolución y transformación, en el cual deben inscribirse, cuando menos, tres nombres, Gabriela Mistral (chilena), César Vallejo (peruano) y Ramón López Velarde (mexicano).

Gabriela Mistral: Premio Nobel 1945

Su verdadero nombre fue Lucila Godoy Alcayaga (1889–1957). Nació en un pueblecito de Chile, siguió los estudios de magisterio, fue maestra rural y profesora en colegios secundarios. Se consagró en su patria a partir de sus primeras poesías, viajó por varios países europeos y americanos, representó a su país en algunas secciones de la extinguida Liga de las Naciones y posteriormente en las Naciones Unidas. Fue también cónsul de Chile en ciudades norteamericanas y europeas. Su obra está cabalmente representada en tres de sus libros: *Desolación* (1922), *Ternura* (1924) y *Tala* (1938). Fue el primer escritor hispanoamericano en recibir el Premio Nobel.

La poesía de Gabriela Mistral es al mismo tiempo clásica y moderna, y trata los temas de la vida cotidiana: la maternidad, canciones de cuna, la pérdida del ser amado, la esterilidad, la naturaleza, sobre todo la chilena con sus valles, la cordillera y los paisajes patagónicos, y con repetida insistencia, la religión, Cristo, la Virgen, Dios, el Ángel de la Guarda y otros temas de extracción bíblica.

Completa el cuadro temático de la poetisa el didactismo moral, que con frecuencia surge de su interpretación dignificante y profunda de vida.

El dolor, sobre todo el que trae consigo la vida misma, con su carga de sufrimientos, angustias y búsqueda de la verdad última, subyace pudoroso en su poesía. Su poesía se caracteriza por la intensidad y precisión del lenguaje, hecho con un vocabulario directo, arcaísmos estudiados, frases y términos del campo. Expresa sentimientos de angustia y temor ante el espectáculo de la vida y de la muerte. Contempla a la humanidad débil y pecaminosa, y pide a Dios protección y ayuda para todos. Hay en su poesía reminiscencias bíblicas y de la mística española.

Otros poetas

César Vallejo

Es uno de los más importantes poetas peruanos del siglo XX. Nació en 1892 y llevó una vida llena de dificultades que culminó con su muerte en París (1938). Estudió en las universidades de Trujillo y de San Marcos de Lima, fue profesor de enseñanza secundaria, estuvo preso por participar en un movimiento político en su país, vivió exiliado en la capital francesa y realizó dos viajes por Rusia. Se convirtió al marxismo y fue instructor en tiempos de la guerra civil española.

Los *Poemas humanos* son la culminación de su arte. Ha dejado los hábitos modernistas iniciales y los contagios dadaístas posteriores, para entregarse abiertamente a su propia inspiración y estilo.

Es un libro muy personal y radical, un volumen casi siempre difícil para el lector, por la forma de aluvión expresivo en que está escrito y su "anarquía poética". Una frase suya lo puede explicar: "Quiero escribir, pero me sale espuma".

La muerte es su tema favorito, junto al de la desdicha, el dolor, la desesperación, la angustia, la pobreza, el hambre y lo social. Es "el poeta más entrañable que le nació al lirismo peruano", ha dicho de él un connacional.

Ramón López Velarde

Puede ser considerado el creador de la nueva poesía en México. López Velarde (1888–1921) pasó por claustros de seminarista y recibió más adelante su título de abogado. Aunque fue partidario de la causa de Madero, no se incorporó a las filas guerreras y falleció a temprana edad. Conoció el éxito instantáneo a partir de sus primeros libros, *La sangre devota* y *Zozobra,* que originaron una secuela de imitadores. Fue un poeta de conflictiva vida espiritual, dentro de la cual se inscriben su amor por una pariente mayor que él, la religiosidad de sus años de adolescente, y una sorprendente mutación posterior, en favor de la resurrección de la carne y de la concupiscencia. Se confesaba a sí mismo como un "sacristán fallido".

El tema de la crisis religiosa se combina con una evocación plácida de la perdida vida provinciana y un exaltado amor a la patria. Característico es su potente estilo y la novedad de sus imágenes.

Caracteres de la nueva poesía

Podrían señalarse como características de la poesía de esa época:

    a. *desprecio por la rima:* verso libre; la rima cede su lugar a la asonancia y a la aliteración.

b. *nuevo esquema rítmico y sonoro:* la acentuación de los versos es libre.

c. *lenguaje personal y desconcertante:* las formas de expresión no se someten en lo sucesivo a ninguna consideración gramatical ni estilística: sólo cuenta la inspiración del poeta.

d. *ataque a la retórica:* en lo sucesivo pierden validez todas las reglas y normas retóricas, para dar paso a la ocurrencia pura del poeta.

e. *el símbolo como medio de expresión:* como la poesía expresa ahora los contenidos más profundos, ocultos e incomprensibles del alma humana, sólo pueden formalizarse éstos a través de símbolos, que para cada poeta son personales.

f. *hermetismo, imprecisión, divagación, confusión:* el poema se vuelve impreciso, sin sentido neto y claro; su significado debe comprenderse a través de un acto de esfuerzo intelectual; la confusión es deliberada.

g. *inarticulación:* se prefiere el mundo inconsciente, profundo, oscuro, a la claridad de lo intelectual: por eso el poeta expresa su mundo interior en forma inarticulada, sin preocuparse por el orden lógico, racional, del contenido del poema.

h. *correspondencias sensoriales:* se mezclan y combinan las sensaciones de distinta procedencia: vista, gusto, olfato, etc.: *desnuda transparencia, buitres enlutados (Neruda).*

El ultraísmo argentino

El ultraísmo es un movimiento literario de origen español, iniciado para renovar la poesía. El promotor en España fue Cansinos Assens y la eclosión tuvo lugar hacia 1918, inmediatamente después de la Primera Guerra Mundial.

Su nombre deriva de la palabra *ultra* (*más allá*, en latín). Conforme con esta denominación, la flamante escuela proclamó su deseo de superación de las viejas prácticas poéticas, y contribuyeron en esta aventura, el español Ramón Gómez de la Serna, el chileno Vicente Huidobro y el argentino Jorge Luis Borges en su primera época.

En Buenos Aires, Borges inició con otros poetas el ultraísmo en 1921. Los poetas jóvenes se atrevieron a romper con la tradición poética en las páginas de la revista *Prisma* (1921) y otras, y constituyeron simultáneamente el grupo denominado *Martín Fierro.*

Básicamente se dedicaron a renovar las metáforas, tratando de otorgarles novedad y separándolas de toda tradición:

> *La vaca rumia siglos* (E. González Lanuza)
> *La luna nueva se ha enroscado a su mástil* (Jorge Luis Borges)

El creacionismo en Chile

Vicente Huidobro pasa por ser el fundador del creacionismo en Chile. En lo esencial es un movimiento similar al ultraísmo, basado sobre todo en la metáfora novedosa. La técnica de la metáfora creacionista parte del supuesto de que si dos objetos se asemejan en un aspecto, deben parecerse en todos los otros. De allí surge la novedad: si la luna se parece en lo redondo a un reloj, también tendrá que parecérsele en el sonido:

> *La luna suena como un reloj.*

Vicente Huidobro ha expresado su propia definición del creacionismo con estos términos: "Crear un poema tomando a la vida sus motivos y transformándolos para darle una vida nueva e independiente. Nada anecdótico ni descriptivo. La emoción debe nacer de la sola virtud creadora. Hacer un poema como la naturaleza hace un árbol":

> *Estamos sentados alrededor de una voz*
> *Se para sobre tu dedo un pájaro de calor*
> *Mientras los duraznos se inflan sordamente*

Los estridentistas en México

Los estridentistas en México constituyeron alrededor de 1922 un grupo de vanguardia que hizo la apología del maquinismo, los rascacielos, los aeroplanos y todo el complejo de la civilización mecánica de la época. Su conductor fue el poeta Manuel Maples Arce (1898–1981), que también reivindicó el imperio de la imagen, en modo semejante al ultraísmo argentino y el creacionismo chileno. Su ejemplo no prosperó y pocos autores se sumaron a su innovación.

La poesía negra

La renovación no se redujo a los casos mencionados. Otras voces y propuestas se levantaron aisladamente aquí y allá, con resonancia vaga o escasa.

El interés por el elemento negro y sus expresiones culturales es más bien reciente, y parece haberse originado en los estudios africanos iniciados por los franceses, tanto antropólogos y lingüistas como los artistas "fauvistas", Gauguin, etc. Este interés se acrecentó con el aumento de la influencia de la población negra en Estados Unidos, el acceso de muchos mulatos a la vida pública en países del Caribe y otros factores.

Algunos artistas antillanos han encontrado en la tradición negra de sus propios países, así como en el folclore, contenidos que podían ser llevados a la literatura, y de este modo nació lo que se denomina un poco genéricamente *poesía negra* (Nicolás Guillén, Luis Palés Matos, etc.).

El verso negro no sólo emplea temas sino también ritmos negros; abandona la cadencia silábica de la poesía castellana; recurre a efectos musicales exclusivamente a base de ritmos; emplea paralelismos, aliteraciones, onomatopeyas, repeticiones insistentes de vocablos, frases o versos; aborda distintos tonos (satírico, evocativo, elegíaco); se inspira en cantos rituales, danzas, y emplea sobre todo elementos sensuales.

En su poema *Majestad negra* escribe Palés Matos:

> *Por la encendida calle antillana*
> *va Tembandumba de la Quimbamba*
> *—Rumba, macumba, candombe, bámbula—*
> *entre dos filas de negras caras.*

La poesía lunfarda porteña y el tango

El lunfardo nació como una jerga de los delincuentes de Buenos Aires. Es lo que se llama una "lengua profesional", creada para eludir el espionaje policial. Varios *tangos* de Buenos Aires han empleado este lenguaje en sus letras.

Es un lenguaje o habla pobre, rudimentaria, fugaz, que se basa en asociaciones de palabras más o menos complicadas para reservar su comprensión sólo a los miembros de la cofradía del delito (*sacar carpiendo* por *deshacerse de alguien*); el *vesre* o inversión de las sílabas de algunas palabras (*orre* por *reo*); significación especial atribuida a algunas palabras (*bobo* al *reloj*); extranjerismos (*pastenaca* por *tonto*, del napolitano) y alguna que otra ocurrencia más. Es casi una lengua secreta.

Con este argot por base se creó a principios del siglo XX en Buenos Aires y sus aledaños una poesía llamada *lunfarda*, escrita por gente culta o semiculta: poetas, sainetistas, letristas de tango, payadores, etc.

Dice en su lengua un cantor:

> *Se l'espiantó (fugó) la chirusa (amante).*
> *Es cierto que él la cascaba (pegaba).*
> *¿Qué hombre, si ama a su papusa (mujer hermosa),*
> *no le sacude una biaba (paliza)?*

La antipoesía

En Chile surgió en 1954 una nueva forma poética, que durante unos diez años provocó sorpresa entre los lectores, escrita por Nicanor Parra (n. 1914), y divulgada desde la aparición elogiosa de su libro *Poemas y antipoemas* (1954). El ejemplo cundió y muchos jóvenes se lanzaron a la imitación. En la actualidad el movimiento puede considerarse extinguido. La insólita inspiración de Parra aparece íntimamente asociada al estilo de los jóvenes *beatniks* norteamericanos y europeos, a quienes quizás leyó el chileno durante sus años de estudios de mecánica avanzada en Estados Unidos e Inglaterra. En una estrofa dice:

> *Algunos toman por sed*
> *otros por olvidar deudas,*
> *y yo por ver lagartijas*
> *y sapos en las estrellas.*

Pablo Neruda: Premio Nobel 1971

Neftalí Ricardo Reyes, nacido en Chile (1904–1973), adoptó el seudónimo de Pablo Neruda, y así se lo conoce en el mundo literario. Se inició con un famoso libro de poemas, *Veinte poemas de amor y una canción desesperada* (1924), y desde los años de juventud y a través de toda su existencia, fue uno de los poetas más celebrados de Hispanoamérica.

Su criterio estético está resumido en sus propias palabras: "Mi intención es despojar a la poesía de todo lo objetivo y decir lo que tenga que decir en la forma más seria posible. Hasta el nombre propio me parece postizo, elemento extraño a la poesía."

Trabajador incansable, sus libros fueron apareciendo casi sin interrupción en el curso de su vida. Fue cónsul chileno en Rangún, capital de Birmania, y pasó por numerosos destinos diplomáticos en Oriente, Argentina, Europa y México. De regreso a su patria fue senador, se afilió al partido comunista, viajó infatigablemente, recibió gran cantidad de distinciones por sus obras, fue miembro de instituciones culturales de todo el mundo y participó en congresos internacionales. En sus años de madurez publicó *Odas elementales* (1954), hermoso poemario sobre la vida simple y natural, después de haber alborotado los ambientes artísticos con su polémico *Canto general* (1950), especie aproximada a un poema épico, aunque constituido por poesías sueltas en relación con la historia de Hispanoamérica desde un punto de vista revolucionario y antiespañolista.

Se ha revelado, sobre todo, como un innovador de la poesía. Su renovación ha llegado a los metros, las combinaciones estróficas, el ritmo, el vocabulario, las imágenes, los temas y el tono. Neruda es un asombroso combinador de vocablos. Su riqueza produce un efecto sorpresivo en el lector. La sustantivación, la adjetivación y la verbalización se apartan de todo clisé poético anterior; sus enunciados no incurren tampoco en el alambicamiento de algunos poetas de otras vanguardias y reflejan siempre frescura, naturalidad e ingenio.

Otro matiz llamativo de su estilo son las imágenes y metáforas, siempre brillantes y originales, referidas a objetos inesperados o tradicionalmente desconectados entre sí: *Abandonado como los muelles en el alba; Navegaban todas las cosas; oscuros como piedrecitas; como un océano de cuero; Yo pongo el alma mía donde quiero; Yo no me nutro de papel cansado.*

El tono y los temas de sus poesías cambiaron en el curso de su itinerario poético. Después de los iniciales *Veinte poemas de amor,* el libro más leído del poeta y del que se dice que se vendieron millones de ejemplares, el subjetivismo, vital y melancólico, cede su turno en *Residencia en la tierra* (entre 1933 y 1937) a una inspiración más honda relacionada con la muerte y la inestabilidad angustiante de la existencia humana. Neruda se afirma, entra en contacto con los otros seres y reclama derechos para una poesía más atenta a la realidad. Exhibe de modo descarnado una visión penosa del mundo, la anarquía, la descomposición moral, la decadencia, dando nacimiento al "nerudismo" que tantos discípulos y émulos tuvo en las nuevas generaciones. "Esta es la época más dolorosa de mi poesía", recordaría años más tarde en sus memorias. No entronca con la religiosidad, ya que Neruda no fue nunca un espíritu religioso, ni con la filosofía, porque su espíritu no era metafísico. Su dolor se insinúa a través de sus ojos, de lo visto y percibido, y madura en su inteligencia práctica. Por ese entonces ataca a la poesía pura por su carácter elitista y por su separación de la vida concreta e inmediata. Acepta que el mundo ha cambiado y que por lo tanto su poesía debe cambiar.

Neruda es casi inagotable en su inspiración. No fue un poeta perfecto, pero sí un gran poeta. Aunque no abordó los temas tratados por los líricos clásicos se adentró en los temas metafísicos de la naturaleza y el destino humanos. Su poesía es el trasunto de un espíritu moderno y universal.

La prosa contemporánea

Como en el caso de la poesía, la prosa se inclina hacia varias vertientes. Tampoco existe una clasificación definitiva de la narrativa, y las que se han propuesto tienen sólo carácter provisional.

Los escritores de los últimos años manifiestan una verdadera vocación hispanoamericana. Su afán por producir "literatura" está acompañado de una verdadera fertilidad creativa y una resonancia internacional poco conocida hasta ahora. En este sentido, la figura del escritor adquiere un prestigio propio en el mundo del arte, desligándose de algunos tradicionales apoyos, como la política, las embajadas, los cargos públicos y las funciones parlamentarias.

Su enfoque de la realidad es entonces más amplio y libre, y podría decirse que el escritor se ha convertido en un profesional específico, con autonomía artística.

El realismo mágico

Éste es uno de los movimientos más originales de la moderna narrativa. Se empezó a hablar de esta orientación hacia 1950. En síntesis puede ser definido como una mezcla de realismo y fantasía, con sus más remotos antecedentes en la época de la Conquista, cuando los escritores hacían desfilar en sus relaciones, cartas, historias y memorias, reinos de imaginación, animales fabulosos, regiones misteriosas, seres humanos extraños, milagros y misterios. No debe descartarse, sin embargo, que escritores contemporáneos como Dostoievski, Poe, Melville, Strindberg, Proust, Kafka y el pintor italiano De Chirico, con motivos y razones diferentes, puedan haber sido tomados como ejemplos aprovechables.

Sus características son:

a. *realismo y fantasía:* la realidad provee el hecho cotidiano que sirve de argumento o trama a la narración, pero el escritor le agrega de su propia imaginación un ingrediente irreal o ilusorio, que da otro sentido al hecho, por lo cual el desenlace es imprevisible e inesperado.

b. *encuadre americano de la obra:* la acción se desarrolla siempre en un marco regional americano y los personajes reflejan el tipismo característico del lugar, las costumbres y usos, que por lo general se extraen del fondo oscuro de la historia, la magia, el vudú, la aventura, la subversión política, el amor ilícito, el primitivismo cultural, la ignorancia, la ensoñación, el crimen.

c. *despersonalización del autor:* el escritor desaparece totalmente de la obra, no interfiere en ella con sus ideas ni con sus sentimientos, y una vez planteado el caso, lo desarrolla objetivamente hasta sus últimas consecuencias.

d. *perfeccionamiento de la técnica narrativa:* en todos los autores la técnica narrativa es excelente y se apoya en un cuidadoso trabajo de planeamiento de la estructura.

Las más grandes figuras del realismo mágico contemporáneo son Miguel Ángel Asturias (Guatemala) y Alejo Carpentier (Cuba). Algunos críticos discuten la autonomía estética de este movimiento, al que consideran una parte de la literatura fantástica en general.

Miguel Ángel Asturias: Premio Nobel 1967

Miguel Ángel Asturias (1899–1974) nació en Guatemala y desde niño mostró predilección por la música, la pintura y la literatura. Se graduó de abogado en la Universidad de San Carlos de su país y partió luego para Europa donde permaneció unos diez años y realizó estudios antropológicos relacionados con las primitivas culturas hispanoamericanas en La Sorbona de París.

Publicó entonces su libro *Leyendas de Guatemala* (1930), que fue inmediatamente traducido al francés y le valió elogios de famosos escritores de la época. Efectuó más tarde viajes por diversos lugares y regresó a su patria donde las condiciones políticas no le fueron favorables. Salió para México y allí editó *El Señor Presidente* (1946), novela ejemplar contra la dictadura, que introduce al lector en un mundo de pesadilla y poesía.

Se radicó con posterioridad en Buenos Aires, donde representó a su país como embajador. Compuso otras novelas denunciando la explotación económica de los pobres y campesinos. Tuvo varios destinos diplomáticos.

La literatura de Asturias se caracteriza fundamentalmente por el extraordinario dominio de la técnica, el manejo excelente del lenguaje y la atracción de sus temas,

Miguel Ángel Asturias, guatemalteco, ganador del Premio Nobel 1967. El alucinante espectáculo de la mitología maya, las dramáticas circunstancias políticas y económicas de su país y el rechazo de todo imperialismo extranjero le inspiraron una novelística criollista que sirvió de ejemplo a muchos escritores posteriores.

MIGUEL ÁNGEL ASTURIAS

El Señor Presidente

¡Todo el orbe cante!

Fiesta Nacional ...

De las calles ascendía con olor a tierra buena el regocijo[1] del vecindario que echaba la pila[2] por la ventana para que no levantara mucho polvo el paso de las tropas que pasan con el pabellón hacia Palacio, el pabellón oloroso a pañuelo nuevo, ni los carruajes de los señores que se echaban a la calle de punta en blanco,[3] doctores con el armario[4] en la leva[5] traspalada,[6] generales de uniforme relumbrante hediondo[7] a candelero,[8] aquéllos tocados[9] con sombreros de luces,[10] éstos con tricornio[11] de plumas, ni el trotecito de los empleados subalternos cuya importancia se medía en lenguaje de buen gobierno por el precio del entierro que algún día les pagaría al Estado.

¡Señor, Señor, llenos están los cielos y la tierra de vuestra gloria[12]!

El Presidente se dejaba ver, agradecido con el pueblo que así correspondía a sus desvelos, aislado de todos, muy lejos, en el grupo de sus íntimos.

—¡Señor, Señor, llenos están los cielos y la tierra de vuestra gloria!

[...]

Cara de Ángel,[13] se abrió campo entre los convidados. Era bello y malo como Satán.

—¡El pueblo lo reclama en el balcón, Señor Presidente!

—¿ ... el pueblo?

[...]

El amo puso en estas dos palabras un bacilo[14] de interrogación. El silencio en torno suyo. Bajo el peso de una gran tristeza que pronto develó[15] con rabia para que no llegara a los ojos, se levantó del asiento y fue al balcón. Lo rodeaba el grupo de los íntimos cuando apareció ante el pueblo: un grupo de mujeres que venía a festejar el feliz aniversario de cuando salvó la vida. La encargada de pronunciar el discurso principió al no más ver al Presidente.

—¡Hijo del pueblo! ...

El amo tragó saliva amarga evocando tal vez sus años de estudiante, al lado de su madre sin recursos, en una ciudad empedrada de malas voluntades; pero el favorito que le bailaba el agua,[16] atrevió en voz baja:

—Como Jesús, hijo del pueblo ...

—Hijo del pueblo —repitió la del discurso—, del pueblo digo: el sol en este día de radiante hermosura el cielo viste, cuida su luz tus ojos y tu vida enseña del trabajo sacrosanto que sucede en la bóveda celeste a la luz la sombra, la sombra de la noche negra y sin perdón de donde saltaron las manos criminales que en lugar de sembrar los campos, como tú, Señor, lo enseñas, sembraron a tu paso una bomba que, a pesar de sus científicas precauciones europeas, te dejó ileso.[17]

Un aplauso cerrado ahogó la voz de la Lengua de Vaca,[18] como llamaban por mal nombre a la regatona[19] que decía el discurso, y una serie de abanicos de vivas dieron aire al Mandatario y a su séquito:

—¡Viva el Señor Presidente!

—¡Viva el Señor Presidente de la República!

—¡Viva el Señor Presidente Constitucional de la República!

—¡Con una viva que resuene por todos los ámbitos del mundo y no acabe nunca, viva el Señor Presidente Constitucional de la República, benemérito de la Patria, Jefe del Gran Partido Liberal, Liberal de corazón y protector de la Juventud estudiosa! ...

1. alegría exagerada   2. recipiente de piedra en que se recoge el agua   3. vestido de etiqueta con el mayor esmero   4. con la ropa de todo un armario   5. levita (americanismo)   6. cambiada de lugar (del armario al cuerpo)   7. con mal olor 8. candelabro   9. con sus cabezas cubiertas   10. lustrosos, brillantes 11. sombrero formal de tres puntas   12. imitación del estilo bíblico   13. en la novela es el favorito del Presidente   14. imagen: un punto de duda   15. manifestó 16. expresión idiomática: adular   17. indemne, sin daño   18. mujer ignorante del pueblo, llamada así despectivamente, cuyo discurso está plagado de errores y de lugares comunes, sin sentido   19. vendedora al por menor

Este fragmento narra una fiesta pública organizada en Guatemala en honor del Señor Presidente. El pasaje tiene tono satírico y es una crítica al dictador Cabrera Estrada y su corte de adulones y seguidores. Fernando Alegría ha considerado a la novela como una de las de "mayor solidez y honestidad artística que se han producido en Centro América". La narración es un ejemplo del estilo febril y el dramatismo que caracterizan a toda la obra, casi alucinante. Sus recursos más habituales son los parlamentos realistas, las descripciones barrocas, la parodia de estilos, las acumulaciones de palabras, la ruptura de la sintaxis, las interpolaciones, la mezcla de personajes reales con figuras legendarias, el vocabulario desorbitado.

extraídos de la tradición maya y la realidad económica, política y social de su país. Se le ha reprochado a veces su empecinado encono contra el capitalismo.

El Señor Presidente es un tremendo documento literario y político contra las dictaduras en su país, hábilmente trabajado, donde se combinan lo dramático, lo poético y lo mágico, en el marco de un estilo abigarrado y barroco. Narra con suspenso policial las perversidades de un presidente guatemalteco, asistido por su favorito Cara de Ángel, para conservar el poder, deshacerse de sus rivales y satisfacer sus delirios.

En otra de sus novelas, *Hombres de maíz,* Asturias desarrolla su teoría de que la lucha entre el indígena campesino y el criollo se debe a que el primero interpreta que el maíz debe sembrarse como alimento, mientras que el segundo entiende que debe hacerlo como negocio.

Compuso además una trilogía de "novelas bananeras", en que se interna por el mundo de las explotaciones frutales y denuncia los abusos e incongruencias de un sistema de tipo semicolonial, con sus injusticias y falta de libertad.

Jorge Luis Borges

Jorge Luis Borges (1899–1986) es el escritor argentino que ha gozado de mayor fama internacional en el siglo pasado. Hizo sus estudios secundarios en Suiza, aprendió el ultraísmo en España, y de regreso a Buenos Aires se entregó a la poesía porteña con *Fervor de Buenos Aires* (1923). Este entusiasmo por la forma poética lo habría de acompañar toda la vida. Transitó por el ensayo y el cuento, que llamaron la atención del público por la novedad de los temas, la agudeza de sus razonamientos y el excepcional manejo estilístico. Fue compensado con gran cantidad de premios internacionales, y designado doctor *honoris causa* por la Universidad Nacional de Cuyo (Argentina) y la Universidad de Michigan. Su nombre fue propuesto varias veces para el Premio Nobel, que no logró conseguir por discutidas razones.

Dentro de su línea artística, publicó *Ficciones*, *El Aleph*, *El informe de Brodie*, y otros volúmenes.

Aunque la poesía de Borges es digna de elogio, su fama internacional se debe a sus cuentos y ensayos. Se ha dicho que nadie en lengua española moderna ha creado como él un estilo "tan estilo" (Amado Alonso).

Sus temas son en general de procedencia libresca, en cuanto parecen suscitados por lecturas del autor, quien una vez tomado el asunto en sus manos, le da una perspectiva y una derivación original, y convierte así esa materia erudita y muerta en un asunto de vitalidad e interés actual. Hay un trasfondo filosófico en todos ellos que se refleja en su concepción peculiar del tiempo, el espacio, la muerte, el infinito, la existencia humana y el mundo.

Borges toma el mundo existente y real como si fuera una alucinación o una idealización dentro de la cual vivimos, sin darnos cuenta. La muerte es para él la clave de la vida y cada uno tiene su muerte personal. El destino humano es incomprensible para el ser humano, y la vida se repite con nosotros simétricamente, en un complicado laberinto de destinos: el destino es como otra persona que llevamos dentro de nosotros mismos. Es dudoso para Borges que el mundo tenga sentido. Por eso hay algo de policial en la vida de los hombres, en cuanto resulta imposible o difícil atraparlos en una lógica. El tiempo es un eterno retorno, un regreso hacia el infinito que se repite constantemente. Borges debe toda esta concepción filosófica a su constante lectura de los filósofos, en especial Schopenhauer.

Aun en los casos en que Borges se inspire para sus cuentos en temas porteños o de la vida argentina, los conecta siempre con una interpretación filosófica universal extraída de sus creencias. Esto origina una novedad en el tratamiento de la materia literaria nacional, sin antecedentes en su país.

El sofisticado mundo de los cuentos de Borges ha llegado a causar sorpresa en Europa y en Estados Unidos, y ha sorprendido a la crítica con una intelectualización de la realidad que no se esperaba de una literatura considerada hasta entonces como partidaria de lo primitivo, bárbaro y natural.

La erudición de Borges fue proverbial en su momento, aunque algunos comentaristas han sospechado de ella, declarando que "no toda es auténtica; a veces la finge", o que es "un escritor que no tiene nada que decir, pero lo dice más bellamente que nadie".

Sello postal argentino en homenaje al escritor Jorge Luis Borges. El texto reproduce una de las paradójicas expresiones del autor.

Técnicamente, fue un escrupuloso formalista, sometido a un gran rigor de método. Sus cuentos, como sus relatos y sus poesías, son de una arquitectura estructural muy bien pensada, lógicamente desarrollados, y escritos con una economía de recursos certeramente planeada. Borges ha creado un estilo escueto, preciso y de una maestría superior en el uso de los vocablos.

En síntesis, ha hecho una gran contribución a la letras hispanoamericanas: ha asestado un golpe mortal al nacionalismo literario, tanto geográfico como costumbrista; ha roto la veneración tradicional por lo español; ha dejado atrás el facilismo temático, proponiendo el ejemplo de asuntos de larga y enjundiosa meditación; ha quebrado las fronteras de las preocupaciones, internacionalizando los temas, y por último ha despersonalizado la literatura.

Otros autores

Eduardo Mallea

Es una figura relevante (1903–1982) de la literatura argentina. Proveniente de un hogar provinciano de clase media, desarrolló su obra literaria en Buenos Aires, viajó

JORGE LUIS BORGES

In Memoriam J. F. K.

Esta bala[1] es antigua.

En 1897 la disparó contra el presidente del Uruguay un muchacho de Montevideo, Arredondo, que había pasado largo tiempo sin ver a nadie, para que lo supieran sin cómplices.[2] Treinta años antes, el mismo proyectil mató a Lincoln,[3] por obra criminal o mágica de un actor, a quien las palabras de Shakespeare habían convertido en Marco Bruto, asesino de César.[4] Al promediar el siglo XVII, la venganza la usó para dar muerte a Gustavo Adolfo de Sucia, en mitad de la pública hecatombe de una batalla.[5]

Antes, la bala fue otras cosas, porque la transmigración pitagórica no sólo es propia de los hombres. Fue el cordón[6] de seda que en el Oriente reciben los vizires,[7] fue la fusilería y las bayonetas que destrozaron a los defensores del Álamo,[8] fue la cuchilla triangular que segó el cuello de una reina, fue los oscuros clavos que atravesaron la carne del Redentor y el leño de la Cruz, fue el veneno que el jefe cartaginés guardaba en una sortija de hierro, fue la serena copa que en un atardecer bebió Sócrates.[9]

En el alba del tiempo fue la piedra que Caín lanzó contra Abel[10] y será muchas cosas que hoy ni siquiera imaginamos y que podrán concluir con los hombres y con su prodigioso y frágil destino.

(*El hacedor*, 1960)

---

1. para Borges el magnicidio o muerte violenta de un gobernante o persona importante es un hecho incesante en la historia: sólo cambia el instrumento —una bala, un cuchillo, una horca, una cruz, etc.   2. el presidente uruguayo Juan Idiarte Borda fue asesinado por el joven Avelino Arredondo, debido a diferencias políticas, cuando abandonaba la Iglesia Matriz de Montevideo después de un Tedéum (1897)   3. Abraham Lincoln, presidente de los Estados Unidos y vencedor de la guerra civil, fue asesinado por el actor teatral sureño John W. Booth durante una función de teatro (1865)   4. William Shakespeare, dramaturgo inglés autor de la tragedia Julio César, en la cual Marco Junio Bruto encabeza una conspiración contra César y lo asesina a puñaladas   5. Gustavo Adolfo II, rey de Suecia, que reconstruyó el ejército e intervino en apoyo de los protestantes en la Guerra de los Treinta Años; murió en la batalla de Lutzen que ganaron sus tropas (1632)   6. cuerda pequeña con que se ejecutaba en el Oriente a algunos religiosos o personajes relevantes   7. vizir o visir, ministro de un soberano musulmán   8. El Álamo, antiguo fuerte de los EE.UU. en Texas, estado que se rebeló contra México. El fuerte fue tomado por el general mexicano López de Santa Anna en la guerra   9. antiguo filósofo griego que fue condenado a beber la cicuta, sustancia venenosa, acusado de difundir enseñanzas perniciosas a los jóvenes y de honrar a dioses diferentes de los de la ciudad   10. hermanos bíblicos: Caín mató con una piedra a Abel.

✍ ✍ ✍

Este relato, escrito por Borges en memoria del presidente norteamericano John Fitzgerald Kennedy, asesinado en extrañas circunstancias en Dallas, Texas (1963), permite apreciar la inspiración profunda y el cuidadoso estilo del escritor argentino. Desarrolla la idea de que todos los homicidios históricos son iguales. La muerte forma parte del destino humano y se repite a sí misma a través de la historia. El instrumento letal se cambia de víctima a víctima, como el alma transmigra sin fin en sucesivos cuerpos humanos, según creían los filósofos seguidores de Pitágoras (*c.* 580–*c.* 500 a.C.). Teoría de la metempsícosis.

por varios países europeos, fue consagrado con numerosos premios y distinciones internacionales, y dirigió el suplemento literario del conocido diario *La Nación*.

Se dio a conocer por unos cuentos psicológicos, *Cuentos para una inglesa desesperada* (1926), a los que siguieron más de veinte libros de ensayo, novela y otros cuentos. Entre el vasto repertorio de su obra pueden señalarse *Historia de una pasión argentina, Fiesta en noviembre, Todo verdor perecerá*, etc.

Fundamentalmente Mallea es un indagador del alma argentina, sobre todo del hombre urbano y capitalino.

En su primera producción, hasta 1940 aproximadamente, predominan dos temas: la autobiografía y el análisis de la Argentina, particularizado en la psicología profunda de sus habitantes, en especial del hombre de la ciudad de Buenos Aires. La obra capital de este período es *Historia de una pasión argentina* (1937), ensayo donde formula su conocida tesis de las dos Argentinas: la visible y la invisible.

En la etapa posterior, aunque mantiene una identidad de estilo con la anterior, Mallea se revela como gran novelista. Reaparece en otras obras de ficción su invariable propensión a expresar sus reflexiones íntimas sobre el país y la realidad.

Las novelas de Mallea son psicológicas antes que de acción, e intelectuales antes que sentimentales. Todo sucede casi siempre en la Argentina y los personajes son argentinos o extranjeros radicados en nuestro país. Y son también hombres de su época.

Mallea no enfoca a la Argentina pasada, rural o anecdótica del siglo pasado. Se interesa por la Argentina de estos días, cosmopolita, sometida a influencias extranjeras —sobre todo europeas—, habitada por un pueblo en permanente lucha espiritual, que busca una forma de realización personal y nacional, sin encontrarla todavía. Lo observa y analiza con agudeza, en medio de un sufrimiento moral, caótico, dentro de una intrincada maraña de circunstancias sociales y políticas, medio escéptico y descreído, solitario al fin.

Pero este análisis del país y sus hombres no se agota en lo nacional. El novelista lo inserta dentro del conflicto de valores de toda la humanidad. Esta universalidad del enfoque es lo que ha despertado el interés de los lectores extranjeros. En definitiva, para Mallea la crisis del alma argentina es de alguna manera la crisis del hombre contemporáneo.

Alejo Carpentier

Este narrador cubano (1904–1980) es un típico representante del realismo mágico en Hispanoamérica. Hijo de un arquitecto francés y madre rusa, aprendió en su hogar la lengua francesa que lo introdujo en lo más refinado de la cultura europea. Hizo estudios de arquitectura y de música, e integró estos conocimientos con elementos africanos. Viajó por diversos países, trabajó en la radiodifusión francesa, fundó una empresa publicitaria en Caracas, publicó cuentos y novelas, hasta radicarse definitivamente en Cuba, donde falleció.

Se propuso "expresar el mundo de América", seducido por la idea de descubrir la esencia de este continente. Para ello, ingresa con el aparato de su sólida erudición europea, literaria, artística y musical. Según su teoría, América es el único continente donde coexisten edades diferentes, donde se encuentran todavía hombres contemporáneos y paleolíticos, donde se superponen las edades del Génesis, Babel y el Apocalipsis. En lo étnico, la mezcla de razas es lo fundamental. Económica y políticamente es una región donde existe la industrialización y el mundo agrícola primitivo, ambos a merced de los extranjeros, que la hacen pasar de la prosperidad a la bancarrota. Las condiciones climáticas determinan también a estos lugares, con un espectro total de manifestaciones, desde lo tropical a lo austral. "Yo creo—dice —que la visión del mundo que tiene el intelectual latinoamericano es una de las más vastas, de las más completas, de las más universales que existen ... Para mí el continente americano es el mundo más extraordinario de este siglo. Nuestra visión de él debe ser ecuménica."

Escribió ensayos, cuentos y novelas para poner en práctica su teoría y probar que lo maravilloso y lo mágico existen. En Haití tomó contacto cotidiano "con lo que podríamos llamar lo real maravilloso", dice en el prólogo de su famosa novela *El reino de este mundo* (1949), que lo consagró. Refiere en ella la historia de Henri Christophe que ha tomado el poder y se ha proclamado rey. Un mundo prodigioso de increíbles realidades se instaura, donde no falta la construcción de un prodigioso palacio, una corte negra con boato y ceremonias europeas, y la instalación de una república de mulatos.

En otra de sus novelas celebradas, *Los pasos perdidos* (1953), desarrolla el problema del retorno del hombre a sus orígenes, a través del viaje de un músico que remonta el Orinoco, hastiado de la vida culta y civilizada. Es como un regreso al mundo del Génesis.

Octavio Paz: Premio Nobel 1991

Octavio Paz (1914–1998) es un prestigioso escritor en prosa y en verso de la Hispanoamérica moderna. Desde joven intervino en México, su país, en los movimientos de renovación poética. Fundó con algunos compañeros revistas literarias y comenzó desde temprana edad a dar a conocer sus composiciones. Viajó por España y Francia y en esos países tomó conocimiento de las corrientes literarias de vanguardia y publicó varios libros poéticos. Obtuvo en Bélgica en 1963 el Premio Internacional de Poesía, y la Academia Sueca lo galardonó en 1991 con el Premio Nobel.

El autor es un caso de sostenida fidelidad a la poesía. Su volumen *Libertad bajo palabra* (1960) recoge piezas escritas por el autor de 1935 a 1958. Jamás abandonó la poesía, la que continuó enriqueciendo con nuevos aportes. Como tantos otros escritores ha pasado por varias etapas ideológicas y maneras estéticas: superrealismo, budismo y panteísmo. Cultivó también inicialmente la poesía de intención social.

Para Paz la esencia de la poesía es la imagen. Esta imagen es la mejor forma de expresar el pensamiento, "una imagen del hombre que se crea a sí mismo por la imagen". Siempre anduvo detrás de nuevas formas líricas, y en este sentido, algunos de sus poemas son verdaderos "experimentos poéticos".

No menos importante que su poesía es su prosa, de una acabada pulcritud y claridad. Sus libros de ensayo y crítica son ejemplo de hondura conceptual, perspicacia y capacidad de observación. Octavio Paz ha hecho de lo mexicano uno de los temas preferidos de su meditación. Ha tratado de señalar los caracteres del hombre mexicano,

Octavio Paz, el talentoso
poeta y prosista mexicano,
ganador del Premio Nobel de
Literatura 1991.

el sentido de la cultura y la unificación espiritual del país, sobre la idea de un destino común en el mundo contemporáneo. Su ensayo *El laberinto de la soledad* (1950) ha asumido desde mediados del siglo pasado el carácter de una obra clásica. En él aporta su interpretación del hombre mexicano dentro y fuera de su país.

Su caracterología del hombre mexicano trata de rescatar la intimidad espiritual de sus connacionales, cancelando lo muerto y estimulando el futuro. Relaciona los elementos indígenas, hispánicos, republicanos, reformistas, positivistas, liberales y revolucionarios en una síntesis esclarecedora y moderna, que permite una identificación nacional segura y liberada de divisionismos tajantes.

Su amplitud de criterio no retrocede ante ninguna consideración convencional ni dogmática, en procura de la creación de una conciencia colectiva. "Somos, por primera vez en nuestra historia —sostiene—, contemporáneos de todos los hombres".

La eminente figura personal de Octavio Paz en el ámbito cultural de Iberoamérica está fuera de toda discusión por la fecundidad de su talento, la independencia de sus reflexiones y la extensión casi enciclopédica de sus inquietudes.

El "boom" de la narrativa

El denominado "boom" literario de la nueva narrativa hispanoamericana fue una eclosión coetánea de un grupo de artistas que merecieron la atención del orbe hispánico, sin excluir a algunos países europeos y a los propios Estados Unidos.

La literatura que produjeron es desde todo punto de vista excepcional. Propiamente no podría determinarse con precisión fundamentada quiénes lo integraron en

OCTAVIO PAZ

El laberinto de la soledad

[La muerte mexicana]

También para el mexicano moderno la muerte carece de significación.

Ha dejado de ser tránsito, acceso a otra vida más vida que la nuestra. Pero la intrascendencia de la muerte no nos lleva a eliminarla de nuestra vida diaria. Para el habitante de Nueva York, París o Londres, la muerte es la palabra que jamás se pronuncia porque quema los labios. El mexicano, en cambio, la frecuenta, la burla, la acaricia, duerme con ella, la festeja, es uno de sus juguetes favoritos y su amor más permanente. Cierto, en su actitud hay quizá tanto miedo como en la de los otros; mas al menos no se esconde ni la esconde; la contempla cara a cara con impaciencia, desdén o ironía: "si me han de matar mañana, que maten de una vez".

La indiferencia del mexicano ante la muerte se nutre de su indiferencia ante la vida. El mexicano no solamente postula la intrascendencia del morir, sino la del vivir. Nuestras canciones, refranes, fiestas y reflexiones populares manifiestan de una manera inequívoca que la muerte no nos asusta porque "la vida nos ha curado de espantos". Morir es natural y hasta deseable; cuando más pronto, mejor. Matamos porque la vida, la nuestra y la ajena, carece de valor. Y es natural que así ocurra: vida y muerte son inseparables y cada vez que la primera pierde significación, la segunda se vuelve intrascendente. La muerte mexicana es el espejo de la vida de los mexicanos.

(Cap. III)

El laberinto de la soledad (1950), pese al tiempo transcurrido desde su aparición, es un ensayo considerado magistral sobre la interpretación de México y sus hombres. Este es uno de sus temas preferidos. Señala el valor de la doble herencia de su país, lo indígena y lo hispánico, y por momentos lo compara con lo norteamericano. Su agudeza psicológica y su nacionalismo objetivo, crítico pero amoroso, lo distinguen de los nacionalistas políticos a ultranza.

realidad, porque entre ellos hay componentes de dos generaciones (a los que ahora se intenta agregar los de una tercera que se denominaría *boom junior*).

La coetaneidad[1] de la aparición de obras no implica necesariamente que todas ellas integren un movimiento o una escuela literaria. Nunca ha ocurrido así en la historia de las letras. Por de pronto escritores como Borges, Sábato, Mallea, Onetti, Asturias, Carpentier y Arguedas, pese a la notoria excelencia creativa y artística de algunos de ellos, no pueden ser incluidos en el conjunto.

---

[1]**coetaneidad** existencia en el mismo momento

Con la desaparición física de algunos de los escritores, la denominación está dejando de usarse, y ha quedado reservada a una cierta cantidad de autores, entre los cuales los más notorios y celebrados son o fueron Julio Cortázar, Carlos Fuentes, Gabriel García Márquez, Mario Vargas Llosa, Juan Rulfo, Augusto Roa Bastos y José Donoso.

En el ámbito del *boom junior,* podrían anotarse los narradores de la nueva generación, entre ellos Fernando del Paso, Severo Sarduy, Alfredo Bryce Echenique, Manuel Puig, Manuel Scorza y algunos más (Donald L. Shaw). Pero es temprano todavía para ver con claridad este panorama y decidir sobre denominaciones provisorias.

Se vuelve muy problemático a esta altura de los tiempos discernir cuánto hay de moda, interés ideológico, conveniencia política, propaganda editorial, actividades de cenáculos o grupos, jerarquización política de los países, o auténtico valor en esta explosión artística y comercial.

Para algunos historiadores y críticos de las letras los mejores siguen siendo los viejos (Yáñez, Borges, Asturias, Carpentier), mientras que otros se inclinan por Cortázar, Fuentes, Rulfo, Vargas Llosa. Un tercer crítico, Julián Marías, por su parte, se muestra cauteloso frente a este renacimiento de las letras, y afirma que no es lícito unificarlas arbitrariamente con la denominación de "hispanoamericana", puesto que en realidad lo que existe es una literatura argentina, mexicana, peruana, etc.

Julio Cortázar

Este argentino (1914–1984) fue uno de los portavoces del *boom* y uno de sus más activos propagadores. Nacido en Bruselas, Bélgica, mientras su padre era diplomático, vivió y estudió en Buenos Aires, donde ejerció la enseñanza, hasta trasladarse por último a París en condición de traductor de la UNESCO. En Francia escribió la mayor parte de sus obras. Publicó en sus comienzos libros de cuentos (*Bestiario; Final del juego;* y *Las armas secretas*). Le siguieron otras obras no menos difundidas, hasta editar la que se considera su obra maestra, la novela *Rayuela* (1963), a la que siguen otras publicaciones.

Probablemente, el mejor Cortázar es el cuentista, y sobre todo el inicial.

Los primeros cuentos son fantásticos, sin trasfondos metafísicos complejos, situados en el mundo social de la clase media, con cierta tendencia a la crítica de la sociedad, reminiscencias de algunos notables narradores contemporáneos.

Los cuentos posteriores son ya más elaborados y pretensiosos en su simbología; Cortázar los inscribe dentro de un marco más profundo e intelectual. Encierran una meditación o alegoría sobre la vida humana como pasa, por ejemplo, en *Final del juego, El perseguidor, La autopista del sur, Casa tomada,* y otros.

En estas narraciones sobresalen los diálogos, de notable actualidad y efecto comunicativo, y un enfoque novedoso de la realidad. Pese a la fantasía de algunos de los argumentos, todo sucede como en la vida, y la propensión a lo absurdo y contradictorio no perturba el lirismo y el encanto de lo narrado. La destreza casi insólita en el manejo de la lengua (vocabulario, sintaxis y recursos estilísticos) asoma ya en estas prosas con nítida maestría. Excelentes ejemplos de esta primera época de Cortázar son, entre otros, los cuentos *La noche boca arriba, Cartas de mamá, Las babas del diablo,* etc.

Su novela *Rayuela* es una de las obras de la nueva narrativa que más traducciones y elogios mereció en su momento. En realidad, su argumento es insignificante, más aún, premeditadamente irrelevante, vulgar y casi ridículo, con personajes sin ninguna ejemplaridad ni excepcionalidad, precisamente como quiso escribirla el autor, absurda, trágica y risible al mismo tiempo. Trata de la historia de un argentino exiliado en París, Oliveira, que participa con la Maga en un extraño Club de la Serpiente. Después de la separación de ambos, Oliveira se encuentra en Buenos Aires, adonde ha regresado y se ha unido a su mujer Gekrepten. En una tercera parte, independiente en cierto sentido de las dos anteriores, "capítulos prescindibles" de acuerdo con el autor, incorpora fragmentos de otros autores, transcripciones periodísticas o librescas, otras prosas misceláneas, que deben leerse combinados con los capítulos anteriores, según una tabla de orden insertada al final.

Sin dudas se trata de una obra experimental, una novela o antinovela, en la que ironiza sobre todo: las clases sociales, el culto del lenguaje, la Argentina y otras naciones, la ridiculez de la vida diaria.

Cortázar fue escéptico y agnóstico, desprejuiciado y abierto, que lo juntó todo: lo vulgar, lo pornográfico, lo absurdo, lo anárquico, lo erudito, lo burlesco, lo intelectual y lo poético. Fue el experimentalista por antonomasia del *boom*.

Gabriel García Márquez: Premio Nobel 1983

En la actualidad Gabriel García Márquez es el narrador más celebrado de Hispanoamérica, en especial por su novela *Cien años de soledad* (1967), considerada una obra maestra de la prosa contemporánea. Nació en un poblado colombiano, Aracataca (1928), donde pasó su infancia y conoció personajes, paisajes y actitudes espirituales de los pobladores que con el tiempo vinieron a servirle como antecedentes para su obra.

Hizo sus estudios secundarios con los jesuitas, abandonó más tarde la carrera de derecho, fue reportero y editorialista en un diario de Bogotá y en Nueva York como agente periodístico de *Prensa Latina,* fundada por la Revolución cubana, y se estableció más tarde en México.

García Márquez es el feliz creador literario de un pueblecito ideal, Macondo, en Colombia, que entre su fundación mísera y la decadencia final tuvo un período de prosperidad en épocas de la Primera Guerra Mundial, cuando se estableció una plantación de bananos. Allí suceden hechos asombrosamente imaginativos y fantásticos. La población se divide por el odio político y las luchas civiles, y en una atmósfera de calor, humedad, chismorreo, sensualidad y vicios de toda especie, la vida transcurre entre el fatalismo, la obsesión, la tragedia, la furia, y, sobre todo, en una asombrosa soledad de los personajes. Esta creación de García Márquez, narrada en un estilo incomparablemente atractivo y pulcro, ha transformado a *Cien años de soledad* en una de las más celebradas novelas escritas en castellano en el siglo XX.

Narra la historia de José Arcadio Buendía, casado con su prima Úrsula Iguarán, fundadores de Macondo, y las historias correlacionadas de esa familia, que imponen a sus hijos los nombres repetidos de Arcadio o Aureliano. En general, los Arcadios son impulsivos y trágicos, y los Aurelianos retraídos y lúcidos. En el centro de la familia está Úrsula Iguarán, que muere tatarabuela diciendo: "Dios mío. De modo que esto es la muerte".

Otra novela de gran interés es *El amor en los tiempos del cólera* (1985), una magistral pieza novelística donde se refieren las peripecias amatorias entre Fermina Daza y Florentino Ariza, rechazado en la adolescencia por ella. Más de medio siglo después, fallecido el doctor Juvenal con quien se había casado Fermina, se reanuda el amor en la vejez de ambos personajes. Se reúnen a bordo de un barco en una travesía que permite el reencuentro del amor y el triunfo de esta pasión sobre la muerte. La acción transcurre en una ciudad de la costa colombiana no identificada, con el río Magdalena por escenario en varios pasajes. La conclusión implícita de la novela sugiere que, en última instancia, el deseo amoroso supera a la temporalidad humana, y va y viene por la vida, con los mismos síntomas arrebatadores y resurgentes del cólera.

Otro género en el que ha sobresalido el maestro colombiano es la narración corta y el cuento. Hasta la publicación de *Cien años de soledad* había escrito una serie de obras, cíclicas en cierto sentido porque transcurren en el hipotético pueblecito de Macondo, y algunos de sus habitantes reaparecen en relatos diversos. En *La hojarasca* (1955), su primera novela corta, desarrolla la historia de un médico francés llegado a Macondo, después de retirarse de su profesión, que se niega a curar a los heridos provenientes de una lucha civil. El pueblo jura vengarse y envenenarlo, y tras varias alternativas, el médico se ahorca.

En *El coronel no tiene quien le escriba* (1961) el protagonista vive retirado de las guerras civiles desde hace quince años, a la espera de que el gobierno acceda a una petición suya y le otorgue una pensión. Su hijo ha muerto violentamente y le ha dejado un gallo de riña, en el cual el coronel deposita su última esperanza de salir de la miseria, pues faltan 45 días para una riña que puede proporcionarle mucho dinero.

Crónica de una muerte anunciada (1981), mucho posterior, refleja con ejemplaridad las dotes del narrador. En un concentrado relato, reconstruido desde variadas perspectivas personales y tiempos, presenta la vida insospechada de Ángela Vicario, que es devuelta la noche de bodas a sus padres por su marido, sintiéndose éste engañado en cuanto a la virtud de la joven. Los hermanos de la repudiada manifiestan públicamente que matarán al culpable del deshonor familiar y así lo hacen, después de fatigosas averiguaciones provocadas por el silencio de su hermana. La historia impresiona por el clima de tensión y fatalidad que provoca su lectura.

La mala hora (1962) amplía el panorama de Macondo con otro suceso: la aparición misteriosa de pasquines injuriosos contra habitantes del pueblo. El alcalde llegado para poner orden es un corrupto que sólo se ocupa en enriquecerse, pero ante el clamor del pueblo que le reclama su intervención, el funcionario acusa a un adversario político, lo hace detener y asesinar.

Otros narradores prominentes

Carlos Fuentes

Este importante narrador mexicano (n. 1928) es uno de los líderes más promocionados de la nueva narrativa. Su arte está íntimamente asociado a su mexicanidad, a su disconformidad con el desencanto por la Revolución Mexicana, y a su profundo conocimiento de las literaturas occidentales en sus formas nuevas.

Fuentes logró notoriedad en un principio con su obra *La región más transparente* (1958), extensa obra por donde desfila la sociedad mexicana en sus más preclaros y típicos ciudadanos, en especial el personaje Federico Robles, espécimen representativo de todo tipo de ambiciones inescrupulosas. Es la novela del egoísmo.

La otra pieza, más corta pero de mayor jerarquía artística, es *La muerte de Artemio Cruz* (1962), con todos los méritos suficientes para ser considerada una obra maestra. Un millonario, en su lecho de muerte, revisa su existencia con figuras que se mueven en torno a su cama: soldado enriquecido, especulador, político voraz, autor culpable de una historia miserable. Fuentes ha continuado su proficua obra narrativa con vocación innegable, y su bibliografía es extensa.

Es un ostensible caso de vocación narrativa, que no da muestras de agotarse. Su fama da inequívocas manifestaciones de consolidación en América y Europa, por vía de sus múltiples actividades relacionadas con la cinematografía, el teatro, colaboración con otros artistas, propuestas culturales y demás. Es un activo promotor del talento hispanoamericano.

Aura (1962), novela corta, es considerada como otra de sus obras maestras, exponente claro de su criterio de que el arte no debe tener por objeto explicar, sino manifestar la multiplicidad de lo real. Plantea el problema del doble, a través de Felipe Montero, un joven historiador contratado por una anciana dama, esposa de un fallecido general francés de Maximiliano, de cuya sobrina se enamora. Este amor resultaría una reviviscencia o reencarnación, fuera del tiempo, del amor de la anciana y su esposo. Un asunto similar se plantea en *Cumpleaños* (1969), en que la identidad de un arquitecto inglés de nuestra época se identifica con la de un teólogo de la Universidad de París de la Edad Media, denunciado como hereje y por ello prófugo en Italia.

La crítica ha querido ver en este tema del doble una similitud con la persistente preocupación de Borges por descubrir en definitiva quién es uno mismo, un individuo original y único o una repetición de alguien que ya ha existido anteriormente.

Cambio de piel (1967) es otra de las obras distintivas de Carlos Fuentes, en la cual cuatro personajes, dos mexicanos amantes, y la esposa del varón de la pareja y un alemán de antecedentes nazis, se detienen en Cholula, camino de Veracruz, y se internan en las galerías de una pirámide, donde tiene lugar un doble sacrificio ritual. Simbólicamente, la tesis de la obra sería que todas las historias de violencia —la de los protagonistas de la novela y la de los conquistadores—, son una misma violencia.

Mario Vargas Llosa

Este escritor peruano (n. 1936) es autor de algunas narraciones que marcan un importante hito en la literatura peruana. *La ciudad y los perros* (1962), *La casa verde* (1966) y *Conversación en la Catedral* (1969) se consideran distintivas de su arte. Su producción literaria ha continuado hasta el momento sin reposo. Comparte su creatividad con la docencia universitaria, y fue candidato a la presidencia de su país, en la que salió derrotado frente a Alberto Fujimori (1995).

Iniciado como cuentista, Vargas Llosa se inclinó más tarde por la novela y se ha convertido en uno de los maestros de este género.

El material temático lo extrae Vargas Llosa de la vida social contemporánea de Lima. Es un narrador urbano, capitalino, de las clases media y alta. Se ha desprendido voluntariamente del indigenismo y el *cholismo*[2] de algunos famosos precedentes de su país (Ciro Alegría y José María Arguedas) y del pintoresquismo[3] del gran romántico Ricardo Palma.

Este mundo limeño es descripto a través de la perspectiva de adolescentes en especial, pues los grupos juveniles son uno de los temas más persistentes de su arte, sobre todo de los cuentos iniciales y de su primera novela.

Las obras de Vargas Llosa son una denuncia en sí, pero sin una propuesta de cambio, porque en último análisis, lo que intenta mostrar el autor es un mundo tal como lo ven sus actores, sin postular ninguna teoría social en reemplazo de la criticada.

Vargas Llosa revela una insobornable preocupación por la estructura y formas de la narración. En varios de sus cuentos la anécdota es simplemente insignificante o trivial.

La ciudad y los perros (1963), su primera novela, lo lanzó a la fama como novelista después de haberse hecho conocer con cuentos y narraciones breves. Refiere las peripecias de un grupo de cadetes[4] del Colegio Militar Leoncio Prado del Perú ("perros" eran los alumnos del primer año), en las que resulta muerto uno de ellos. La investigación se complica en una maraña de mentiras, delaciones, cobardías e intereses institucionales. La novela causó conmoción en su momento, y se dice que una pila de ellas fue quemada simbólicamente en un acto público en Lima.

Su fama se consolidó tres años más tarde con la publicación de *La casa verde* (1966), que mereció diversas distinciones, entre ellas el premio internacional Rómulo Gallegos a "la mejor novela escrita en lengua castellana en el curso de un quinquenio". La obra se desarrolla entre dos ciudades, la selvática de Santa María de Nieva donde se reclutan mujeres por obra de proxenetas entremezclados con individuos marginados de toda especie, y Piura, en la que se instala un prostíbulo, la Casa Verde, antro de perdición.

El conocimiento de la zona amazónica que Vargas Llosa recogió para esta novela le sirvió al autor para otra, *Pantaleón y las visitadoras* (1973), menos afortunada quizás, con algo de burla y sátira, en la cual narra los recursos oficiales para proveer de mujeres a los destacamentos militares de la zona.

Las informaciones recogidas para la producción de un guión cinematográfico fueron más tarde empleadas por el escritor peruano para escribir *La guerra del fin del mundo* (1981), otra innovación literaria: reescribir una novela anterior de otro escritor, el brasileño Euclides da Cunha, que en 1901 había publicado *Los sertones,* con la historia de un extraño personaje del nordeste, medio místico, el Consejero, que encabezó una rebelión en la región.

Otras celebradas novelas de Vargas Llosa son *La tía Julia y el escribidor* (1977), sobre un escritor de folletines a sueldo, la *Historia de Mayta* (1984), y otras varias.

---

[2]**cholismo** mesticismo en Perú   [3]**pintoresquismo** lo ameno, agradable, digno de ser pintado
[4]**cadete** alumno de un instituto militar

Una caracterización sintética del arte narrativo de Vargas Llosa incluiría esta enumeración: variados experimentos de estructura, realismo peruanista total, incorporación a las historias de contenidos autobiográficos disimulados, erotismo, lenguaje sin frenos inhibidores, crítica social sin objetivos políticos, habilidosa construcción de las tramas, innovación permanente.

José Lezama Lima

Es el gran narrador y poeta cubano de los últimos años (1910–1981). Sus poesías iniciales permitieron desde un comienzo identificar en él a un escritor de notable valía. La consagración llegó con su novela *Paradiso* (1966), reputada como una de las mayores obras literarias, pero que algunos críticos han calificado de estrafalaria y genial al mismo tiempo, lo mismo que a su continuación *Oppiano Licario* (1977), inconclusa por fallecimiento del escritor.

Paradiso despliega en una prosa sumamente barroca, minuciosa en los detalles descriptivos, complicada en su lectura, la historia central del niño José Cemín, hijo de un coronel cubano que muere prematuramente, y cuyo casamiento emparenta a dos familias, que conforman un universo de seres de compleja psicología. Esta característica se prolonga en el niño, enfermizo, retraído e imaginativo, que poco a poco va constituyendo su entorno con amigos, en particular dos de ellos, Fronesis y Foción, el primero un intelectual y el segundo un homosexual. El lector supone al término de la lectura que Lezama Lima ha querido expresar alegóricamente la búsqueda del infinito por medio de la figura del niño. La segunda de las obras no agrega lamentablemente nada a la anterior, por no haber sido terminada, aunque sigue la misma línea constructiva, léxica y simbólica.

La serie de escritores hispanoamericanos que han llegado a la maestría narrativa hacia fines del siglo XX sería muy extensa para este libro. Pueden adelantarse algunos nombres importantes: Augusto Roa Bastos, paraguayo (n. 1917), con *Hijo de hombre* y *Yo, el Supremo*; Guillermo Cabrera Infante, cubano (n. 1929), con *Tres tristes tigres* (1960); Manuel Puig, argentino (1932–1990), con varias novelas, alguna de ellas llevada a la pantalla; Jorge Edwards, chileno (n. 1931); José Donoso, chileno (n. 1925); Alfredo Bryce Echenique, peruano (n. 1939); Mario Benedetti, uruguayo (n. 1920); Severo Sarduy, cubano (n. 1937–1993), y varios más.

Juan José Arreola

No es mucho lo que ha escrito este excelente narrador (n. 1918), formado sobre la base de lecturas escogidas fuera de los ambientes y claustros universitarios. Constituye un caso muy especial dentro de la narrativa mexicana. Su libro fundamental es *Confabulario*, (1952) editado en varias oportunidades con sucesivos agregados. No es un escritor regionalista ni folclórico; es un maestro del arte de la fantasía y el humor, quizás sus dos cualidades más destacadas y brillantes. Es un artista intelectual, que medita y trabaja mucho sus piezas. Domina la paradoja, la ironía, el buen humor, la sátira, la ficción, la ocurrencia insospechada, la información, el patetismo, el realismo y hasta el capricho, "saltando de lo lógico a lo absurdo". Domina y conoce la realidad, y es capaz de distorsionarla hasta lo inverosímil.

Arreola trae al recuerdo, cuando se lo lee, a los grandes maestros de las letras contemporáneas: Kafka, principalmente, Poe, Gogol, y otros.

Juan Rulfo

Este escritor mexicano (1918–1986) pasó la vida en su país, retraído en sus tareas, y se caracteriza por la brevedad y notable valor de su prosa. Su primer libro de cuentos, *El llano en llamas* (1953) lo hizo famoso de inmediato. Dos años después, merced a una beca Rockefeller, pudo dar término a su novela *Pedro Páramo,* que lo consagró definitivamente.

Las dos obras lo han revelado como un creador original y vigoroso. Los aspectos más distintivos de su arte son lo nacional y lo emotivo, impregnados de un tono mágico y sugerente. Su mexicanismo continúa y moderniza el tema de la Revolución, a través de ambientes, hechos y personajes.

Un aire vago y misterioso emerge de los cuentos de *El llano en llamas,* en los cuales la muerte, la violencia y el sexo son dominantes. Los hombres son mostrados desde su interioridad, anímicamente desolados, sumidos en la pobreza y fuertemente ligados a la tierra que habitan.

Pedro Páramo es una de las mejores expresiones de la novelística mexicana, y ha merecido el calificativo de "única" por su construcción, tema, estructura y estilo. Cuenta la historia de don Pedro Páramo, un caudillo insaciable, astuto y violento, que se ha apoderado de las tierras de la región, ha matado, ha vejado y se ha casado por interés. Termina sus días acuchillado por su hijastro. Cuando llega el hijo de Páramo, se encuentra ante una terrorífica visión: el pueblo entero ha muerto.

Mezcla lo real con lo ideal, el presente con el pasado, un espacio con otro, mediante una estructura original. La novela comienza cuando ya casi todo ha sucedido. Se pasa sin transiciones ni aclaraciones de un lugar a otro, de un personaje a otro, de un tiempo a otro, y el lector debe ir reconstruyendo en su mente y en forma paulatina el hilo de los sucesos. Incluso comienza casi por el fin, y el lector va enterándose del pasado y rehaciéndolo por los diálogos de los personajes y otras pocas referencias. La novela comienza cuando ya gran parte de los protagonistas han muerto.

Los actores de este tremendo drama son todos casos de una rara y honda vida interior, pasionales, vitales, enormes, como personajes de una pesadilla. Es un poco la historia de unos fantasmas, casi una nueva versión del tema del descenso a los infiernos de Dante, de fuerte tono épico.

Ernesto Sábato

Ernesto Sábato (n. 1914) fue inicialmente un físico argentino que se perfeccionó en el Laboratorio Curie de París, becado por su país. Allí, al margen de sus investigaciones científicas, tomó contacto con los grupos literarios de entonces con cuyas obras de vanguardia se entusiasmó. Estudió también en el Massachusetts Institute of Technology, hasta que imprevistamente un día sorprendió a sus amigos con el abandono de esa disciplina y su consagración a las letras.

Comenzó con ensayos como *Uno y el universo, Hombres y engranajes,* y otros más. Su paso a las letras lo justificó el autor con estas palabras: "Muchos pensarán que ésta es una traición a la amistad, cuando es fidelidad a mi condición humana". El escritor se ha lamentado en más de una ocasión de los años gastados en la ciencia. Sus preferencias literarias, según lo ha declarado, fueron los surrealistas franceses y los novelistas Stendhal, Proust, Kafka, Hemingway, Faulkner, y sobre todo, Thomas Mann. En otra oportunidad aclaró: "No, no soy un escritor profesional, en el sentido del vocablo". Y cuando se lo interrogó sobre el "boom" de los nuevos novelistas, se excusó claramente: "Yo estoy en otra cosa".

Se dio a conocer como novelista con *El túnel.* Está considerada como una pieza existencialista, a lo Camus, que expone el proceso interior psicológico de un protagonista acorralado por sí mismo, Juan Pablo Castel, que se enamora de una joven casada con un ciego. Castel asesina al final a su pretendida, después de una relación tormentosa. Se piensa que tiene elementos aprendidos de Freud sobre las neurosis.

Sobre héroes y tumbas (1961), su segunda novela, le granjeó consideración internacional. Esta obra es el resultado de un largo proceso de maduración intelectual. Sábato ha combinado en ella tres asuntos principales: la historia de un amor entre Martín y Alejandra (ficción); la marcha, derrota y muerte del general Lavalle, enemigo de Rosas (historia), y un descenso al mundo de los ciegos (metafísica), que es una metáfora para significar la búsqueda de lo absoluto. En la novela reaparecen intensificadas algunas de las constantes preocupaciones del escritor: la oscuridad, los ciegos, la muerte, la soledad, la incomunicación humana, la patria, el destino, que según Sábato "están vinculadas entre sí".

El pasado y el presente se mezclan en la obra, que no tiene una estructura cronológica. El hilo de la trama marcha y retrocede, da vueltas sobre sí, sin una secuencia tradicional, porque este tipo de desarrollo conviene más al propósito del autor de transmitir al lector una emoción antes que una anécdota.

Sábato no es un creador de caracteres sino de mitos. Los personajes son mostrados en su hacer y no en su intimidad anímica. No es un escritor psicologista.

Abaddón el Exterminador (1974) es la última de las novelas publicadas. En esta pieza el autor aparece convertido en protagonista, y en torno a esta convención, Sábato aprovecha la oportunidad para mostrar un mundo desacralizado, desarticulado y caótico, donde el demonio se infiltra en todo y apura la destrucción final de la civilización. Sin final categórico, la novela conduce al lector a transformarse en testigo de la irracionalidad de la vida contemporánea.

Adolfo Bioy Casares

La figura literaria de Adolfo Bioy Casares (1914–1999) aparece a menudo asociada a la de Borges, con quien mantuvo una estrecha amistad y escribió algunas obras en colaboración bajo los seudónimos de H. Bustos Domecq y B. Suárez Lynch, dos guiones cinematográficos y algunas antologías. Su novela fantástica *La invención de Morel* (1940) despertó la atención del público por su originalidad. Es la historia de un individuo que recluido en una isla solitaria, intenta retener mediante un aparato fantasioso el pasado, registrando y proyectando imágenes sensoriales de las personas para salvarlas de la desaparición final.

Su máxima novela, *El sueño de los héroes* (1954), narra la historia de un grupo juvenil de la ciudad de Buenos Aires que rodea a un embaucador abogado y con quien termina batiéndose en duelo a cuchillo uno de ellos. El arte narrativo de Bioy Casares presenta un mundo imaginario, hecho de otros infinitos mundos posibles, tantos como personas existen, incluidos unos dentro de otros "a la manera de muñecas rusas". Solía decir: "No creo en el destino, sin embargo pienso que el camino de mi profesión deja entrever la mano del destino".

Mario Benedetti

Nacido en 1920 en Uruguay, es el escritor actual de ese país con más fama internacional. Al igual que otros muchos escritores hispanoamericanos de nuestro tiempo, ha llevado una vida dinámica en congresos, conferencias, recitales, en los campos de la novela, la poesía, el cuento, el ensayo y el teatro. Es un duro crítico de su país, donde según su opinión, todos son culpables de algo y mantienen en reserva sus culpas. Su obra más famosa, *La tregua* (1960), refiere la historia de un jefe de oficina viudo que se enamora de una jovencita empleada, no obstante la diferencia de edad. La relación culmina poco a poco en un amor carnal. Cuando está a punto de legitimar la unión, la joven fallece.

En otra novela posteior, *Gracias por el fuego* (1965), su visión penosa de la vida asume más vastos alcances. Es una novela de múltiples personajes, en la que los miembros de una familia se enfrentan unos con otros por ideologías, intereses materiales y rencores, que concluye en el suicidio de uno de los protagonistas que estaba a punto de matar a su padre.

Las nuevas promociones

Aparentemente el *boom* de la narrativa hispanoamericana ha concluido, aunque algunos críticos consideran a la generación actual como una continuidad del movimiento anterior. Uno de ellos, Donald L. Shaw, ha propuesto para estos escritores el nombre de *boom junior* (*Nueva narrativa hispanoamericana,* 1985). México y Buenos Aires serían los dos centros principales de la nueva tendencia, surgida hacia el período 1960–1980.

Los integrantes de la nueva narrativa son jóvenes que enfrentaron a los maestros continentales inmediatamente anteriores, a quienes acusaban de pertenecer a una "mafia", y los trataron de superar con audacias verbales, a veces de discutible calidad artística. En sus obras pueden apreciarse varias nuevas técnicas: irrelevancia del argumento, despreocupaciones estéticas y filosóficas, eliminación de la psicología, mezcla de tonos (trágico, cómico, policial, periodístico, poético, erudito, procaz, irreverente, etc.), composición desarticulada, afán por "hacer escritura" en vez de literatura, preferencia por el cuento y los relatos breves y otras minucias. En fin, obras totalmente abiertas.

Vicente Leñero.   Ingeniero y periodista mexicano (n. 1933), ha ingresado en los catálogos internacionales en particular por su obra *Los albañiles* (1964), relato policial alrededor de la muerte del sereno de una obra en construcción, planteada al modo francés del *nouveau roman,* recurriendo a la técnica de poner en tensión al lector ante el misterio de la trama.

Salvador Elizondo.   Mexicano también (n. 1923), representa a la nueva generación con su inesperada novela *Farabeuf* (1965) en la que dos parejas diferentes repiten en el tiempo un mismo hecho según la concepción del mito del eterno retorno.

José Trigo.   Mexicano (n. 1966), ha conquistado un lugar prominente por la narración novelada de un dirigente ferrocarrilero en una huelga sindical en la que el actor acaba muerto.

Gustavo Sáiz.   Nacido en 1940 en México, relata en *Gazapo* (1965) las peripecias amatorias de unos becarios extranjeros y nacionales en una universidad norteamericana.

Alfredo Bryce Echenique.   Peruano (n. 1939), sobresale en la descripción de la sociedad adinerada de su país y de personajes manchados de defectos, irresponsables y convencionales.

Manuel Scorza.   Connacional suyo (1928–1983), logró fama a partir de la publicación de su novela *Redoble por Rancas* (1970), primera de una pentalogía épica sobre la guerra de Pasco de los campesinos comuneros contra los terratenientes usurpadores de la tierra.

Severo Sarduy.   Cubano (1937–1993), con largos años de residencia en París, es uno de los recientes narradores que ha hecho mayor abuso de la innovación por vía de un lenguaje complicado y el empleo de personajes con valor simbólico. Al pie de una de sus páginas aconseja al "tarado lector":

> ... abandona esta novela y dedícate al templete o a leer las del Boom, que son mucho más claras. (*Cobra*)

No se queda atrás su compatriota Guillermo Cabrera Infante (n. 1929) en *Tres tristes tigres* (1965), "escrito en cubano".

Fernando del Paso.   La obra más audaz dentro de esta manera quizás sea *Palinuro de México* (1975), de Fernando del Paso (n. 1935), de un verbalismo increíblemente tempestuoso y avasallador y ocurrencias temáticas donde se mezclan Mandrake el Mago, el ratón Mickey, Santo Tomás, Cortázar y otros personajes o acontecimientos sorpresivos.

Las mujeres en las letras

Naturalmente, no hay una literatura masculina y una literatura femenina, porque el arte es independiente del sexo del autor. El talento artístico no es patrimonio exclusivo ni de unos ni de otros. Sor Juana, en tiempos de la Colonia, fue la mejor poetisa del continente. En el siglo XX la chilena Gabriela Mistral ganó en 1945 el primer Premio Nobel de Literatura conferido a un artista de Hispanoamérica. La uruguaya Juana de Ibarbourou (1880–1979), llamada "Juana de América", conoció en su país el honor de ser coronada por su obra poética en el Palacio Legislativo Nacional en 1929 y ser nombrada en 1950 presidente de la Academia Uruguaya de Escritores.

Hacia la década de 1960–1970 se produce en los ámbitos literarios, y más propiamente en el de la narrativa, la aparición de una constelación de prestigiosas figuras femeninas, como jamás había ocurrido con anterioridad. Este movimiento es un asunto diferente. Ocurre como una consecuencia de los cambios culturales y el debilitamiento de la antigua sociedad patriarcal. Las escritoras irrumpen en el horizonte artístico con brillo propio, sus obras adquieren fama internacional, se traducen a varios idiomas y hasta son llevadas al cine. Este acontecimiento ocurre coetáneamente con fenómenos similares registrados en los Estados Unidos, Gran Bretaña, Francia y algunos otros países. No responde, sin embargo, a una asociación profesional concertada ni a una teoría o escuela fundacional. Sus obras son inclasificables en un cuadro estético único y tampoco reflejan una sensibilidad psicológica exclusivamente femenina, aunque en algunas de ellas la visión del mundo pueda tener matices de sexo.

La mención de las más reconocidas excedería los límites de este libro, pero la referencia a algunas de ellas es inevitable.

Isabel Allende

Periodista, publicitaria y narradora chilena (n. 1942), aunque nacida en Perú mientras su padre era diplomático, desempeñó tareas relacionadas con el cine y la televisión en Caracas, Venezuela, donde buscó asilo político a la caída de su tío el presidente Salvador Allende, derrocado por el golpe militar del general Pinochet. Su primera novela, *La casa de los espíritus* (1982), escrita en el exilio, la elevó a la fama a poco de publicada y la convirtió en una de las novelistas hispanoamericanas más leídas de los últimos años. La obra versa sobre la historia de una familia de la clase media del país andino, a lo largo de tres generaciones, y culmina en los turbulentos tiempos de la represión militar. La reconstrucción generacional de la familia se presenta como motivada por unos cuadernos privados de una niña, Clara, que tenía dotes de clarividente, presagiaba el futuro y conocía las intenciones de las gentes.

En otra novela, *El plan infinito* (1991), despliega la vida protagónica de Gregory Reeves, hijo de un excéntrico doctor en ciencias divinias, que crece en un barrio pobre de Los Ángeles, ejerce toda clase de oficios con el apoyo incondicional de Carmen Morales, quienes deben luchar en un ambiente de prejuicios raciales en la década de los '60, entre *hippies,* liberación sexual, pandillismo y choques sociales. El estilo de Isabel Allende es personalísimo, debido quizás a sus experiencias periodísticas, desbordante de frases ingeniosas, memorias personales, comparaciones y sentencias. En las innumerables entrevistas que se le han realizado, ha dado muestras de una espiritualidad desprejuiciada, independiente, honesta y separada de todo convencionalismo social.

Rosario Castellanos

Mexicana (1925–1974), ha cultivado con igual solvencia varios géneros, pero debe su fama a la poesía y a la narrativa. Su obra está esencialmente identificada con la realidad de Chiapas, de cuyo pueblo, historias, paisajes y personajes ha tomado motivos de inspiración. Los cuentos de *Ciudad Real* (1960), antiguo nombre de la ciudad de San Cristóbal de las Casas, translucen su experiencia personal como antropóloga y etnóloga avecindada en la región chiapaneca, un mundo de indígenas y de ladinos, agitados por turbiones de injusticias, fanatismos, supersticiones y sencillez psíquica. Dos de sus novelas, *Balún-Canán* (1957) y *Oficio de tinieblas* (1962), marcan la cumbre de su obra narrativa. En la primera ("Nueve estrellas"), anterior denominación de Comitán en el estado de Chiapas, la heterogénea población es convulsionada por el choque entre blancos y nativos, los primeros en procura del mantenimiento de sus propiedades y privilegios, y los segundos en sigilosa insurrección. Un tumultuoso mundo humano, de intensas voluntades, se mueve en las páginas: un maestro implicado en la rebelión, un desteñido médico rural, una bruja curandera, una tullida, gobernantes burócratas, vendedores ambulantes, sirvientes y amos. Sin embargo, la novela no es una propaganda ideológica sino una visión dolorida y caritativa de ese olvidado universo humano. Con cautelosa precaución trata el conflicto racial entre poderosos y humildes, pronunciándose en contra de todo racismo.

Elena Poniatowska

Nacida en Francia en 1933 aunque radicada en México desde temprana edad, practica la técnica del *collage* periodístico, moderna versión literaria de un procedimiento de las artes visuales, consistente en encolar fragmentos y sucesos de distintas procedencias en una misma obra, como puede observarse en *La noche de Tlatelolco* (1971), donde da testimonios de actores y testigos, acompañados de fotografías y artículos periodísticos, de la rebelión estudiantil y obrera de octubre de 1968 en la ciudad de México. *Lilus Kikus* (1954) es un breve libro protagonizado por una niña que cree en las brujas y hace preguntas difíciles en su inocencia.

Una valiosa contribución de Poniatowska a las letras mexicanas contemporáneas es su novela *Hasta no verte Jesús mío* (1969), en la que introduce con originalidad un nuevo "tipo" dentro de la literatura nacional, Jesusa Palancares, que relata en primera persona su portentosa vida dentro de la vulgaridad social, en su condición de mujer de pueblo, sin instrucción, empleada doméstica, combatiente en la Revolución, feligresa de una Obra Espiritual, valiente y sacrificada, que se somete a los dictados del destino sin quejarse, convencida de tener videncias. Jesusa, como personaje, puede situarse al lado de las grandes creaciones de la literatura azteca, el Periquillo Sarniento, Pito Pérez, Demetrio Macías y algunos más.

Ángeles Mastretta

Mexicana (n. 1949), graduada en ciencias de la comunicación, sorprendió al público con una novela, *Arráncame la vida* (1985), en la que narra con minucioso desenfado los amores íntimos de una joven poblana, Catalina, con un viudo general, Andrés Ascencio, aspirante al poder político de Puebla. Mastretta sorbresale en las descripciones internas de los personajes, todos desenmascarados en sus más ocultos y perversos pensamientos.

El ensayo

El ensayo constituye un género muy cultivado en las letras hispanoamericanas desde los tiempos de la Colonia.

En la actualidad la situación ha cambiado: hay menos ensayistas de valor literario, y en cierto sentido ha sido sustituida esa especie por libros o tratados especializados en determinadas disciplinas. Tres líneas podrían distinguirse en este aspecto: los narradores o poetas que escribieron ensayos en determinadas circunstancias (Borges, Mallea, Alfonso Reyes, Martínez Estrada, Uslar Pietri, etc.); los ensayistas que combinaron el género con la historia literaria (Henríquez Ureña, Mariano Picón Salas, Enrique Anderson Imbert, Luis Alberto Sánchez, Félix Lizaso, Jorge Mañach, José A. Portuondo); y en tercer término, los "pensadores" que adoptaron la forma ensayística para sus ideas filosóficas, sociológicas o de naturaleza similar (Leopoldo Zea, Samuel Ramos, Francisco Romero).

De manera común, todos o casi todos se han preocupado por la "americanización" de su pensamiento, separándose de esta manera de la línea filosófica tradicional de Europa, más preocupada por la metafísica teórica y especulativa, la *philosopia perennis*. Curiosamente, la materia religiosa no ha sido prácticamente cultivada y se ha tratado más bien sobre lo histórico o lo descriptivo.

José Vasconcelos

Fue uno de los escritores más leídos en su época y se lo consideró como un maestro de la juventud (1882–1959). Intervino en la política, llegó a ser ministro de educación de su país, México, y posteriormente candidato a presidente, aunque salió derrotado en las elecciones.

Dio un gran desarrollo a la enseñanza, estimuló el movimiento pictórico de los grandes muralistas de su país y convirtió a México en un centro cultural de Iberoamérica en su época. Su pensamiento básico puede resumirse así: respeto a la raíz hispánica; rectificación de prácticas y prejuicios dañosos en la vida iberoamericana; cristianismo íntimo, de amor y gracia, con poca teología; una filosofía no lógica sino inspirada en las verdades inefables. Pero la parte más espectacular de su pensamiento consiste en su teoría de una quinta raza humana, de tradición hispánica e indígena lograda por el mestizaje.

En el continente americano se habrán de fundir —según Vasconcelos—, étnica y espiritualmente, las gentes de otras cuatro razas (amarilla, roja, blanca y negra), sin predominio ni supremacía de ninguna de ellas, para lo cual es necesario que los iberoamericanos se compenetren de su misión y la acepten como una mística.

Esta raza tendrá su sede en una tierra de promisión, en las zonas cálidas y tropicales, que comprenden hoy al Brasil, Venezuela, Colombia, Ecuador, parte de Perú y de Bolivia, y el norte de Argentina. No excluirá a ninguna otra raza, pero deberá comprobar con sus obras que es la más apta de consumar empresas extraordinarias, por estar formada por la fusión de varias razas. Su tipo físico y espiritual será superior a todos los que han existido.

Para cumplir el destino que tiene asignado, esta nueva raza deberá inspirar todas sus obras en el amor y en la belleza, porque si falla en ello, se verá suplantada por otras. Esta obra principal del ensayista mexicano se titula *La raza cósmica* (1925) y refleja su confianza optimista en la evolución social de la humanidad.

Alfonso Reyes

El mexicano Alfonso Reyes (1889–1959) está considerado el humanista más completo de Iberoamérica en el siglo XX. Es el sucesor directo de Andrés Bello, por su amplia erudición, su consagración a los asuntos humanísticos y su preferencia por la literatura. Estudió filología en el Centro de Estudios Históricos de Madrid, bajo la dirección del erudito Ramón Menéndez Pidal, el destacado filólogo y hombre de letras. Fue director de El Colegio de México, y fue propuesto en 1956 para el Premio Nobel. Ocupó varios cargos diplomáticos y fue doctor *honoris causa* de varias universidades, entre ellas Tulane, Harvard y Princeton.

La obra de Alfonso Reyes corona la larga serie de humanistas hispanoamericanos iniciada por Bello en cuanto a la literatura y la lengua, sin descuidar por eso otros ángulos de la cultura en general. Sus admiradores lo llamaron "mexicano universal" por su amplia visión de los hechos y la repercusión de sus obras. Su estilo se caracterizó por la limpieza del vocabulario, la corrección de su sintaxis y la transparencia de los pensamientos incluidos. En el campo literario estricto, son conocidas sus piezas *La experiencia literaria* (1942) y *El deslinde* (1944), aparte de sus estudios sueltos sobre clásicos de la lengua castellana. *Visión de Anáhuac* (1917) es una recreación poética e imaginativa del paisaje y la civilización indígena.

Especial recuerdo merece su famoso discurso de 1936 en la VII Convención del Instituto Internacional de Cooperación Intelectual, titulado *Notas sobre la inteligencia americana,* en el que además de analizar y criticar la indiferencia extranjera por lo americano y lo latino, resalta la fatalidad de haber nacido en una sucursal del mundo, un orbe de segunda clase, según sus expresiones. Proclamó, entonces, "la hora de la inteligencia americana".

Arturo Uslar Pietri

Es el ensayista venezolano (n. 1906) más conocido en el exterior. Su nombre se registra tanto en el ensayo como en la novela *Las lanzas coloradas* (1931), un clásico de las letras. En *Letras y hombres de Venezuela* (1948) pasa revista a las grandes figuras del país. Uno de sus buenos trabajos ensayísticos es *En busca del Nuevo Mundo* (1969), que incluye estudios sobre personajes de la cultura y sobre la historia del continente.

Germán Arciniegas

En Colombia sobresale la obra de Germán Arciniegas (n. 1900), más conocido por su libro *América, Tierra Firme* (1937), una colección de breves bocetos en los que se sobrepone a lo meramente histórico del tema y convierte a los hechos referidos en espléndidas estampas de la vida hispánica en América. Su volumen *El continente de los siete colores* (1965) es una atractiva y muy documentada historia de la civilización de Hispanoamérica.

Ezequiel Martínez Estrada

Argentino por nacimiento y formación (1895–1964), levantó en su momento encontradas polémicas por su *Radiografía de la Pampa* (1933), el libro más despiadado escrito contra el país, producto quizás de su temperamento cáustico y sus ideas políticas. Pese a ello, la obra se reedita continuamente por la sutileza de sus hallazgos y la amenidad de su prosa. En *La cabeza de Goliat* (1940) enfrenta el tema de la megalópolis que es Buenos Aires y reedita los antiguos asuntos del puerto y el campo, tan constantemente discutidos por los habitantes de esa nación. Su obra en dos volúmenes, *Muerte y transfiguración de Martín Fierro* (1948), al lado de *El payador* del modernista Leopoldo Lugones, son los clásicos inexcusables en el estudio de la cultura gauchesca o "civilización del cuero", en el decir de Martínez Estrada.

Otros ensayistas

Hispanoamérica es un universo cultural donde la prosa de ideas ha interesado en todo momento. Al lado de los citados ensayistas, habría que mencionar a Mariano Picón Salas (Venezuela, n. 1901), Ricardo Rojas (Argentina, 1882–1957), Pedro Henríquez Ureña (Santo Domingo, 1884–1946), Leopoldo Zea (México, n. 1912), José Ingenieros (Argentina, 1877–1925) y muchos más.

La lengua española en América

El español de Hispanoamérica tiene, según los países y regiones, algunas leves diferencias con el castellano de España. Son modalidades que no alteran el fondo de la lengua. Se las denomina según el diccionario de la Real Academia Española de la Lengua, mexicanismos (*recámara* por *dormitorio*); argentinismos (*saco* por *chaqueta*); venezolanismos (*catire* por *rubio*), y así análogamente en los demás casos. Pero como en cada país o región esas modalidades son diferentes, su sistematización general es prácticamente imposible. Básicamente, los fenómenos diferenciales han sido:

Indigenización: elementos del náhuatl, maya, quechua, aimara, guaraní, araucano, arahuaco, etc., notables principalmente en la pronunciación de algunos sonidos, pero sobre todo, en el léxico.

Andalucismo: el español que hablaban los españoles que vinieron a América era ya en su tiempo algo diferente del hablado en Castilla. Se sostiene, aunque sin unanimidad entre los lingüistas, que el español que vino a América era el del sur de España, particularmente andaluz (el *seseo,* por ejemplo).

El español de América ha sufrido la influencia de lenguas extranjeras (*barbarismos o extranjerismos*) en su fonética, su morfología, su sintaxis y su vocabulario, sobre todo del inglés (*estándar* de *standard*), del francés (*buró*) y del italiano (*concierto*).

Las diferencias fonéticas principales con el español peninsular son el *seseo* o pronunciación indiferenciada entre la *c, s* y *z* (*casa, caza; zona, sopa; cedo, seto*), y el *yeísmo* o pronunciación igual de la *y* y la *ll* (*llego, yema*).

En Argentina, Uruguay, algunas zonas altas del Perú y Centroamérica se emplea el pronombre *vos* en lugar de *tú,* con formas verbales anómalas (*vos tenés, vos decís*), en el tratamiento familiar y amistoso.

En Hispanoamérica se usan los pronombres *usted* y *ustedes,* en vez de *vosotros,* en el trato formal (*¿Cómo está usted?, Ustedes pueden venir*).

El idioma no deja por eso de ser castellano, pues un castellano único no existe en ninguna parte, ni siquiera en España. Toda lengua está sometida a un natural proceso de diferenciación, geográfica e histórica, según las regiones y el tiempo. Más aún, varía también dentro de un mismo país de región a región, de ciudad a ciudad y aún de distrito a distrito, aparte de variar también según los distintos grupos sociales y culturales que la hablan o escriben.

Tampoco hay un castellano mejor que otro: hay sólo idiomas diferenciados, que tienen desde el punto de vista lingüístico igual valor uno como otro. Se dice que el castellano hablado en una región es más o menos puro, en relación con el castellano hablado en Castilla, España.

La Real Academia Española reconoce por supuesto que el fenómeno lingüístico es así. Pero acepta y registra como válidas las alteraciones cuando no son de grado tan extremo que modifiquen la naturaleza de la lengua.

Las academias nacionales de la lengua

La Real Academia Española es una institución con sede en España, fundada en 1714 por los reyes Borbones, a imitación de la Academia Francesa, con el objeto de velar por la pureza y la conservación de la lengua. Su lema es: "Limpia, fija y da esplendor". Está constituida por un grupo limitado y escogido de escritores y eruditos, que ocupan sus sillones en forma vitalicia.

La Academia viene editando desde 1780 un *Diccionario de la lengua española*, de uso indispensable como guía idiomática, que registra todas las palabras aceptadas del idioma. Este diccionario contiene los vocablos usados no sólo en España, sino en todo el orbe lingüístico hispánico. Cada tanto aparecen nuevas ediciones de dicho diccionario, que actualizan permanentemente la información. A fines del 2000 se encontraba en preparacion la vigésimosegunda edición.

Otra publicación de la Academia es su *Gramática de la lengua española,* donde expone el sistema lingüístico de la lengua, válido en todo el orbe hispánico. La ultima edición, aparecida en 1994, fue redactada por el académico Emilio Alarcos Llorach, e introduce modificaciones a la tradicional. En 1999 la citada corporación dio a conocer su *Ortografía de la lengua española,* que incluye importantes modificaciones en la materia (topónimos, nuevos símbolos, abreviaturas y siglas, acentuación, uso de las mayúsculas, etc.).

La Academia Española tiene relación con las academias de los países hispánicos, que periódicamente realizan congresos internacionales donde se discuten temas referentes a la lengua común.

En algunos momentos de la historia cultural de Hispanoamérica ciertos escritores y especialistas han propugnado la constitución de un "idioma nacional", de fondo español, pero independiente de la gramática y el diccionario codificados por la Real Academia Española.

El criterio más aceptado por los lingüistas, gramáticos, profesores y escritores, es que si bien cada país debe tener la libertad de expresarse a través de su propio lenguaje regional, esto debe hacerse dentro de ciertas normas de corrección, y sin romper la unidad idiomática de las naciones, por las grandes ventajas que representa esta vasta comunidad lingüística.

Las lenguas indígenas

En Hispanoamérica sobreviven poblaciones e individuos que continúan hablando algunas primitivas lenguas aborígenes. No se sabe cuántas lenguas encontraron los españoles al llegar.

El *náhuatl* lo hablan en el valle de México un millón aproximadamente de personas de ascendencia indígena. Los lingüistas indigenistas se han preocupado por salvaguardar sus restos, entre ellos el especialista Ángel María Garibay K. (*Panorama literario de los pueblos nahuas*), a través de la tradición escrita en español. Como los primitivos no tenían escritura en el significado actual de la palabra y escribían mediante signos ideográficos, se ha recurrido a la lengua oral de labios de los nativos.

Del *maya* hablado se cultivan más de veinte variantes en las zonas de Yucatán, sudeste de México y Guatemala. Se registran unos dos millones de hablantes.

Se considera que el *quechua,* antigua lengua de los incas peruanos, es practicado actualmente por unos veinte millones de indígenas, desde el sur del Ecuador hasta el noroeste de la Argentina. En el Perú está reconocida como lengua social y se la enseña en algunas escuelas.

El *aimara* lo habla en el Altiplano de Bolivia y Perú medio millón de indios.

El *guaraní* es usado como lengua de comunicación y aun literaria en el Paraguay y partes de Brasil y Argentina. En el Paraguay se lo reconoce como segunda lengua oficial y se la enseña en las escuelas.

El *mapuche,* actual remanente del antiguo *araucano,* lo hablan todavía en parte de Chile y la Argentina varias comunidades indígenas.

Lenguas de frontera

En ciertas zonas fronterizas de diferentes hablas se produce un fenómeno lingüístico de contagio y asimilación de algunos rasgos idiomáticos. El más difundido de todos ellos es el denominado *spanglish* (español e inglés), cada vez más utilizado en círculos familiares y populares. El *spanglish* se caracteriza por préstamos semánticos,[5] calcos sintácticos,[6] la alternancia de lenguas,[7] etc.

En la zona boscosa limítrofe entre Argentina y Paraguay, algunas personas se comunican en *portuñol,* mezcla de portugués y español.

Por supuesto, estas contaminaciones lingüísticas no son socialmente aceptadas fuera de su propio ámbito.

Temas de expresión oral o escrita

1. ¿Qué caracteriza a la poesía posmodernista en Hispanoamérica?
2. ¿Qué temas y tonos son los preferidos por Gabriela Mistral?
3. ¿En qué consistió el ultraísmo?
4. ¿Qué es el realismo mágico en prosa?
5. ¿De qué manera se distingue la novela *El Señor Presidente*?
6. Caracterizar los cuentos de Jorge Luis Borges.
7. Para Eduardo Mallea existen dos Argentinas, la visible y la invisible. ¿Qué diferencia encuentra el autor entre una y otra?
8. Explicar el concepto de "muerte mexicana" expuesto por el mexicano Octavio Paz.
9. ¿En qué consistió el *boom* de la narrativa hispanoamericana?
10. Caracterizar la narrativa de Gabriel García Márquez, particularmente su novela *Cien años de soledad.*
11. Seleccione un autor de su preferencia y coméntelo.
12. Comentar una película cinematográfica basada en alguna de las novelas de fines del siglo.
13. Exponer sus ideas sobre la supervivencia de alguna lengua indígena en Hispanoamérica.
14. ¿Qué función cumple en el orbe hispánico la Real Academia de la Lengua?

---

[5]**préstamo semántico** palabra tomada del inglés y equivocadamente castellanizada (*troca* por *camión; lonchear* por *almorzar*)   [6]**calco sintáctico** imitación de la construcción sintáctica inglesa (*hacer un examen* por *tomar un examen; tomarlo suavemente* por *tomárselo con calma*)   [7]**alternancia de lenguas** uso alternativo de los dos idiomas en una misma enunciación (*Sometimes my father* me dice eso.)

Temas de discusión

1. ¿Cuál es a su criterio la mejor novela hispanoamericana que usted ha leído? Dar las razones.

2. Debatir: "Ha dicho Bernard Shaw que Inglaterra y los Estados Unidos están separados por la lengua común. Yo no sé si puede afirmarse lo mismo de España e Hispanoamérica" (Angel Rosenblat, *El castellano de España y el castellano de América*). ¿Qué opina usted al respecto?

3. ¿Considera beneficioso para el mundo cultural la aparición del *spanglish*? Fundamentar la opinión.

4. Escuchar un noticiero de televisión en español emitido en los Estados Unidos y evaluar el castellano empleado por el locutor o locutora.

Temas de investigación

1. Elabore una lista de préstamos semánticos incorrectos del inglés al español.
2. Buscar y registrar vocablos de procedencia indígena en la lengua española.
3. Hacer una lista lo más amplia posible de hispanismos incorporados en la lengua inglesa.

Cuadro sinóptico de la literatura hispanoamericana

	Movimiento	Géneros	Autores representativos
Siglo XVI	LITERATURA COLONIAL	Crónica e historia Épica Teatro	Díaz del Castillo, Cortés. Cronistas, historiadores, anticuarios. Ercilla. González de Eslava.
Siglos XVII y XVIII	BARROCO Y GONGORISMO	Poesía Prosa Teatro	Sor Juana Inés de la Cruz. Inca Garcilaso de la Vega, Juan de Caviedes. Juan Ruiz de Alarcón.
Siglo XIX (h. 1830)	PERÍODO DE LA INDEPENDENCIA: NEOCLASICISMO E ILUSTRACIÓN	Poesía Prosa revolucionaria Novela	Olmedo, Heredia, Bello. Teresa de Mier, Sigüenza y Góngora. Lizardi.
	ROMANTICISMO (1er período)	Poesía Liter. gauchesca Novela	Echeverría, Mármol. Hernández. Mármol. Mera.
	ROMANTICISMO (2do período)	Poesía Novela y cuento Ensayo Prosa	Acuña, Andrade, Zorrilla de San Martín. Palma, Blest Gana, Altamirano, Isaacs. Montalvo, Sierra, Hostos. Sarmiento.
Siglo XX	REALISMO Y NATURALISMO	Novela y cuento Teatro	Realistas: Lillo, Carrasquilla. Naturalistas: Cambeceres, Gamboa. Florencio Sánchez. Sainete rioplatense.
	MODERNISMO	Poesía Novela y cuento Ensayo	Gutiérrez Nájera, Martí, Darío, Silva, Lugones, Nervo, Chocano, Herrera y Reissig. Larreta. Rodó, Vasconcelos, Blanco Fombona.
	REGIONALISMO CRIOLLISTA	Novela y cuento	Rivera, Güiraldes, Quiroga, Gallegos, Ciro Alegría. Realismo mágico: Asturias, Carpentier. Grupo de Guayaquil: de la Cuadra, Aguilera Malta. Novela Revol. Mexicana: Azuela, Guzmán, López y Fuentes, Romero.
	POESÍA CONTEMPORÁNEA	Ultraísmo Creacionismo Estridentismo "Contemporáneos" Independientes Poesía negra Antipoesía	Borges. Huidobro. Maples Arce. Pellicer, Gorostiza, Villaurrutia, Novo. Vallejo, Mistral, Neruda, López Velarde, Paz. Guillén, Palés Matos. Nicanor Parra.
	NUEVA NARRATIVA	Independientes El "boom" Nueva generación	Borges, Mallea, Carpentier, Onetti, Sábato, Lezama Lima. García Márquez, Cortázar, Rulfo, Vargas Llosa, Fuentes, Roa Bastos, Donoso, Arreola. Cabrera Infante, Puig, Bryce Echenique, Sarduy, Benedetti.
	ENSAYO		Henríquez Ureña, Reyes, Uslar Pietri, Picón Salas, Arciniegas, Rojas, Martínez Estrada, Leopoldo Zea.
	TEATRO		Eichelbaum, Nalé Roxlo, Usigli, Gorostiza.

CAPÍTULO 13

Las artes, el teatro,
el cine y la comunicación

La modernidad cultural

A través de la historia el artista iberoamericano ha revelado una particularidad creativa en las letras y las artes. Es temerario, sin embargo, suponer que la única posibilidad productiva radique en esas áreas. Toda creación espiritual se genera dentro de una determinada circunstancia del autor.

En materia de artes contemporáneas, Iberoamérica sobresale en pintura y arquitectura, y algo menos en otras áreas. Desde el siglo XIX hasta el actual, repitió con mayor o menor excelencia los ejemplos europeos. Fue entonces un arte de imitación técnica. Recoger o clasificar los movimientos artísticos ocurridos en Iberoamérica y aun en Europa es tarea casi inalcanzable debido a la multiplicidad de fenómenos ocurridos, la interrelación frecuente entre escuelas, la independencia creativa de los artistas, y la intrincada maraña[1] de temas, estilos, recursos técnicos, materiales, combinación de unas artes con otras, influencias o imitaciones de los plásticos, y finalmente, la denominación regional que determinados grupos de artistas se adjudican a sí mismos. Estas limitaciones son comprobables con facilidad en las historias del arte disponibles.

---

[1]**maraña** enredo, red complicada

Agrupar a los artistas y sus obras por su origen nacional es un error, porque una escuela artística, el cubismo o el arte abstracto, por ejemplo, no implica de ninguna manera una expresión de un determinado segmento planetario, sino la manifestación, en esa nación, de un artista individual, cuya caracterización geográfica poco o nada tiene que ver con su arte y personalidad. Esto equivaldría a dividir la plástica europea en polaca o suiza, lo cual resultaría un absurdo cultural. Lo posible y razonable, en tal caso, es tomar las figuras artísticas más relevantes, estudiarlas en su individualidad y encuadrarlas en un marco nacional convencional.

La controversia de la identidad

En las letras y en las artes los artistas iberoamericanos se han planteado a través de los siglos el problema de la identidad. Se entiende por identidad en el mundo cultural al conjunto de elementos propios de un pueblo o nación que lo distinguen de los demás. El tema puede reducirse a esta pregunta: ¿Qué es lo iberoamericano en la cultura? En una pluralidad de naciones, con razas, etnias, historias, tradiciones, costumbres y lenguas aborígenes diferentes, el asunto se convierte en un problema. Los escritores, artistas y pensadores han debatido la cuestión sin llegar a una coincidencia de criterios, en especial porque el mestizaje ha producido una mezcla en que los diversos factores se combinan entre sí y hacen muy problemático decidir si la personalidad de Iberoamérica consiste en lo indígena, lo hispánico, lo europeo importado, lo popular y folclórico o lo culto elitista.

La controversia, suscitada desde los tiempos coloniales (el Inca Garcilaso de la Vega, Sor Juana Inés de la Cruz y Fray Bartolomé de las Casa entre otros), se ha complicado con el advenimiento de la modernidad en sus variadas expresiones y con las reivindicaciones nacionales de cada país a favor de su desarrollo. Ser iberoamericano no es exactamente idéntico a ser brasileño o mexicano o boliviano. Ser argentino porteñista es algo diferente a ser mestizo provinciano, y ser mestizo norteño (con influencias quechuas) no es lo mismo que ser patagónico (con resabios araucanos). ¿En qué consiste entonces la identidad de una nación o pueblo? ¿Lo argentino es lo indígena, lo gauchesco, lo porteño de Buenos Aires o lo europeo?

Cuando las culturas entran en contacto el artista se encuentra frente a dos, tres o cuatro subculturas dentro de su propio país y dentro del mundo, y debe optar por alguna de las tradiciones disponibles, por una mezcla heterogénea, por la universalización o por la creación de una nueva, original y personal. Cualquiera sea la respuesta que se quiera dar a estas debatidas cuestiones, lo seguro es que en todas las opciones se han producido obras maestras.

La controversia en el plano cultural se presenta entonces en términos de tradición y modernidad, de lo rural y lo urbano, de lo popular y lo aristocrático. Manifestaciones de estas oposiciones se presentan a cada paso en la literatura, el teatro, la música, la arquitectura y escultura, la pintura, y a fines del siglo XX en las ciencias, la tecnología y las comunicaciones.

Las respuestas de los artistas e intelectuales pueden contarse por centenas. Para algunos, el arte latinoamericano no es lo suficientemente original como para pretender un lugar propio en el mundo contemporáneo y todo lo debería al modelo europeo y más recientemente al norteamericano. Se encontraría a mitad de camino entre un pasado remoto y un presente indefinido. La proporción de los elementos indígenas es variable en la historia y en los artistas, sin llegar a constituir un fundamento sólido. Latinoamérica constituye un claro ejemplo de transculturación en la que se mezclan una multiplicidad de culturas.

Según otros, esta opinión se origina en un malentendido europeo, que no es capaz de apreciar ni el innegable valor de la arquitectura, la escultura y la orfebrería aborígenes, el barroquismo arquitectural del período hispánico, el muralismo mexicano de Diego Rivera, José Clemente Orozco y David Alfaro Siqueiros, el modernismo y la revolución artística de los brasileños desde la famosa Semana de Arte Moderno de San Pablo (1922), la sorprendente arquitectura de la ciudad de Brasilia, ni las menos divulgadas pero importantes innovaciones y revueltas artísticas de Buenos Aires en procura de un estilo original. En esta incomprensión radicaría en definitiva la subestimación del arte latinoamericano.

En la controversia, cada uno de los contendientes tiene su parte de razón. Es cierto que las artes latinoamericanas están fuertemente ligadas a su indiscutible tradición, pero también lo es que el sur y el norte, el mundo viejo y el mundo moderno han aportado su cuota de inspiración y técnicas.

La pintura

El impresionismo

La pintura moderna comienza con el impresionismo en Europa. El pintor impresionista se distingue porque aborda temas del mundo externo y, sobre todo, porque pone el énfasis en los fenómenos luminosos y atmosféricos. En esta escuela cuyo principal promotor es el francés Claude Monet (1840–1926), el artista no se preocupa tanto por el objeto en sí, sino que lo reduce a la impresión que el mismo produce en la retina del observador. Este efecto visual se produce cuando la figura aparece cambiante e imprecisa por efecto de la luminosidad y la atmósfera que la rodean. Los artistas recurren a los colores puros para traducir los fenómenos luminosos: los colores cálidos para las partes iluminadas y los colores fríos para las sombras.

Según este criterio, aplican las leyes de complementaridad de los colores, por la cual el rojo y el verde, el naranja y el azul, el amarillo y el violeta, contrastan cuando se ponen uno al lado del otro, de manera que en el ojo del observador producen un efecto peculiar. A veces el color no es plano, y se compone de puntos o bastones pequeños que a la distancia se ven como un color solo, mezcla de ellos.

El cubismo

Entre los movimientos anteriores a 1914 han ejercido particular influencia en los artistas iberoamericanos el cubismo y el expresionismo.

La fecha de 1908 se considera capital en el triunfo de estos movimientos europeos. El cubismo se caracteriza por despreciar sobre todo la forma con que se presentan los objetos en la naturaleza, para lo cual los geometriza, esto es, les otorga formas encuadradas en elementos cúbicos o análogos, de formas rectas, y los integra en una composición que no se construye de acuerdo con las normas antiguas: no hay más línea de horizonte, los trazos del cuadro no convergen hacia un punto de vista único, las figuras en vez de separarse para poder ser vistas con distinción se agrupan y se amontonan unas con otras, o se escalonan o se superponen. Un mismo rostro aparece con sus elementos vistos desde distintos ángulos, el follaje de un árbol se confunde con el tronco, las casas no muestran más aberturas ni puertas, y así otras combinaciones, de manera que no hay fondo en los paisajes y desaparece de las telas la profundidad construida por el Renacimiento. Georges Braque (1882–1963), francés, está considerado como el promotor del cubismo, junto al español Pablo Picasso (1881–1973). En la evolución de la pintura, cada uno de los maestros adoptará su estilo personal.

El expresionismo

El expresionismo de origen germánico ha contribuido también en gran medida a conformar el nuevo arte. En Francia encontró adherentes, Georges Rouault (1871–1958), entre ellos. La nómina de expresionistas famosos incluye a pintores de diversas naciones, cada uno de los cuales tiene su particularidad, y aun dentro de ellas, diversas maneras sucesivas de estilo por la evolución de su estética. Al expresionismo se deben, sin precisar nombres, algunas innovaciones: ausencia de sensualidad en los temas, rostros deformados y estúpidos, con gestos de amargura, cabezas macizas y al mismo tiempo grotescas y feroces, con más animalidad que humanidad, cuerpos fláccidos o entumecidos, colores sin vehemencia, más bien mezclas de gris azulado o rojos blanquecinos, a menudo ligeros y transparentes. Son obras con entes[2] ruinosos, decaídos, triviales, aunque sin llegar a la vulgaridad.

Futurismo y dadaísmo

Antes de 1940 se registraron un futurismo y un dadaísmo, que dejaron también sus marcas en las letras del primer tercio del siglo. Los futuristas propugnaron un arte heroico, glorificando la guerra como la "única higiene del mundo" y llevando soldados, máquinas y objetos cotidianos de la civilización a sus telas. Los dadaístas, por su lado, encabezados en lo literario por el escritor rumano Tristan Tzara, a partir de su cuartel general en Suiza, apuntaron su espíritu agresivo contra las mentiras civilizadas, contra la ciencia y la técnica: se burlaron de la razón, ridiculizaron el maquinismo, y curiosamente denigraron la pintura y toda distinción entre el arte y las cosas normales de la vida. Fue la glorificación del absurdo.

El surrealismo

El surrealismo fue el más influyente de los movimientos y tomó caracteres de escuela con el célebre *Manifiesto* publicado en 1924 por André Breton. En ese documento el

---

[2]**ente** ser, objeto, persona

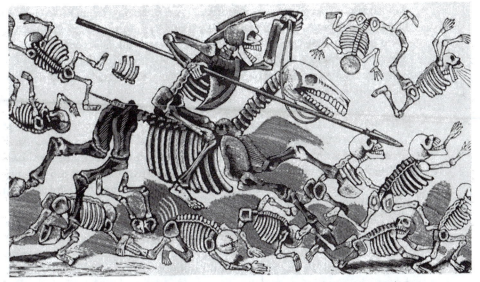

Calaveras *Don Quijote y Sancho Panza* de José Guadalupe Posada (1851–1913). La muerte como imagen y tema folclórico está presente en toda Latinoamérica, pero en forma insistente de calavera sólo en México. En México "calavera" se usa como equivalente de "esqueleto".

autor lo define como un "automatismo psíquico por el cual una persona se propone expresar, sea verbalmente, sea por escrito, sea de cualquier otra manera, el funcionamiento real del pensamiento, excluyendo completamente la intervención de la razón". El creador debe amar los estados hipnóticos,[3] la alucinación, lo insólito, lo enigmático; concebir construcciones imaginarias, complicadas y absurdas; componer lo extraño con figuras de la realidad, incluso obras metafísicas, en forma disparatada si es necesario, de manera que una imagen nueva sea una reunión de elementos sorpresiva.

Se unen a estos conceptos estéticos nuevas modalidades técnicas, cualquiera sea, con tal de que constituyan una imagen novedosa. Se pintan visiones que surgen en el inconsciente, deseos y obsesiones reprimidos, árboles calcinados, ciudades petrificadas, hordas amenazantes y un sinfín de ocurrencias personales.

Para simplificar el panorama a través de un caso particular, se puede citar al pintor español Salvador Dalí (1904–1989), que triunfa mundialmente con sus deformaciones corporales, monstruosidades, paisajes desolados y escenas de pesadilla, en una ruptura total con todo lo académico. El espíritu surrealista ha sido claramente identificado, en Iberoamérica, en las obras del pintor cubano Wifredo Lam.

El arte abstracto

Hasta aquí, cualquiera sea el movimiento estudiado, la pintura ha representado, en mil y una maneras según cada autor, la realidad existente, veraz, exagerada, geometrizada,

---

[3]**hipnótico** propio de los sueños

deformada o como se quiera, pero toda esta pintura ha tomado lo real como motivo. Ha puesto la mirada en la persona, su paisaje y sus escenas. Debido a esta razón tales movimientos se denominan *arte figurativo,* en oposición al *arte no figurativo,* o *arte abstracto,* que empieza a afirmarse a partir de 1940 aproximadamente en Occidente. Se produce entonces el tránsito de la figuración a la no figuración. En lo sucesivo, el artista dejará de referirse al mundo exterior.

En el arte abstracto, el artista procura por todos los medios deslindar[4] sus temas de lo externo. Este proceso se logra por medio de la abstracción, vale decir, de la reducción del estado de inspiración a una figura no observable en la vida. El abstraccionismo toma ímpetus a partir de los años '50, y continúa en nuestros días, lo que no implica que este movimiento ha reemplazado o sustituido en todo tiempo y en todo lugar a los artistas figurativos, quienes prosiguen cada uno por su lado la orientación de su talento.

Uno de los primeros pasos para lograr lo no representativo fue la geometrización, en virtud de la cual el autor crea figuras o combinaciones de líneas, colores y formas semejantes a las geométricas, para lograr un efecto sorpresivo en el observador, sin explicación realista alguna. El argentino Emilio Pettorutti (1895–1971) ha empleado la abstracción geométrica en algunos momentos de su historia artística.

La abstracción geométrica ocupó una posición fundamental a mediados de siglo XX. Poco a poco dio lugar a la *abstracción lírica* que en forma global es el arte informal, hecho a base de manchas.

Otras derivaciones posteriores fueron la *pintura matérica,*[5] en la que además de los colores se agregaron al cuadro otros elementos exóticos, como pedazos de telas, maderas pegadas, metales, etc.; la *action painting,* que se caracteriza porque el cuadro se reduce a la espontánea aplicación a la tela de barridos o goteos de pintura, sin plan previo, de modo que el espectador no ve elemento figurativo alguno; el *espacialismo* con sus cuadros perforados o cortados; el *pop art* que incluye en los cuadros elementos de la sociedad de consumo, latas de cerveza, corchos, etc.

Los muralistas mexicanos

El muralismo mexicano nació con la revolución de 1910 y llegó a constituir con el tiempo el movimiento artístico más original de la pintura iberoamericana del siglo XX, en el sentir de los especialistas.

Su origen se remonta a la iniciativa cultural de un artista que acababa de regresar de Europa, imbuido de las maravillas plásticas de ese continente. Adoptó un seudónimo artístico, Dr. Atl, que en lengua náhuatl significa "agua", en sustitución de su nombre originario (Gerardo Murillo).

Inventó el "atl-color", a base de una mezcla de cera, resina y petróleo; realizó una exposición exitosa de sus cuadros, días antes del estallido dirigido por Madero; sacó al conocimiento público el Centro Artístico y difundió sus anhelos nacionalistas.

---

[4]**deslindar** separar   [5]**matérica** de los materiales

Para ese entonces, el filósofo Vasconcelos, secretario de educación de la nación, solicitó a Diego Rivera que pintara los muros del claustro de la Escuela Nacional Preparatoria, volcando en ellos la voluntad mexicana de construir un nuevo arte opuesto al tradicional. Casi simultáneamente, el pintor Siqueiros redactó una *Declaración social, política y estética* en conjunto con otros artistas, en la que expresaban el rechazo de la pintura de caballete y cualquier otra inspiración o manifestación aristocrática e intelectual.

Las bases del movimiento muralista eran, sintéticamente expuestas, un realismo sin ninguna concesión a lo imaginativo o poético: personajes pobres, explotados y desgarrados, escenas trágicas y dolorosas, técnicas al alcance de la comprensión del público y libertad absoluta para los artistas. Siqueiros, que había conocido a Rivera en París, comienza su gigantesca tarea de pintar muros acompañando a su amigo. En distintos edificios se pintan murales con infatigable ardor. El movimiento se relacionó con el marxismo a través de Siqueiros, quien participó en Barcelona en actos proselitistas y, en algún momento, conoció la cárcel. Sus disensiones con Rivera datan de esos años.

Diego Rivera

El movimiento logró su máxima expresión en tres conductores: Diego Rivera (1887–1957), David Alfaro Siqueiros (1898–1949) y José Clemente Orozco (1883–1949), geniales quizás los tres, pero diferentes en sus temas, inspiración y estilos.

Rivera, pintor detallista y colorista, es académico y el más conservador de la trilogía. Antes de pintar, efectuaba meticulosos estudios históricos sobre los asuntos, y los entregaba en los muros al conocimiento del público, sin dejar prácticamente detalle alguno fuera de la comprensión de todos. Puede comparárselo a un historiador por sus imágenes, un divulgador popular de la vida de su patria. Se ha dicho que el mundo indígena-colonial por él representado es dialéctico en el sentido de que los buenos son siempre los indios, y los malos, los españoles. Suyos son murales del Palacio Nacional de la Ciudad de México, que le llevaron años de labor. Cultivó también la pintura de caballete, hizo algunos intentos escultóricos con piedra y azulejos y participó en la decoración de la Ciudad Universitaria. Es famoso su fresco *Tianguis en Tenochtitlán*.

David Alfaro Siqueiros

El pintor era conocido entre sus amigos con el apodo de "El Coronelazo", porque había ascendido a ese grado militar en la Guerra Civil Española. Psicológicamente, era el más exaltado de los tres, y bastante comprometido con sus ideas políticas, que deja translucir en sus obras. Era un ortodoxo[6] político, que vivía en la búsqueda incansable de nuevos materiales, técnicas e instrumental idóneo, y en ciertas circunstancias, contradictorio. Dejó inconclusos varios de sus enormes murales, algunos de los cuales han desaparecido. Su pintura de caballete es inferior a la mural.

---

[6]**ortodoxo** conforme al dogma, a los principios

Su técnica se caracteriza por el gigantismo de sus murales, la delineación precisa de las figuras y objetos, los colores fuertes y contrastados, los múltiples puntos de vista desde los que son vistos los objetos en las escenas, el recurso a la emocionalidad primaria, y el horror que le producen las escenas violentas, de muerte, tortura y guerra que pinta. En definitiva, un mundo de cruel realismo y fantasmagoría. En los círculos plásticos internacionales, se lo considera el gran renovador de la pintura-mural contemporánea.

José Clemente Orozco

En opinión de casi todos los críticos es el exponente más universal de la plástica mexicana contemporánea. Es acaso el más iconoclasta[7] de los tres, capaz de destruir una obra propia una vez terminada si no le satisfacía. Respetó las drásticas consignas del *Manifiesto,* y en cada obra suya late su ideal revolucionario. Su arte puede diferenciarse a simple vista de los anteriores. A la serenidad y escrupulosidad narrativa de Rivera, y a la ideología impetuosa de Siqueiros, Orozco opone una visión apocalíptica del mundo, casi de tono profético, fatalista en cierto aspecto, pero siempre apasionada y violenta.

Unió el arcaísmo mexicanista a un lenguaje exagerado y deformado, creando una perspectiva simbólica del porvenir, cargado de patetismo y angustia. "No importan las equivocaciones ni las exageraciones. Lo que vale es el valor de pensar en voz alta", explicaba a un amigo. Estudió en la Academia Nacional de Bellas Artes de la Ciudad de México, absorbido por preocupaciones civiles y políticas, y mostró su inigualado genio en la Exposición de Pintura Mexicana que el Dr. Atl organizó en las galerías de esa escuela con motivo de los festejos del Centenario de la Independencia en 1910. Colaboró junto a Rivera y Siqueiros en la pintura de los famosos frescos de la Escuela Nacional Preparatoria, hizo pintura de caballete y dibujos, mientras proseguía con el muralismo. Expuso en París, en Estados Unidos y otros sitios. Su primer fresco en el país del norte lo hizo en 1930 para el Pomona College de Claremont (*Prometeo*).

Viajó por Inglaterra, España, Francia e Italia en misión de estudios. A su regreso, pintó el mural para el Palacio de Bellas Artes (*Katharsis*) y otras instituciones gubernamentales. Con el curso del tiempo hizo más patente su visión prometeica del hombre —rasgo característico de Orozco—, en obras como *Cristo destruyendo la cruz* y *La lucha del hombre contra la naturaleza.*

La observación analítica de las obras de Orozco permite descifrar de inmediato su pesimismo natural: al hombre no le queda otra alternativa que luchar contra el propio destino, y ese destino termina siempre en la opresión humana. Rechazó la idea de que el artista deba expresar convicciones políticas. Su obra, entonces, saca a la vista las contradicciones de la historia y su odio contra el poder, la burocracia, los tribunales, la pobreza, desgracias en las cuales todo el mundo está complicado.

Como siempre ocurre, los juicios sobre su arte no coinciden unánimemente, si bien nadie le ha negado grandeza y originalidad.

---

[7]**iconoclasta** destructor, que no respeta los valores aceptados

Los grandes pintores

Con los elementos mencionados, es posible enfrentar el estudio a grandes trazos de la pintura iberoamericana contemporánea. Las notas características comunes a los autores y grupos son dos: a) la independencia de un movimiento único en todo el continente, de modo que cada pintor ha tomado su camino propio sin aceptar las limitaciones de una estética grupal, ni siquiera dentro de cada país; b) la asimilación, en variada medida y con las adaptaciones necesarias en cada caso, de las tendencias de vanguardia, a partir, aproximadamente, de los años '20, una vez debilitado el movimiento original de los muralistas mexicanos.

La pintura argentina y uruguaya, exenta de compromisos históricos de raza, culturas aborígenes o connivencias políticas, se distingue desde sus comienzos por su adhesión a las grandes corrientes del arte occidental.

La presentación de los artistas considerados más talentosos y representativos en este libro no implica una conjunción o asociación entre ellos, sino una mera intención didáctica.

Pedro Figari (1861–1938)

En Iberoamérica surgen algunos pintores impresionistas a principios de siglo, entre ellos, el franco-argentino Fernando Fader, que estudió en Europa y aplicó la técnica de los impresionistas alemanes. En la misma línea, podrían mencionarse otros pintores. Pero aquel que más fama alcanzó fue el uruguayo Pedro Figari, cuyas obras representan escenas de la vida criolla rioplatense. Figari fue un curioso ejemplar de artista que cultivó al mismo tiempo la abogacía, la política y la enseñanza, y que, según refiere la tradición, comenzó a pintar después de cumplidos los cincuenta años. El tratamiento de sus temas es rudo, primitivo e ingenuo, mezcla de lo grotesco y lo refinado. Pero este primitivismo, ese estado de inocencia con que parecía pintar, fue el producto de una honda meditación sobre su oficio.

Emilio Pettorutti (1895–1971)

Se inscribe en la línea cubista, geometriza con rigor sus composiciones y se destaca por su paleta de vivo cromatismo. Sus figuras se concentran en planos aplastados que se superponen unos con otros para producir un efecto de desmaterialización de la realidad y una impresión de relieve al ojo. Sus colores pasan de una extrema claridad a una penumbra aterciopelada. Emplea superficies lisas, nítidas, conjugadas en armonía y con delicadeza.

Pettorutti había residido y trabajado durante muchos años en Italia, y había cultivado la relación con Juan Gris, promotor del cubismo sintético, y con los futuristas italianos. En Florencia, Italia, cuando inauguró su primera exposición individual, los expertos lo tomaron por futurista. Se dedicó con constancia al arte abstracto, lo profundizó y logró crear un mundo de notable geometrismo, que le ha valido una segura posición internacional.

Raúl Soldi (1905–1994)

Aunque utiliza también la fantasía para crear sus cuadros, se refugia en un mundo de ensueño empleando figuras o escenas en actitudes emocionales serenas y simbólicas. El ingrediente emocional de sus temas, la ausencia de abstraccionismo, la delicadeza de su paleta y la placidez de sus telas, lo separan con nitidez de su grupo generacional, y lo han convertido en un artista de gran interés público. En síntesis, su evasión de la realidad no se hace a expensas de la no figuración, sino del tratamiento de las figuras y las escenas, sostenidas por un delicado y atrayente colorido.

Joaquín Torres García (1874–1949)

Es el plástico uruguayo que, a la par de su connacional del siglo anterior, Juan Manuel Blanes, ha llevado el nombre de su país a un nivel de repercusión internacional. Su figura es clave en la pintura contemporánea de Iberoamérica. Después de una exitosa carrera en Europa, entre la cual se cita la fundación de una revista en francés (*Cercle et Carré*) y la organización de una exposición internacional de artistas abstractos en París, en la que participan Kandinsky, Léger, Le Corbusier, entre otros, regresa a Montevideo, su ciudad natal, y se dedica a una sistemática búsqueda entre la pintura y la representación de la realidad, distinta de las conocidas. Crea así su teoría del *universalismo constructivo* o *constructivismo,* analiza concienzudamente el arte americano antiguo e inventa un lenguaje pictórico novedoso que le granjea fama internacional. Básicamente transpone la naturaleza en un cuadro sin perspectiva, con figuras yuxtapuestas en un solo plano como mosaico, de colores planos, sin claroscuros, con dibujos esquemáticos y simbólicos. De su forma de pintar se ha dicho que es un arte de regla y compás.

José Sabogal (1888–1956)

Es el más reputado representante de una línea "indigenista" que, en Perú, se propuso combinar lo estético con lo social, un arte propio fundado en la realidad humana del país, y rescatar al nativo del olvido y la injusticia. Este grupo corría paralelo a la literatura en boga en ese país, de profunda raigambre indigenista (el grupo Amauta, José Mariátegui, González Prada, José María Arguedas). Este indigenismo, promovido y estimulado desde la Escuela de Bellas Artes, consiguió seguidores en varios países hispanoamericanos, en especial, en Ecuador y Bolivia.

Osvaldo Guayasamín (1918–1999)

Es un pintor ecuatoriano que funde el indigenismo con el expresionismo, con gran fuerza pictórica y un tremendo patetismo de sus figuras humanas. Puede emparentársel o con la herencia del muralismo mexicano, en especial de Orozco, por su fuerza conceptual, la rotundidad de las formas, la exageración de rostros y gestos, en otras palabras, por el patetismo indígena envuelto en recursos del expresionismo moderno. En su país y en el extranjero, se han generado polémicas por esta simbiosis y la velada dependencia de Picasso.

Jesús Soto (n. 1923)

Venezolano, es un artista óptico, que trata de perfeccionar las abstracciones inventadas hasta ahora con la impresión del movimiento. Debe entenderse su arte como una liberación completa del arte figurativo. Logra sus efectos procurando un espacio multidimensional mediante movimientos no mecánicos, sino visuales, ópticos, para lo cual emplea un universo de cuerpos geométricos superpuestos sobre fondos estriados. De gran repercusión internacional, sus obras ocupan un lugar destacado en los museos.

Fernando Botero (n. 1932)

De origen colombiano, es otro ejemplo de pintor y escultor excepcional. Es celebrado por su concepción del ser humano y la realidad satírica, que representa a través de sus personajes gordos y burlescos. Proveniente del legado del arte popular, enfoca a las personas con estilo sarcástico por medio de las enormes cabezas que les adjudica y la gordura de sus cuerpos, aparte de las posturas y gestos convencionales que les otorga, para provocar elegantemente la burla y quizás la compasión del espectador. Sus obras son altamente cotizadas en la actualidad por coleccionistas y museos.

Rufino Tamayo (1899–1991)

Mexicano, amigo y coparticipante de las ideas de los muralistas, buscó un estilo propio en la pintura de su país y se internó por los caminos del surrealismo, con la intención de lograr una vía más universal que la historicista y realista. Se le advierte una psicología de angustia mexicana, que busca expresar de manera no regionalista ni tradicional. Abrumado por su opinión de que lo típico mexicano debe arraigar en los hombres, su sufrimiento y la tierra, cree descubrir esta esencialidad en la intelectualización de esos temas, despojándolos de lo anecdótico y típico. Por eso, como de algún escritor famoso de su país, se ha llegado a decir que es "el más universal" de los pintores mexicanos.

Su manera de expresarse es inconfundible y, en distintas etapas de su evolución, recurre al cambio de colores, de formas, y descubre un estilo propio, pero cuyo fondo oculto es siempre el ser humano.

Frida Kahlo (1907–1954)

Mexicana, hija de padre alemán de origen húngaro y de madre mestiza, sufrió un ataque de poliomielitis desde temprana edad, resultó muy herida en un accidente de tránsito en un viaje a Coyoacán, y conoció a Diego Rivera cuando éste pintaba los murales del auditorio de la Escuela Nacional Preparatoria de la ciudad de México, con quien se casaría más tarde en 1930. Vivió tres años en Nueva York y Detroit. Albergó a Trotski en su casa de Coyoacán, la cual fue convertida en museo años después. Frida Kahlo fue la primera mujer latinoamericana que se pintó a sí misma sin prejuicios. En sus cuadros, expuso lo interior y lo exterior de la mujer. La crítica considera a su obra total como uno de los monumentos plásticos más intensamente humanos de la pintura latinoamericana. Fue una mujer hermosa que manifestaba su fuerte personalidad en todo lo que hacía. En sus piezas, aparece vestida con prendas y joyas regionales, como una encarnación del espíritu nacional.

Roberto Matta (n. 1911)

De origen chileno es, como Wifredo Lam (cubano), un caso de pintor entregado a los recursos surrealistas. Llegó a su país y se dedicó a la tarea de crear una obra pictórica desligada de toda carga precolombina, africana o asiática; introdujo técnicas y formas no practicadas hasta entonces, para trasuntar el espacio, la energía universal, la luz, con prescindencia de toda figura natural. Se ha dicho de él que, de todos los pintores hispanoamericanos de nuestros tiempos, es el más obsesionado por lograr una expresión plástica radicalmente diferente de cualquier otra, tomando como temas de sus obras el espacio puro, en un caos equilibrado de luz, como tendido en el vacío. Mereció reconocimiento internacional, participó en la creación de la Escuela de Nueva York y volvió a radicarse en Francia. Entre sus hallazgos, se cuentan la manera de pintar el infinito, la ausencia total de seres y objetos, lo cósmico en estado de pureza.

Wifredo Lam (1902–1982)

De origen cubano, proviene del surrealismo y representa una de las figuras más sorprendentes en estas latitudes. Radicado varios años en España, se identificó con las ideas de André Breton y luego con las de Picasso, y aparece vinculado también a la herencia afrocubana. La crítica ha detectado en sus cuadros resabios de religiones fetichistas y animistas, y una influencia de la selva.

Los mercados de arte

Las obras de los pintores latinoamericanos están presentes en los principales museos y galerías del mundo, y han ingresado con éxito en los mercados comerciales. La mayoría de los grandes plásticos han estudiado o residido en Europa y en los Estados Unidos; han realizado exposiciones individuales o colectivas, y han comenzado a subastarse por los *marchands*[8] más prestigiosos. La diversidad de tendencias y estilos se hace evidente en las muestras y ventas. Se menciona, por ejemplo, la exposición itinerante "Artistas latinoamericanos del siglo XX" que ha recorrido las grandes capitales europeas y americanas.

Las firmas más cotizadas suelen ser las de Diego Rivera y Rufino Tamayo, aunque en las últimas subastas se han rematado en grandes sumas las de Wifredo Lam y Fernando Botero, y del sur, las del uruguayo Torres García. Una revista especializada comentaba en 1991 que, en Sotheby's de Nueva York, la pieza *Valle de México,* de José María Velasco, fue vendida en 2.400.000 dólares, y por un Botero se pagaron 1.045.000 en la misma ocasión.

---

[8]**marchand** (Fr.) comerciante, vendedor

A fines de siglo XX, podía asegurarse que el talento artístico de numerosos artistas competía sin desventajas en el mundo occidental, y que se despertaba una nueva conciencia sin prejuicios.

La arquitectura

La arquitectura iberoamericana ha logrado en el siglo XX sus más bellas expresiones en las grandes construcciones públicas, con algunas características propias en todas ellas.

En primer lugar, debe señalarse que el criterio inicial ha sido, comúnmente, el nacionalismo arquitectónico, es decir, construir las obras que signifiquen la aplicación de una conciencia artística lo más representativa posible del espíritu americano o regional.

Una segunda nota distintiva ha consistido en procurar un arte donde se complementen en armonía la belleza con la funcionalidad, en forma tal, que esta aspiración constante hacia la perfección resuelva, simultáneamente, las finalidades concretas perseguidas.

Otra nota común de los arquitectos ha sido la grandiosidad de las construcciones, de modo que su magnificencia se convierta en un factor de asombro y estímulo para el pueblo, que por una vía fiscal u otra debe aportar los recursos financieros requeridos.

Una última condición, no menos importante, ha sido la de integrar la edificación en un paisaje natural acogedor y estimulante, lo más amplio y abierto posible, que facilite una perspectiva visual complementaria, como si fuera un componente más de la construcción.

Otras facetas que podrían agregarse ya no pertenecen únicamente al talento o voluntad de los creadores, sino a las imposiciones reales de las circunstancias: empleo de materiales regionales; adaptación a las condiciones naturales de la temperatura y luminosidad; acceso vial; posibilidades financieras. Pero, sobre todo, una importantísima desde el punto de vista creativo: la colaboración de arquitectos, decoradores y técnicos de otras partes del mundo, europeos y norteamericanos, cada uno en su peculiaridad descollante, con el objeto de alcanzar el mejor nivel artístico posible. Con decisión, la obra arquitectónica se convierte, en algún grado, en una construcción colectiva, internacionalizada y menos personal.

En síntesis, la arquitectura monumental pública, y también la residencial privada, configuran en un edificio la fusión de lo estético con lo técnico.

No puede afirmarse entonces que en este tipo de construcciones haya operado una determinada escuela o modalidad, ni que su arte esté basado en la inspiración de un artista único, sino de muchos. Los grandes maestros de la arquitectura internacional, Le Corbusier, van der Rohe, Gropius, Frank Lloyd Wright y algunos más, han participado con ideas, diseños y hasta con su actividad personal en muchísimas de esas obras, sin dejar una marca estrictamente propia en algunas de ellas.

Wright, el más famoso arquitecto internacional, fundó su escuela arquitectural sobre la base de que la forma y los detalles debían confluir en un acuerdo natural. Su arquitectura consideraba el sitio, la región, la estructura y los materiales, y evitaba toda reminiscencia histórica. A partir del plan y las características espaciales del tema, cada edificio debía tener externamente una forma escultural.

El alemán Walter Gropius concibió de otra manera la obra arquitectónica: el objeto de la arquitectura como arte visual es crear un completo espacio homogéneo y físico, dentro del cual todas las artes tengan su lugar; arquitectos, escultores, proveedores de materiales, artesanos y pintores deben estar familiarizados con las técnicas y fines de la construcción para resolver los problemas que cada obra implica, incluso los industriales, el empleo de metales, ladrillos, cemento, vidrios y todo otro material compatible con el objetivo fijado.

El franco-suizo Le Corbusier dio a la arquitectura genéricamente denominada "estilo internacional" nuevos fundamentos. Prestó especial atención a los problemas de vivienda y modelos urbanos, y su participación fue muy solicitada en construcciones de esta naturaleza. En sus años de mayor prestigio, se inspiró en el cubismo pictórico, que lo llevó a las formas geométricas, un juego de paralelepípedos espaciales gobernados por planos horizontales.

México y Sudamérica recogieron valiosas contribuciones de estos arquitectos internacionales, que rompieron sus lazos con los restos de la arquitectura española, portuguesa y francesa para lanzarse a las innovaciones de la nueva arquitectura. Le Corbusier influyó notablemente en el arquitecto brasileño Oscar Niemeyer, constructor del edificio del Ministerio de Educación de Río de Janeiro, lo mismo que en Lucio Costa y su equipo para la construcción de la nueva capital Brasilia. En México, se interpreta que tuvo también influencia en Juan O'Gorman y otros en la edificación de la monumental Ciudad Universitaria, caso repetido en el venezolano Carlos Raúl Villanueva, responsable de la Ciudad Universitaria de Caracas.

Ludwig Mies van der Rohe constituyó con Wright, Le Corbusier y Gropius el núcleo más destacado de la moderna arquitectura. La contribución de van der Rohe, que juntó su experiencia de albañil y de arquitecto, consistió en la tendencia a la elegancia y el ordenamiento preciso de la obra, y en el empleo conveniente del ladrillo, acero, vidrio y cemento, hábilmente dispuestos, en la edificación de casas de departamentos, grandes edificios de oficinas y fábricas. Culminó con el empleo de grandes planos de mármol decorados con columnas de acero cromado, de general aceptación.

Con estos ejemplos y una voluntad de innovación y combinación propias, los arquitectos iberoamericanos se embarcaron con firmeza en originales proyectos. Por todas las principales ciudades del continente, sobre todo en las capitales, puede el visitante encontrarse con construcciones bellas, funcionales y monumentales, edificios de oficinas, sedes universitarias, complejos habitacionales, iglesias, estadios deportivos, y hasta residencias privadas, que despiertan admiración y dan muestra fehaciente del talento de los nuevos arquitectos.

Las ciudades universitarias

Un buen ejemplo de esta línea constructiva lo ofrecen las ciudades universitarias de México y de Caracas. La Universidad de México, que costó unos 50 millones de dólares y reunió el talento de 156 arquitectos, pintores, escultores y muralistas mexicanos, funde insólitamente sustratos indígenas con los más audaces avances de la arquitectura moderna, en una extensión de varias hectáreas. Es una obra en la que perduran, contrariamente a la de Caracas, tres elementos: la integración de las artes, la persistencia de los ornamentos decorativos y la amplitud de los espacios abiertos. Está considerada como un caso original en la arquitectura hispanoamericana, compuesto de tres áreas: una propiamente académica, otra de recreación y deportes y una tercera residencial.

El llamativo edificio destinado a biblioteca, lo más original de la obra, está cubierto con mosaicos por los cuatro lados, ejecutado por el arquitecto O'Gorman. En el conjunto, se pueden apreciar murales de Siqueiros y de Diego Rivera, y otras decoraciones de distintos materiales. La construcción de la obra duró tres años en su parte principal. Los arquitectos trabajaron con libertad, a partir de un plan primario, razón por la cual los edificios responden a diferentes estilos, el nuevo internacional y el indigenista, sin quebrar la perspectiva unitaria del conjunto, impresionante a la vista, sobre todo, por el "toltequismo" de sus murales y adornos, y la amplitud de sus enormes muros y frontones. En la actualidad, se consideran superadas ya en México estas experiencias reivindicatorias de lo antiguo, y gran número de arquitectos se han incorporado decididamente en la internacionalización de numerosas construcciones.

La Universidad de Caracas no tiene resabios indios y todo es modernidad e innovación allí. Está considerada como la expresión más importante de la arquitectura venezolana contemporánea, y en ella se invirtieron sumas cuantiosas de origen gubernamental. El responsable del plan de la ciudad fue el arquitecto Carlos Raúl Villanueva (1900–1975), educado profesionalmente en París. Se afincó en Venezuela en 1929, consagrándose enteramente a crear una escuela venezolana de arquitectura y a colaborar en la solución de los problemas urbanísticos que creaban la rápida expansión de la ciudad y la consiguiente afluencia de poblaciones marginales. La planificación tiene una plaza central, de la cual irradia el resto. Se destacan en ella la Piscina Olímpica, el Estadio Olímpico, el Museo, la Biblioteca, la Plaza Central y, sobre todo, su afamada Aula Magna, de peculiar concepción, con techo y móviles de colores vivos, realizados por Calder. Es una obra que condensa el pensamiento esencial del arte de Villanueva: la integración en una misma unidad de todas las artes visuales.

Otras edificaciones

Este idealismo constructivo, consistente en considerar a la arquitectura al mismo tiempo como una obra técnica y estética conciliadas, tiene también aplicación en otros tipos de obras, especialmente, en edificios de oficinas, grandes hoteles, aeropuertos, estadios deportivos, monumentos conmemorativos, cines, torres habitacionales, teatros, iglesias, bibliotecas públicas, museos, etcétera. Casi no hay capital ni ciudad importante que no cuente con ejemplares constructivos internacionalizados.

Alfred Métraux, antropólogo de la UNESCO, ha puntualizado al respecto que "la región latinoamericana se afirma como tierra nueva aunque sea antigua". En las ciudades, a diferencia de las europeas, que se han conservado casi intactas en varios países, el reciente urbanismo ha suscitado problemas, como el de ampliar y embellecer el monótono trazado de la parte central mediante la suntuosidad de los edificios públicos y la abundancia de plazas y parques.

Cada ciudad tiene motivos particulares de orgullo, contrastantes con la pobreza de los tugurios[9] marginales, la precariedad de los servicios, la estrechez de las calles y otras carencias. Métraux ha observado que "en Caracas, en Río de Janeiro o en México, el viajero venido de Europa se siente verdaderamente en tierra extraña, porque en medio de esos audaces rascacielos tiene la sensación de verse transportado fuera del tiempo y el espacio que le corresponden". La arquitectura del Río de la Plata y Chile se encuentran en otra situación. Buenos Aires, por ejemplo, sede de prestigiosos arquitectos, se ha preocupado poco por lograr audacias y un estilo determinado, y se ha acomodado a los requerimientos de la situación. Más bien se ha dedicado a los interiores con buen gusto, con sobriedad de materiales, aprovechamiento de los pocos y reducidos espacios disponibles en las zonas centrales o distritos, o al reciclamiento[10] de los fastuosos edificios levantados en tiempos de la prosperidad económica.

La escultura

La escultura iberoamericana no se ha sustraído a las dos tendencias primordiales de la arquitectura y de la pintura: el indigenismo figurativo y el internacionalismo abstracto. Por su condición, la escultura está sometida a presiones exteriores que, de alguna manera la arrastran a contingencias insuperables. De modo general, se dice que la escultura de los países atlánticos, Venezuela, Uruguay y Argentina, mira a Europa ante todo, mientras que los países de la cuenca del Pacífico, de gran tradición indígena, no se han podido liberar totalmente de su historicismo indigenista. Esta afirmación parece dèmasiado rotunda para ser tomada categóricamente, dado que existen en ambos costas escultores comprometidos en una u otra línea.

También circula en ciertos ambientes artísticos la opinión de que la escultura es la hermana pobre de la arquitectura y de la pintura. En verdad, en cualquier país latinoamericano por lo menos el número de escultores es netamente inferior al de los pintores.

Pesan asi mismo sobre la escultura la falta de adquirentes interesados, sea por la carencia de recursos financieros de los gobiernos para encargar obras de gran envergadura, sea por la reducción de espacio físico para instalarlas, con excepción, claro está, de las piezas pequeñas. Gran parte de obras producidas por los escultores permanecen inéditas. Algunos artistas se han orientado hacia la monumentalidad de la escultura arquitectural, en lugares donde el patrocinio oficial estaba asegurado. Otros, por el contrario, han encauzado su arte con vistas al patrocinio privado o comercial. Este último tipo de mecenazgo indirecto es muy reciente en la América Latina, en la que, hace unas pocas décadas, han pasado las obras a adornar edificios de construcción civil o a interesar a las casas subastadoras.

Una gran figura de la escultura moderna es el peruano Joaquín Roca Rey (n. 1923), seleccionado en varias oportunidades para obras significativas, como el friso *Al prisionero político desconocido* en Panamá, que complementa un monumento histórico

---

[9]**tugurio** conjunto de casas pobres   [10]**reciclamiento** refacción y modernización

con quince grandes figuras dispuestas en un coro danzante a ambos lados de un prisionero atado. Roca Rey ha orientado desde un comienzo su estilo hacia el internacionalismo, sin preocuparse por alegatos indigenistas. Últimamente ha volcado sus técnicas hacia el uso de metales: acero, bronce y aluminio. Aparentemente simples, sus figuras humanas se manifiestan en actitudes de movimiento dentro de espacios libres y descongestionados, con particular elegancia. El ejemplo de Roca Rey ha servido, por su modernidad y talento, a jóvenes escultores de esta época.

En Argentina, a mediados del siglo XX, había imperado un academicismo clasicista, hasta la aparición de Rogelio Yrurtia (1879–1950), que, desde su historicismo estatuario, pasó a inspirarse en el francés Auguste Rodin, y a realizar numerosas obras para plazas públicas, como su monumental bronce *Canto al trabajo*.

Insistir en los nombres de tantos escultores que trabajan en Latinoamérica sería agobiante. Bastaría con decir que prácticamente no hay movimiento europeo o norteamericano que no se haya tenido en cuenta, y por otra parte, que el informalismo experimental está presente en todo país: móviles,[11] arte cinético,[12] tótems, formas liberadas de significación, abstracciones rítmicas, máquinas estéticas, diseños industriales, terracotas policromadas, fundiciones y todo cuanto la imaginación pueda concebir.

En apoyo de esta actividad, así como de la pintura, deberían recordarse los nombres de instituciones, oficiales y privadas, dedicadas a la formación de los nuevos artistas y a la presentación de sus productos culturales. No hay país, por pequeño que sea, que no tenga más de una institución del género.

Una encuesta llevada a cabo en Toronto por el Consejo Internacional de Museos, con la colaboración de la UNESCO (1969), referida a la opinión del público sobre el arte moderno, permitió recoger algunas impresiones sobre la pintura, que en gran parte pueden aplicarse a la escultura. La prueba reveló que el público no especializado se inclinaba en favor de las obras menos revolucionarias; que las referencias a los problemas sociales les parecen fuera de lugar; que el público prefiere aquellas obras que le resultan entendibles; y que su gusto se orienta hacia las obras que muestran comprensiblemente la realidad más que la subjetividad del autor.

Las tendencias constructivistas parecen perder terreno paulatinamente, así como toda una serie de experimentaciones consistentes en amontonamientos heteróclitos de materiales u objetos conocidos por todos (fotografías, trozos de afiches, *collages,* y cosas por el estilo) que difícilmente pueden considerarse a nivel artístico. Se ha dicho que con la elementalidad de estos recursos se ha producido una inflación de artistas, que en definitiva esconden un culto de lo inédito y un alarde de experimentación. Hay como un cansancio y un desagrado por la acumulación de extravagancias, sumadas a un fenómeno característico de nuestra época: el éxito mercantil.

Por supuesto, estos sucesos no invalidan en modo alguno el genio o el talento de los auténticos artistas creadores. Hay críticos que pronostican un próximo retorno a la figuración, y que la tendencia a lo informal ha comenzado a pasar de moda.

---

[11]**móviles** artefactos artísticos con movimiento, generalmente pendientes de un techo o soporte
[12]**arte cinético** esculturas con partes en movimiento

El Cristo más grande del mundo, o Cristo de la Concordia, de 34,20 metros de altura, sin pedestal, obra del escultor boliviano César Terrazas Pardo, levantado sobre una montaña al lado de la ciudad de Cochabamba, Bolivia. Por su gran monumentalidad, fue construido por partes y armado sobre la montaña, a la que se accede por un camino. Su interior permite la circulación de los visitantes.

El arte popular

Cada pueblo tiene su arte popular que lo expresa parcialmente y, en ciertos casos, lo diferencia de otros. El arte suele clasificarse tradicionalmente en arte mayor y arte menor, y en arte culto y arte popular, denominaciones que se emplean para discernir valores, importancia, esfuerzos requeridos, tiempo de realización, consecuencias culturales y sociales, y alguna otra particularidad.

El arte popular, sin entrar en juicios valorativos, tiene características propias que lo tipifican, de acuerdo con el sentir de los especialistas. Es intencional (cubre una necesidad); individual (elaborado personalmente por un artista); único (no se produce por industrialización); universal (se realiza para toda clase de público); y finalmente, simbólico (expresa sintéticamente una idea más amplia).

Entendido dentro de estas reservas, el arte popular es parte de la cultura de la sociedad en que se cumple. Resume, en algunos aspectos, la conciencia de un pueblo o comunidad y forma parte de la vida artística nacional.

Los riesgos del arte popular moderno son la estereotipia y la industrialización. Para ser considerado válido, un objeto de arte popular no debe ser el resultado de un proceso de industrialización, sino de la mano de obra artesanal, y, si es posible, no haber caído en la serialización o repetición uniforme con el paso de los años.

El artista popular tiene nombre y apellido y elabora productos regionales que la tradición lugareña le ha transmitido, pero lo hace con nivel artístico. Su trabajo es un arte con técnicas, temas y materiales propios, pero hace de su producto un artículo distintivo, personalizado y de nivel estético, como son los de ciertos músicos, por ejemplo. Lo otro es artesanía anónima y popular, y forma parte más bien del quehacer folclórico.

En cada sitio, se elaboran los objetos con los materiales de la zona, hilos, alambres, cuero, barro, metales, fibras vegetales, maderas pintadas o no, y demás. Cuando los españoles y portugueses llegaron al continente, encontraron miles de artesanos individuales o grupos artesanales que conservaban residuos precolombinos de diversa procedencia, adaptados o modificados.

El arte popular comprende una incontable cantidad de especialidades: herrería, orfebrería, tejidos, cerámica, tallas, vidriería, joyería, vestimenta, artículos de uso doméstico o laboral, etcétera. Algunos productos son de origen indígena, y otros, mestizos con aportes hispánicos, europeos y hasta asiáticos.

En Iberoamérica, hay millones de personas dedicadas a este tipo de actividad, y sólo para México se ha calculado que más de un millón de jefes de familia se consagran a ella.

Algunos artesanos han logrado inscribir sus nombres en la historia por su talento de ejecución. De la época colonial queda el nombre del indio Capiscara, por su verdadero nombre Manuel Chili, de la segunda mitad del siglo XVIII, famoso por la pulcritud y belleza de sus piezas de imaginería religiosa en Quito. Perfeccionó sus técnicas y gusto con fuentes españolas e italianas, y trabajó grupos escultóricos e imágenes en madera pintada o con ropaje.

José Guadalupe Posada

Uno de los ejemplos más representativos ha sido el de José Guadalupe Posada (1851–1913), famoso por sus grabados de "calaveras" (designación mexicana de los esqueletos completos), cuyo tema central es la muerte. Sus piezas se caracterizan por el espíritu crítico de la sociedad, ligado a la idea autóctona de la muerte en México. En la mano de Posada, la sátira y la muerte se convierten en una constante incluida en la tradición del país, según la cual la muerte (*la pelona*) no es espantosa en sí, pues al fin y al cabo es la modalidad que la naturaleza ha adoptado para que la vida planetaria continúe. La calavera, en su simbolismo, quizás deba relacionarse con las famosas danzas de la muerte de la cultura medieval europea.

Posada realizó unos 15.000 grabados con buril en láminas de cinc, que luego se clavaban en bases de madera para la impresión. Se inició trabajando en un taller litográfico y se dedicó hasta el fin de sus días a ilustrar canciones, cuentos, dichos populares, plegarias y sucesos sociales. Los editaba su amigo Antonio Vargas Arroyo, y se vendían en la vía pública en forma de hojas volanderas de color, a la manera española. Sus años más fecundos coincidieron con el gobierno de Porfirio Díaz y la revolución de Madero. El artista mexicano ha sido comparado con los grandes maestros europeos

Artista popular de Costa Rica en su taller de trabajo. Las artesanías nacionales actuales constituyen una fuente de trabajo e ingresos para millares de trabajadores. Las obras son de antiguas procedencias locales, pero no folclóricas.

Goya y Daumier. De niño lo conoció Diego Rivera y pintó su retrato en un mural del Palacio Nacional. La línea del dibujo de Posada es fácil, elegante y muy cuidada.

Las artesanías

Cada país tiene sus artesanías propias. Brasil mezcla los elementos portugueses, amerindios y afronegros en *ex votos,*[13] maderas talladas y policromadas, pequeños oratorios transportables, nacimientos o belenes, retablos familiares, tejidos de algodón, y la llamativa *literatura de cordel,* consistente en piezas de literatura popular, impresas en forma de folletos y que se venden colgados de un hilo en las tiendas.

En Argentina, existen auténticos artesanos en la fabricación de todo tipo de enseres de cuero y de metal, cuchillos campestres, cinturones (*rastras*) tachonados de monedas; en Paraguay, los tejidos de finísimas hebras bordadas (*ñandutí*); en Bolivia, toda clase de objetos de platería, lo mismo que en Perú, donde son muy reclamados los retablos triples de madera pintada, los cuadros en relieve, etcétera; en Ecuador, las figuras hechas con migas de pan; en Guatemala los atrayentes vestidos, camisas y blusas femeninas con bordados mayas y de llamativos colores.

Aunque externa al marco de Iberoamérica, es oportuno señalar toda una escuela haitiana de pintura *naïve,* que alcanzó prestigio internacional y se expandió rápida-

---

[13]**ex voto** ofrenda hecha en agradecimiento de algún beneficio o gracia

mente por Estados Unidos, cuyos principales museos adquirieron cuadros de esta procedencia. Iniciada como una artesanía, en la que descollaron una bordadora y luego un telegrafista y peluquero (José Antonio Velázquez), alcanzó a constituirse en una particularidad de Haití, donde se fundó el *Centre d'art* en la capital, por iniciativa de un profesor norteamericano, DeWitt Peters, que abandonó su profesión para convertirse en pintor.

El teatro

El teatro iberoamericano tuvo que esperar hasta al siglo XX para alcanzar niveles aceptables. En los siglos anteriores, había sido por lo general un arte de imitación de los clásicos españoles (Lope de Vega, Calderón de la Barca, Fernández de Moratín), franceses (Racine, Corneille) o italianos (Goldoni, Alfieri, Metastasio). El teatro nacional aparece propiamente hacia fines del siglo XIX y comienzos del XX, aunque no en forma simultánea en todos los países. Hasta entonces había ocupado el papel de cenicienta de las artes escritas y seguido el gusto aristocrático. No obstante, el pueblo común contó con sus espectáculos propios desde los tiempos indígenas, pero sin los beneficios de locales adecuados u oficiales ni la contribución literaria de los escritores mayores.

En una muy general perspectiva, en el siglo XX, pueden distinguirse tres etapas. La primera, realista-costumbrista, va aproximadamente de 1900 a 1930 y lleva a la escena estampas y costumbres propias de cada sociedad, en lenguaje coloquial y tono risueño o burlesco, sin preocupaciones academicistas ni estético-literarias. En las obras se filtraban a veces repercusiones del género chico español (sainetes, zarzuelas, bailes y canciones). En el Río de la Plata, la figura más relevante fue el uruguayo Florencio Sánchez (1875–1910), considerado como uno de los más meritorios dramaturgos de toda Hispanoamérica. No se dejó tentar por el teatro gauchesco tradicional y se refugió en los dramas ciudadanos y del hombre rural. Sus dramas reflejaban clara y sencillamente los conflictos de sus contemporáneos. Fue la "época de oro" del teatro rioplatense. En México, en cambio, las luchas de la Revolución no favorecieron la creatividad de los escritores ni las representaciones públicas.

La segunda etapa corresponde a la posguerra mundial de 1914–1918, y en ella el teatro intenta una evolución universalista. Los autores desisten de las anteriores modalidades regionalistas, rompen las barreras temáticas y se lanzan en busca de nuevos rumbos y técnicas. Corrían los años de 1940–1950 aproximadamente, y el tema nativista, criollista, localista, llegaba a sus estertores finales. Fue una etapa de transformación interesante. Se hablaba de teatro de indagación psicológica, de renovación, de vanguardia, de afirmación nacional y otras calificaciones. El centro de irradiación dramática pasa de Buenos Aires a la ciudad de México, donde se constituyen centros y cenáculos que dan un fuerte impulso a la actividad teatral, con realizaciones efectivas, como las del ministro de educación José Vasconcelos, la creación del Teatro Nacional, la celebración de certámenes de autores nacionales, la formación de numerosos grupos vocacionales y experimentales, el Teatro Ulises y la aparición de cuatro destacados dramaturgos: Rodolfo Usigli (1905–1950), Celestino Gorostiza (1904–1967), Salvador Novo (1904–1974) y Xavier Villaurrutia (1903–1950).

Teatro Colón de Buenos Aires. Inaugurado en 1908, obra monumental para su época, de 43 metros de altura, con 7 pisos y una capacidad para casi 4.000 personas, fue desde su fundación una escuela de arte lírico y coreográfico. En sus comienzos, intervenían conjuntos de ópera de Europa contratados especialmente. Años más tarde, se formaron los directores, músicos y elencos nacionales, y el teatro se convirtió en un centro artístico de gran importancia.

En la Argentina, Samuel Eichelbaum (1894–1967) fue el autor más celebrado de esos años.

El panorama teatral del tercer período es un fenómeno aparte, sin unidad estética, fragmentado, como ocurre con tantas otras manifestaciones culturales.

Surgen, hacia los años 1960–1970, en casi todos los países, los teatros regenteados por productores y artistas que no aceptan subordinar sus talentos a meras consideraciones comerciales o de entretenimiento popular. Ponen en escena obras de consagración internacional (Brecht, Ionesco, Ibsen, Hauptmann, Strindberg, Tennessee Williams, Arthur Miller, Sartre, Camus, Giraudoux, Ugo Betti y otras figuras prominentes), guiados por una auténtica vocación teatral y confiados en una respuesta favorable de los públicos. No logran destruir del todo la abrumadora tradición regionalista, pero levantan la dignidad dramática hasta niveles previamente desconocidos. Aportan al mismo tiempo innovaciones temáticas y técnicas no experimentadas en los escenarios hasta entonces: modernidad y confusión de la conducta humana, conflictos psíquicos no tratados por el teatro tradicional (angustias, desdoblamientos de la personalidad, frustraciones), minúsculos problemas del hombre común de la calle, absurdos de la existencia y tantos otros.

No constituyen formalmente escuelas dramáticas ni contraen compromisos exclusivos. Cada autor busca la innovación y el éxito por un camino personal, conforme a su temperamento artístico y sensibilidad, aplica las técnicas que a su criterio modernizan su arte, acoge el ejemplo de los autores que más admira —en otras palabras, abre su oficio y lo libera de ataduras anteriores. Es así como, desde el norte hasta el sur, no puede hablarse de un teatro único. El teatro latinoamericano se amplía con las expresiones más disímiles del arte: obras históricas, poéticas, psicológicas, de ideas, dramas contemporáneos, farsas, etcétera.

Simultáneamente, los dramaturgos deben competir con el teatro comercial, productor de comedias de entretenimiento y lucrativas, revistas musicales, *shows* donde todo tiene cabida: música, baile, caricaturas, parodias, erotismo y sensualidad, sátira política, imitaciones, adaptaciones, transposiciones, esquicios (*sketchs*), decorados extravagantes o insólitos, superposición de iluminación y sonidos, en otros términos, la transformación de la dramaturgia en espectáculo público y masivo.

El teatro latinoamericano se ha mundializado, ha dado entrada a la denominada "cultura joven" y a la "anticultura", se ha convertido en una experiencia compartida, ha adoptado nuevos lenguajes y modos de expresión, se ha ajustado al gusto promedio y se ha abierto a las multitudes, sin atenerse a norma alguna.

La nómina de autores y obras que podrían incluirse en el teatro de fin de siglo es inmensa. Como autores consagrados a fin de siglo, podrían citarse, a título ilustrativo, el mexicano Emilio Carballido (n. 1925; *Rosalba y los Llaveros*); el argentino Carlos Gorostiza (n. 1920; *El puente*); el peruano Sebastián Salazar Bondy (1924–1965; *No hay isla feliz*); el puertorriqueño René Marqués (n. 1929; *La muerte no entrará en palacio*); el chileno Egon Wolff (n. 1926; *Los invasores*); el argentino Agustín Cuzzani (n. 1924; *Una libra de carne*).

El teatro breve hispanoamericano

Una forma original de teatro se desarrolla en la segunda mitad del siglo XX. Trátase de una variedad que puede asociarse con el entremés clásico español del Siglo de Oro (Cervantes, *El retablo de las maravillas* y otros autores), pieza dramática de un acto de duración. En el teatro contemporáneo suelen denominarse también *petipiezas*.

En Hispanoamérica, tratan asuntos de todo origen: leyendas (Carlos Solórzano, guatemalteco, *Los fantoches*); inquietudes filosóficas (Julio Ortega, peruano, *La campana*); crítica social (Osvaldo Dragún, argentino, *Historia del hombre que se convirtió en perro*); fantasías psíquicas (Elena Garro, mexicana, *La señora en su balcón*); denuncia política (Pablo Antonio Cuadra, nicaragüense, *Por los caminos van los campesinos...*); injusticias sociales (Josefina Pla, paraguaya, *Historia de un número*); sátira de la sociedad (Sebastián Salazar Bondy, peruano, *El fabricante de deudas*).

La realidad representada en el escenario es por lo común un mundo absurdo, caprichoso, mágico, onírico, caótico, adverso o indiferente al hombre, donde todo es posible, incluso la nada.

Emplea recursos escénicos no practicados con anterioridad con el fin de provocar sorpresa: personajes muñecos o genéricos sin caracteres particulares, una moribunda en su lecho que recuerda el pasado, un tren rojo con locomotora amarilla sin tiempo ni lugar explicados, mínimo número de actores que cumplen dos o más papeles, reducción de la trama a un solo incidente, escenas simultáneas en distintas partes del escenario, lenguaje libre, sin limitación alguna (chabacano, regional, rural, urbano, onomatopéyico, corporal), en suma, un arte abierta a toda ocurrencia, producida por profesionales de la dramaturgia.

Este *teatro breve* se ha convertido en uno de los más brillantes exponentes del arte dramático del siglo pasado, competidor del teatro tradicional.

El cine

El cine latinoamericano tuvo sus comienzos hacia 1920, con débiles ensayos en Argentina y México. Los directores buscaron fuentes de inspiración en personajes de la historia (la Revolución Mexicana, las luchas de la Independencia), aunque su proyección principal se centró en la vida ranchera mexicana o gauchesca argentina, al modo del *western*. Se produjeron sobre esos temas iniciales obras de cierto interés local, que pronto entraron en la repetición y el convencionalismo, perdiendo así el interés del público frente a las superiores producciones de Hollywood.

Con los años pasó al tema ciudadano tomando como personajes centrales a los cantantes y cómicos típicos nacionales (Cantinflas y María Félix en México, y Carlos Gardel en la Argentina). Por esta vía se elevó la calidad del cine a séptimo arte, sin obtener tampoco resonancia internacional. Paralelamente, se introdujo la película melodramática, sentimental, de gusto popular, en torno a temas domésticos o de amor (*soap opera*), que ha perdurado hasta nuestros días en las series de televisión, y es severamente criticada por los cineastas y artistas de escuela.

A partir de entonces, el cine se volvió dual: manifestó dos personalidades contrapuestas. Para unos el cine debía ser obra estrictamente artística, según el ejemplo de los grandes directores europeos (Eisenstein, Bergman, Fellini, Antonioni); para otros, una industria de divertir y ganar dinero, manejada por quienes viven de esa actividad, los productores. Un tercer grupo intermedio, ejemplarizado por el norteamericano Cecil B. De Mille, se orientó hacia las grandes producciones, como los clásicos *Los diez mandamientos* y *Cleopatra* (1934).

El más importante avance se produjo hacia 1950, en que directores y escritores profesionales se incorporaron a la pantalla. El director español Luis Buñuel hizo algunos de sus mejores filmes en México. El argentino Leopoldo Torre Nilsson adquirió notoriedad y filmó algunas de sus películas en base a guiones escritos por su mujer, la novelista Beatriz Guido. Un poco más adelante, el cine cubano, financiado por el Estado, se inclinó en sus producciones a la propaganda revolucionaria, al tiempo que otros directores tomaron el tema de la disconformidad política y social hacia la década del '80. Entre las mujeres directoras, María Luisa Bemberg (Argentina) conquistó un respetado prestigio nacionalizando sin politizar la pantalla grande (*Camila* y *Yo, la peor de todas*). Otro argentino, Luis Puenzo, obtuvo el premio Óscar a la mejor película extranjera con su filme *La historia oficial*.

El cine latinoamericano se ha mostrado impotente frente al poderío técnico, financiero, comercial, propagandístico y artístico de los productores de Hollywood. Latinoamérica ha intentado en algunas épocas mejorar la calidad de esta arte, pero sobrelleva las desventajas de la competencia internacional, de la profunda naturaleza comercial y capitalista de esta actividad que paulatinamente se aleja del arte para con-

El máximo exponente de la canción porteña, Carlos Gardel, llevó esta música y baile a París primero, y poco después a Broadway, donde filmó varias películas.

vertirse en espectáculo, además de tratarse de un producto grupal en el que se combinan intereses de variada naturaleza. Como en muchos países, la inclinación de un sector del público hacia la televisión, más barata y doméstica, es un conflicto que el tiempo resolverá.

Los espectáculos

Las llamadas "artes del espectáculo" (por darles algún nombre para entendernos) están combinadas, por un lado, con los medios tecnológicos contemporáneos —cine, radio, televisión e informática— y, por otro, con el teatro tradicional y los espectáculos, fiestas y juegos públicos. Los mayas y los aztecas practicaban ya en tiempos precolombinos el juego de la pelota; los españoles introdujeron en América la tauromaquia (*bullfighting*); los mestizos practicaron la riña de gallos (*cockfight*), los rodeos vacunos, los duelos a cuchillo, las carreras de caballos y otras modalidades de entretenimiento social. Los espectáculos deportivos modernos y los recitales de cantantes y conjuntos musicales se inscriben dentro de este ámbito mixto.

Éste es un tema polémico, pues no existe un criterio definitorio para separar el arte del espectáculo. No todo espectáculo es artístico, ni tampoco cada arte requiere, necesariamente, de un espacio público. Existe ya una abundante bibliografía sobre este particular (Marshall McLuhan, Umberto Eco, Gilbert Seldes, Edmund Carpenter, Gino Dorfles, Ernest van den Haag y otros). El problema radica en la diferente

Entre los espectáculos sociales de masa preferidos por gran parte de la sociedad moderna, se cuentan los deportes y recitales musicales al aire libre. Escena de un encuentro de polo en Buenos Aires.

interpretación del arte mismo, que desde la antigüedad no ha sido resuelto. Desde la pesimista definición de Freud de que el arte no es otra cosa que una "gratificación sustitutiva" del alma humana, hasta la contemporánea de Theodor W. Adorno de que gran parte del arte moderno está convertido en una "industria cultural" y el público, en el definidor de la cultura, los puntos de vista son incontables.

Según Dwight MacDonald (*Industria cultural y sociedad de masas*), debería distinguirse entre una cultura superior, una cultura media (*midcult*) y una cultura de masas (*masscult*). Dentro de esta última caerían los cómicos, la música *rock,* los recitales al aire libre y otras especies. Habría que distinguir en cada caso las manifestaciones que aparentan ser cultura, cuando en verdad son adulteraciones engañosas y fraudulentas con fines utilitarios.

En realidad, desde el punto de vista de la antropología, estas expresiones caben dentro del concepto de cultura en cuanto son creaciones del hombre añadidas a la naturaleza. Pero desde un enfoque distinto, filosófico y estético, sólo pueden considerarse como cultura propiamente dicha la filosofía, la teología, el arte, la literatura, la ciencia disciplinas que completan y perfeccionan la condición esencial del ser humano.

La cultura contemporánea, al universalizarse y mundializar el planeta convirtiéndolo en una "aldea global", reduce la importancia de las culturales regionales y las relega a un gueto folclórico de consumo local secundario. Naturalmente, muchos latinoamericanos se resisten a rendirse ante el poder imperial de los centros culturales

Estadio de fútbol. La disputa entre dos equipos contrarios de un objeto redondo o una ave tiene orígenes remotos en la Antigüedad (Egipto, Grecia, Roma y otros pueblos) y estuvo asociado al rito de la fertilidad. El fútbol de Iberoamérica es el denominado *soccer* en los Estados Unidos. Como deporte actual constituye una pasión popular y hasta un motivo de orgullo nacional en algunos países (Brasil, Argentina, Colombia, México), como sucede también en Europa. Los encuentros internacionales han excitado esta pasión entre los partidarios.

globalizados y reclaman un lugar para sus creaciones tradicionales, negándose a convertirse en espacios periféricos. Alegan que el mundo no es un mercado y buscan defender su identidad. El prestigio de una bebida gaseosa, de un cantor de *rock* o de un jugador de beisbol no puede hacerse a expensas de una tradición histórica. En oposición, los internacionalistas en Latinoamérica se desentienden de estas aspiraciones y se incorporan al internacionalismo.

Como consecuencia de esta modificación de los valores, la figura del héroe histórico, artístico o intelectual tiende a ser oscurecida y suplantada por la del futbolista, el músico de guitarra, el cantor o la estrella cinematográfica, con gran riesgo para la identidad de un pueblo. Esta afirmación es válida para todas las naciones iberoamericanas.

La comunicación y la información

La combinación entre cultura y técnica ha creado, en la segunda mitad del siglo XX, un nuevo espacio en la civilización contemporánea, que afecta a todos los pueblos, incluidos, por supuesto, los latinoamericanos. Es un nuevo fenómeno, cuyo eje fundamental radica en la comunicación. En este campo, confluyen los hechos relacionados tanto con las noticias periodísticas como con la publicidad, el arte, la ciencia y las obras de pensamiento.

Comunicarse es entrar en relación con el otro, con otras culturas, y en tal sentido, la comunicación marcha de la mano, en el mundo actual, con la modernización y la urbanización. La historia de la civilización muestra un continuo desplazamiento del campo a la ciudad y de unos pueblos a otros. Pero cuanto más circula un mensaje de un pueblo a otro, más los internacionaliza y les hace perder matices de su identidad, al tiempo que los integra en la cultura mundial.

Los pueblos menos adelantados de la Tierra, entre ellos, la América Latina, se han agregado a este progreso por decisión propia, conscientes de las ventajas de integrarse en el mundo total. Algunos teóricos abrigan, sin embargo, el temor de que las comunicaciones "de masas" acaben por desfigurar la identidad cultural de los pueblos, y la pluralidad de culturas se convierta en una uniformidad general con la pérdida consiguiente de los valores tradicionales.

Por supuesto, este riesgo existe, al lado de otros beneficios. Por ejemplo, un portal de informática con sede en España ofrecía, a fines de 1999, una página de Internet en lengua quechua, hablada aún en Perú, Bolivia y Ecuador, anunciando que ampliaría sus servicios con ediciones similares en Chile, Colombia, Venezuela y Uruguay, y posteriormente, en Argentina, México, Brasil y la comunidad hispana de los Estados Unidos. Dicha empresa afirmaba que, en el primer trimestre de 1999, unos 16 millones de visitantes habían accedido a sus sitios *web*.

La solución del dilema ventajas-beneficios depende del punto de vista de cada latinoamericano. De una manera u otra, reaviva el tan debatido tema de la identidad de cada pueblo. ¿Ganará o perderá valores, personales o nacionales, un peruano de habla quechua con visitar esa página? ¿No podría ser este adelanto tecnológico una nueva vía disponible para que los pueblos latinoamericanos difundan en el mundo sus obras culturales? Sería insensato, por otra parte, negar que los medios de comunicación modernos influyan en el modo de pensar y actuar, y tengan la capacidad de modificar los juicios. Los teóricos de la comunicación reconocen que la forma de percepción ancestral se modifica con el intercambio, pero recomiendan abandonar esos temores, porque un latinoamericano contemporáneo puede apoderarse de imágenes, sonidos y lecturas extraños sin perder su identidad, de igual forma que nuestros padres no la perdieron a su turno cuando el cine, la radio, y anteriormente, el teatro, la música y la pintura, se pusieron delante de sus ojos, oídos y mentes.

El libro

La cultura escrita se encuentra enfrentada en Latinoamérica con la cultura de la imagen y el sonido, como en el resto del mundo. Sin embargo, la difusión del libro en el subcontinente ha aumentado en forma notable en la segunda mitad del siglo XX, en particular desde la aparición del denominado "libro de bolsillo" (*paperback*) que se remonta a 1935, año de la aparición de la colección Penguin en Inglaterra.

La revolución del libro no se define por el tipo de encuadernación, ni el número de ejemplares vendidos ni por el precio de venta. Se define por el contenido. Uno de los principales efectos ha sido la degradación de los contenidos, que ha descendido desde la altura del pensamiento creador y estético a las trivialidades de la cosmética personal, las recetas de cocina, las intimidades de las personas famosas o la crónica policial. A este descenso se ha agregado, en las últimas décadas, la difusión del *best seller* —seudoliterario muchísimas veces— y la irrupción de la imagen atractiva y coloreada, no siempre esclarecedora del texto, sino meramente decorativa. En otras palabras, se ha rebajado el libro tradicional a la categoría de "producto industrial".

Las librerías tradicionales que servían a los letrados están desapareciendo del horizonte cultural ante el avance de los kioscos, supermercados, *drugstores* y otros comercios ajenos al mundo cultural, que han incorporado en sus ofertas al libro del momento. Se ha calculado que, en un país altamente desarrollado el público capaz de leer llega a un 70 o 75 % de la población, y el público letrado no sobrepasa el 3 %. El llamado público culto ha sido superado numéricamente por el público masivo. Como en el caso de la educación, podría evaluarse el fenómeno diciendo que cualquier libro es mejor que ninguno. Para el caso de América Latina, se estima como promedio que se lee un libro por año y por persona —estadísticamente— mientras que, en países europeos de población culta, esa relación se eleva a 10.

Pero el efecto más importante del libro de masas es el cambio de la relación entre autor y lector. En un ambiente culturalizado, el autor entrega a su lector una obra que provoca juicios reflexivos y motivaciones enaltecedoras. El juicio del lector realimenta y enriquece el talento y el esfuerzo creativo del escritor. Esto no sucede con el público de masas, que se mantiene anónimo y no dispone de los medios idóneos para expresarse y comunicarse, y a menudo tampoco del juicio estético o intelectual que active el circuito cultural.

El escritor latinoamericano debe moverse dentro de estas condiciones, lo mismo que sus colegas de todo el mundo contemporáneo, aunque agravadas por la incomunicación propia del país y la situación económica y cultural del restringido número de lectores. Una edición exitosa es aquella en que se imprimen entre 3.000 y 5.000 ejemplares, mientras que, en los Estados Unidos y Europa, las tiradas pueden ser diez veces mayores. En tal situación, los escritores emigran de sus países de origen o editan sus libros en el extranjero.

El escritor advertido no necesita perturbarse por el fenómeno del libro de masas ni por el escaso número de lectores, pero en la América Latina debe aprender a superar la realidad en la que está inscrito.

La música

La música es una de las artes más cultivadas en Iberoamérica. Su extensísimo repertorio ha trascendido en los últimos tiempos los límites regionales adquiriendo prestigio internacional, sobre todo, en sus manifestaciones populares y folclóricas.

Cuatro elementos esenciales condicionan la música latinoamericana: el indígena, el hispánico, el africano y el europeo. El sustrato de procedencia indígena fue de gran importancia en México y en Perú principalmente, y fue casi inexistente en el Río de la Plata. El hispánico se le superpuso con la llegada de los conquistadores y colonizadores; fue bastante homogéneo en todas las regiones y abarcó casi todas las tierras descubiertas. La contribución africana suplantó de manera casi radical a la aborigen y se expandió sobre todo en el Caribe, zonas costeras de Venezuela y del norte de Brasil. En cuanto al elemento europeo, fue aportado de modo relevante a partir del siglo pasado y llegó al continente con la inmigración, ampliando y transformando el panorama de la expresión musical. Ejerció un fecundo impacto en esa arte y le permitió una diversidad de formas y expresiones estéticas.

El elemento indígena

Es poco lo que se sabe de la música indígena precolombina, y los conocimientos que se tienen de ella han sido en gran parte reconstruidos gracias a la contribución de otras disciplinas, como la antropología, la arqueología, la etnografía, la historia y el folclore. La primitiva música americana estuvo centrada en dos imperios, el mexicano y el peruano. La mexicana estuvo menos desarrollada que la peruana y empleaba con preponderancia instrumentos de percusión[14] (idiófonos y membranófonos), con escasas posibilidades melódicas. Se piensa que fue bastante primitiva y prácticamente desapareció con la corriente de la Conquista, y se mestizó en los principales centros poblados, muy a menudo en torno a las escuelas religiosas, los templos y las casas de los misioneros. La peruana fue más rica en melodías y se sirvió de instrumentos propios de uso melódico (trompetas, flautas).

El elemento hispánico

La llegada de los españoles enriqueció notablemente la situación en todos sus niveles, desde las formas populares practicadas por soldados y colonizadores de escasa cultura artística, hasta los artistas de las cortes virreinales, gobernaciones y capitanías.

Se recurrió con asiduidad a la música en las festividades, laicas y religiosas, como una manifestación de fasto,[15] y paralelamente, como recurso complementario en las misiones de pacificación y de evangelización. Por estas razones, los restos históricos de la influencia musical española se encuentran en los archivos de las iglesias coloniales.

En México, se adoptan las formas españolas a partir de la llegada del franciscano Pedro de Gante (1527) y sus compañeros. Años después, se establece allí una imprenta musical (1556), y continúa el arribo de nuevos músicos. En Guatemala y Caracas, se produce algo más tarde un fenómeno similar. Lo mismo acontece en Perú, que años después cuenta ya con compositores europeos.

Las tierras del sur fueron menos afortunadas por su naturaleza territorial y condición política subalterna: zonas inexploradas todavía, selvas pobladas por tribus salvajes, ausencia de escritura, atraso en la construcción de instrumentos.

No faltó, tampoco, la música profana, que se desarrolló al lado de la religiosa, beneficiada por formas cantadas, coplas, romances, danzas y bailes de España. Este

---

[14]**instrumento de percusión** que se toca dándole golpes   [15]**de fasto** de regocijo, felicidad, júbilo

mestizaje de la música bailable es uno de los temas más desconocidos en la materia, pues resulta muy complicado determinar cuáles formas coreográficas son americanas o españolas. Algunas piezas son con toda evidencia hispánicas, hasta por sus denominaciones iguales a las usadas en la Península (*pasacalle, chacona, zarabanda*), mientras que ofrecen otras dudas acerca de su origen, que todavía no se ha logrado dilucidar.

El elemento africano

Los negros, procedentes de varias regiones de África, comenzaron a llegar al Caribe en virtud de autorizaciones reales, especificadas inicialmente en las *Instrucciones* de 1501 y, con posterioridad, en contratos esporádicos, con el fin de cubrir las necesidades de mano de obra en Santo Domingo, Cuba y otras islas, cuya población indígena había sido diezmada en las luchas de la Conquista. Con ellos llegó el contagio cultural tan perceptible —incluso en la actualidad— de vocablos, religiones, usos y costumbres, bailes y música.

El aporte cultural y musical de los negros resultó de particular influencia en la citada zona y en Brasil. Sus ritmos y danzas, al son de los tambores peculiares (*bongó*), se expandieron rápidamente junto con sus divinidades originarias y sus cultos. Cada uno de los pueblos africanos venidos a las nuevas tierras trajo su propia música y sus instrumentos de percusión, hasta que, finalmente, la nación de Dahomey logró mayor preponderancia.

El arte musical de origen africano está asociado a danzas y ritos que persisten, en mayor o menor grado, en la actualidad, sobre todo, en Haití, caracterizado por el culto *vudú*. Danzas y canciones están íntimamente ligadas al alma negra, y sus restos pueden advertirse en la música popular posterior. Los tambores de varios tipos, consistentes en cilindros de madera excavados con una cubierta de cuero en la parte superior, así como la *marimba,* a base de listones de madera, como el xilófono, fueron valiosos elementos en esta arte. Por toda Latinoamérica pueden encontrarse supervivencias de este tipo, aunque se disipan a medida que se desciende al sur del continente.

En Cuba, la influencia negra fue tan intensa y duradera, que prácticamente el elemento hispánico resulta a veces irreconocible. Un ejemplo típico es la *conga* de Carnaval, donde activos grupos de danzantes circulan por las calles de las ciudades ejecutando melodías y bailes acompañados de instrumentos típicos.

La *rumba* registra igual origen africano, y su principal característica reside en el ritmo, diestramente encubierto en una melodía que le sirve de cubierta.

En Brasil, el país del continente latinoamericano más rico en variedad musical, su pueblo ha conseguido en el transcurso de los años producir obras donde confluyen, según los casos, los elementos africanos combinados con los indígenas y portugueses, con marcada preponderancia del ingrediente negro. Sus famosas *sambas* actuales son un ejemplo de esta influencia tradicional.

El elemento europeo

Pero la música latinoamericana se enriqueció también con los aportes introducidos por los compositores europeos y asimilados por los locales. A una primera época europeísta colonial, se le sumó en el siglo XIX, a partir de la Independencia, una nueva corriente transoceánica traída por los inmigrantes que venían a radicarse en el continente. Las expresiones iniciales fueron las canciones nacionales o *canciones patrióticas,* compuestas para apoyar las luchas por la libertad, que culminan en los *himnos* propios de cada país, lo mismo en sus letras, que en sus ritmos, melodías e instrumentación.

En la segunda mitad del siglo, se produce el arribo de las oleadas inmigratorias que dejan una profunda huella artística. Sobresalen las contribuciones de la música italiana, en especial en la región del Plata, con la difusión de la *ópera,* en el área culta, y de las *canzonetas* populares. De España provienen las *zarzuelas,* muy llevadas al escenario hacia fines del siglo XX. En México, el corto período imperial francés agregó algunos matices a su música regional, en muchísimo menor grado que en la Luisiana norteamericana. La música de los *mariachis* es un caso de esa influencia.

Al lado de esta influencia en la música popular, la enseñanza de Europa fue recogida por compositores locales en la llamada "música culta". Importantes maestros se formaron en los nacientes países, estudiando allí o inspirándose en los modelos de ultramar. Entre ellos, sobresalieron Carlos Chávez (México), Heitor Villa-Lobos (Brasil), Alberto Ginastera (Argentina), Amadeo Roldán y García Caturla (Cuba).

La musicóloga Isabel Aretz ha sostenido la opinión de que el mundo latinoamericano, por razones diversas pero principalmente geográficas, "tuvo siempre gran dificultad en hacer que Europa reconociera sus valores musicales" (*América Latina en su música*). Esta afirmación tan rotunda sólo puede ser apreciada por los especialistas, aunque es comprobable para el hombre culto común a través de los programas impresos. No están en la misma situación los ejecutantes y concertistas, quienes son fácilmente evaluados por su destreza instrumental.

Música folclórica y música popular

En toda Latinoamérica se conservan expresiones musicales de tipo folclórico y de tipo popular, que conviene distinguir. La música folclórica, por definición, es anónima, y se transmite de generación en generación por individuos que la aprenden y la repiten sin análisis, incapaces de añadir, en el canto o en la ejecución instrumental, modificaciones temáticas o técnicas. Se hereda desde el fondo de los tiempos por tradición y así se difunde a través de los años, en forma instintiva y natural.

En cada país existe un folclore musical regional que los artistas y críticos se esfuerzan por conservar, dado su carácter nacionalista y la resonancia que esta especie artística suscita en los pobladores. En algunas circunstancias, se continúa ejecutándola con los primitivos instrumentos de época. En la región andina es donde pueden recogerse más supervivencias de esta índole, debido a que el centro del imperio incaico, Cuzco, estaba alejado de las costas, en una región montañosa, y a que los primitivos indígenas se cerraron al mestizaje con los españoles.

En México, en cambio, el caso es algo distinto, puesto que la acción de los conquistadores fue mucho más rigurosa, y la música y los instrumentos aborígenes fueron prohibidos por su relación con los ritos y usos paganos. En ciertos lugares mayas, las ordenanzas llegaron a estipular que los indios no tocasen sus tambores de noche, y en caso de hacerlo de día en sus festividades, no lo hiciesen en los momentos de la misa o sermón ni portando insignias en sus bailes y canciones.

Mexicanos y peruanos poseían un variado repertorio de instrumentos, algunos de los cuales han sobrevivido hasta nuestros días: tambores, cascabeles, címbalos, maracas, raspadores, flautas de las más ricas variedades, etcétera, fabricados con huesos, cueros, madera natural, metales, terracota, frutos vegetales, conchas marinas y otros materiales. No obstante seguir empleándose en algunas comunidades indígenas de nuestros días, en general los compositores se han mostrado renuentes a utilizarlos en su equipo instrumental.

Este tipo de música era cultivado en entierros, velatorios, ritos religiosos y mágicos, curas medicinales, invocaciones a los dioses en las tareas agrícolas, festejos populares y hasta en celebraciones humorísticas o eróticas.

El arte popular revela otras características diferentes. Está compuesto por un artista de nombre conocido, que ha profesionalizado en alguna medida su destreza, recoge melodías o inspiración de la tradición auditiva, y adopta los aportes de la instrumentología europea. Puede ser un artista improvisado, que ejecuta "de oído", o que conoce la notación musical moderna. No emplea básicamente los recursos primitivos, y se vale de la guitarra traída por los españoles y europeos, el guitarrón, la caja, el bombo, el arpa e incluso el piano y el violín, olvidándose a conciencia de los instrumentos indígenas en la mayoría de los casos. La conservación de lo tradicional linda a veces con el patriotismo y la defensa de la identidad nacional.

La serie de especies populares de esta música es extensísima de mencionar. Puede decirse que cada país iberoamericano tiene la suya propia, por más que en algunos casos sea compartida con un país vecino, como el *vals* criollo o el *pasacalle*. Las más divulgadas o conocidas internacionalmente son la *cueca* en Chile; el *joropo* en Venezuela; la *chacarera*, la *milonga* y el *tango* en Argentina; el *pericón* en Argentina y Uruguay; la *marinera* y el *vals* en Perú; el *huaino* en Perú y Bolivia; la *polca* y la *galopa* en Paraguay; el *tamborito* en Panamá; el *sanjuanito* en Ecuador; el *son*, el *guapango*, el *corrido* y el *bolero* en México; el *son*, el *bolero*, la *rumba* y la *conga* en Cuba; el *bambuco* en Colombia; el *merengue* en la República Dominicana; el *calipso* en las Antillas; el *batuque* y la *samba* en Brasil, y así otras numerosas formas musicales más, a las que se agregan día a día nuevas creaciones, como la *salsa* y la *lambada*, manifestaciones modernas que amplían el repertorio de modo impredecible, según sean aceptadas por los pueblos bajo las presiones de la industria del espectáculo.

Entre los musicólogos es unánime la convicción de que Brasil es el país que ostenta mayor riqueza en esta arte, como consecuencia de su enorme extensión territorial y su complejidad racial. El elemento de origen negro es el predominante. Sus compositores se cuentan entre los más productivos y nacionalistas de América.

No existe un patrón único en la música latinoamericana, debido a la peculiaridad histórica y humana de cada país. Lo que parece ser una condición común a todos ellos, en esta materia, es la incesante búsqueda de formas nuevas y originales, y el ejercicio de una libertad creativa.

Temas de expresión oral o escrita

1. ¿En qué consiste la controversia de identidad entre los artistas y escritores de Hispanoamérica?
2. Señalar las diferencias entre arte figurativo y arte no figurativo. ¿Cuál prefiere usted y por qué?
3. Exponer la obra pictórica de alguno de los pintores muralistas mexicanos.
4. Elegir un pintor hispanoamericano que conozca y hacer una disertación oral, ilustrada, ante la clase.
5. Describir un tugurio (chabola) hispanoamericano desarrollado en torno a una gran ciudad.
6. Dar una opinión justificada de la arquitectura internacional hispanoamericana.
7. Dar un ejemplo que conozca de la actual escultura hispanoamericana e intentar una valoración de ella.
8. Comentar y criticar alguna película cinematográfica acerca de Hispanoamérica, que haya visto recientemente.
9. ¿Aprecia usted alguna diferencia entre "obra artística" y "producto cultural"? Explicar.
10. Comente oralmente la diferencia, a su criterio, entre un *best seller* y una obra literaria tradicional valiosa.

Temas de discusión

1. ¿Considera un avance o retroceso cultural la aparición de obras literarias de entretenimiento? Dar las razones en cualquiera de los casos.
2. ¿Qué función debe cumplir en la sociedad el arte?
3. ¿Cuál es su opinión acerca de la música tropical en los espectáculos internacionales?
4. Escoger la figura de un(a) cantante hispanoamericano(a) de fama y debatir su aporte a la cultura.

Temas de investigación

1. Diferencias entre el arte folclórico y el arte popular.
2. La música de los aborígenes de Hispanoamérica.
3. Los Estados Unidos como mercado para los artistas hispanoamericanos.

CAPÍTULO 14

Brasil imperial y Brasil republicano

Siglo XIX

Brasil fue el único país latinoamericano cuyo proceso de liberación política se diferenció de los demás: no se rebeló ni entró en guerra contra la metrópoli y la evolución hacia una república liberal se realizó como un fenómeno interno con escasa relación con Portugal.

La Corte portuguesa en Río

Cuando se produjo la invasión napoleónica a la península ibérica (1807), la Corte portuguesa se puso de acuerdo con Inglaterra con el objeto de que le prestara su ayuda para trasladarse al Brasil. La Corte, escoltada por naves inglesas, se embarcó en Lisboa cuando las tropas napoleónicas habían ingresado ya al reino. Era la primera vez que un monarca europeo establecía su sede gubernamental en América, en este caso Río de Janeiro (1808).

Al mes siguiente el príncipe regente decretó la apertura de los puertos brasileños al comercio de las naciones amigas y celebró dos tratados con Inglaterra. El príncipe regente ejerció un gobierno prudente y fecundo, mientras el heredero del trono cumplía su mayoría de edad.

El Cristo Redentor de Río de Janeiro, construido sobre una de las montañas de la bahía de Guanabara. Está elevado a unos setecientos metros sobre el nivel mar y unido a tierra por un funicular.

Gobernó con tolerancia, asistido por un gabinete progresista, y dictó leyes que favorecieron la economía y la cultura del país. Fundó el Jardín Botánico, la Biblioteca Nacional, la Imprenta Regia, la Academia de Bellas Artes y el primer Banco del Brasil.

La pequeña ciudad colonial de diez mil habitantes se convirtió pronto en una activa ciudad y allí se imprimió el primer diario, *A Gazeta do Brasil.*

El reino del Brasil

Derrotado Napoleón Bonaparte en Waterloo y evacuada por sus tropas la Península, se reunió el Congreso de Viena (1815). En esa oportunidad el diplomático francés Talleyrand aconsejó a los portugueses que elevasen al Brasil a la categoría de reino, con el soberano en Río y el primogénito en Lisboa. El príncipe regente compartió la sugerencia y emitió entonces una cédula creando el Reino Unido.

La decisión no conformó a todos los brasileños ni a todos los portugueses, quienes no veían con agrado que la Corte estuviera al otro lado del Atlántico. Los brasileños, por su parte, tampoco estaban del todo satisfechos con la apertura de los puertos, que no había provocado el aumento esperado del comercio. Hubo movimientos separatistas internos, sobre todo en Pernambuco, que fueron sofocados.

A la muerte de la reina de Portugal, su hijo Don Juan fue proclamado rey de Portugal y Brasil. En materia de política exterior, ocupó la Guayana Francesa (1809) como represalia contra Francia, y el Uruguay (1821), que siete años más tarde proclamó su independencia con el nombre de República Oriental del Uruguay.

En 1821 decidió volver a Portugal, llamado por las Cortes de Lisboa, y esto a pesar de que brasileños y portugueses lo instaron repetidamente a quedarse. Al partir, dejó a su hijo Don Pedro como regente del país.

Al año siguiente, en 1822, se dio orden desde Portugal a Don Pedro para que regresase, y se le enviaron los nombramientos de los nuevos gobernadores, con lo cual se hacía volver a Brasil al régimen colonial.

El presidente del Senado, acompañado del pueblo, se dirigió entonces al palacio del príncipe y le requirió que se quedara en el país, desoyendo las instrucciones de Portugal.

Después de escuchar el discurso, el príncipe Don Pedro contestó categóricamente que se quedaba, por cuanto se trataba del bien del pueblo y la felicidad de la nación. Este día se hizo célebre con el nombre de "Día do Fico", por la respuesta del príncipe: "Fico" (*Me quedo*).

A Don Pedro se le concedió el título de "Defensor Perpetuo" del Brasil.

Don Pedro I, emperador

Don Pedro había dado con su actitud los primeros pasos hacia la independencia. A los pocos meses, encontrándose a orillas del pequeño río de Ipiranga, entre San Pablo y Santos, declaró la separación absoluta del Brasil y Portugal (7 de septiembre de 1822), con el famoso grito de "¡Independencia o muerte!" Días después, Don Pedro fue proclamado y coronado emperador del Brasil en Río de Janeiro. Poco después, una asamblea constituyente redactaba la constitución y quedaba así constituido el Imperio del Brasil.

El gran inspirador del movimiento de independencia fue un gran patriota y hombre de ciencia, el popularísimo José Bonifacio de Andrada e Silva, que ocupó un ministerio y fue director espiritual del naciente país. Este preclaro hombre, poeta y sabio, es el patriarca de la independencia brasileña.

El emperador constitucional Don Pedro I, llamado el Rey Caballero por uno de sus biógrafos, tuvo una vida activísima y por momentos romántica, y realizó un gobierno ilustrado, patriótico y honrado. Portugal, por mediación de Inglaterra, reconoció la independencia del Brasil en 1825.

Don Pedro II

Sin embargo, ciertos fracasos en la política exterior, su relación estrecha con los portugueses y el desacuerdo de algunos miembros del gabinete obligaron al monarca a abdicar (1831) y dejar el gobierno a su hijo de cinco años, bajo la tutela de José Bonifacio de Andrada e Silva.

Después de cuatro regencias, asumió el gobierno ya mayor de edad, con el nombre de Pedro II, en momentos en que comenzaban a extenderse las ideas republicanas y liberales.

Don Pedro II fue un gobernante honesto, apasionado por las ciencias y las artes, de una bondad patriarcal y una gran reputación internacional. Viajó varias veces por el mundo y llegó a ser una de las figuras más respetadas en Europa y América. Desarrolló la industria y el comercio y favoreció la inmigración. En su época se colonizó bastante el país y comenzó la explotación del caucho. Abolió la esclavitud, en contra de los intereses de los *fazendeiros* o dueños de explotaciones agrícolo-ganaderas.

La República

En 1889, el mariscal Deodoro de Fonseca, apoyado por fuerzas militares, se hizo eco de algunas protestas contra el gobierno y, sobre todo, de la difusión de las ideas positivistas que desde la Escuela Militar difundía el profesor de matemáticas y filósofo Benjamín Constant, adoctrinador de los republicanos. Declaró depuesto al emperador, desfiló con sus tropas por las calles en medio de aclamaciones y festejos, y organizó un gobierno provisional, presidido por él mismo, que gobernó hasta 1891. El Brasil se había convertido en república.

Se inició así una serie de gobiernos republicanos, con sus diferentes alternativas políticas y conflictos de poder, incluso una sublevación de la marina en Porto Alegre, un decreto de amnistía, la solución de los problemas de límites con Argentina, la ascensión del arzobispado de Río a la categoría de cardenalato, la reunión de una Conferencia Panamericana en Río (1906), la gran Exposición Nacional de Río con motivo del centenario de la libertad de comercio (1910), inconvenientes económicos por la baja del precio del café en la época de la Gran Depresión (1929–1930), y otras cuestiones.

Siglo XX

La Segunda República: Getulio Vargas

En octubre de 1930 estalló un movimiento revolucionario presidido por el doctor Getulio Vargas, gobernador del estado de Río Grande del Sur y candidato a la presidencia de la nación. El movimiento triunfó y asumió el poder una junta provisional, que luego pasó el gobierno a Vargas. Una asamblea constituyente lo eligió más tarde presidente por el período 1934–1938. La revolución, que tenía profundas raíces sociales y económicas, estableció un gobierno favorable a las clases pobres y promulgó leyes de trabajo y bienestar social.

La revolución de Getulio Dornelles Vargas puso fin al período denominado de la República Vieja y comenzó el de la Segunda República o *Estado Novo*. La gestión de Vargas fue fundamentalmente económica con la finalidad de industrializar el país, para lo cual modificó varias leyes y gobernó autoritariamente. Su política ha sido muy discutida, con argumentos favorables y desfavorables, al punto de que en algunos textos se lo incluyó dentro de los cinco más importantes dictadores de la segunda mitad del siglo XX, el único civil junto a los nombres de Juan Domingo Perón (Argentina), Manuel Odría (Perú), Gustavo Rojas Pinilla (Colombia) y Marcos Pérez Jiménez (Venezuela).

Según la opinión adversa al mandatario brasileño, su Estado Nuevo no habría sido otra cosa que la versión brasileña del fascismo y el corporativismo europeo y Vargas el primer presidente "populista" del continente. Fue presidente constitucional elegido por cinco años. Después de haber sido desalojado del poder por la fuerza y su política económica un fracaso, Vargas se suicidó. Sus partidarios le reconocen brillantez y habilidad política, un poder fuerte pero no abusivo sobre los derechos del pueblo, una devoción firme por el desarrollo de su país, una vida personal sin exhibicionismos y una honestidad incorruptible en el ejercicio de su mando.

La nueva capital: Brasilia

Después de la primera capital en la época de la Colonia, Bahía, y de la segunda, Río de Janeiro, donde se estableció la Corte portuguesa, Brasil tuvo una tercera capital federal, Brasilia, único caso en el hemisferio.

En 1960 Río de Janeiro dejó de ser la capital de Brasil y fue reemplazada por Brasilia, construida a 600 millas de la costa, en el corazón mismo de un *sertão*[1] inculto. De esta manera se cumplió un antiguo sueño de muchos estadistas que deseaban una capital interior para promover un desarrollo más igualitario del país, ya que su historia había sido eminentemente litoraleña.

La construcción de la nueva ciudad significó un tremendo esfuerzo financiero para el país y sus habitantes, por la inversión, la falta de buenas comunicaciones y el alejamiento de las comodidades de la espléndida Río de Janeiro. En Brasilia reside el gobierno y la administración nacional, y por su construcción es la capital más moderna del mundo.

La Operación Panamericana: Kubitschek

En 1958 el presidente Juscelino Kubitschek propuso un plan de desarrollo económico y financiero de la América ibérica, y una política de efectiva ayuda norteamericana a los países. El proyecto se denominó "Operación Panamericana" y fue uno de los antecedentes del plan "Alianza para el Progreso" de Estados Unidos.

La administración de Kubitschek fue cuestionada de corrupción y, además, castigada por una inflación de hasta el 80% anual por causa de la costosa construcción de Brasilia y la política de "marcha hacia el oeste", o sea la incorporación al dominio efectivo del país de las vastas zonas alejadas de la costa. Por otra parte, aumentó enormemente el endeudamiento del Brasil con los acreedores extranjeros.

Asumió más tarde (1960) el gobierno Janio Quadros, un profesor de portugués y ex gobernador del estado de San Pablo, que usó como símbolo de su programa

---

[1] **sertão** zona semiárida, pobre y de escasos recursos naturales

político una escoba y prometió limpiar la vida pública brasileña de sus vicios. Pero debió renunciar antes de cumplir un año de presidencia. Lo sucedió el vicepresidente João Goulart, o "Jango", bastante hostil a Estados Unidos, con simpatías ostensibles hacia Cuba, al punto de entregar la más alta condecoración del Brasil a Ernesto "Che" Guevara. Fue destituido (1964) por una revolución militar y así comenzó un nuevo régimen político.

El "milagro brasileño"

El gobierno pasó en 1964 a manos de las fuerzas armadas, que se atribuyeron a sí mismas el carácter de "guardián de la constitución", y establecieron su centro de operaciones en la Escuela Superior de Guerra, a la que el pueblo denominaba La Sorbona por sus actividades intelectuales. Allí se efectuaron estudios sobre el desarrollo y la seguridad nacional, y las teorías elaboradas por ese grupo de oficiales superiores, asistido por técnicos civiles, fueron puestas en práctica y controladas por el gobierno. Gran número de políticos e intelectuales de la vieja tradición tuvieron que exiliarse, entre ellos Kubitschek.

El general Humberto Castelo Branco asumió la presidencia con un golpe militar y los partidos políticos fueron disueltos. El gobierno favoreció abiertamente más tarde la formación de dos únicos partidos, el oficialista, la Alianza Renovadora Nacional (ARENA), y el Movimiento Democrático Brasileño (MDB), opositor. Se realizaron nuevas elecciones (1967) y ganó el candidato oficialista, el general Arturo da Costa e Silva, que instauró una política conservadora, consolidó el valor de la moneda, disminuyó el ritmo de inflación, liquidó la autonomía universitaria,[2] controló las actividades de los políticos y comenzó a aplicar las teorías económicas y sociales de la Escuela Superior de Guerra. Arturo da Costa e Silva murió inesperadamente de una hemiplejia (1969) y asumió entonces el mando el general Emilio Garrastazú Médici.

El gobierno militar logró recobrar la credibilidad internacional y aumentó el producto bruto nacional a un ritmo del 10% anual, con lo que se colocó a la par del crecimiento de Japón en esos años. Introdujo mejoras sociales, el pueblo comenzó a salir de su descrecimiento y el Brasil mostró empuje para enfrentar la evolución. A este fenómeno de los años '60 la prensa lo denominó el "milagro brasileño".

El proceso de industrialización fue muy grande y gran parte del potencial productivo del país se originó en aquel tiempo, si bien no exclusivamente, pues continuó con los siguientes gobiernos. Algunos observadores políticos reprocharon a las autoridades el elevado costo social que implicaba la nueva política, el excesivo endeudamiento externo del que no se ha recuperado todavía —el mayor de América Latina— y el sometimiento a la política norteamericana, sobre todo a partir de la administración del presidente Nixon, a quien se atribuye haber declarado que adonde vaya el Brasil, irá el resto de Latinoamérica. En esos años, la ayuda económica y téc-

---

[2]**autonomía universitaria** derecho reconocido a muchas universitarias de regirse por sus propios estatutos, sin intervención del gobierno político

nica prestada por Estados Unidos al Brasil superó a la ayuda prestada a los demás países del continente juntos.

A partir de 1985 el gobierno volvió a manos civiles. Los sucesivos presidentes no lograron superar los tradicionales problemas (corrupción administrativa, caída de los precios internacionales del café, extrema pobreza del Nordeste, deuda externa, inflación, desempleo, rivalidades de los partidos políticos, huelgas y mercado negro). La moneda fue cambiada de *cruzeiro* a *cruzado* y finalmente a *real*.

Sin embargo, a pesar de los contratiempos y dificultades, el Brasil crece día a día.

La situación aparece así confusa. Un publicista americano ha escrito: *"The economic problems of Brazil have no solution"*.

Es ingenua toda profecía política en Latinoamérica. Sin embargo, los analistas independientes extranjeros, no ligados a intereses sectoriales, y la propia opinión de los habitantes del Brasil, merecen tenerse en cuenta. Según la opinión generalizada, Brasil está destinado a una grandeza futura por la extensión de su territorio, las reservas de materiales estratégicos y vitales para la economía mundial, el número de habitantes, la notoria vocación de grandeza nacional que lucen y quizás por algo del pensamiento mágico que forma parte de su psicología. No debe olvidarse que aun en los peores momentos de su economía, el Brasil ha tenido uno de los mayores índices de crecimiento económico en el mundo, ambiciosos planes de industrialización, apertura de carreteras, construcciones habitacionales intensas y apoyo al bienestar social, particularmente a la educación.

La literatura del siglo XIX

El romanticismo

Brasil, como los demás países de Iberoamérica, tuvo una etapa romántica en su literatura, de imitación europea, aunque integrada con elementos regionales: el sentimiento nacionalista, la incorporación de la naturaleza americana y el indianismo. El más alto representante de la poesía romántica brasileña fue Antonio Gonçalves Días (1823–1864), cuyos temas preferidos fueron las tradiciones indígenas, la patria, el amor y la naturaleza del país.

En el mismo período sobresalió José Martiniano de Alencar (1829–1877), poeta y prosista famoso, sobre todo por ser el creador de la novela histórica con su obra *El guaraní*. Logró un gran dominio de la lengua y elevó el tema indígena a un excelente nivel.

El romanticismo brasileño, en cuanto movimiento interesado por el país y sus peculiaridades, debe ser visto como una imitación de las letras europeas, pero al mismo tiempo como la culminación de un largo proceso histórico incubado desde siempre en el alma local.

Uno de los hechos más característicos de esa literatura es la aparición del público, inexistente en los primeros tiempos. Otro lo es el irrenunciable nacionalismo de la nueva raza, con su exaltación de la naturaleza patria, el retorno del pasado histórico y el culto del héroe (en este caso el indio). Estos elementos, unidos al sentimentalismo y al individualismo, completan el panorama. Una ingeniosa frase del poeta Oswald de Andrade, referida al movimiento romántico de su país, puede dar una idea del matiz local del romanticismo: *Tupy or not Tupy, that is the question.* La explicaba así: "Esta es la cuestión: ser o no ser indio ... Inicialmente, es importante hacer notar que el indio no surgió o desapareció con el romanticismo ... Sólo que con diferentes connotaciones acompañando la ideología de cada estética".

En el romanticismo brasileño se distinguen tres generaciones que van de 1836 a 1881: a) la primera generación o indianista; b) la segunda o del "mal del siglo", influenciada por la poesía de Lord Byron y de Musset; c) la generación "condoreira", llamada así por el símbolo del cóndor adoptado por los románticos libertarios y sociales de los últimos años, más proclives a incluir en sus piezas las motivaciones sociales.

El realismo

Hacia fines de 1860 la literatura preanunciaba ya el fin del romanticismo. En Brasil existe acuerdo en tomar el año 1881 como el año inicial del realismo, influido ostensiblemente por el coetáneo movimiento en Europa, el auge de las novelas de Emilio Zola, las teorías del positivismo y del evolucionismo. Se considera a la Academia Brasileña de Letras como el templo del realismo (1897), por la calidad de las obras de sus miembros y la audacia de dar paso a las nuevas ideas artísticas. En Brasil, además, el realismo duró hasta 1922 paralelamente a los escritores parnasianos y simbolistas. El fin de estos tres movimientos ocurrió en 1922, con la famosa Semana del Arte Moderno.

El realismo refleja las profundas transformaciones sociales, económicas, políticas y culturales de la nación. La novela realista sirve de vehículo a las nuevas ideas de transformación aparecidas en el mundo, el socialismo, el evolucionismo y el positivismo, en sus distintas variantes.

Joaquim Machado de Assis

Tres grandes figuras de la novelística brasileña, las tres de repercusión internacional, se inscriben en este movimiento: Joaquim María Machado de Assis (1839–1908), Euclides da Cunha (1866–1909) y José Pereira da Graça Aranha (1868–1931).

Machado de Assis es el novelista más importante del siglo XIX y tal vez el más famoso de toda la literatura brasileña. Está considerado como el escritor de más perfecto estilo en su país. Cultivó con preferencia la novela, con un realismo entre irónico y pesimista. Tres de sus novelas constituyen la trilogía básica de su fama internacional: *Memorias póstumas de Bras Cubas* (1881), *Quincas Borba* (1891) y *Don Casmurro* (1900).

Machado de Assis nació cerca de Río de Janeiro, hijo de un mulato pintor de paredes y de una lavandera portuguesa. Estudió las primeras letras en la escuela pública, aprendió tipografía, luego fue corrector y por fin entró decididamente en la creación literaria. Con el tiempo pasó a desempeñar cargos burocráticos que le permitieron llevar una vida tranquila, y en 1897 fue designado director de la recién fundada Academia Brasileña de Letras, que suele conocerse popularmente como Casa de

Joaquim María Machado de Assis, novelista y cuentista brasileño, considerado el más universal de los escritores de su país. Retrató la sociedad burguesa de su época en Río de Janeiro. Logró una prosa equilibrada y renovó la técnica narrativa. Sus personajes son ejemplares sin grandeza heroica, sin odio ni amor, movidos por la sociedad y las fuerzas internas inexplicables.

Machado de Assis. A la muerte de su esposa se recluyó en su domicilio aquejado de epilepsia y problemas de salud nerviosa.

Las memorias póstumas de Bras Cubas, además de ser la primera novela realista, es una obra innovadora, de análisis psicológico, supuestamente escrita por un muerto. Con el pretexto de vivir en la ultratumba, el difunto autor, un hombre rico, infeliz en el amor, de sentir epicúreo y materialista, finge narrar sus frustradas experiencias en todos los ámbitos con la exposición de ideas que en el fondo comportan una crítica a la sociedad de la época. Por este procedimiento Machado de Assis se emparenta a las letras de Pirandello, France y Kierkegaard. Se mezclan en ella impresiones de la vida pasada, recuerdos, pensamientos y fantasías, con destreza literaria, las que sirven de catarsis a una tumultuosa experiencia vital. Es un libro de lectura amena, que respira un aire de humorismo, ironía, pesimismo y serena aceptación del destino.

Don Casmurro es un documento humano sorpresivo. Narra la historia de un individuo que soporta los más dolorosos sucesos que la vida le impone, incluso el adulterio de su esposa con un amigo de la infancia, que lo convierte en padre. No obstante, sufre los hechos como si no fueran tan graves como son, y cuando la oportunidad se le ofrece, se solaza con pantagruélico[3] espíritu.

---

[3]**pantagruélico** opíparo, expansivo, propio de Pantagruel

Quincas Borba reedita en algún aspecto la extraña psicología del personaje que da su nombre al libro. Hijo de ricos, es una extraña mezcla de filosofastro[4] y bohemio, de naturaleza ambigua que pierde su fortuna, se rehabilita con una oportuna herencia, y se propone escribir un libro con ideas de valor universal, que denomina Humanitismo. Muere loco, después de haber quemado el manuscrito. La crítica ha relacionado la concepción de este libro con el *Cándido* de Voltaire y las experiencias alucinatorias del escritor por su enfermedad.

Machado de Assis fue también un delicado poeta, en este caso tocado de reminiscencias románticas de la última época.

Euclides da Cunha

Este autor puede ser asociado más con el determinismo (positivismo) filosófico. Nació también cerca de Río, fue huérfano y criado en Bahía por unas tías. Allí hizo estudios en una escuela politécnica, se inscribió después en la Escuela Militar de Río de Janeiro, y tuvo algunos contratiempos por sus ideas republicanas. Se desligó definitivamente del ejército y se fue a vivir a San Pablo. Como corresponsal del diario *O Estado de São Paulo,* fue enviado a Canudos, un sitio del sector nordeste, con motivo del alzamiento del líder Antonio Consejero, donde recogió los elementos históricos, geográficos y biográficos que utilizaría después en la redacción de su famosa novela *Los sertones.* Murió asesinado en Río de Janeiro.

Los sertones debió haber sido en un principio una crónica de la rebelión, pero terminado el conflicto, el corresponsal aprovechó los materiales recogidos, los amplió y les dio forma novelesca. Además de lo literario puro, es un documento antropológico y social de la vida de esa olvidada región, adonde no había llegado todavía la civilización de la casa y de la calle, y estaba habitada por *sertanejos,* ejemplares humanos donde se funden tres razas, la blanca, la negra y la mulata, seminómades, impregnados, de primitivismo y propensos al misticismo. El Consejero, el profético líder de la revuelta, anacoreta, es una extraña personalidad violenta y santa, que transita por los inhóspitos lugares, atraviesa pueblos y choca contra las autoridades religiosas que lo consideran un propagador de herejías. Termina sus días ultimado por las tropas enviadas a sofocar los sucesos.

El novelista peruano Vargas Llosa retomó el argumento en su novela *La guerra del fin del mundo* (1981), dedicada "A Euclides de Cunha en el otro mundo".

Graça Aranha

Este autor interesa sobre todo por una de sus novelas, *Canaán,* donde retrata la vida de una colonia de inmigrantes europeos en Espíritu Santo. La trama gira en torno a dos inmigrantes alemanes, Lenz, establecido con negocios desde hace años, y Milkau, que llega en busca de una nueva tierra prometida o Canaán. Ambos protagonistas tienen

---

[4]**filosofastro** mal filósofo (despectivo)

una distinta visión de la realidad: mientras Lenz no se ha adaptado a la realidad brasileña imbuido de su superioridad racial de origen germánico, Milkau confía en ella. En síntesis, es una oposición entre el racismo y el universalismo, entre la ley de la fuerza y el amor.

Graça Aranha nació en Marañón, estudió leyes y fue juez en Río. Fue curiosamente uno de los fundadores de la Academia Brasileña de Letras, sin haber escrito todavía un libro. Su aparición en el horizonte artístico ocurrió en 1922, cuando pronunció la conferencia inaugural en la Semana de Arte Moderno.

El modernismo: La Semana de Arte Moderno (1922)

Este acontecimiento marcó en el Brasil el nacimiento de la nueva literatura denominada "modernismo", que no tiene ninguna relación con el modernismo literario hispanoamericano de Rubén Darío y sus seguidores. Modernismo, en Brasil, era toda literatura nueva.

Los ecos de la Semana se extendieron hasta 1930 aproximadamente y el período se distinguió por los manifiestos y revistas de todo género que se publicaron como consecuencia. El movimiento "modernista", en cambio, perduró hasta los años '40.

La Semana recogió las peripecias político-partidistas de esos tiempos, y el impacto de la aparición del Partido Comunista, entre cuyos fundadores había varios talentosos artistas, entre ellos Mario de Andrade.

En lo esencial, el movimiento modernista se definía como un "rompimiento de todas las estructuras del pasado". Este sentido nihilista se proyectaba en tres direcciones, según Andrade: 1) el derecho permanente a una investigación estética; 2) una actualización de la conciencia artística; 3) el establecimiento de una conciencia creadora nacional.

Al mismo tiempo se procuraba un nacionalismo cultural con dos vertientes: por una parte, un nacionalismo crítico de denuncia de la realidad brasileña, identificado políticamente con las izquierdas; por otra, un nacionalismo triunfalista, utópico, identificado con las derechas.

El movimiento literario fue intenso y fecundo, y en los grupos se destacaron los nombres del citado Mario de Andrade, Manuel Bandeira, considerado el mejor poeta de la generación, Oswald de Andrade, etc.

La revista *Klaxon-Mensario de Arte Moderno* (1922–1923) fue el primer periódico modernista y publicó ocho números. *Klaxon* fue innovadora en todo sentido: su diseño gráfico, tanto de las portadas como de las páginas interiores; la incorporación de publicidad dentro del volumen; la permanente oposición entre lo viejo y lo nuevo; la tipografía, etc.

Salieron a la luz también diversos manifiestos, entre los cuales se destacaron *Pau Brasil* (Palo Brasil) escrito por Oswald de Andrade (1924), quien proponía una literatura extremadamente vinculada a la realidad brasileña, a partir de un redescubrimiento del país. Sostenía, por ejemplo, que la poesía sólo existe en los hechos; que la lengua literaria no debe recurrir a los arcaísmos ni a la erudición; que el artista debe presentarse tal como es, como habla, como actúa.

La Revista de Antropofagia apareció algo después en respuesta a la anterior, proponiendo un nacionalismo antropofágico consistente en abandonar los conceptos antiguos de urbano, suburbano, fronterizo y continental, arrasar el viejo mundo de ideas cadaverizadas, injusticias clásicas, injusticias románticas, en fin, el alumbramiento de un nuevo Brasil con felicidad.

Los poetas

La pléyade de poetas aparecidos con motivo de estos movimientos es muy extensa, pero algunos nombres han merecido fama continental. Uno de ellos —para algunos críticos el más meritorio— es Manuel Bandeira (1886–1968). Fue acometido desde su infancia por una enfermedad pulmonar que lo llevó a peregrinar por climas y clínicas. En el término de cuatro años perdió a su padre, su madre y su hermana. Vivió en soledad en lucha contra su propia muerte, a pesar de sus tareas en la Academia Brasileña de Letras y de tener obligaciones culturales en diversos círculos. Estas lamentables circunstancias parecen haber gravitado en la inspiración del poeta, cuyo libro de poemas *Libertinagem* está considerado como una de las más importantes obras de las letras nacionales. Buscó en su propia vida los motivos para sus poemas: en un aspecto, la familia, la muerte, la infancia; y en otro, la constante observación de la calle, con sus mendigos, niños, prostitutas, cargadores.

Otra gran figura es Mario de Andrade (1893–1945), llamado "el Papa del modernismo". Se inició con críticas de arte en revistas y diarios hasta descubrir su auténtica vocación de poeta. En un principio reveló diversas influencias anteriores a la Semana, pero luego fue internándose por una poesía más auténtica, libre y modernista. Manifestó una preferencia categórica por la lengua brasileña próxima al habla del pueblo y al folclore, sin dejar de aludir negativamente a la alta burguesía y a los desvíos sociales. Su obra *Macunaíma, herói sem nenhum caráter* es tal vez la más lograda expresión del poeta. Macunaíma es un antihéroe, de pensamiento salvaje y origen amazónico, que choca contra la tradición europea en la ciudad de San Pablo. En este personaje simboliza Andrade a la gente de su país.

Otros poetas merecedores de elogio se podrían agregar, hasta la eclosión de los representantes de la siguiente generación, que conformaron una profundización del movimiento modernista anterior, se entusiasmaron por el verso libre o poesía sintética y cuestionaron no sólo sus exploraciones e interpretaciones de su existencia en el mundo, sino también su papel de artistas, de todo lo cual resulta una literatura más constructiva y politizada.

Fue el momento del cuestionamiento de las relaciones del individuo con todo el mundo, de toma de conciencia de la importancia del yo. El período que va de 1930 a 1945 fue tal vez el de mayores transformaciones del siglo XX.

La figura de Vinicius de Moraes (1913–1980) representa la expresión de una corriente espiritualista y de renovación católica en la poesía. Contrapone en ella el placer de los sentidos a la inclinación religiosa, y de ella saca una constante en sus versos: la felicidad y la infelicidad:

É melhor ser alegre que ser triste
A alegria é a melhor coisa que existe
É assim como a luz no coração.
(SAMBA DA BENÇÃO)

Sin embargo, la temática de Vinicius de Moraes no se agota allí: composiciones sobre el amor y los temas sociales no están excluidos de sus libros. Finalmente, cabría señalar la participación de este poeta en la evolución de la música popular, muchos de cuyos versos han sido llevados a canciones populares. Otros poetas de esta generación fueron Jorge de Lima (1895–1953) y Carlos Drummond de Andrade (1902–1987), estimado por algunos como el mayor nombre de la poesía contemporánea.

Los prosistas

Por la misma época la prosa brasileña no queda a la zaga de la poesía y se consagra con nombres de repercusión continental y aun internacional. La novela asume la denuncia de los hechos públicos, cuestiona a las tradiciones oligárquicas, enfrenta la crisis económica mundial y saca a luz los choques ideológicos. Uno de los líderes de la nueva tendencia, José Lins do Rego, señalaba en una conferencia la necesidad del reencuentro del artista con el pueblo: "Nosotros, en Brasil, queremos, por sobre todo, encontrarnos con el pueblo, que ha estado perdido. Y podemos decir que hemos encontrado a este pueblo fabuloso, esparcido pero no distante de nuestra tierra". Una vez más el regionalismo o nativismo gana importancia en las letras.

Graciliano Ramos (1892–1953) está considerado por gran parte de la crítica como el mejor novelista moderno de la literatura brasileña. Llevó una vida de tensiones, viajes y prisiones por su actividad política, emparentada con el Partido Comunista Brasileño. Sus temas fueron las relaciones del hombre con su ambiente natural y social, con algunos pasajes autobiográficos de su prisión. Las novelas de este diestro escritor pasan a menudo de la ficción a la realidad, y describen las humillaciones sufridas por los prisioneros políticos en un estado sin derecho.

Jorge Amado (n. 1912) es también el caso de un escritor víctima de sus ideas políticas, afiliado también al comunismo de su país. Perseguido por sus ideas, residió por algún tiempo en Argentina, donde sus obras gozan de particular popularidad. Representa al regionalismo de Bahía, de las zonas rurales del cacao tanto como de las urbanas. Sus novelas están marcadas por el lenguaje popular, por el lirismo y por el trasfondo ideológico. En los últimos tiempos ha cobrado singular fama su libro *Dona Flor e seus dois maridos,* que ha sido llevado al cine.

En el ensayo la gran figura de la segunda mitad del siglo XX es el sociólogo Gilberto Freyre (1900–1987), escritor de profundo y elaborado estilo, que convierte sus estudios sobre Brasil en verdaderas obras de prosa literaria. En su afamada obra *Casa grande y senzala,* expone la vida social y doméstica de los grandes hacendados y plantadores de antaño, como en un fresco histórico y desprejuiciado, ajeno a los politicismos puestos después de moda. En *Interpretación del Brasil,* analiza el desarrollo de la sociedad brasileña. En ambas obras, su tesis fundamental es que la cultura hispano-tropical, aplicable tanto a Brasil como a Hispanoamérica, debe ser considerada en relación con otros pueblos americanos, con África y con Oriente. Su situación cultural es así intermediaria entre el llamado genéricamente Occidente, África y el Oriente.

La experiencia de un Brasil independiente desde hace varios siglos ha convertido a su país en una civilización moderna, democrática y mestiza: "Con una arquitectura, con una música, con una pintura, con una culinaria,[5] con un cristianismo, con un estilo democrático de convivencia, con una higiene, con un *foot-ball* tan dionisíaco como una samba,[6] con lo cual se expresa un tipo de civilización nueva" (*Interpretación del Brasil, Introducción,* 1963).

La arquitectura

El Brasil ocupa un lugar de privilegio en la arquitectura mundial contemporánea por la audacia de las formas y el empleo de recursos técnicos originales.

Los brasileños han resuelto con originalidad y maestría el difícil problema de adaptar la moderna arquitectura al clima tórrido del país y han desarrollado, además, en forma notable, el arte de los jardines como complemento de la construcción. Han logrado formas imposibles para la arquitectura clásica mediante el empleo del hierro, acero, aluminio, cemento y vidrio, prestando especial atención a la iluminación y la ventilación. El problema del calor lo han resuelto con persianas de los más diversos tipos y con otros recursos. Como ornamento han desarrollado la aplicación de murales y azulejos. Un excelente ejemplo de construcción brasileña es el edificio del Ministerio de Educación y Salud, en Río de Janeiro. Este trabajo, obra de Lucio Costa, Niemeyer y asociados, se considera el principio de la nueva arquitectura (1937–1943) y un monumento contemporáneo.

Se distinguieron con el tiempo dos líneas diferenciadas, la línea *carioca,* más lírica y con cierta afinidad con el pasado colonial, y la línea *paulista,* más entroncada con criterios urbanísticos modernos, concitados por los profesores de la Escuela de Arquitectura de San Pablo. Al recorrer el país, el observador puede encontrar en los más diversos sitios edificaciones llamativas y de extrema modernidad, que no dejan lugar a dudas sobre el talento y voluntad creativas de los nuevos profesionales.

Oscar Niemeyer

Gran cantidad de arquitectos brasileños trabajan actualmente dentro de estas nuevas tendencias, pero el más famoso de todos es Oscar Niemeyer (n. 1907), autor de magníficos proyectos, a veces en colaboración con otros artistas. Se destacan entre sus obras el edificio citado anteriormente, realizado en colaboración con Lucio Costa y Le Corbusier como consultor, y la iglesia de Pampulha, en Belo Horizonte, con la colabo-

---

[5]**culinaria** arte de la comida   [6]**samba** divulgada música y baile brasileños

Brasilia, Palacio da Alvorada o palacio presidencial, obra del arquitecto Oscar Niemeyer. Se le ha reprochado el diseño demasiado exagerado de los arbotantes. Niemeyer trabajó durante varios años en la construcción de la nueva capital, junto a otros reputados colegas.

ración del pintor Cándido Portinari. El empleo del vidrio para muros, practicado en el Ministerio de Educación y Salud, es precursor de la técnica aplicada en el edificio de las Naciones Unidas en Nueva York, proyecto en el cual colaboró también Niemeyer.

El nombre de este arquitecto está también íntimamente ligado a las obras de Brasilia, cuyo plan piloto fue realizado por el arquitecto Lucio Costa. Su arte está vinculado a la escuela carioca, afín con su criterio del urbanismo contemporáneo. Para el maestro no hay contradicción entre forma y función, y ambas cualidades deben asociarse. Economiza medios expresivos y meramente decorativos, para unir la simplicidad espectacular con la utilidad.

Un valioso aporte a la arquitectura brasileña de Niemeyer ha sido la Iglesia de San Francisco de Assis, en Pampulha, estado de Minas Gerais. Pampulha es un suburbio de Belo Horizonte. La iglesia es el ejemplo más logrado de integración plástica de las artes en la construcción, en la que sobresalen las bóvedas curvas e irregulares, y los muros decorados espléndidamente con azulejos coloreados y murales del pintor Cándido Portinari. El proyecto fue confeccionado por el arquitecto a solicitud de Juscelino Kubitschek, entonces intendente de Belo Horizonte.

Oscar Niemeyer representó a Brasil en el planeamiento del edificio de las Naciones Unidas en Nueva York.

Lucio Costa

Este arquitecto (1902–1998) es mundialmente conocido por ser el creador del plan maestro de Brasilia. Después de algunas controversias políticas en el país, fue designado para planificar a Brasilia, con un equipo que incluía al arquitecto francés Le Corbusier como consultor. El plan de Lucio Costa fue seleccionado en un concurso.

La nueva ciudad adoptó la forma de una avenida central recta con edificios administrativos, intersectada[7] por calles laterales, curvas de bloques residenciales y casas. La ciudad, inaugurada en 1960, cuenta en la actualidad con dos millones de habitantes. Un inmenso lago artificial rodea a la ciudad. En un extremo del eje constructivo se encuentra la Plaza de los Tres Poderes, rodeada de la presidencia, los palacios legislativos y la corte judicial. El Congreso está formado por dos torres gemelas (diputados y senadores) con formas de plato hondo colocadas sobre plataformas de concreto. Su catedral está conceptuada uno de los más bellos logros de Niemeyer.

Roberto Burle Marx

Es la tercera figura internacional de la moderna arquitectura del Brasil. Su personalidad artística radica fundamentalmente en el diseño de jardines, que no se practicaba en ningún lugar con la intensidad brasileña, desde los tiempos de las culturas asiáticas antiguas y de los árabes. Este extraordinario artista (1909–1994), paulistano, es asociado internacionalmente con la realización de parques y jardines, aunque su espectro artístico cubre la pintura, el diseño de tapices, murales en fresco o azulejos de color, y otras tareas adicionales. Su maestría consiste en la distribución de plantas de distintos colores para el arreglo, frescura y decoración de los jardines, con la perspectiva de un pintor. Dos botánicos amigos lo han asesorado en los aspectos científicos de sus obras, y con ellos ha producido ejemplares híbridos de características específicas y cultivado veintiocho especies de heliconias.

Por supuesto, la serie de nombres contemporáneos que han dado fama internacional a Brasil en arquitectura excede esta lista.

La pintura

La pintura brasileña es también una de las principales de América. Los artistas plásticos actuales de Brasil están reputados entre los mejores del mundo, sobre todo en lo que se denomina, de un modo genérico, "arte de vanguardia".

Varios centros artísticos se disputan en estos tiempos la primacía dentro de Brasil. Los pintores brasileños han expuesto colectiva e individualmente sus obras en Europa varias veces, y sus cuadros figuran en los grandes museos contemporáneos.

El Museo de Arte Moderno de San Pablo, creado en 1949, es uno de los mejores del mundo en su tipo, comparable al New York Museum of Modern Art, que colaboró en su fundación. A los dos años de su creación, organizó una exposición internacional que ha sido considerada la más grande aventura internacional en la historia del arte moderno de Brasil. A partir de entonces, las exposiciones bienales de San Pablo tienen, en pintura moderna, la misma importancia que las de Venecia y el Carnegie International.

---

[7]**intersectada** cruzada

El Museo de Arte Moderno de Río de Janeiro fue fundado en 1948 y está colocado en importancia después del Museo de San Pablo.

Cándido Portinari

Cándido Portinari (1903–1962) es uno de los más grandes dibujantes del siglo. Sus murales se encuentran en varios sitios de Brasil y del exterior. Son famosos sus estudios para varios paneles del edificio de las Naciones Unidas.

Sus trabajos son analíticos, pero dotados de una emoción particular. Gran cantidad de sus obras se encuentran en colecciones privadas, museos e instituciones de varios países, incluso en Estados Unidos. Muy elogiados son sus murales para el edificio del Ministerio de Educación y Salud de Río de Janeiro. Es el más conocido internacionalmente de los pintores brasileños.

Fue hijo de inmigrantes italianos y las escenas regionales son el tema de muchos de sus cuadros. Desde los inicios hasta su famoso panel sobre la guerra y la paz en el edificio de las Naciones Unidas en Nueva York, su paleta ha evolucionado. Es un exquisito analista de los planos, la composición, el dibujo, la luz y los colores de cada obra. El impacto de sus murales ha sido comparado al de los grandes muralistas mexicanos, especialidad que constituyó la segunda etapa de su pintura. Los críticos han señalado su buen gusto y técnica para usar los colores fríos, especialmente el ultramarino y el esmeralda para los fondos, reservando los colores cálidos para los planos primeros, en los que el contraste con las sombras le permite efectos especiales.

Emiliano di Cavalcanti

Es otro de los grandes pintores contemporáneos (1897–1976). Su arte es sensual, complaciente en el uso del color. En sus dibujos y litografías su trazo es más suelto y dinámico que en sus telas al óleo, pero sin embargo, sus personajes bahianos, especímenes de toda clase popular, sugieren una tristeza de fondo.

Otros pintores modernos son Alfredo Volpi, Ademir Martins, Marcelo Grassman (ganador de un premio en la bienal de Venecia) y el hijo de inmigrantes japoneses, Manabu Mabe, quien una vez desligado de compromisos étnicos, se entregó en principio a una pintura admirativa del Lejano Este, y evolucionó más tarde hacia un brasileñismo moderno.

La música

La música y la danza forman parte del alma brasileña, tanto la popular como la culta. Cualquier manifestación social brasileña cuenta con ella como elemento esencial.

Heitor Villa-Lobos es el más sobresaliente de los músicos brasileños y uno de los mayores creadores del mundo contemporáneo occidental. Sus composiciones superan el número de 1.400 y se escalonan desde simples melodías folclóricas hasta piezas orquestales. En algunas de ellas emplea exóticos instrumentos de procedencia indígena, principalmente amazónica. Se distingue por su gran amor a la cultura nacional, que ha contribuido a formar en gran parte.

Temas de expresión oral o escrita

1. ¿En qué consistió el traslado de la corte portuguesa al Brasil en 1807?
2. ¿Cómo y cuándo se transformó en república el Brasil?
3. ¿En qué consistió la Operación Panamericana del presidente Juscelino Kubitschek?
4. ¿A que se conoció en su momento como el "milagro brasileño" y cómo concluyó?
5. ¿Cuál fue la razón para crear la nueva capital Brasilia?
6. De acuerdo con sus lecturas, describa las innovaciones introducidas por los brasileños en su arquitectura.
7. ¿En qué se diferencia el modernismo literario brasileño del hispanoamericano?
8. ¿Quién fue y qué escribió Joaquim Machado de Assis?
9. ¿Qué fue la Semana de Arte Moderno (1922)?
10. Describir la arquitectura de Oscar Niemeyer.
11. ¿Por qué se distingue la pintura de Cándido Portinari?
12. ¿En qué consistió el aporte de Roberto Burle Marx?

Temas de discusión

1. Debatir la tesis del ensayista Gilberto Freyre en su obra *Casa grande y senzala* o en *Interpretación del Brasil.*
2. Conforme a lo leído, ¿qué diferencias de evolución histórica encuentra entre Hispanoamérica y el Brasil?
3. Discutir el siguiente juicio periodístico: "El Carnaval —para los católicos el final de la Cuaresma— es celebrado en Brasil con espectaculares desfiles, música y bailes, en los cuales el samba se ha constituido en su principal elemento".

Temas de investigación

1. Lectura y comentario posterior de una de las principales novelas brasileñas.
2. Leer y comparar *Los sertones* de Euclides da Cunha (en español) y *La guerra del fin del mundo* del peruano Vargas Llosa.
3. Debatir la afirmación *Tupy or not Tupy, that is the question.*
4. Indagar el proyecto y construcción de la capital Brasilia.
5. Informarse en lecturas apropiadas y narrar como si se hubiera sido testigo un desfile del Carnaval carioca.

Evolución cultural de Iberoamérica

	Indígena	Ibérica	Criolla (XVIII y XIX)	Moderna (XX)
BIOLOGÍA	Sustrato racial aborigen múltiple.	Superposición blanca. Segregación racial. Mestizaje. Importación de esclavos negros.	Inmigración. Mezcla racial. Discriminación.	Igualdad de razas. Migración internacional. *Brasil:* Crisol de razas.
ESTADO	Estado tribal absolutista y teocrático. Autoctonías tribales. Estado clasista.	Monarquía de origen divino. Colonia imperial. Virreinatos y capitanías. Zonas no ocupadas. *Brasil:* Imperio.	Independencia. Creación de naciones. Caudillismo. Repúblicas turbulentas. Dictaduras. *Brasil:* Expansión al interior (bandeirantes).	Alternancias democráticas y autoritarias. Dependencia y aislamiento. Nacionalismos.
RELIGIÓN	Idolatrías. Mitologías. Sacrificios humanos.	Evangelización. Supervivencias indígenas. Dogmatismo católico. Exclusión de protestantes y judíos. Inquisición.	Convivencia religiosa. Catolicismo y laicismo. Aceptación de cultos protestantes. Cristianismo no dogmático.	Convivencia pluralista. Libertad de conciencia. Sectas. Irreligiosidad. Religiones monoteístas (catolicismo, judaísmo, mahometismo). Otras religiones.
EDUCACIÓN	Verdad heredada. Monopolio de sacerdotes y gobernantes.	Educación conventual y clásica. Educación religioso–humanística. Alfabetización. Traducción de lenguas indígenas. Diccionarios. Gramáticas.	Educación abierta y minoritaria. Apertura a las ciencias.	Escuela pública privada y estatal. Universidad estatal y privada tardía. Supranacional. Capacitación científica y tecnológica.
FILOSOFÍA	Leyendas y creencias regionales.	Escolasticismo. Ilustración.	Catolicismo. Teísmo. Filosofía de la americanidad. Positivismo. Socialismo. Filosofía científica. Empirismo. Idealismo. Marxismo.	Filosofías modernas.
HISTORIA	Fundadores legendarios: **Ténoch, Manco Cápac, Quetzalcóatl, Kuculcán.** *Brasil:* **Tupá.**	Descubrimiento: **Colón, Balboa, Magallanes.** Conquista: **Cortés, Pizarro, Jiménez de Quesada, Valdivia.** Defensa de los indios: **Las Casas.** Partición de América entre España y Portugal. *Brasil:* **Pedro Álvarez Cabral.**	Independencia: **Bolívar, S. Martín, Padre Hidalgo.** Caudillos regionales. Guerra México-EE.UU. Invasión francesa a México: **Maximiliano.** Reforma en México: **Benito Juárez.** Independencia de Haití. *Brasil:* **Tiradentes.**	Guerra del Pacífico (Chile, Bolivia, Perú). Guerra del Chaco (Bolivia y Paraguay). Guerra España-EE.UU. Cuba y Puerto Rico. Revolución Mexicana. 1ª y 2ª Guerra Mundial. Guerra de las Malvinas (Argentina–Reino Unido). Guerrillas.

continúa

Evolución cultural de Iberoamérica—*continuación*

	Indígena	Ibérica	Criolla (XVIII y XIX)	Moderna (XX)
L I T E R A T U R A	Poesía oral religioso-heroica. Cantos. Maya y azteca.	Historiadores de Indias: **Colón, Cortés, Díaz del Castillo.** Renacimiento: **Ercilla, Inca Garcilaso.** Barroco: **Sor Juana.** *Brasil:* **José de Anchieta.**	Romanticismo: **Echeverría, Sarmiento, R. Palma.** Modernismo: **Rubén Darío.** Realismo. *Brasil:* **Machado de Assis, Euclides da Cunha.** Modernismo.	Ultraísmo. Vanguardias. Antipoesía. *Boom* de la narrativa. Autonomismo de los autores.
A R Q U I T E C T U R A	Monumentalismo religioso. Ingeniería de caminos. Tumbas. Empleo de la piedra. Decoración. Talla de piedras. Azulejos. Aperturas trapezoidales. Media bóveda maya.	Templos. Residencias oficiales. Fuertes y morros. Barroco mexicano y peruano. Plateresco.	Imitación europea. Neoclasicismo. Suntuosidad decorativa. Regionalización de materiales.	Internacionalización. Funcionalismo. Nuevos materiales: cemento, metales, vidrios. *Brasil:* **Niemeyer, Costa, Burle Marx.**
E S C U L T U R A	Frisos decorativos. Estelas. Figurillas. Columnas. Cerámica. Orfebrería de oro, plata y cobre. Talla de madera.	Imaginería religiosa. Santería.	Mestizaje de técnicas y motivos. Escultura pública. Monumentalidad. *Brasil:* **Aleijadinho.**	Indigenismo primitivo e internacionalismo. Arte figurativo y arte abstracto. Cinetismo y figuras móviles. Experimentalismo. Máquinas estéticas. Abstracciones.
P I N T U R A	Frescos murales. Iluminación de códices.	Pintura de caballete. Paisajismo. Retratos.	Imitación de escuelas europeas. Pintura histórica, religiosa y social.	Muralismo mexicano: **Siqueiros, Rivera, Orozco.** Impresionismo. Surrealismo: **Lam, Tamayo, Matta, García Torres, Guayasamín, Botero, Frida Kahlo.** *Brasil:* **Portinari, di Cavalcanti.**
A R T E S A N Í A S	Artesanías locales con materiales de la región. Artes anónimas.	Incorporación de nuevos materiales y técnicas europeas. Asimilación.	Continuación. Aparición de artesanos individuales.	Industrialización de las artesanías.

Evolución cultural de Iberoamérica—*continuá*

	Indígena	Ibérica	Criolla (XVIII y XIX)	Moderna (XX)
M Ú S I C A	Rudimentaria. Percusión en México y el Caribe. Melodías en Perú. Instrumentos locales.	Música religiosa y popular. Música bailable. Música folclórica. Canciones patrióticas. Absorción de recursos indígenas. Instrumentología europea.	Música culta. Ópera y zarzuela.	Música *rock*. Espectáculos públicos. Música electrónica.
L E N G U A	Pueblos sin escritura (agrafía). Escritura dibujada o simbólica. Polilingüismo.	Español y portugués. Incorporación de indigenismos. Nuevos fonemas. Alteraciones sintácticas. Americanización.	Regionalización fonética, léxica, sintáctica y semántica. Galicismos e italianismos.	Lengua nacional vs. lengua general. Anglicismos. Revalorización internacional del español.
C I U D A D E S I M P O R T A N T E S	Tikal. Chichén-Itzá. Teotihuacán. México. Cuzco.	Sto. Domingo. México. Antigua (Guatemala). Lima. Quito. *Brasil:* Bahía.	México. Buenos Aires. Bogotá. La Habana. *Brasil:* Río de Janeiro.	México. Bogotá. Caracas. Buenos Aires. Santiago de Chile. Lima. Montevideo. *Brasil:* Brasilia y San Pablo.
E L E M E N T O S A F R I C A N O S				

E L E M E N T O S A F R I C A N O S   Raza. Vudú y cultos singulares. Música de percusión. Bailes y danzas. Pintura *naïve* caribeña. Artesanías. Poesía negra.

(La incorporación de elementos culturales provenientes de África es comparativamente minoritaria en Iberoamérica, salvo en algunos pocos enclaves o países, Haití y Brasil entre ellos.)

Lecturas ampliatorias sugeridas

Esta nómina está dirigida a estudiantes de cursos generales de civilización y cultura iberoamericana. No incluye por lo tanto estudios académicos especializados en cada tema ni bibliografías sobre las obras literarias tratadas en el libro.

Historias culturales

Arciniegas, Germán. *El continente de siete colores: Historia de la cultura en América Latina* (Editorial Sudamericana: Buenos Aires, 1965). Obra de un afamado ensayista colombiano. Enfoque sociológico-histórico. Hay traducción al inglés.

Blakemore, Harold. *The Modern World: Latin America* (Oxford University Press: Londres, 1973). Visión panorámica eurocentrista.

Castro, Américo. *Iberoamérica: Su historia y su cultura* (Henry Holt and Company: Nueva York, 1960). Manual clásico. No desarrolla los últimos tiempos.

Clissold, Stephen. *Latin America: A Cultural Outline* (Hutchinson University Library: Londres, 1965). Breve visión panorámica de la cultura luso-hispanoamericana. Perspectiva eurocentrista.

Franco, Jean. *The Modern Culture of Latin America: Society and the Artist* (Penguin Books Ltd.: Harmondsworth, Middlesex, Inglaterra, 1970). Muy bien informado manual sobre el proceso cultural. No incluye las culturas indígenas ni el período hispánico. No trata los acontecimientos del último cuarto del siglo pasado.

Fuentes, Carlos. *El espejo enterrado* (Fondo de Cultura Económica: México, 1992). Obra ilustrada que desarrolla interpoladas las culturas española e hispanoamericana. Hay versión en inglés.

Henríquez Ureña, Pedro. *Historia de la cultura en la América hispana* (Fondo de Cultura Económica: México–Buenos Aires, 1947). Una clásica y acreditada obra, parcialmente desactualizada. Hay versión inglesa.

Literatura

Anderson Imbert, Enrique. *Historia de la literatura hispanoamericana* (Fondo de Cultura Económica: México, 1962). Una clásica y muy bien informada historia literaria. Existen muchas otras ediciones.

Loprete, Carlos A. *Literatura mexicana e hispanoamericana* (Pearson Educación: México, 2000).

Torres-Rioseco, Arturo. *Nueva historia de la gran literatura hispanoamericana* (Emecé: Buenos Aires, 1960). Una de las primeras historias comprehensivas escritas sobre el tema. Trata los principales escritores clásicos, pero no incluye las últimas generaciones. Versión en inglés: *The Epic of Latin American Literature* (University of California Press: Berkeley–Los Angeles, 1961).

Arte

Bayón, Damián. *Artistas contemporáneos de América Latina* (Sudamericana: Buenos Aires, 1965). Muy buen manual de iniciación.

Castedo, Leopoldo. *Historia del arte y de la arquitectura latinoamericana: Desde la época precolombina hasta hoy* (Editorial Pomaire: Barcelona, 1970). Excelente manual de introducción.

Kelemen, Pál. *Baroque and Rococo in Latin America* (Macmillan: Nueva York, 1951). Buena obra tradicional.

Música

Aretz, Isabel. *América Latina en su música* (Siglo XXI-UNESCO: México, 1993). Muy informado manual general de introducción.

Filosofía y pensamiento

Crawford, William Rex. *A Century of Latin American Thought* (Praeger Publishers: Nueva York, 1966). Excelente visión de conjunto. Perspectiva norteamericana.

Larroyo, Francisco. *La filosofía iberoamericana* (Editorial Porrúa: México, 1978). Una completa presentación del pensamiento organizada cronológicamente. Perspectiva latinoamericana.

Culturas aborígenes

Baudin, Louis. *El imperio socialista de los incas* (Zig-Zag: Santiago de Chile, 1943). Los quechuas como precursores del socialismo. Enfoque sociológico-político.

Mason, J. Alden. *The Ancient Civilizations of Peru* (A Pelican Book: Harmondsworth, Middlesex, Inglaterra, 1950). Muy buen clásico sobre el tema. Hay traducción al español.

Morley, Sylvanus Griswold. *The Ancient Maya* (Stanford University Press: Stanford, California, 1956). Excelente visión comprehensiva. Hay traducción al español.

Thompson, J. Erick. *The Rise and Fall of Maya Civilization* (University of Oklahoma: Norman, Oklahoma, 1954). Autorizada y comprehensiva visión clásica sobre el tema. Hay traducción al español.

Vaillant, George C. *The Aztecs of Mexico: Origin, Rise and Fall of the Aztec Nation* (A Pelican Book: Harmondsworth, Middlesex, Inglaterra, 1950). Uno de los primeros y científicos estudios clásicos sobre el tema.

von Hagen, Victor W. *The Aztec: Man and Tribe* (The New American Library: Nueva York, 1958). Sistemático manual de divulgación. Hay traducción al español.

von Hagen, Victor W. *Realm of the Incas* (The New American Library: Nueva York, 1957). Buen manual de divulgación. Hay traducción al español.

von Hagen, Victor W. *World of the Maya* (The New American Library: Nueva York, 1960). Sistemático manual de divulgación. Hay versión en español.

América colonial

Gibson, Charles. *Spain in America* (Harper and Row: Nueva York, 1965). Excelente visión clásica del período hispánico. Hay traducción al español.

Hanke, Lewis. *La lucha por la justicia en la conquista de América* (Sudamericana: Buenos Aires, 1949). Imparcial y autorizado enfoque historiográfico. Existe original en inglés.

León-Portilla, Miguel. *Visión de los vencidos: Relaciones indígenas de la Conquista* (Universidad Nacional Autónoma de México: México, 1972). Documentada presentación de textos indígenas originarios acerca de la Conquista española.

Pereyra, Carlos. *Hernán Cortés* (Espasa Calpe Mexicana: México, 1959). Clásica biografía sobre el conquistador y su obra en Nueva España.

América independiente y contemporánea

Blakemore, Harold. *The Modern World: Latin America* (Oxford University Press: Londres, 1973). Breve manual introductorio. Perspectiva europea.

Halperín Donghi, Tulio. *Historia contemporánea de América Latina* (Alianza Editorial: Buenos Aires–Madrid, 1998). Enfoque dependentista.

Herring, Hubert. *A History of Latin America from the Beginnings to the Present* (Knopf: Nueva York, 1968). Una excelente y bien informada obra. Hay traducción al español.

Pendle, George. *A History of Latin America* (Penguin Books: Harmondsworth, Middlesex, Inglaterra, 1963). Comprehensivo manual. Enfoque eurocentrista.

Picón-Salas, Mariano. *De la Conquista a la Independencia* (Fondo de Cultura Económica: México, 1958). Uno de los más documentados estudios del período. Visión hispanoamericanista.

Rippy, J. Fred. *Latin America: A Modern History* (University of Michigan Press: Ann Arbor, 1958). Amena y organizada obra. No cubre los acontecimientos de la segunda mitad del siglo XX.

Williamson, Edwin. *The Penguin History of Latin America* (Penguin Books: Harmondsworth, Middlesex, Inglaterra, 1992). Agudo análisis actualizado del continente, con preferente enfoque político-social.

Créditos fotográficos

Capítulo 1: página 2, Consulado General República de Panamá; página 5, Consulado General República de Panamá; página 11, Secretaría de Turismo de la Nación; página 14, Consulado General República de Panamá.

Capítulo 2: página 20, Woodfin Camp & Associates; página 23, (stone plate with Native American symbols): Norman F. Carver, Jr.; página 26, Neg./Transparency no. 329252. (Photo by Bohlin). Courtesy Dept. of Library Services, American Museum of Natural History; página 27, The Granger Collection.

Capítulo 3: página 49, The Granger Collection; página 55, Archivo General de la Nación; página 60, Archivo General de la Nación; página 61, The Granger Collection; página 64, Courtesy of the Library of Congress; página 69, Consulado General República de Panamá.

Capítulo 4: página 91, Archivo Iconográfico, S.A.; página 97, Robert Frenck/Odyssey Productions; página 100, La Nación; página 102, Martha Cooper/Peter Arnold, Inc.; página 103, Hubert Stadler/Corbis.

Capítulo 5: página 111, Archivo Iconográfico, S.A.; página 113, The Field Museum, Neg. #19598, Chicago; página 120, Photography: Angel Hurtado, Art Museum of the Americas, OAS; página 121, La Nación.

Capítulo 6: página 130, Archivo General de la Nación; página 132, Archivo General de la Nación; página 133, Archivo General de la Nación; página 134, Archivo General de la Nación; página 135, Archivo General de la Nación; página 141, Archivo General de la Nación.

Capítulo 7: página 153, Archivo General de la Nación; página 154, Archivo General de la Nación; página 157, Archivo General de la Nación; página 161, Reproduced with permission of the General Secretariat of the Organization of American States.

Capítulo 8: página 181, The Granger Collection; página 182, Reproduced with permission of the General Secretariat of the Organization of American States; página 185, Reproduced with permission of the General Secretariat of the Organization of American States; página 190, Archivo General de la Nación; página 191, Archivo General de la Nación; página 193, Archivo General de la Nación.

Capítulo 9: página 201, Pablo Woll; página 207, Pablo Woll; página 212, C. Carrion/Corbis/Sygma; página 213, Secretaría de Turismo de la Nacion; página 216, Massimo Sambucetti/© AFP/CORBIS; página 217, Jacqueline Orsini.

Capítulo 10: página 229, Danny Lehman/Corbis; página 235, Secretaría de Turismo de la Nación; página 241, Pablo Woll; página 242, Pablo Woll.

Capítulo 11: página 245, Pablo Corral/NGS Image Collection; página 247, Archivo General de la Nación; página 259, Pablo Woll; página 260, Instituto Costarricense de Turismo; página 265, Juan A. Sánchez; página 269, Pablo Woll; página 274, La Nación.

Capítulo 12: página 285, The Granger Collection; página 289, Archivo General de la Nación; página 293, AP/Wide World Photos.

Capítulo 13: página 319, The Granger Collection; página 332, South American Pictures; página 334, Instituto Costarricense de Turismo; página 336, Juan A. Sánchez; página 339, Bettmann/Corbis; página 340, Secretaría de Turismo de la Nación; página 341, Oscar Kersenbaum/Hulton Getty/Archive Photos.

Capítulo 14: página 350, Martin Wendler/Peter Arnold, Inc.; página 357, The Granger Collection; página 363, Bernard Boutrit/Woodfin Camp & Associates.

Índice